Curso de Direito Tributário Brasileiro

Curso de Direito Tributário Brasileiro

2016 • Volume II

Coordenadores:
Marcus Lívio Gomes
Leonardo Pietro Antonelli

CURSO DE DIREITO TRIBUTÁRIO BRASILEIRO
Volume II
© Almedina, 2016

COORDENADORES: Marcus Lívio Gomes, Leonardo Pietro Antonelli
DIAGRAMAÇÃO: Almedina
DESIGN DE CAPA: FBA
ISBN: 978-858-49-3123-1

Dados Internacionais de Catalogação na Publicação (CIP)
(Câmara Brasileira do Livro, SP, Brasil)

Curso de direito tributário brasileiro, volume II /
coordenadores Marcus Lívio Gomes, Leonardo
Pietro Antonelli. -- São Paulo : Almedina, 2016.
Vários autores.
Bibliografia.
ISBN 978-85-8493-123-1
1. Direito tributário 2. Direito tributário -
Brasil 3. Direito tributário - Legislação - Brasil
I. Gomes, Marcus Lívio. II. Antonelli, Leonardo
Pietro.

16-02829   CDU-34:336.2

Índices para catálogo sistemático:
1. Direito tributário 34:336.2

Este livro segue as regras do novo Acordo Ortográfico da Língua Portuguesa (1990).

Todos os direitos reservados. Nenhuma parte deste livro, protegido por copyright, pode ser reproduzida, armazenada ou transmitida de alguma forma ou por algum meio, seja eletrônico ou mecânico, inclusive fotocópia, gravação ou qualquer sistema de armazenagem de informações, sem a permissão expressa e por escrito da editora.

Julho, 2016

EDITORA: Almedina Brasil
Rua José Maria Lisboa, 860, Conj.131 e 132, Jardim Paulista | 01423-001 São Paulo | Brasil
editora@almedina.com.br
www.almedina.com.br

NOTA DOS COORDENADORES

A origem da primeira edição desta obra se deu nas salas de aula da Escola da Magistratura do Estado do Rio de Janeiro, no curso preparatório para o ingresso na magistratura de carreira. Os coordenadores, Marcus Lívio Gomes e Leonardo Pietro Antonelli, dedicavam-se ao magistério naquela instituição e sentiam a necessidade de organizar, numa só obra, todo o abrangente programa da EMERJ. Foi com a assunção da coordenação do departamento de direito tributário daquela prestigiosa instituição, que o Projeto veio a ser editado.

Naquela oportunidade, foram convidados juízes, procuradores da república, professores universitários e advogados que vinham se desenvolvendo na academia. Foi um sucesso a primeira edição, o que levou a necessidade de iniciar os estudos para o lançamento da segunda edição.

E assim foi feito. Ela foi revisada, atualizada e ampliada, para incluir novos temas, abarcar novas legislações e novas discussões que estão sendo travadas na doutrina e jurisprudência, em especial dos tribunais superiores. Naquela oportunidade, graças aos apoios das diversas associações de magistrados (AMB, AJUFE, IMB, AMAERJ) fizeram-se duas tiragens distintas: uma ao público em geral e uma segunda visando o desenvolvimento acadêmico dos operadores do direito filiados às mesmas, os quais receberam uma coleção da obra.

Nessa terceira edição, o espírito do Projeto não mudou, pois continua focado em propiciar um material didático que consolidasse jurisprudência e doutrina objetivas e atualizadas aos estudiosos e interessados no Direito Tributário. Contudo, a ampliação, que ora se faz, propiciará um leque de matérias com uma abrangência inigualável, tratando, inclusive, do Direito Internacional Tributário.

Para esta nova edição, não podemos deixar de reiterar a inestimável ajuda recebida pela Renata Macedo Gama Arangurem, no apoio geral à coordenação administrativa de todos os trabalhos, e do acadêmico Alberto Lucas Albuquerque da Costa Trigo, na atualização em notas de rodapé de alguns dos textos.

Por fim, queríamos registrar os nossos agradecimentos à Editora Almedina que acreditou no Projeto, investindo na sua publicação.

PREFÁCIO

Foi com imensa alegria e satisfação que uma vez mais recebi o convite para prefaciar o presente Curso de Direito Tributário Brasileiro, relançando pela tradicional editora Almedina, com a percuciente organização de *Marcus Lívio Gomes* e *Leonardo Pietro Antonelli*, cuja singularidade afirmei ser oferecer ao mundo jurídico tributário obra densa e atual, profunda, que a um só tempo faz as vezes de um manual, em face da clareza de sua linguagem, e de um curso, em face das detalhadas informações de cada um dos institutos, sem descuidar da mais recente jurisprudência.

A obra segue a mesma linha anterior de abordagem dos institutos do Direito Tributário, ao utilizar a moderna técnica da escrita coletiva, amadurecida pela atualização dos textos, a acompanhar a fúria legislativa que caracteriza este ramo do direito, consolidada pela formação acadêmica multifária dos colaboradores.

O projeto brinda a comunidade jurídica com densas monografias de expoentes do Direito Tributário pátrio, dentre os quais juízes, procuradores da república, professores universitários e advogados. São analisados, sob a perspectiva da interpretação constitucional e legal, o Sistema Constitucional Tributário e o Código Tributário Nacional, assim como a legislação tributária de âmbito nacional e federativa, da forma mais abrangente possível.

O trabalho tem a perspectiva de analisar as balizas constitucionais e legais à luz da jurisprudência dos tribunais superiores, considerando a ascensão da jurisprudência como fonte do Direito, tendo em consideração o novo Código de Processo Civil decorrente da Lei nº 13.105/2015, centrado num *novel* conceito de jurisprudência, não mais considerada como mera fonte secundária do Direito, passando-se a conferir-lhe uma nova e nobre posição dentro da teoria das fontes do Direito.

Nestes tempos de crise econômica, o Direito Tributário ganha relevância, na medida em que os entes federativos buscam novas fontes de receitas tributárias, através das mais diversas espécies de tributos. Por esta razão, o Poder Judiciário deve estar atento para que garantias fundamentais dos contribuintes não sejam solapadas sobre a ótica do consequencialismo econômico. Cabe a este poder exercer o papel de fiel da balança, assegurando direitos constitucionais e governabilidade, árdua tarefa que vem sendo desempenhada com muita responsabilidade pela Corte Suprema.

Nesta senda, o Direito Tributário cresceu em relevância, assumindo a jurisprudência um protagonismo nunca antes visto na história da República, alçando o Poder Judiciário a condição de instituição indispensável ao Estado Democrático de Direito. Não por outra razão a obra que ora se prefacia tem o escopo de analisar a doutrina sempre com a proximidade necessária da análise jurisprudêncial, de forma a tornar-se mais realista do ponto de vista de sua aplicação prática.

Com efeito, em abono à importância da jurisprudência, este ano de 2016 marca um importante julgamento da Suprema Corte (RE 601 e ADIs 2390, 2386, 2397 e 2859), em guinada jurisprudencial, amadurecida pelo placar dos votos proferidos (9 x2) quanto à possibilidade de transferência do sigilo bancário dos contribuintes à Receita Federal, no bojo da Lei Complementar nº 105/2001, mediante salvaguardas estabelecidas pela legislação infraconstitucional.

Referido julgamento demonstra que o Direito Tributário não trata tão somente da relação jurídico-tributária, posto que vital ao ordenamento das finanças públicas pela via da receita pública derivada. Relevante, portanto, uma adequada ponderação entre Capacidade Contributiva *versus* Confisco, Justiça *versus* Segurança Jurídica, Intimidade *versus* Poderes de Investigação, eis que todas as sociedades que não alcançaram uma boa equação entre o que se paga de tributos e o que se espera do Estado como retorno dos tributos pagos perderam o caminho do crescimento sustentável.

O primado a nortear qualquer sistema tributário é a potencialização da segurança jurídica sob a égide da justiça tributária, garantindo-se a certeza do Direito, funcionando como instrumento de proteção do cidadão diante do Estado. Não obstante, não se podem mais admitir direitos abso-

PREFÁCIO

lutos, a supedanear práticas lesivas ao Estado. O sigilo bancário, quando utilizado para encobrir operações em paraísos fiscais através do planejamento tributário duvidoso, erode a base tributária dos Estados soberanos.

Sem dúvida o grande desafio dos Estados será a manutenção das suas bases tributárias num mundo em que as nações competem por investimentos e recurso financeiros limitados. A realidade econômica das tecnologias digitais e dos intangíveis levará a um novo ordenamento da ordem econômica mundial, o que demandará um grande esforço das Administrações Tributárias e, em especial, dos operadores do direito no sentido de adaptar e reinterpretar o arcabouço legal aos novos paradigmas.

Tais preocupações são observadas na obra que ora se prefacia, atualização, amplitude e um seleto grupo de articulistas reunidos para brindar a comunidade jurídica com mais uma edição do projeto iniciado em 2005, quando de seu lançamento a colmatar lacuna no mercado editorial.

Com efeito, a densidade cultural da obra aliada à sua dogmática pouco tradicional permite-nos, uma vez mais, entrever vida longa e renovada a essa festejada iniciativa tributária que nos lega a editora, através da genialidade de seus coordenadores, com um denso e incomparável Curso de Direito Tributário Brasileiro. Tenho absoluta certeza que esta edição alcançará mais êxito que as anteriores!

Luiz Fux
Ministro do STF

SUMÁRIO

Imposto Sobre a Renda na Constituição e no CTN
Luís Cesar Souza de Queiroz ... 13

Imposto sobre a Renda e Proventos de Qualquer Natureza, Imposto de Renda das Pessoas Físicas (IRPF) e Imposto de Renda das Pessoas Jurídicas (IRPJ)
Marcos André Vinhas Catão / Melina Rocha Lukic ... 63

Impostos sobre Produtos Industrializados
Ricardo Lodi Ribeiro ... 91

Tributação sobre o Comércio Exterior
Adilson Rodrigues Pires ... 125

Imposto sobre a Propriedade Territorial Rural
Poul Erik Dyrlund ... 151

Imposto sobre Operações de Crédito, Câmbio e Seguro, ou Relativas a Títulos ou Valores Mobiliários
Poul Erik Dyrlund ... 159

Imposto sobre Grandes Fortunas
Poul Erik Dyrlund ... 167

ICMS
GUSTAVO BRIGAGÃO — 169

ITCD
INGRID WALTER DE SOUSA / NICHOLAS WALTER DE SOUSA — 209

Imposto sobre a Propriedade de Veículos Automotores – IPVA
ALEXANDRE ALFREDO CORDEIRO DE FRANÇA — 223

Impostos Municipais – Imposto sobre a Propriedade Predial
e Territorial Urbana (IPTU)
ANDREA VELOSO CORREIA — 261

Impostos Municipais – Imposto sobre Transmissão *Inter Vivos*
de Bens Imóveis – ITBI – Municipal
ANDREA VELOSO CORREIA — 279

Impostos Municipais – Imposto sobre Serviços
de Qualquer Natureza – ISSQN
ANDREA VELOSO CORREIA — 293

Taxas e Preços Públicos
GUSTAVO DA GAMA VITAL DE OLIVEIRA — 309

Contribuição de Melhoria
BERNARDO ANASTASIA CARDOSO DE OLIVEIRA — 317

Empréstimos Compulsórios
ADOLPHO CORREA DE ANDRADE MELLO JUNIOR — 325

Imposto Sobre a Renda na Constituição e no CTN

Luís Cesar Souza de Queiroz

1. Introdução

A Constituição Brasileira de 1988 apresenta uma relevante característica, que a distingue das Constituições dos principais países ocidentais. Sem dúvida, é a Constituição que dispõe, de forma mais extensa, sobre o fenômeno tributário, ainda que comparada à Constituição Alemã (a Lei Fundamental de 1949), que se destaca entre as Constituições europeias como sendo a que apresenta mais disposições sobre a matéria tributária.

O tema *imposto sobre a renda* (ou, na linguagem da Constituição Brasileira, "imposto sobre a renda e proventos de qualquer natureza") encontra-se especificamente disciplinado no corpo permanente da Constituição Brasileira em diferentes dispositivos: arts. 27, §2º; 28, § 2º; 29, V; 37, XV; 48, XV; 49, VII, VIII; 62, §2º; 97, III; 128, I, "c"; 150, §1º; 153, III, §2º, I, II (revogado pela EC nº 20/98); 157, I; 158, I; 159, I, §1º.[1]

Tendo em conta que a Constituição Brasileira se apresenta como fundamento de validade das demais normas do nosso sistema jurídico (princípio da supremacia da Constituição), resta ressaltada a necessidade de esse conjunto de enunciados constitucionais atinentes ao imposto sobre a renda ser devidamente compreendido.

---

[1] No Ato das Disposições Constitucionais Transitórias (ADCT), os seguintes dispositivos referem-se ao imposto sobre a renda: arts. 34, §2º, I; 72, I, II; 72, V, §5º; 79.

Paulo de Barros Carvalho, ao discorrer sobre os pressupostos constitucionais do imposto sobre a renda, leciona com maestria acerca da relevância da Constituição Brasileira sobre o processo de produção da legislação infraconstitucional (a complementar e a ordinária):

> *Podemos dar por consente que, em todas as imposições tributárias, os alicerces da figura impositiva estarão plantados na Constituição da República, de onde se irradiam preceitos pelo corpo da legislação complementar e da legislação ordinária, crescendo em intensidade a expedição de regras em escalões de menor hierarquia. Não fosse isso, o labor constante dos contribuintes, do Judiciário, da própria Administração e do Congresso nacional, interpretando o produto legislado e outorgando-lhe dimensões semânticas muitas vezes inconciliáveis, seguiria multiplicando os embaraços e fazendo do assunto objeto de inesgotáveis polêmicas.[2]*

Nesse contexto, é imperioso construir o (sub)sistema constitucional relativo ao imposto sobre a renda, o que demanda a consideração de uma questão altamente controvertida, qual seja, a da existência ou não de um conceito constitucional de renda ("renda e proventos de qualquer natureza") na Constituição Brasileira.

Uma vez esquadrinhado este tema, será possível identificar o modo pelo qual as normas da Constituição Brasileira informam a produção (fundamentam a validade) das normas complementar e ordinária concernentes ao imposto sobre a renda.

Uma vez construído o sistema constitucional relativo ao imposto sobre a renda, é possível proceder à construção do sistema complementar relativo a esse imposto. Isso representa ter em conta que as disposições do CTN acerca desse imposto devem ser interpretadas à luz da Constituição. Compreender adequadamente o que determinam os artigos 43 a 46 do CTN demanda a prévia apreciação constitucional, pois o sistema constitucional informará o modo pelo qual deve ser interpretado esse sistema complementar (sistema do CTN) atinente ao imposto sobre a renda, pelo que, num certo sentido, é correto dizer que se deve realizar uma interpretação conforme a Constituição.

---

[2] *Direito tributário, linguagem e método.* São Paulo: Noeses, 2008, p. 593-594.

2. O sistema constitucional do imposto sobre a renda
2.1. O conceito constitucional de renda[3]

É corrente a seguinte assertiva em torno do denominado conceito constitucional de renda: a Constituição Brasileira não define o conceito "renda e proventos de qualquer natureza". Emprega-se a expressão "definição" no sentido de enunciação – exteriorização por meio de linguagem – da operação mental de demarcação do âmbito de um conceito. Em nosso sistema, um conhecido exemplo de definição (estipulativa) é o do art. 3º do CTN, quanto ao conceito de *tributo*.[4]

Ante essa constatação, é possível vislumbrar na doutrina duas grandes vertentes, que (num sentido mais extremado) se contrapõem quanto à existência do conceito constitucional de renda, quais sejam: (i) a primeira considera que, em função de a Constituição não ter definido o conceito "renda e proventos de qualquer natureza", restou conferida uma total liberdade para o legislador infraconstitucional estabelecer tal definição; e (ii) a segunda preconiza que existe um conceito de "renda e proventos de qualquer natureza" na Constituição, o qual acaba por informar diretamente a atuação (competência material) do legislador complementar e, indiretamente, a atuação (competência material) do legislador ordinário.

2.1.1. A necessidade lógico-jurídica de se considerar que a Constituição brasileira prescreve um conceito de renda

Inicialmente, há que se salientar a premissa fundamental do sistema jurídico brasileiro, qual seja: o conjunto de normas jurídicas construídas a partir da Constituição da República Originária (não a derivada) representa a norma-origem do Direito Brasileiro. Considerar essa premissa fundamental é o primeiro passo a ser dado no sentido da construção de um possível conceito constitucional de renda.

A Constituição Brasileira apresenta uma importante característica: ela estabelece, de forma minuciosa, uma rígida repartição da competência tri-

---

[3] Tive a oportunidade de aprofundar a investigação desse e dos outros temas apresentados nesse trabalho no livro *Imposto sobre a renda: requisitos para uma tributação constitucional*. Rio de Janeiro: Forense, 2003.

[4] Eis o enunciado do art. 3º do CTN: "Art. 3º Tributo é toda prestação pecuniária compulsória, em moeda ou cujo valor nela se possa exprimir, que não constitua sanção de ato ilícito, instituída em lei e cobrada mediante atividade administrativa plenamente vinculada."

butária entre as Pessoas Políticas (arts. 145 e ss.), a fim de evitar possíveis conflitos de competência.[5]

Aliomar Baleeiro[6], em comentário ao art. 6º do CTN, que dispõe sobre a competência de os Entes Políticos instituírem tributos no Brasil, adverte para a índole constitucional e rígida do sistema brasileiro de repartição da competência tributária: "A competência tributária, no sistema rígido do Brasil, que discriminou as receitas dos três níveis de governos do Estado Federal, retirando qualquer possibilidade de acumulação ou concorrência dum com o outro, é regida pela Constituição Federal."

Na mesma linha leciona Amílcar de Araújo Falcão[7]:

Em primeiro lugar, a atribuição de competência privativa tem um sentido positivo ou afirmativo: importa em reconhecer a uma determinada unidade federada a competência para decretar certo e determinado imposto. Em segundo lugar, da atribuição de competência privativa decorre um efeito negativo ou inibitório, pois importa em recusar competência idêntica às unidades outras não indicadas no dispositivo constitucional de habilitação: tanto equivale a dizer, se pudermos usar tais expressões, que a competência privativa é oponível erga omnes, no sentido de que o é por seu titular ou por terceiros contra quaisquer outras unidades federadas não contempladas na outorga.

---

[5] A doutrina tem enfatizado esse rígido sistema constitucional de repartição da competência tributária. Nesse sentido, manifestam-se: Aliomar Baleeiro (*Direito tributário brasileiro*. Rio de Janeiro: Forense, 1999, p. 75 e segs.), Amílcar de Araújo Falcão (*Sistema tributário brasileiro*. Rio de Janeiro: Edições Financeiras, p. 38), Rubens Gomes de Souza (*Compêndio de legislação tributária*. São Paulo: Resenha Tributária, 1981, p. 177 e segs.), Paulo de Barros Carvalho (*Curso de direito tributário*. São Paulo: Saraiva, 1999, p. 155 e segs.), Ricardo Lobo Torres (*Curso de direito financeiro e tributário*. Rio de Janeiro: Renovar, 2001, p. 309 e segs.), Roque Antonio Carraza (*Curso de direito constitucional tributário*. São Paulo: Revista dos Tribunais, 2001, p. 411 e segs.), José Luiz Bulhões Pedreira (*Imposto de renda*. Rio de Janeiro: Justec, 1971, p. 2-16), Geraldo Ataliba (*Sistema constitucional tributário brasileiro*. São Paulo: Revista dos Tribunais, 1968, p. 106), Luciano Amaro (*Curso de direito tributário*. São Paulo: Saraiva, 1999, p. 93 e segs.), Sacha Calmon Navarro Coelho (*Curso de direito tributário*. Rio de Janeiro, Forense, 1999, p. 68), Misabel Abreu Machado Derzi (nota no livro *Direito tributário brasileiro*, de Aliomar Baleeiro, p. 78-79), José Artur Lima Gonçalves (*Imposto sobre a renda – pressupostos constitucionais*. São Paulo: Malheiros, 1997, p. 88 e segs.), Paulo Ayres Barreto (*Imposto sobre a renda e preços de transferência*. São Paulo: Dialética, 2001 p. 52); Marçal Justen Filho (RDT 63/15-19), Hugo de Brito Machado (*A supremacia constitucional e o imposto de renda*. São Paulo: Atlas, 1996, p 44 e segs.), José Afonso da Silva (*Curso de direito constitucional* positivo. São Paulo: Malheiros, 1996, p. 655 e segs.) etc.

[6] *Direito tributário brasileiro*. Rio de Janeiro: Forense, 1999, p. 75.

[7] *Sistema tributário brasileiro*. Rio de Janeiro: Edições Financeiras, 1965, p. 38.

Importa precisar o que significa a expressão "competência tributária" nesse contexto. A expressão "competência tributária" está empregada com o sentido de aptidão de produzir norma jurídica tributária (norma de conduta) de acordo com o estabelecido por norma constitucional de competência (ou de produção normativa ou de estrutura). Norma de competência é aquela cujo antecedente descreve uma específica situação de fato (de ocorrência possível), que se caracteriza por apresentar os requisitos necessários para que outra norma passe a pertencer (a ter validade – criação) ou deixe de pertencer (revogação) ao sistema jurídico, e cujo consequente apresenta uma estrutura relacional, composta por variáveis, que simboliza a norma jurídica a ser criada ou revogada. Norma de conduta é aquela cujo antecedente descreve uma situação de fato qualquer (de possível ocorrência) e cujo consequente apresenta a regulação de uma conduta intersubjetiva, por meio de uma permissão (P), uma obrigação (O) ou uma proibição (V).[8]

A Constituição informa a competência de cada Ente Político para instituir normas tributárias. No tocante às espécies *taxa* e *contribuição de melhoria*, dispõe que a União, os Estados, o Distrito Federal e os Municípios podem instituí-las "em razão do exercício do poder de polícia ou pela utilização, efetiva ou potencial, de serviços públicos específicos e divisíveis, prestados ao contribuinte ou postos a sua disposição" – quanto às taxas – , e "decorrente de obras públicas" – quanto às contribuições de melhoria (art. 145, II e III). Isso, em princípio, pode sugerir que há uma competência legislativa necessariamente comum. Contudo, a competência para instituir taxas é mais bem definida à medida que a Constituição indica a Pessoa Política habilitada para exercer o poder de polícia ou para prestar o serviço público. E é mais bem definida em relação à contribuição de melhoria, quando a Constituição aponta a Pessoa Política habilitada para realizar determinada obra pública. Esses tributos – taxa e contribuição de melhoria – são denominados tributos vinculados justamente pelo fato de sua instituição depender de uma atuação estatal. Essa situação de fato, representada pela atuação estatal, é descrita pelo antecedente (fato gerador abstrato) da respectiva norma tributária, sendo, pois, de ocorrência necessária para que haja a incidência normativa, que provocará o nascimento da obrigação tributária prescrita no consequente da norma.

---

[8] *Imposto sobre a renda: requisitos para uma tributação constitucional.* Idem, p. 33.

Por outro lado, o tratamento constitucional da competência relativa à espécie tributária *imposto* é bem mais minucioso. Por força da Constituição (Princípio da Capacidade Contributiva Absoluta), o fato descrito no antecedente da norma impositiva de imposto descreve uma situação que nenhuma relação tem com qualquer atuação estatal, daí ser denominado tributo não vinculado. Tal situação descrita no antecedente denota a titularidade de riqueza por parte de uma pessoa. Consequentemente, com o propósito de repartir entre os Entes Políticos a competência para instituir impostos, a Constituição prescreveu uma longa (mas não exaustiva) discriminação das situações que podem ser erigidas como critério material do antecedente ("fato gerador") e do consequente ("base de cálculo") das respectivas normas impositivas.

Dessarte, o método (principal) adotado pela Constituição Brasileira para firmar a repartição entre União (art. 153), Estados e Distrito Federal (art.155) e Municípios (art. 156) da competência para criar norma de imposto foi o de descrever diferentes situações de fato que poderão ser constituídas em critério material do antecedente ("fato gerador") e de parte do critério material do consequente (a "base de cálculo") das respectivas normas instituidoras de imposto.

Essa técnica de repartição da competência para criar norma de imposto (prescrição de diferentes situações de fato que poderão ser constituídas em critério material do antecedente – *fato gerador* – e em parte do critério material do consequente – *base de cálculo* – das respectivas normas), além de estar expressamente prevista nos artigos 153, 155 e 156 da Constituição, encontra-se confirmada em outras passagens constitucionais:

a) *Art. 146. Cabe à lei complementar:*

...

III – estabelecer normas gerais em matéria de legislação tributária, especialmente sobre:

a) definição de tributos e de suas espécies, bem como, em relação aos impostos discriminados nesta Constituição, a dos respectivos fatos geradores, bases de cálculo e contribuintes;"

b) Art. 154. A União poderá instituir:

I – mediante lei complementar, impostos não previstos no artigo anterior, desde que sejam não-cumulativos e não tenham fato gerador ou base de cálculo próprios dos discriminados nesta Constituição;

II – na iminência ou no caso de guerra externa, impostos extraordinários, compreendidos ou não em sua competência tributária, os quais serão suprimidos, gradativamente, cessadas as causas de sua criação."

Em função dos dispositivos constitucionais anteriormente mencionados (arts. 146, 153, 154, 155 e 156), é comum encontrar na doutrina a assertiva de que a competência para instituir normas de imposto pode ser privativa, residual e extraordinária. Paulo de Barros Carvalho[9] pondera que, em rigor, somente a União Federal possui competência privativa, em decorrência do disposto no inciso II do artigo 154 da Constituição. Considerando essa arguta observação, propõe-se (para os fins deste trabalho) a seguinte maneira de classificar a competência para instituir normas de imposto:

a) Segundo o critério da situação bélica do país – a competência pode ser *extraordinária* ou *ordinária* – aquela, para existir, depende da iminência ou da existência de guerra externa (art. 154, inciso II); esta existe independentemente dessas circunstâncias.

b) A competência *ordinária*, segundo o critério da discriminação das situações de fato, que podem ser constituídas em critério material do antecedente ("fato gerador") e em parte do critério material do consequente ("base de cálculo") das normas impositivas de imposto, é assim classificável:

b.1) *discriminada* (denominada "privativa") – é aquela expressamente prevista nos arts. 153, 155 e 156 da Constituição – caracteriza-se pela prescrição das diferentes situações de fato que, em condições normais (ordinárias), poderão ser constituídas por cada uma das Pessoas Constitucionais, de forma privativa, com exclusividade, em critério material do antecedente ("fato gerador") e em parte do critério material do consequente ("base de cálculo") das respectivas normas impositivas de imposto;

b.2) *não discriminada* – (denominada "residual") – a prescrita no inciso I do art. 154 da Constituição – de titularidade exclusiva, privativa, da União, que se caracteriza, por um lado, pelo fato de não haver discriminação das situações de fato que poderão ser constituídas em critério material do antecedente ("fato gerador") e em parte do critério material do consequente ("base de

---

[9] *Curso de direito tributário*. São Paulo: Saraiva, 2007, pp. 230-231.

cálculo") das respectivas normas impositivas de imposto e, por outro lado, pela determinação constitucional de que o imposto a ser criado não pode ter *"fato gerador ou base de cálculo próprios dos discriminados nesta Constituição"*.

Como se atesta, em todas as "espécies de competência" atinentes aos impostos, a Constituição refere-se direta ou indiretamente à espécie de competência "ordinária discriminada".

Ao dispor sobre a *competência extraordinária* (de índole excepcional), a Constituição prescreve que a União poderá instituir impostos "compreendidos ou não em sua competência tributária". O estar "compreendido ou não em sua competência tributária" quer dizer ser ou não de sua competência ordinária, seja a *discriminada* (denominada "privativa") seja a *não discriminada* (denominada "residual").

A *competência ordinária não discriminada*, por sua vez, também se reporta à (e até depende da definição da) competência ordinária discriminada. A Constituição prescreve que, para haver competência *não discriminada*, é preciso que ela não invada o campo da competência *ordinária discriminada* (inciso I do art. 154).

Pelo exposto, percebe-se que o sistema constitucional de repartição de competência tributária tem como ponto de sustentação a *competência ordinária discriminada*, que, cabe repetir, se caracteriza por determinar as diferentes situações de fato, previstas pela própria Constituição, que, em condições normais (ordinárias), poderão ser constituídas, de forma privativa, com exclusividade, em critério material do antecedente ("fato gerador") e em parte do critério material do consequente ("base de cálculo") das respectivas normas impositivas de imposto por cada uma das Pessoas Constitucionais. Eis mais uma justificativa para a corrente afirmação doutrinária de que o binômio *fato gerador–base de cálculo* é determinante para o sistema tributário nacional.

A posição de destaque que a Constituição confere à competência ordinária discriminada pode ser de outro modo evidenciada:

i. só faz sentido prever uma *competência extraordinária* (a Constituição usa a expressão "impostos extraordinários" – art. 154 – I), por existir uma competência ordinária. O constituinte contrapôs a competência ordinária (regular, que representa a regra em condições normais) à competência extraordinária (que apresenta uma índole excepcional, pois está na dependência de uma situação extravagante – a iminência ou o caso de guerra externa).

ii. a *competência ordinária não discriminada*, para ser definida, suscita a definição prévia da competência ordinária discriminada, pois aquela somente exsurge quando, entre outros requisitos, não se invade o campo da competência ordinária discriminada.

iii. a *competência ordinária discriminada* é a única que, por força da Constituição, subsiste em condições normais e que pode ser definida de forma independente, sem necessidade de ser feita qualquer remição às outras espécies de competência: caracteriza-se pela prescrição das diferentes situações de fato que, em condições normais (ordinárias), poderão ser constituídas por cada uma das Pessoas Constitucionais, de forma privativa, com exclusividade, em critério material do antecedente ("fato gerador") e em parte do critério material do consequente ("base de cálculo") das respectivas normas impositivas de imposto.

Considerar que a Constituição atribui à *competência ordinária discriminada* uma posição preeminente reforça a construção de um importante raciocínio:

a) se a *competência ordinária discriminada* se caracteriza pela determinação constitucional das diferentes situações de fato que poderão ser constituídas em critério material do antecedente ("fato gerador") e em parte do critério material do consequente ("base de cálculo") das respectivas normas impositivas de imposto,

b) então a Constituição, quando reparte a competência para criar impostos, prescreve um conceito para cada uma dessas "situações de fato", entre as quais se encontra a designada pela expressão "renda e proventos de qualquer natureza".

Parece evidente que, ao descrever aquelas "situações de fato" que conformam a *competência ordinária discriminada*, a Constituição efetivamente assume que elas possuem um conceito que apresenta limites máximos, especialmente para fins de repartição da competência tributária, os quais permitem não confundir o fato "renda e proventos de qualquer natureza", por exemplo, com o fato "propriedade territorial rural", ou com o fato "propriedade de veículos automotores", ou com o fato "serviços de qualquer natureza".

Um aspecto é de extrema relevância e precisa ser devidamente ressaltado. Se fosse aceita a interpretação de que tais conceitos constitucionais não apresentam limites máximos, a exaustiva prescrição da *competência ordinária discriminada,* levada a termo pela Constituição, ficaria sem qualquer sentido, isto é, representaria um nada jurídico, pois o legislador infraconstitucional (complementar) teria a possibilidade de definir o fato "renda e proventos de qualquer natureza" como bem quisesse, podendo equipará-lo (confundi-lo), por exemplo, ao fato "grandes fortunas", ou mesmo igualá-lo ao fato "propriedade predial e territorial urbana", ou ainda ao fato "receita" (referido como situação que pode ser constituída em critério material do antecedente e do consequente de contribuição social – art. 195, I, alínea b – CRFB, com a redação da EC nº 20/98), sendo certo que os demais conceitos, de igual modo, poderiam ser livremente definidos pelo legislador infraconstitucional, já que não estariam definidos[10] pela Constituição. Essa interpretação, que implica um *sem sentido* constitucional, seria um flagrante absurdo, pois transformaria a Constituição em um nada jurídico. E toda interpretação que conduz ao absurdo merece ser total e veementemente rechaçada.

Essa conclusão é consonante com o ensinamento da doutrina mais abalizada, a qual insiste na assertiva de que as palavras são utilizadas na Constituição com o fim de transmitir uma mensagem com sentido, com o propósito de designar algum conceito, o qual possui limites máximos, mesmo sendo conceito do tipo *indeterminado.* Não se pode esquecer que a maior parte dos conceitos (jurídicos ou não) é do tipo *indeterminado,* ou seja, é acometida de certa dose de *indeterminação,* fenômeno que é inerente ao próprio processo de conhecimento humano.[11] Se existe um conceito,

---

[10] O verbo *definir* está usado com o sentido de enunciação – exteriorização por meio de linguagem – da operação mental de demarcação do âmbito de um conceito.

[11] Como demonstrei em outra oportunidade (*Imposto sobre a renda: requisitos para uma tributação constitucional.* Rio de Janeiro: Forense, 2003, pp. 21-27), a questão atinente aos denominados *conceitos indeterminados* se relaciona com o processo de conhecimento e (re)constituição da realidade. A indeterminação (ou imprecisão) pode repousar em uma das seguintes situações: a) na dificuldade ao identificar e constituir um objeto específico (na construção do *conceito de um objeto específico*) – pois o sujeito cognoscente tem a possibilidade de estabelecer, eleger, infinitas características definitórias; b) na dificuldade de se criar uma classe de objetos (na construção do *conceito de classe de objetos*) que apresentem características definitórias comuns

há características definitórias que informam seus limites, que permitem identificá-lo e diferençá-lo de outros conceitos.

Assim, o fato de se poder considerar que a expressão *"renda e proventos de qualquer natureza" como base tributável* representa um *conceito indeterminado* não importa em reconhecer que se trata de um conceito vazio, sem sentido, sem limites máximos, nem permite deduzir que o legislador infraconstitucional possui total liberdade para definir tal conceito.

Dessarte, se a Constituição tem o propósito de dispor sobre a repartição da competência tributária, os conceitos (mensagens com sentido) por ela utilizados apresentam conteúdos que não podem ser confundidos. Logo, é manifesto que o conceito "renda e proventos de qualquer natureza" não pode ser confundido com os conceitos:

a) "importação de produtos estrangeiros", "exportação, para o exterior, de produtos nacionais ou nacionalizados", "produtos industrializados", "operações de crédito, câmbio e seguro, ou relativas a títulos ou valores mobiliários", "propriedade territorial rural", "grandes fortunas" (art. 153 – conceitos relativos à competência ordinária discriminada da União);

b) "transmissão *causa mortis* e doação, de quaisquer bens ou direitos", "operações relativas à circulação de mercadorias e sobre prestações de serviços de transporte interestadual e intermunicipal e de comunicação, ainda que as operações e as prestações se iniciem no exterior", "propriedade de veículos automotores" (art. 155 – conceitos relativos à competência ordinária discriminada dos Estados e do Distrito Federal); e

c) "propriedade predial e territorial urbana", "transmissão *inter vivos*, a qualquer título, por ato oneroso, de bens imóveis, por natureza ou acessão física, e de direitos reais sobre imóveis, exceto os de garantia, bem como cessão de direitos a sua aquisição", "serviços de qualquer natureza, não compreendidos no art. 155, II, definidos

---

– pois o sujeito cognoscente também tem a possibilidade de eleger infinitos caracteres definitórios comuns para criar a classe de objetos; e c) na dificuldade de se verificar se um objeto específico (o *conceito de um objeto específico*) pertence ou não a certa classe de objetos (ao *conceito de classe de objetos*) – pelas razões já explicadas nos itens "a" e "b". O fato de não haver um consenso quanto à atribuição das características definitórias de um conceito é uma dificuldade existente em todas as áreas do conhecimento.

em lei complementar" (art. 156 – conceitos relativos à competência ordinária discriminada dos Municípios).

Bulhões Pedreira também perfilha esse mesmo entendimento e leciona de maneira firme e elucidativa:

> A Constituição Federal autoriza a União a impor tributos sobre a 'renda e proventos de qualquer natureza'. No exercício do Poder Legislativo cabe ao Congresso Nacional definir, na legislação ordinária, o que deve ser entendido por renda, para efeitos de tributação. Mas ao definir a renda tributável o Congresso Nacional tem o seu poder limitado pelo sistema constitucional de distribuição do poder tributário, e fica sujeito à verificação, pelo Poder judiciário, da conformidade dos conceitos legais com os princípios da Constituição. O Congresso pode restringir ou limitar o conceito de renda e proventos de qualquer natureza constante da Constituição, mas não ampliá-lo além dos limites compatíveis com a distribuição constitucional de rendas.[12]

Roque Carraza, após asseverar que "há uma noção constitucional de renda, que não pode ser desconsiderada pelo legislador infraconstitucional (seja o complementar nacional, seja o ordinário federal)", chama a atenção para a importância da rigidez do sistema constitucional tributário brasileiro:

> [...] se admitirmos que o legislador federal é livre para colocar na hipótese de incidência da regra que cria *in abstracto* o IR um fato qualquer (p. ex., o recebimento de indenizações), estaremos, por igual modo, admitindo que o Congresso Nacional pode alargar a competência tributária da União definida na Carta Suprema. Isto é juridicamente um absurdo, em face da rigidez do sistema constitucional tributário brasileiro.

E complementa: "Em suma, não é dado ao legislador ordinário federal considerar o que quiser como sendo 'renda' e 'proventos', sob pena de ele próprio demarcar sua competência tributária neste campo."[13]

José Eduardo Soares de Mello, que igualmente adota esse entendimento, esclarece que "a pessoa política competente, segundo concebemos, deve estruturar o quadro normativo de conformidade com a diretriz básica

---

[12] Imposto de renda, p. 2-16.
[13] *Curso de direito constitucional tributário*, p. 581-582.

constitucional sob pena de desnaturar o comando ínsito do imposto." E complementa: "No caso do imposto de renda a distorção seria patente se fosse nominado fato gerador do tributo a propriedade do imóvel de forma singela, sem se cogitar de proveitos monetários decorrentes de sua utilização, ou mesmo situações estranhas à capacidade contributiva (caso de mera locomoção de pessoa)." [14]

Portanto, levando em conta a necessidade de se considerar que a Constituição da República utiliza palavras com o fim de transmitir uma mensagem com sentido, com o propósito de designar algum conceito, o qual possui limites máximos, mesmo sendo conceito do tipo *indeterminado*, considerando a existência do rígido sistema constitucional de repartição da competência tributária existente no Brasil, pode-se asseverar que há uma necessidade lógico-jurídica de se conceber que:

> Um – a Constituição da República prescreve um conceito de "renda e proventos de qualquer natureza" como base tributável, isto é, existe um conceito constitucional de "renda e proventos de qualquer natureza", que poderá ser constituído em critério material do antecedente ("fato gerador") e em parte do critério material do consequente ("base de cálculo") da norma do respectivo imposto; e
>
> Dois – o conceito constitucional de "renda e proventos de qualquer natureza" como base tributável (como todo e qualquer conceito) apresenta limites máximos, insuperáveis, de modo a permitir que ele seja diferençado de outros conceitos que igualmente servirão como base tributável ("fato gerador" e "base de cálculo") de outros impostos.

Demonstrada a necessidade lógico-jurídica de se considerar que existe um conceito constitucional de "renda e proventos de qualquer natureza" como base tributável, surge a questão: como é possível, a partir do texto constitucional, definir esse conceito?

Esse processo de construção da definição do conceito constitucional "renda e proventos de qualquer natureza" como base tributável será explicitado logo adiante. Antes, porém, será enfrentado um fenômeno que dificulta essa tarefa definitória, qual seja: a ambigüidade por polissemia referente à utilização das palavras "renda" e "proventos" no texto constitucional.

---

[14] *Imposto de renda e proventos de qualquer natureza*, p. 300.

2.1.2. Os enunciados da constituição relativos aos vocábulos "renda" e "proventos" – casos de ambiguidade por polissemia[15]

A atividade aqui desenvolvida tem como finalidade a investigação do conceito da expressão constitucional "renda e proventos de qualquer natureza" qualificadora de uma espécie de imposto de competência da União Federal (art. 153, III – CRFB). Um procedimento que necessariamente deve ser levado a termo para alcançar esse objetivo é o concernente à pesquisa do sentido (acepção) em que as palavras "renda" e "proventos" foram utilizadas na Constituição. É conveniente, também, apreciar o sentido do termo "rendimento" utilizado na Carta Magna, em função de sua íntima ligação com aquelas expressões, especialmente em matéria tributária. Sem pretender ser exaustivo, far-se-á uma síntese dessas utilizações tanto no texto constitucional original quanto no texto decorrente de emendas constitucionais aprovadas. [16]

PRIMEIRO – Vocábulo "RENDA"

O termo "renda" (expresso tanto no singular quanto no plural) aparece no texto original da Constituição 17 vezes (artigos: 30, III; 43, § 2º, IV; 48, I; 150, VI, a, c, § 2º, § 3º, § 4º; 151, II; 153, III, § 2º, II; 157, II; 158, I; 159, I, § 1º; 192, VII, 201, II). [17]

Tendo apenas o texto original como referência, uma primeira conclusão parece incontestável: há ambiguidade por polissemia referente à utilização do vocábulo "renda". Esse mesmo termo é utilizado em 6 diferentes sentidos, quais sejam:

a) o de *receita pública auferida, arrecadada, de natureza tributária ou não* – aparece com este sentido por 2 vezes nos artigos – 30, III; e 48, I.

---

[15] A atribuição de nomes aos objetos é estabelecida de forma artificial, arbitrária. Ocorre que, em determinadas situações, uma mesma palavra designa mais de um significado. Quando isso acontece, diz-se que há ambigüidade (sentido duvidoso) por polissemia (pelo fato de uma mesma palavra ser usada em mais de um sentido, designar mais de um objeto).

[16] Em função do exclusivo propósito de identificação do sentido em que os termos "renda" e "proventos" foram utilizados, não serão analisadas possíveis inconstitucionalidades envolvendo emendas constitucionais, pois isso extrapolaria o âmbito dessa investigação.

[17] Daqueles dispositivos citados, dois tiveram sua revogação prevista, são eles: o inciso II do § 2º do art. 153 – de acordo com a redação da Emenda Constitucional nº 20/98; e o inciso II do art. 201 – de acordo com a redação da Emenda Constitucional nº 20/98.

b) o de *renda regional* – que significa o somatório das remunerações atribuídas aos fatores de produção de uma determinada região do país e que equivale, no âmbito nacional, ao conceito de *renda nacional*, a qual é informada pelo Produto Nacional Bruto – aparece com este sentido por 2 vezes nos artigos – 43, § 2º, IV; e 192, VII.

c) o de *poder aquisitivo de certa pessoa* – capacidade de um indivíduo (no caso, do segurado) adquirir bens ou serviços; conceito que não se confunde com o de renda *per capta* (parcela da renda nacional equivalente à sua divisão pelo número de habitantes de um país); a "renda *per capta*" representa uma média da "renda" (enquanto parte da renda nacional) dos habitantes de um país, não se confundindo com "poder aquisitivo de certa pessoa" (o segurado) – aparece com este sentido por 1 vez no artigo 201, II.

d) o de *remuneração de títulos públicos* – aparece com este sentido por 1 vez no artigo 151, II.

e) como *base tributável* (presente na expressão "imposto sobre a renda e proventos de qualquer natureza") – aparece com este sentido por 5 vezes nos artigos – 153, III; 157, I, 158, I; 159, I; 159, § 1º.

f) com o sentido que pode ser equivalente ao de *base tributável* ou que pode ser o de *somatório de remunerações e ganhos* (de *rendimentos*) – é usado isoladamente (sem estar contido na expressão "imposto sobre a renda e proventos de qualquer natureza") no (sub)contexto do Sistema Tributário Nacional da Constituição em outras 6 oportunidades (artigos: 150, VI, a, c, § 2º, § 3º, § 4º; 153, § 2º, II).

SEGUNDO – Vocábulo "PROVENTOS"

O termo "proventos" (que só é utilizado no plural) aparece no texto original da Constituição 16 vezes (artigos: 40, I, II, III, a, b, c, d, § 4º, § 5º; 93, VI; 151, II; 153, III; 157, I; 158, I; 159, I, § 1º; 201, § 6º).[18]

Há ambiguidade por polissemia referente à utilização do vocábulo "proventos" no texto constitucional. Esse termo é utilizado em 2 sentidos, quais sejam:

a) de *remuneração relativa à aposentadoria* – nos artigos – 40, I, II, III, a, b, c, d, § 4º, § 5º; 93, VI; 151, II; 153, III; 201, § 6º.

---

[18] Dos dispositivos citados, os seguintes artigos tiveram sua redação alterada pela EC 20/98: 40, I, II, III, a, b, c, d, § 4º, § 5º; 93, VI; e 201, § 6º.

b) como *base tributável* (presente na expressão "imposto sobre a renda e proventos de qualquer natureza") – nos artigos – 153, III; 157, I; 158, I; 159, I, § 1º.

TERCEIRO – Vocábulo "RENDIMENTO"

O termo "rendimento" (expresso tanto no singular quanto no plural) aparece no texto original da Constituição 10 vezes (artigos: 145, § 1º; 150, II; 153, § 2º, II; 155, II; 157, I; 158, I; 201, § 5º; 217, II; 239, § 3º; e no ADCT – art. 53, II).

Também há ambiguidade por polissemia referente à utilização do vocábulo "rendimento" no texto constitucional. Ele é utilizado em 2 sentidos diversos, quais sejam:

a) de *remuneração ou ganho* – artigos – 145, § 1º; 150, II; 153, § 2º, II; 155, II; 157, I; 158, I; 201, § 5º; 239, § 3º; e no ADCT – art. 53, II;

b) de *eficiência* ou de *índice técnico* referente a determinada espécie de desporto – art. 217, II.

Uma vez examinadas as diferentes acepções dos vocábulos "renda", "proventos" e "rendimento" (e "rendimentos") no texto original da Constituição da República, é mister tecer alguns comentários.

O texto da Constituição produzido pelo próprio Poder Constituinte Originário, em função de ser isento de quaisquer inconstitucionalidades provenientes de emendas constitucionais, assume papel preeminente no sistema jurídico brasileiro. Analisar esse texto é o primeiro passo a ser seguido no sentido da construção dos conceitos constitucionais, em especial o de *renda* como base tributável (sentido amplo).

Está patente que a Constituição Originária já apresenta ambiguidades por polissemia referente à utilização dos vocábulos "renda", "proventos" e "rendimento". Tal fato acaba por dificultar a definição dos respectivos conceitos. A consideração do contexto constitucional é o procedimento recomendado para afastar esse tipo de ruído do processo de construção de sentido.

Entretanto, esse procedimento (consideração do contexto constitucional), apesar de ser útil e relevante para afastar as ambiguidades por polissemia e avançar no processo de construção de sentido, não é suficiente para superar o problema da **imprecisão do conceito** *renda e proventos de qualquer* *natureza* como base tributável, que, por certo, é um relevante obstáculo a ser superado a fim de que finalmente seja construída a respectiva definição.

Ressalta-se que, mesmo para construir, de forma superficial e preliminar, os diferentes sentidos dos vocábulos "renda", "proventos" e "rendimento", foi preciso adotar certos (pré)conceitos de outros distintos objetos, estranhos ou não à matéria tributária, que acaso se pretendesse desenvolver um processo de construção de sentido de forma mais minuciosa, ter-se-iam outras tantas dificuldades.

2.1.3. A definição do conceito constitucional de renda como base tributável

O ponto a ser esclarecido adiante é o de se explicitar como, a partir do texto constitucional, é possível construir a definição do conceito de renda como base tributável, considerando que a Constituição não apresenta essa definição.[19]

Resolver desse dilema, sem incorrer em um discurso meramente retórico, demanda a adoção de relevantes premissas a seguir enunciadas:

uma – o conjunto de normas jurídicas construídas a partir da Constituição da República Originária (não a derivada) é a norma-origem do Direito Positivo Brasileiro – premissa fundamental;

duas – a Constituição da República veicula tanto normas de competência (normas de produção normativa ou de estrutura) quanto normas de conduta;

três – as unidades do sistema jurídico são as normas jurídicas; os denominados princípios jurídicos estão contidos no antecedente ou no consequente das normas jurídicas;

quatro – os princípios jurídicos gerais e os tributários que estão contidos em normas constitucionais de produção normativa apresentam uma elevada importância no processo de construção das normas tributárias, em especial, da norma do imposto sobre a renda e proventos de qualquer natureza;

cinco – as imunidades, que estão contidas no antecedente de normas constitucionais de produção normativa (as que informam a produção de normas tributárias), representam fundamentos constitucionais de validade para as normas tributárias, em especial para a norma do imposto sobre a renda e proventos de qualquer natureza;

---

[19] Reitera-se que o termo *definição* está usado com o sentido de enunciação – exteriorização por meio de linguagem – da operação mental de demarcação do âmbito de um conceito.

seis – os termos "renda" e "proventos" são usados de forma ambígua (ambiguidade por polissemia) na Constituição da República;

sete – a Constituição da República institui um rígido sistema de repartição da competência tributária entre as Pessoas Constitucionais, no qual se vislumbram três espécies de competência relativas aos impostos – a ordinária discriminada (denominada "privativa"), a ordinária não discriminada (denominada "residual") e a extraordinária;

oito – o sistema constitucional de competência tributária referente aos impostos tem como ponto de sustentação a competência tributária ordinária discriminada, a qual se caracteriza por determinar as diferentes situações de fato que, em condições normais (ordinárias), poderão ser constituídas, de forma privativa, com exclusividade, em critério material do antecedente ("fato gerador") e em parte do critério material do consequente ("base de cálculo") das respectivas normas de imposto por cada uma das Pessoas Constitucionais;

nove – o fato de se poder considerar que a expressão "renda e proventos de qualquer natureza" como base tributável representa um conceito indeterminado (como ocorre com a maior parte dos conceitos) não implica reconhecer que se trata de um conceito vazio, sem sentido, sem limites máximos, nem permite deduzir que o legislador infraconstitucional possui total liberdade para definir aquele conceito, pois se existe um conceito, há características definitórias que informam seus limites, que permitem identificá-lo e diferençá-lo de outros conceitos.

dez – é imprescindível considerar que a Constituição, ao descrever aquelas "situações de fato" que conformam a competência ordinária discriminada, assume que elas possuem um conceito que apresenta limites máximos (os quais, p. ex., permitem não confundir o fato "renda e proventos de qualquer natureza" com o fato "propriedade territorial rural", ou com o fato "propriedade de veículos automotores", ou com o fato "serviços de qualquer natureza"); se assim não fosse, o sistema de repartição constitucional de competência tributária concernente aos impostos (bem como a própria Constituição) seria um nada jurídico, o que representaria um absurdo, sendo certo que interpretações absurdas devem ser veementemente repudiadas.

É fundamental assentar que a Constituição da República se apresenta em forma de texto, que, por sua vez, é composto por palavras. As palavras são signos simbólicos que exprimem um significado. As palavras são a expressão verbal de conceitos. Portanto, para que seja possível considerar que a Constituição da República apresenta um texto com algum sentido, é necessário compreender que as palavras que o integram representam conceitos, os quais apresentam limites máximos. Em outros termos, a consideração de que a Constituição da República veicula conceitos com limites máximos é pressuposto necessário para a existência de um sistema com sentido; um sistema que não seja um nada jurídico.

Se o texto constitucional brasileiro não apresenta qualquer definição dos conceitos por ele veiculados, se a Constituição representa a norma fundamental do Direito Positivo Brasileiro e se ela não apresenta a definição de seus conceitos, há a necessidade de se conceber o conceito (o sentido) dos termos por ela utilizados e elaborar a respectiva definição[20]. Assim, a construção da definição de "renda e proventos de qualquer natureza" como base tributável demanda que se aplique um rigoroso método, a seguir proposto:

a) em primeiro lugar, há que se investigar o contexto em que a expressão "renda e proventos de qualquer natureza" se encontra utilizada na Constituição. Essa é uma forma adequada para tentar afastar os problemas relativos à ambiguidade por polissemia (atividade realizada no item anterior – item III.1.2);

b) em segundo lugar, deve-se perquirir, numa perspectiva pré-constitucional, quais os limites máximos que a comunidade estabelece para esse conceito. Para tanto, é preciso não se limitar a quaisquer realidades jurídicas específicas (seja a inaugurada pela Constituição vigente seja a decorrente de qualquer Constituição anterior), e buscar nos discursos teóricos sobre o tema as características definitórias que possibilitam a construção de uma definição pré-jurídico--positiva suficientemente ampla para compreender as diferentes concepções existentes; e

c) em terceiro lugar, tomando essa definição teórica extremamente ampla apenas como ponto de partida, é preciso combiná-la com todos os enunciados prescritivos originais da Constituição da República de 1988, a fim de construir (definir) um conceito amplo de

---

[20] Elaborar essa definição do conceito de "renda e proventos de qualquer natureza" tem seu papel no tempo e no espaço, o que significa admitir que tal conceito e, por consequência, a sua definição possa vir a sofrer alterações, ante a ocorrência de mudanças morais, sociais, culturais, econômicas etc.

"renda e proventos de qualquer natureza" como base tributável que seja o resultado da reunião de todos os valores constitucionalmente positivados.

Esse método (aplicável a todos os conceitos constitucionais relacionados às materialidades objeto de tributação) possibilitará uma melhor compreensão desse complexo fenômeno interpretativo, em que, a partir de palavras (signos simbólicos), chega-se a conceitos. É oportuno lembrar a lição de BOBBIO: "interpretar significa remontar do signo (signum) à coisa significada (designatum), isto é, compreender o significado do signo, individualizando a coisa por este indicada".[21]

Pelo método proposto, o primeiro passo é o da consideração do contexto em que a expressão "renda e proventos de qualquer natureza" está utilizada na Constituição. Os termos "renda" e "proventos" são usados de forma isolada na Constituição com acepções diferentes das que eles possuem quando aparecem em conjunto na locução "renda e proventos de qualquer natureza" (no art. 153, III, por exemplo). Essa expressão qualifica uma determinada espécie de imposto. Logo, a definição a ser construída tem que estar relacionada com as disposições constitucionais sobre tributos, mais especificamente, sobre impostos e, mais especificamente ainda, sobre o imposto sobre a renda e proventos de qualquer natureza. Todas as demais acepções que estejam fora desse campo semântico devem ser desprezadas.

O segundo passo é o da investigação dos limites máximos do conceito "renda e proventos de qualquer natureza" (como base tributável) segundo as diferentes concepções teóricas sobre o tema, não se limitando a qualquer realidade jurídica específica (seja a inaugurada pela Constituição de 1988, seja a decorrente de qualquer Constituição anterior). Trata-se de medida indispensável para uma coerente construção do conceito constitucional de Renda, pois:

a. e a premissa fundamental que informa a construção do sistema jurídico brasileiro é a de que o conjunto de normas jurídicas construídas a partir da Constituição da República Originária (não a derivada) representa a norma-origem do Direito Positivo Brasileiro;

---

[21] Norberto Bobbio, *O Positivismo Jurídico – lições de filosofia do direito*. São Paulo: Ícone, 1995. p. 212.

b. se o conjunto das normas constitucionais representa o fundamento de validade de todas as demais normas do sistema;
c. se apenas as normas que estejam de acordo com o previsto na nova Constituição são recepcionadas;
d. se para determinar as normas que foram recepcionadas pela nova Constituição é preciso que anteriormente sejam construídas as normas constitucionais, que por sua vez dependem da prévia construção dos conceitos constitucionais;
e. então é logicamente inadmissível que se interprete a nova Constituição (que inaugura e fundamenta um novo sistema jurídico) segundo a Constituição revogada ou segundo a legislação infraconstitucional recepcionada ou produzida de acordo com a Constituição revogada.

Dessarte, parece um equívoco metodológico afirmar que a Constituição de 1988, por ter adotado o nome "imposto sobre a renda e proventos de qualquer natureza", que já havia sido adotado na Constituição de 1934, na Constituição de 1946 (a qual vigia quando do advento do CTN) e também na de 1967, acabou por conferir status constitucional à definição contida no art. 43 do CTN (mais que recepção, ter-se-ia uma constitucionalização de tal definição).

Vale lembrar que, em rigor, o fenômeno da recepção não implica a simples absorção de normas anteriores. Pela *recepção* as normas anteriores não permanecem materialmente iguais. A nova Constituição representa um novo e fundamental conjunto normativo, que é composto e informado por novos valores e por novos conceitos. Assim, quando se diz que normas antigas são recepcionadas, isso designa um processo um pouco mais complexo. O intérprete, a partir de enunciados prescritivos já existentes anteriormente (leis, decretos etc.), (re)constrói as (novas) normas jurídicas, agora atendendo o disposto pela nova realidade constitucional. Esse modo de compreender o fenômeno da recepção reforça a necessidade de, preliminarmente, serem construídos os conceitos e as normas constitucionais, para somente depois cogitar da recepção.[22]

---

[22] José Afonso da Silva, ao tratar desse fenômeno, afirma que "não se trata de mera recepção fria e passiva, porque, em verdade, como se disse acima, há uma recriação, uma revivificação" (*Aplicabilidade das normas constitucionais*. São Paulo: Malheiros, 1998, p. 219). Luís Roberto

Há mais um importante aspecto a ser ressaltado. Considerar que a definição do conceito constitucional de Renda deve ser buscada no disposto no art. 43 do CTN implica a defesa de uma absurda regra interpretativa, qual seja: a Constituição deve ser interpretada segundo a legislação infraconstitucional anterior. Isso contraria o primado fundamental já por diversas vezes repetido: a Constituição, por veicular as normas de máxima hierarquia do sistema, inaugura uma nova realidade normativa – Princípio da Supremacia da Constituição. Além disso, coloca às avessas o consequente Princípio da interpretação das leis conforme a Constituição. Como bem leciona CANOTILHO: "teríamos, assim, a legalidade da constituição a sobrepor-se à constitucionalidade da lei."[23]

Com esse esclarecimento de cunho metodológico, torna-se imperioso investigar os limites máximos do conceito *renda e proventos de qualquer natureza* (como base tributável) segundo as diferentes concepções teóricas sobre o tema, não se limitando a qualquer realidade jurídica específica (seja a inaugurada pela Constituição vigente, seja a decorrente de qualquer Constituição anterior).

Tive a oportunidade de apreciar concepções teóricas sobre o conceito Renda de 51 autores (nacionais e estrangeiros), sendo a mais antiga do ano de 1775[24] (ADAM SMITH).[25] A partir da análise dessas teorias sobre o conceito Renda, produzidas durante longo período de experiência e de maturação (mais de 200 anos), restou evidenciado que há basicamente três

---

Barroso também destaca esse entendimento: "É preciso atentar, aqui, que, embora o texto da norma recepcionada permaneça o mesmo, poderá ela merecer uma leitura e interpretação diversas quando o novo ordenamento esteja pautado por princípios e fins distintos do anterior" (*Interpretação e aplicação da Constituição*. São Paulo: Saraiva, 1998, p. 66 e segs.). Do mesmo modo, posiciona-se Jorge Miranda, que prefere o termo *novação* ao termo *recepção*: "As normas legais e regulamentares vigentes à data da entrada em vigor da nova Constituição têm de ser reinterpretadas em face desta e apenas subsistem se conformes com as suas normas e os princípios" (*Manual de direito constitucional*, tomo 2, p. 243).

[23] J.J. Gomes Canotilho. *Direito constitucional*. Coimbra: Livraria Almedina, 1991, p. 243.

[24] A um dos precursores dessa concepção é ADAM SMITH. Esse autor, em sua renomada obra *A riqueza das nações*, cuja primeira edição remonta ao ano de 1775, distinguiu *capital* de *renda*. Aquele é a riqueza que se emprega com o intento de produzir. Esta é a riqueza que se usa para satisfazer as necessidades dos indivíduos. Renda é uma riqueza nova que deriva de uma fonte produtora. Em sua linguagem, renda propriamente dita é o produto que decorre da terra, denominando salário quando a fonte é o trabalho, de lucro quando deriva de capital empregado por seu dono e de interesse quando provém do uso do capital emprestado a um terceiro.

[25] *Imposto sobre a renda: requisitos para uma tributação constitucional...*, idem, pp. 119 e segs.

grandes correntes teóricas (de índole jurídica ou econômica): a da renda-produto, a da renda-acréscimo patrimonial e a legalista.

A teoria legalista, em sua versão mais pura ou estrita, por negar a existência de um conceito constitucional de Renda, não suscita a apresentação de outros comentários além dos já realizados, pelo que deve ser deixada de lado.

A denominada teoria da *renda-produto*, em rigor, é composta por concepções teóricas de diferentes matizes. Segundo uma concepção mais ampla dessa corrente teórica, renda é o produto (riqueza nova, acréscimo patrimonial) decorrente de uma atividade produtiva. Outros critérios, com relação aos quais há divergência, são apontados por diferentes autores, tais como, o de decorrer de uma fonte produtiva durável ou permanente e o de ser periódica.[26]

A denominada teoria da *renda-acréscimo patrimonial* também apresenta um núcleo comum e concepções específicas. De acordo com uma perspectiva mais ampla dessa corrente teórica, renda é um acréscimo patrimonial, ainda que representativo de um mero acréscimo no valor de itens do patrimônio, sendo irrelevante, para tanto, o fato de decorrer ou não de uma atividade produtiva.[27]

Percebe-se que a teoria da *renda-acréscimo patrimonial*, se comparada à teoria da *renda-produto*, apresenta uma concepção mais ampla do que seja *renda* (em sentido amplo – correspondente a "renda e proventos de qualquer natureza" –, como base tributável). Do escorço dessas teorias, pode-se,

---

[26] Sobre a referida divergência, o requisito *decorrer de uma fonte produtiva durável* ou *permanente* não é mencionado por vários autores. ALLIX (1926) e LECERCLE (1926) são taxativos ao afirmarem que não há fonte que não se extinga. O requisito *ser periódica* também não é essencial para todos. ADAM SMITH (1775) o considera desnecessário, mas não admite os ganhos de capital como sendo renda. EDWIN SELIGMAN (1911), BATTISTELLA (1912) e HENRY LAUFENBURGER (1950) também afastam tal requisito e incluem os ingressos acidentais (p. ex., ganhos de capital) no âmbito do conceito renda.

[27] Apesar de haver grande divergência quanto à consideração de se poder considerar renda o acréscimo patrimonial decorrente de mero aumento no valor do patrimônio, importantes autores assim se posicionam, tais como: JEAN SAY (1803), ALFRED MARSHALL (1890), IRVING FISHER (1906), RICCI (1914), ROBERT HAIG (1921), HENRY SIMONS (1938), BENVENUTO GRIZIOTTI (1931), EZIO VANONI (1945) e RAMÓN VALDÉS COSTA (1962). Importa ressaltar que essa corrente doutrinária, a fim de que não se distorça o conceito de renda, considera relevante para a apuração do fato Renda (acréscimo no valor patrimonial) tanto a valorização (fato-acréscimo) quanto a desvalorização (fato-decréscimo) de itens do patrimônio.

nesse momento (ainda pré-constitucional), apresentar a seguinte definição (bastante ampla, mas com limites máximos) de renda para fins tributários:

Renda é o acréscimo de valor patrimonial (riqueza nova, acréscimo de riqueza), informado pela obtenção de produto, pela ocorrência de fluxo de riqueza ou pelo simples aumento no valor do patrimônio, de natureza material ou imaterial, acumulado ou consumido, que decorre ou não de uma fonte permanente, que decorre ou não de uma fonte produtiva, que não necessariamente está realizado, que não necessariamente está separado, que pode ou não ser periódico ou reprodutível, normalmente líquido, e que pode ser de índole monetária ou em espécie.

Essa definição preliminar e extremamente ampla apenas serve de ponto de partida para a terceira e última etapa a ser percorrida no sentido da construção da definição do conceito constitucional "renda e proventos de qualquer natureza" como base tributável. Agora, será preciso combinar essa definição preliminar e extremamente ampla com as demais prescrições da Constituição da República de 1988, a fim de construir a definição do conceito amplo de "renda e proventos de qualquer natureza" como base tributável, que represente o resultado da ponderação dos valores constitucionalmente adotados.

Sem ter a pretensão de esgotar o universo dos valores que estão presentes na Constituição e que informam as normas constitucionais de competência relativas ao IR, em especial, que informam o conceito "renda e proventos de qualquer natureza" nelas contido, importa destacar aqueles princípios constitucionais mais relevantes para a construção do conceito "renda e proventos de qualquer natureza", que são os mesmos que afetam os elementos, constitucionalmente referidos, "fato gerador" (com rigor, critério material do antecedente) e "base de cálculo" (um dos aspectos do critério material do consequente) que integram a norma ordinária do IR. De um modo mais analítico: o conceito constitucional "renda e proventos de qualquer natureza" integra o antecedente (o aspecto declaração prescritiva) da norma constitucional de competência que estabelece os requisitos para a criação da norma complementar de competência relativa ao IR; essa norma constitucional informará indiretamente (por meio desta norma complementar) o critério material do antecedente – o *fato gerador* (abstrato) – e um dos aspectos do critério material quantitativo do consequente – a *base de cálculo* – da norma ordinária do IR.

Os princípios constitucionais mais determinantes para a construção do conceito "renda e proventos de qualquer natureza" parecem ser:

a) o da Igualdade[28],
b) o da Universalidade[29],
c) o da Capacidade Contributiva Objetiva[30],

[28] Princípio Constitucional da Igualdade é o complemento, necessário (sempre presente) e condicionante (pois limita o conteúdo), do aspecto declaração prescritiva do antecedente de toda norma constitucional de produção normativa, portador de elevada carga axiológica, o qual determina que norma jurídica (válida, constitucional) poderá ser produzida, tratando igual ou desigualmente pessoas e coisas, desde que o critério de classificação eleito para igualar ou desigualar e a medida da igualdade ou da desigualdade no tratamento normativo estejam informados pelos valores presentes na Constituição da República, e que tal medida seja direta e racionalmente proporcional ao critério de classificação eleito. O Princípio Constitucional da Igualdade, que repugna todas as desigualdades e privilégios odiosos, conforma o conceito "renda e proventos de qualquer natureza", à medida que estabelece como regra, salvo disposição constitucional em contrário, a inclusão nesse conceito de todos os fatos (positivos e negativos) que contribuam para a identificação de acréscimos patrimoniais. Desse modo, fica reforçada a concepção do *patrimônio* como sendo uma universalidade e uma unidade, ou seja, patrimônio é o conjunto único (unidade) composto por todos (universalidade) os direitos subjetivos e de todos os deveres jurídicos avaliáveis em moeda (direitos e obrigações patrimoniais). Cogitar de pseudodiferentes patrimônios (ao menos em matéria relativa ao IR) importaria fomentar possíveis desigualdades sem qualquer fundamento constitucional, o que evidentemente caracterizaria flagrante hipótese de inconstitucionalidade.

[29] Pelo Princípio da Universalidade (corolário do da igualdade) o conceito "renda e proventos de qualquer natureza" deve ser resultado da combinação de todo e qualquer fato (positivo e negativo) que possa informar a ocorrência de acréscimo de valor do patrimônio. Ressalta-se, assim, a necessidade de se considerar tanto o aspecto da universalidade – devem-se computar todos os fatos inerentes a uma pessoa que impliquem o aumento ou a diminuição de valor do seu patrimônio –, quanto o aspecto da unidade – pois, ao se cogitar o conceito acréscimo de valor patrimonial, é preciso ter em conta que patrimônio significa conjunto de direitos subjetivos e deveres jurídicos economicamente apreciáveis, isto é, avaliáveis em moeda, que uma pessoa é titular, sendo inadmissível, especialmente em matéria de IR, pensar em: a) uma pessoa como sendo titular de "diferentes patrimônios"; ou b) grupos de diferentes fatos que impliquem o aumento ou a diminuição de valor de "diferentes patrimônios". Essas situações importariam ofensa direta aos Princípios da Igualdade e da Universalidade, pois possibilitariam o surgimento de privilégios odiosos ou de tratamentos discriminatórios e iníquos, que acabariam por distorcer o conceito "renda e proventos de qualquer natureza", o que, conseqüentemente, caracterizaria flagrante hipótese de inconstitucionalidade.

[30] Princípio Constitucional da Capacidade Contributiva Objetiva é o complemento, necessário e condicionante, do aspecto declaração prescritiva do antecedente da norma constitucional de produção normativa (que dispõe sobre a criação de normas impositivas de imposto), portador de elevada carga axiológica, o qual exige que o antecedente da norma impositiva de imposto

CURSO DE DIREITO TRIBUTÁRIO BRASILEIRO

d) o da Capacidade Contributiva Subjetiva (considerado por alguns como sinônimo de Princípio da Pessoalidade)[31],

e) o do Mínimo Existencial[32]; e

f) o da Vedação da Utilização de Tributo com efeito de Confisco[33].

É interessante notar que os Princípios do Mínimo Existencial e da Vedação da Utilização de Tributo com efeito de Confisco encontram-se intimamente relacionados com o Princípio da Capacidade Contributiva Subjetiva: a capacidade contributiva tem início quando se supera o limite do mínimo existencial e não mais existe quando se alcança o efeito confiscatório.

descreva um fato que ostente sinal de riqueza pessoal, e que o seu conseqüente prescreva a conduta (obrigatória) de o titular desta riqueza de entregar parte dela ao Estado

[31] Princípio Constitucional da Capacidade Contributiva Subjetiva é o complemento necessário e condicionante, do aspecto declaração prescritiva do antecedente da norma constitucional de produção normativa (que dispõe sobre a criação de normas tributárias), portador de elevada carga axiológica, segundo o qual, ao se determinar a carga de tributos a ser suportada por alguém, devem-se levar em consideração as respectivas características pessoais (nível de riqueza, estado civil, encargos de família, estado de saúde pessoal e familiar etc.), com o propósito de fazer com que cada um participe, de maneira equânime, no financiamento do Estado. É corrente a afirmação de que *o imposto sobre a renda e proventos de qualquer natureza é o imposto pessoal por excelência*, que *é o imposto que melhor retrata a real capacidade contributiva de um indivíduo*. Isso se dá pelo fato de certos critérios da norma do IR possibilitarem a consideração de características pessoais, que permitem a aferição da justa e adequada carga tributária a ser suportada, em função das condições econômicas e pessoais de cada contribuinte. Essa possibilidade não tem relação apenas com os critérios pessoais (do antecedente e do conseqüente) da norma do IR, mas também com o critério material do antecedente ("fato gerador" abstrato) e a base de cálculo (no critério material quantitativo do conseqüente), ou seja, envolve peculiaridades do próprio conceito constitucional "renda e proventos de qualquer natureza".

[32] Princípio do Mínimo Existencial é o complemento, necessário e condicionante, do aspecto declaração prescritiva do antecedente da norma constitucional de produção normativa, portador de elevada carga axiológica, que estabelece, como requisito de validade das normas jurídicas, que estas possuam um conteúdo que seja consonante com a finalidade de se garantir ou de se proporcionar a cada pessoa um mínimo de riqueza que lhe permita atender as necessidades vitais básicas ou preservar a existência, tanto as próprias quanto as de sua família, com dignidade.

[33] Princípio da Vedação da Utilização de Tributo com efeito de Confisco é o complemento, necessário e condicionante, do aspecto declaração prescritiva do antecedente da norma constitucional de produção normativa, portador de elevada carga axiológica, que estabelece, como requisito de validade de normas jurídicas tributárias, a proibição de se instituir tributo que, por si só ou em conjunto, ofenda diretamente o direito de propriedade em sentido amplo (isto é, qualquer direito subjetivo patrimonial avaliável em moeda) ou viole a liberdade de se exercer uma atividade produtiva lícita, por inviabilizar a prática da mesma.

A partir dessa assertiva, é possível construir um raciocínio que permitirá determinar quais são os fatos (positivos e negativos) que determinarão a ocorrência ou não do fato "renda e proventos de qualquer natureza".

Tendo em vista o propósito de se construir uma definição ampla do conceito "renda e proventos de qualquer natureza" e atendendo o que dispõe o princípio da Universalidade, pode-se concluir, sem maiores hesitações, que devem ser considerados todos os fatos (positivos) que contribuem para a ocorrência de acréscimos do valor do patrimônio. Esse tem sido o posicionamento corrente da doutrina (especialmente a que adota a teoria da renda-acréscimo patrimonial).

A dificuldade surge quando se procura identificar quais são os fatos (negativos) que contribuem para a ocorrência de decréscimos do valor do patrimônio. O conceito "renda e proventos de qualquer natureza" é informado por fatos (positivos) que contribuem para o acréscimo e fatos (negativos) que contribuem para o decréscimo do valor do patrimônio (doravante também designados simplesmente "fatos-acréscimos" e "fatos-decréscimos", respectivamente). Trata-se de uma fórmula em que o fato "renda e proventos de qualquer natureza" é o resultado positivo da combinação dos fatos-acréscimos e dos fatos-decréscimos.

É evidente que os fatos-decréscimos (normalmente chamados de despesas, custos, gastos ou perdas) contribuem negativamente para a ocorrência do fato Renda. Torna-se imprescindível determinar quais são os fatos-decréscimos necessariamente dedutíveis (dos fatos-acréscimos) para fins de apuração do fato "renda e proventos de qualquer natureza", os quais são informados, mais diretamente, da combinação dos Princípios da Igualdade, da Capacidade Contributiva Subjetiva, do Mínimo Existencial e da Vedação da Utilização de Tributo com efeito de Confisco.

Por força do Princípio da Igualdade, certos critérios não devem e outros devem ser utilizados pelos sujeitos competentes para estabelecer tratamentos iguais ou desiguais para pessoas e coisas no momento da produção das normas. Um dos critérios que, por força desse princípio, deve ser usado para desigualar é o critério riqueza e seu antônimo, a pobreza. Pelo Princípio da Igualdade, as normas jurídicas devem ordenar o convívio social no sentido da redução das diferenças econômicas entre pobres e ricos, equalizando a distribuição dos direitos subjetivos e deveres jurídicos patrimoniais. Cabe lembrar que esse é um dos "objetivos fundamentais da República Federativa do Brasil", como dispõem expressamente os incisos I a III do art. 3º da Constituição da República (na mesma linha, CRFB – art. 1º – III, art. 5º – LXXVI; art. 23, IX e X; art. 43 e §§; art. 151, I; art.165, § 7º; art. 170, VII etc.).

Portanto, o conceito renda deve ser construído de forma ampla, para que, por meio do respectivo imposto, essa distribuição de riqueza possa ser levada a termo. Como se disse, a amplitude do conceito resulta, é produto, de dois elementos – os fatos-acréscimos e os fatos-decréscimos. Quanto aos primeiros, já se concluiu que todos devem ser computados para fins de apuração do fato renda (sentido amplo). Nessa linha, um raciocínio mais apressado poderia induzir à seguinte ilação: a construção de um conceito amplo de "renda e proventos de qualquer natureza" implica considerar que nenhum fato-decréscimo é necessariamente dedutível.

Essa conclusão – matematicamente acertada – seria tão apressada quanto imprecisa. Ela está eivada por um vício insanável, qual seja: por força do Princípio do Mínimo Existencial, há fatos-decréscimos (despesas, custos, gastos ou perdas) que necessariamente devem ser considerados para os fins de apuração do fato renda. Assim, todos os fatos-decréscimos que se caracterizam por estarem relacionados ao atendimento das necessidades vitais básicas ou à preservação da existência, tanto as próprias quanto as de sua família (no caso das pessoas físicas), com dignidade, devem informar necessariamente o conceito "renda e proventos de qualquer natureza". E mais, apenas surgirá capacidade contributiva (subjetiva) quando alguém for titular de um montante de riqueza que ultrapasse os limites do mínimo existencial.

Em função do exposto, já é possível construir a definição do conceito constitucional "renda e proventos de qualquer natureza" como base tributável:

> *Renda e proventos de qualquer natureza (ou simplesmente Renda) é conceito que está contido em normas constitucionais relativas ao imposto sobre a renda e proventos de qualquer natureza e que designa o acréscimo de valor patrimonial, informado pela obtenção de obtenção de produto, pela ocorrência de fluxo de riqueza ou pelo simples aumento no valor do patrimônio, apurado, em certo período de tempo, a partir da combinação de todos os fatos que contribuem para o acréscimo de valor do patrimônio (fatos-acréscimos) com certos fatos que, estando relacionados ao atendimento das necessidades vitais básicas ou à preservação da existência, com dignidade, tanto da própria pessoa quanto de sua família, contribuem para o decréscimo de valor do patrimônio (fatos-decréscimos).*

Algumas observações sobre essa definição devem ser realizadas.

Tal definição, que foi construída com rigorosa obediência do método anteriormente traçado, aproxima-se, em termos de conteúdo, daquela definição ampla e preliminar anteriormente formulada (final da 2ª etapa). Aproxima-se, mas não é igual. Alguns critérios que lá estavam presentes foram aqui abandonados. São eles: ser "de natureza material ou imaterial, acumulado ou consumido, que decorre ou não de uma fonte permanente, que decorre ou não de uma fonte produtiva, que não necessariamente está realizado, que não necessariamente está separado, que pode ou não ser periódico ou reprodutível, normalmente líquido, e que pode ser de índole monetária ou em espécie".

Agora já é possível afirmar que a expressão "normalmente líquido" (excluída dessa última definição) é saturada de imprecisão, pois não esclarece nem indica os critérios para se apurar a "renda líquida". Dessarte, preferiu-se destacar, na definição, o modo pelo qual se determina o acréscimo de valor patrimonial, isto é, preferiu-se assentar que ele é formado a partir da soma de todos os fatos-acréscimos com certos fatos-decréscimos. E, mais, que os fatos-decréscimos, especialmente por força do Princípio do Mínimo Existencial, são apenas os fatos "que, estando relacionados ao atendimento das necessidades vitais básicas ou à preservação da existência, com dignidade, tanto da própria pessoa quanto de sua família, contribuem para o decréscimo de valor do patrimônio (fatos-decréscimos)". A mesma crítica pode ser feita quanto à expressão "acumulado ou consumido", que é substituída com vantagens pela consideração de a renda ser um acréscimo de valor patrimonial apurado a partir da combinação de fatos-acréscimos com certos fatos-decréscimos.

Os critérios ser "de natureza material ou imaterial, (...), que decorre ou não de uma fonte permanente, que decorre ou não de uma fonte produtiva, que não necessariamente está realizado, que não necessariamente está separado, que pode ou não ser periódico ou reprodutível, (...) e que pode ser de índole monetária ou em espécie" são também inadequados para essa definição. Isso em função de todos eles estarem voltados apenas para os fatos-acréscimos, sendo certo que os fatos-decréscimos são igualmente relevantes para a determinação do conceito "renda e proventos de qualquer natureza".

A expressão "informado pela obtenção de produto, pela ocorrência de fluxo de riqueza ou pelo simples aumento no valor do patrimônio[34]"

---

[34] Reitera-se que, assim como o aumento de valor de item do patrimônio pode ser considerado fato-acréscimo, o decréscimo de valor de item do patrimônio pode ser considerado fato-

foi mantida porque ela esclarece a ampla extensão da locução "acréscimo de valor patrimonial", além de fazer alusão às duas grandes teorias sobre renda como base tributável: as teorias da *renda-produto* e da *renda-acréscimo patrimonial.*

O critério de o acréscimo de valor patrimonial ser apurado "em certo período de tempo" assume relevante papel na definição. Trata-se de critério necessário, já que o fato "patrimônio" pode ser surpreendido de forma instantânea, enquanto o fato "renda e proventos de qualquer natureza", por designar um acréscimo de valor patrimonial, somente pode ser identificado se for considerada a situação do patrimônio de uma pessoa em certo intervalo de tempo. Apenas dessa maneira será possível determinar se, em certo período de tempo, houve acréscimo (Renda) ou decréscimo (prejuízo) patrimonial.

Uma última observação merece ser efetuada. A definição construída aplica-se tanto às denominadas pessoas físicas quanto às denominadas pessoas jurídicas. Entretanto, a parte da definição que se refere a fatos--decréscimos "que, estando relacionados ao atendimento das necessidades vitais básicas ou à preservação da existência, com dignidade, tanto da própria pessoa quanto de sua família, contribuem para o decréscimo de valor do patrimônio (fatos-decréscimos)" deve ser entendida de modo a compatibilizá-la com as características próprias das pessoas jurídicas. Logo, no tocante a estas, não cabe cogitar de fatos-decréscimos relacionados à "sua família". Parece adequado conceber que, no tocante às pessoas jurídicas, a determinação dos fatos-decréscimos que devem ser considerados na apuração do fato renda está relacionada à identificação do objeto social dessa pessoa, pelo que devem ser considerados aqueles fatos-decréscimos necessários ao alcançamento do objeto social da pessoa jurídica.

2.2. Os princípios constitucionais da progressividade e da generalidade

Tais princípios, por não informarem o conceito constitucional de renda, não foram tratados anteriormente. Como será evidenciado adiante, esses princípios informam outros critérios da norma do IR, que não o critério

---

decréscimo. E mais, se, ao estabelecer o método de apuração do fato Renda, aquele for considerado pelo legislador, este, necessariamente, também deverá sê-lo.

material do antecedente nem o critério material do consequente (mais especificamente, a base de cálculo) atinentes ao conceito renda.[35]

O Princípio da Progressividade informa diretamente o critério material quantitativo do consequente da norma tributária, mais especificamente a *alíquota*. Por esse princípio, deverá existir uma graduação crescente, um aumento da alíquota, em função de certo critério constitucionalmente previsto (base de cálculo ou tempo em que se descumpre a função social da propriedade).

A Constituição dispõe expressamente que o imposto sobre a renda será informado pelo critério da progressividade (art. 153, § 2°, I). Nessa hipótese, tal princípio, que informa o critério material quantitativo do consequente da norma do IR, estabelece que haja uma variação ascendente (aumento) da alíquota, à medida que ocorrer um acréscimo da base de cálculo.

Doutrinariamente, há forte discussão (que remonta aos fins do século XVII) acerca da conveniência da tributação progressiva por intermédio do imposto sobre a renda. Na opinião de alguns, o IR ser progressivo no Brasil é extremamente nocivo, levando em conta que se tem uma sociedade que anseia pelo desenvolvimento econômico e social. Segundo esta linha de entendimento, a progressividade provoca os seguintes efeitos danosos: i) desestimulam-se os que são mais esforçados, mais eficientes e mais criativos, que em vez de serem recompensados, acabam sendo punidos com uma carga tributária mais rigorosa, progressiva; ii) desencoraja-se o ingresso de novos capitais e incentiva-se a saída dos existentes que, se fossem aqui mantidos, permitiriam um incremento da produção nacional e, por consequência, ter-se-ia uma maior capacidade de geração de riqueza; iii) provoca-se uma redução no desenvolvimento nacional, em decorrência do menor esforço e da menor eficiência (trabalho), bem como por causa da carência de capitais; iv) prejudica-se o processo de distribuição de riqueza e a possibilidade de o Estado prestar melhores serviços à população, em especial a assistência aos mais carentes, afetando, inclusive, os serviços públicos fundamentais – saúde, educação, segurança, justiça – , em função de a riqueza gerada ser menor; v) agrava-se a situação de subdesenvolvimento econômico-social em que o país se encontra.

---

[35] O princípio da universalidade, como informa diretamente o conceito constitucional de renda, foi objeto de consideração anteriormente.

Os partidários de uma tributação da renda de forma progressiva contra-argumentam e alegam basicamente o seguinte: a) o Princípio da Progressividade é corolário dos Princípios da Capacidade Contributiva (subjetiva), da Igualdade e da Justiça Fiscal, pois obedece a máxima de que cada um deve contribuir à medida de sua possibilidade econômica e essa capacidade aumenta mais que proporcionalmente ao aumento da riqueza de cada um; b) a progressividade possibilita um tratamento mais equitativo entre as pessoas de diferentes níveis de riqueza, pois tende a igualar o sacrifício[36] de cada um ao suportar a carga tributária; c) a progressividade permite a satisfação de um dos objetivos fundamentais da República Brasileira, qual seja, a redução das desigualdades econômicas e sociais (art. 3º, III, CRFB); d) a progressividade atende outro objetivo fundamental da República Brasileira – a construção de uma sociedade livre, justa e solidária (art. 3º, I, CRFB) – pois à medida que a renda aumenta, crescem os gastos com utilidades cada vez mais supérfluas, servindo a progressividade para minorar a desigualdade e injustiça sociais.

Descabe, nesse momento, aprofundar a discussão teórica acerca da conveniência da tributação progressiva da renda em nosso país. Uma coisa é certa: trata-se de princípio jurídico posto de forma expressa em nosso sistema e, no tocante ao imposto sobre a renda, deve ser aplicado de forma imperativa.

O propósito de se expor a dissensão sobre a conveniência de se realizar uma tributação progressiva da renda em nosso país foi o de alertar para a necessidade de se analisar esse tema com o cuidado que ele suscita. Não se ignora que a tributação progressiva tem íntima ligação com os Princípios da Capacidade Contributiva (subjetiva), da Igualdade e da Justiça Fiscal. Entretanto, a quantidade de tributo que um Estado consegue arrecadar depende diretamente do desenvolvimento econômico, que pode ser afetado se a progressividade for muito elevada. A questão central é: onde

---

[36] José Maurício Conti faz uma exposição das diferentes teorias que defendem a progressividade. A principal delas é a teoria do sacrifício (que se triparte em teoria: do sacrifício absoluto, do sacrifício proporcional e do sacrifício marginal), cuja nota comum está na asserção de que todos devem contribuir com igualdade de sacrifício, e quanto maior a renda menor é o sacrifício em se desfazer dela. Dessarte, somente a tributação progressiva permite que se realize uma tributação com igualdade de sacrifício por parte dos contribuintes. As outras teorias apontadas são as da renda excedente, da importância social e a sócio-política. *Princípios tributários da capacidade e da progressividade*, p. 80 e segs.

está o ponto de equilíbrio entre todos esses valores. Tal questão, apesar de ser controversa e de escapar ao âmbito desse trabalho, não pode ser ignorada. Por tal razão, parece existir um certo exagero em se afirmar de plano (sem um maior aprofundamento em temas de ordem política, econômica e social) que, pelo simples fato de a progressividade da tributação da renda no Brasil consistir em somente duas ou três alíquotas, o Princípio da Progressividade no fundo estaria sendo desrespeitado[37]. Em absoluto, está se defendendo uma progressividade só aparente. O que se ressalta é a necessidade de este tema ser tratado com a complexidade que lhe é imanente, pois estão em jogo diferentes valores e objetivos fundamentais do sistema brasileiro, e os mesmos apenas serão atendidos se forem devidamente sopesados, ponderando-se todos os bens jurídicos com razoabilidade[38].

Para concluir, apresenta-se a seguinte definição:

> Princípio da Progressividade atinente ao imposto sobre a renda e proventos de qualquer natureza é o complemento, necessário e condicionante, do aspecto declaração prescritiva do antecedente da norma constitucional de produção normativa, portador de elevada carga axiológica, que exige como requisito de validade das normas jurídicas referentes a esse imposto que haja uma variação ascendente da alíquota, à medida que a base de cálculo aumente.

Quanto ao Princípio da Generalidade (tal como quanto ao da Universalidade), é frequente a assertiva de que é corolário dos Princípios da Igualdade e da Capacidade Contributiva.

O Princípio da Generalidade informa tanto o critério pessoal do antecedente quanto o critério pessoal passivo do consequente da norma do imposto sobre a renda e proventos de qualquer natureza. Esse princípio

---

[37] Paulo Ayres Barreto observa com proficiência a necessidade de se distinguir a *alíquota nominal* da *alíquota efetiva* (que decorre da aplicação da denominada parcela a deduzir), estipulada em montante fixo para cada faixa de base de cálculo. *Imposto de renda e preços de transferência*. São Paulo, Dialética, 2001, p. 95.

[38] Essa interação dos Princípios Jurídicos é assim destacada por Klaus Tipke: "O Tribunal Constitucional Federal Alemão pôs apodicticamente em relação as alíquotas progressivas do imposto de renda com o princípio de igualdade. A progressividade, a meu ver, o rompe com a igualdade. Mas esse rompimento é justificado pelo princípio do estado social, que tem por objetivo, entre outros, a distribuição da renda e do patrimônio, a correção da distribuição da riqueza. A tributação progressiva da renda é política social da lei tributária." Princípio de igualdade e idéia de sistema no direito tributário. *In Direito tributário: estudos em homenagem ao Prof. Ruy Barbosa Nogueira*. São Paulo: Saraiva, 1994, p. 527.

CURSO DE DIREITO TRIBUTÁRIO BRASILEIRO

impõe que todas as pessoas que auferirem "renda e proventos de qualquer natureza", independentemente das características pessoais (sexo, estado civil, raça, espécie de ocupação profissional ou função exercida, origem etc.), serão obrigadas a se submeter à imposição tributária. Objetiva afastar qualquer espécie de discriminação ou de privilégio de índole pessoal não autorizados pela Constituição. As denominadas isenções pessoais odiosas vão de encontro a esse princípio constitucional. Desde que um sujeito possua capacidade contributiva, salvo disposição constitucional em contrário, deve pagar o imposto. Daí afirmar-se que o Princípio da Generalidade resulta dos Princípios da Igualdade e da Capacidade Contributiva (neste caso, a Subjetiva).

Por tudo isso, pode-se definir:

> Princípio Constitucional da Generalidade é o complemento, necessário e condicionante, do aspecto declaração prescritiva do antecedente das normas constitucionais de produção normativa relativas ao IR, portador de elevada carga axiológica, o qual exige que, ao se produzir a norma complementar de produção normativa relativa ao IR ou a norma do IR, sejam determinadas ou incluídas, respectivamente, como critério pessoal do antecedente e como critério pessoal passivo do consequente (contribuinte) todas as pessoas que auferirem "renda e proventos de qualquer natureza", independentemente das características pessoais (sexo, estado civil, raça, espécie de ocupação profissional ou função exercida, origem etc.).[39]

3. A relação entre a Constituição e as normas complementar e ordinária do imposto sobre a renda

A Constituição, através de suas normas de competência, informa (confere fundamento de validade a) todos os critérios da norma ordinária do IR, seja indireta, seja diretamente, mesmo que de modo não exaustivo. A norma constitucional de competência que informa indiretamente a norma ordinária do IR é a que estabelece (diretamente) os requisitos para a criação da norma complementar de produção normativa relativa ao IR, que, por seu turno, estabelece (diretamente) requisitos materiais (con-

---

[39] Alguns dispositivos constitucionais (arts. 27, §2º; 28, § 2º; 29, V; 37, XV; 48, XV; 49, VII, VIII; 97, III; 128, I, "c") que aludem à necessidade de observância do disposto no art. 153, III, quanto à remuneração de servidores públicos (em sentido amplo) estão intimamente relacionados aos princípios da Igualdade, da Capacidade Contributiva Subjetiva e da Generalidade.

forme disposto pelo art. 146, III, a – CRFB[40]) e formais (conforme art. 59, § único – CRFB[41]) para a criação da norma do IR. E a norma constitucional de competência que informa diretamente a norma ordinária do IR é a que institui, de forma imediata, autônoma, sem a interferência da norma complementar de competência, certos requisitos formais e materiais para a criação da norma ordinária do "imposto sobre a renda e proventos de qualquer natureza".

Combinando-se essas duas normas constitucionais de produção normativa, que contêm as imunidades e os princípios constitucionais relativos ao IR, é possível demonstrar os requisitos para uma tributação constitucional por intermédio do imposto sobre a renda e proventos de qualquer natureza.

Convém lembrar que cada uma das normas constitucionais de competência relativas ao IR (a que informa indiretamente e a que informa diretamente a norma ordinária do IR[42]) estabelece, em seu antecedente, os requisitos formais e materiais para a criação de outra norma (respectivamente, a complementar de competência relativa ao IR e a ordinária do IR). Os requisitos formais encontram-se nos aspectos sujeito de direito e procedimento prescritos pela Constituição quando ela dispõe sobre o processo legislativo (art. 59 e seguintes). Os requisitos materiais, por sua vez, encontram-se no aspecto declaração prescritiva. Repisa-se que o legislador estabelece o conteúdo da norma a ser produzida, quando, no mundo dos fatos (em certo tempo e espaço), realiza sua declaração prescritiva (a que corresponderá ao conteúdo do texto jurídico produzido).

Portanto, o primeiro passo para que se possa verificar se há uma tributação constitucional é perquirir se os requisitos constitucionais formais de validade (referentes aos aspectos sujeito de direito e procedimento) foram obedecidos. Superada essa etapa, volta-se a atenção para os requisitos constitucionais materiais de validade (atinentes ao aspecto declaração prescritiva). A fim de melhor analisar os requisitos constitucionais materiais de validade da norma ordinária do IR, serão focalizados cada um dos critérios dessa norma e destacado o modo pelo qual cada um deles

---

[40] Quais sejam (em linhas gerais), os relativos à "definição do fato gerador, do contribuinte e da base de cálculo" (art. 146, III, "a" – CRFB).

[41] A Lei Complementar nº 95, de 26/02/1998 (alterada pela lei Complementar 107, de 26/04/2001), dispõe sobre a elaboração, redação, alteração e consolidação das leis.

[42] A estrutura dessas normas constitucionais de produção normativa foi mais desenvolvida no item 1.1 do Capítulo II.

é informado por aquelas duas normas constitucionais de produção normativa (repisa-se: indiretamente, pela que estabelece os requisitos para a produção da norma complementar relativa ao IR, e diretamente, pela que estabelece os requisitos para a produção da norma do IR). Assim, a Constituição (por meio de uma dessas duas normas) informa a norma ordinária do IR do seguinte modo:

a) quanto aos critérios do antecedente da norma ordinária do IR

a.1. pessoal – informa, indiretamente, o sujeito de direito que deverá aparecer como o titular de uma riqueza – por força dos Princípios da Igualdade, da Capacidade Contributiva Objetiva, da Capacidade Contributiva Subjetiva (Pessoalidade) e da Generalidade, compreende toda pessoa que for sujeito do comportamento descrito no critério material do antecedente, isto é, toda pessoa que auferir "renda e proventos de qualquer natureza", exceto aquelas constitucionalmente e pessoalmente excluídas (pessoas imunes[43]);

a.2. material – informa, indiretamente, que deve ser descrito um comportamento de um sujeito de direito que seja sinal de riqueza – por força dos Princípios da Igualdade, da Universalidade, da Capacidade Contributiva Objetiva, da Capacidade Contributiva Subjetiva (Pessoalidade), do Mínimo Existencial, da Vedação da Utilização de Tributo com efeito de Confisco, informa que o comportamento é o de alguém auferir "renda e proventos de qualquer natureza" (conforme definição anteriormente apresentada);

a.3. temporal – informa, diretamente, o momento em que se deve considerar ocorrido o fato descrito no critério material do antecedente – pelos Princípios da Irretroatividade e da Anterioridade, somente poderá ser considerado o fato "renda e proventos de qualquer natureza" que ocorrer (tempo) após o início da vigência da (P. da Irretroatividade) e a partir do exercício financeiro seguinte àquele em que houver sido publicada a (P. da Anterioridade) lei relativa à criação ou modificação aumenta-

---

[43] Nesse sentido, atentar para o disposto no art.150, inciso VI, alíneas "a" a "c" , §§ 2º a 4º, da Constituição.

tiva (que implique aumento do valor a ser entregue ao Estado a título de tributo) da norma ordinária do IR;

a.4. espacial – informa, diretamente, o local em que se deve considerar realizado o fato descrito no critério material do antecedente – pelos Princípios da Soberania, da Territorialidade e da Praticabilidade, poderão ser considerados os fatos-acréscimos e os fatos-decréscimos relevantes para a apuração do fato "renda e proventos de qualquer natureza" que ocorrerem (espaço) em local onde o Brasil tenha condições (em função de critérios de conexão – residência, domicílio, nacionalidade[44]) de exercer a sua soberania;

b) quanto aos critérios do consequente da norma ordinária do IR

b.1. pessoal – informa quem serão os futuros sujeitos de direito da relação jurídica tributária;

b.1.1. ativo – informa, diretamente, quem deverá ser o sujeito de direito, denominado sujeito ativo, que terá o "direito subjetivo" de exigir de outrem a entrega de certa importância em dinheiro – em função do Sistema Constitucional de Repartição da Competência Tributária. Esse sujeito, em princípio, é o mesmo que se apresenta como titular da competência tributária, no caso do IR, é a União Federal;

b.1.2. passivo – informa, indiretamente, quem deverá ser o sujeito de direito, denominado sujeito passivo (contribuinte), que terá o "dever jurídico" de entregar a outrem (ou de permitir que se lhe retire) parcela da riqueza de que é titular – por força dos Princípios da Igualdade, da Capacidade Contributiva Objetiva, da Capacidade Contributiva Subjetiva (Pessoalidade) e da Generalidade, será toda pessoa que auferir "renda e proventos de qualquer natureza", exceto aquelas constitucionalmente e pessoalmente excluídas (pessoas imunes[45]);

---

[44] Paulo de Barros Carvalho, *Justiça tributária*, p. 672; Alberto Xavier, *Direito tributário internacional do Brasil*, p. 303-305.

[45] Nesse sentido, observar o disposto no art.150, inciso VI, alíneas "a" a "c" , §§ 2º a 4º, da Constituição.

b.2. material

b.2.1. qualitativo – informa, indiretamente46, qual (entregar ou permitir que retire) e de que modo (obrigatório) a conduta é regulada – apesar de haver um conceito constitucional de tributo, a Constituição confere ao legislador complementar a competência (respeitados os limites máximos do conceito constitucional) para definir esse conceito;

b.2.2. quantitativo – informa o quanto deve ser entregue – de modo indireto, quanto à identificação da riqueza – base de cálculo –, no caso, a "renda e proventos de qualquer natureza" (antes definida – de acordo com o disposto pelos Princípios da Igualdade, da Universalidade, da Capacidade Contributiva Objetiva, da Capacidade Contributiva Subjetiva – Pessoalidade -, do Mínimo Existencial, da Vedação da Utilização de Tributo com efeito de Confisco), e, de modo direto, quanto à determinação da parte – alíquota – da riqueza que deve ser entregue ao sujeito ativo, a qual (alíquota) precisa estar em consonância com os Princípios da Igualdade, da Capacidade Contributiva Subjetiva, da Progressividade e da Vedação da Utilização de tributo com efeito de Confisco;

b.3. temporal – informa, indiretamente[47], o momento em que o sujeito passivo (contribuinte) deverá entregar parte (alíquota) de sua riqueza (base de cálculo) ao sujeito ativo – pelo Princípio da Capacidade Contributiva Objetiva e pelo Princípio da garantia constitucional à inviolabilidade do direito de propriedade (em rigor de todo e qualquer direito subjetivo patrimonial – art. 5º, caput, e inciso XXII; e art. 170, II – CRFB), somente depois

---

[46] Informa indiretamente em função do prescrito pelo art. 3º do CTN, que dispõe sobre a definição de tributo. Importa firmar que é aplicável ao conceito constitucional "tributo" o mesmo raciocínio desenvolvido para construir o conceito constitucional "renda e proventos de qualquer natureza". Os conceitos "tributo" e "norma tributária" foram definidos no item 2.4 do Capítulo I.

[47] Informa indiretamente em função do disposto pelo art. 146, inciso III, da Constituição, combinado com o art. 160 do CTN.

de alguém auferir "renda e proventos de qualquer natureza" é que poderá entregar parte (alíquota) dela (base de cálculo)[48];

b.4. espacial – informa, indiretamente[49], o local em que o sujeito passivo (contribuinte) deverá entregar parte (alíquota) de sua riqueza (base de cálculo) ao sujeito ativo – pelo Princípio da Proporcionalidade ou da Razoabilidade. O local eleito para a realização do pagamento deve ser de fácil acesso para os contribuintes, de maneira a não lhes causar transtornos completamente desnecessários.

Pelo que foi demonstrado, atesta-se que a Constituição (por meio das duas normas constitucionais de competência relativas ao IR) informa, indiretamente (pela que estabelece os requisitos para a produção da norma complementar de competência relativa ao IR) ou diretamente (pela que estabelece os requisitos para a produção da norma do IR), todos os critérios da norma do IR, ainda que de maneira não exaustiva.

4. O sistema complementar (do CTN) do imposto sobre a renda

O Código Tributário Nacional apresenta uma definição estipulativa de "renda e proventos de qualquer natureza" em seu art. 43, *in verbis*:

> Art. 43. O imposto, de competência da União, sobre a renda e proventos de qualquer natureza tem como fato gerador a aquisição da disponibilidade econômica ou jurídica:
>
> I – de renda, assim entendido o produto do capital, do trabalho ou da combinação de ambos;
>
> II – de proventos de qualquer natureza, assim entendidos os acréscimos patrimoniais não compreendidos no inciso anterior.
>
> § 1º – A incidência do imposto independe da denominação da receita ou do rendimento, da localização, condição jurídica ou nacionalidade da fonte, da origem e da forma de percepção.

---

[48] Evidentemente, somente se cogita de obrigação relativa ao IR se já tiver ocorrido (concretamente, no tempo e no espaço) o fato descrito no antecedente da norma, o qual, para se realizar, precisa atender o que dispõem, entre outros, os Princípios Constitucionais da Irretroatividade e da Anterioridade, que informam o critério temporal do antecedente da norma do IR.

[49] Informa indiretamente em função do disposto pelo art. 146, inciso III, da Constituição combinado com o art. 159 do CTN.

§ 2º – Na hipótese de receita ou de rendimento oriundos do exterior, a lei estabelecerá as condições e o momento em que se dará sua disponibilidade, para fins de incidência do imposto referido neste artigo.

A partir desse enunciado do CTN algumas observações devem ser apresentadas.

Em primeiro lugar, é útil lembrar que essa definição contida no art. 43 do CTN foi elaborada com fundamento no que dispunha a letra "b" do art. 5º da Constituição de 1946, segundo a qual competia à União legislar sobre normas gerais de direito financeiro. A Constituição de 1967 (§1º do art. 19; mantido o mesmo sentido pelo §1º do art. 18 da EC n.1/69) e a de 1988 (art. 146, III) passaram a se referir à competência de a União Federal, por meio de lei complementar, estabelecer *normas gerais de direito tributário*. Eis a razão pela qual se diz que o Código Tributário Nacional (que é uma lei ordinária – Lei 5.177/66) possui status de lei complementar.

Em segundo lugar, o CTN define, separadamente, o que é "renda" e o que é "proventos de qualquer natureza", em vez de apresentar uma definição única para a expressão constitucional "renda e proventos de qualquer natureza", além disso, ao determinar o fato gerador (abstrato) do imposto sobre a renda, alude à expressão "aquisição da disponibilidade econômica ou jurídica". Esses dois pontos são fundamentais para a identificação do modo pelo qual o conceito Renda foi firmado no CTN e precisam ser adequadamente esclarecidos.

Um caminho para encontrar a explicação do art. 43 do CTN ter sido assim redigido pode ser o de verificar o modo pelo qual, Rubens Gomes de Sousa (um dos autores do anteprojeto do CTN) compreendia essa matéria. Esse jurista realizou uma série de estudos acerca do tema imposto sobre a renda. Um dos últimos, foi produzido em 20 de junho de 1973[50], sendo especialmente importante por duas razões: uma – reflete as ideias mais recentes desse jurista sobre o tema imposto sobre a renda[51]; duas – contém uma síntese da sistemática do imposto sobre a renda, com a fixação dos conceitos fundamentais relativos ao tema. Entre os conceitos tratados por Rubens Gomes de Sousa, destacam-se os de: a) proventos; b) renda –

---

[50] *Pareceres – 3 – Imposto de Renda*. São Paulo: Resenha Tributária, Edição Póstuma, 1976, pp. 257-315.

[51] Como se sabe, Rubens Gomes de Souza faleceu no próprio ano de 1973.

sentido "clássico"; c) disponibilidade jurídica; d) disponibilidade econômica; e) realização; f) separação; e g) ganhos de capital.

Sobre o conceito de Renda, Rubens Gomes de Sousa referiu-se aos três elementos do que ele denominou de "conceito clássico de renda", quais sejam:

"(a) provir de fonte já integrada no patrimônio do titular (capital), ou diretamente referível a ele (trabalho). ou, ainda, da combinado de ambos; (b) ser suscetível de utilização pelo titular (consumo, poupança ou reinvestimento) sem destruição ou redução da fonte produtora: este requisito implica na periodicidade do rendimento, isto é, na sua capacidade, pelo menos potencial, de reproduzir-se a intervalos de tempo, pois do contrario sua utilizado envolveria urna parcela do próprio capital; (c) resultar de urna exploração da fonte por seu titular: este requisito exclui, do conceito de renda, doações, heranças e legados, tidos como acréscimos patrimoniais com a natureza de "capital" e não de "rendimento"."[52]

Rubens Gomes de Sousa observou que ao lado do conceito de "renda", o sistema constitucional brasileiro, desde a Constituição de 1934[53] (a primeira que instituiu expressamente esse imposto) aludiu ao conceito **proventos**. Leciona que a intenção do legislador constituinte foi "a de designar inclusivamente outras modalidades de ganhos que não se enquadrem no conceito de renda."[54] Assim, ao examinar o conceito de "proventos", explica a razão de ser da inclusão dessa expressão e do consequente alargamento do que ele denominou de conceito "clássico" de renda:

A princípio rigidamente aderida ao conceito 'clássico' de renda (supra: 2/3.2), a lei brasileira o veio ampliando pela incorporação de idéias adotadas da doutrina ou de legislações estrangeiras, outras que a francesa, sua inspiração original. Essa revisão ampliativa do conceito justifica-se pela verificação da relativa estreiteza de seus requisitos, especialmente o da periodicidade, como já notado em meu trabalho de 1951, citado.[55]

Oferece como exemplo de ganhos a que falta o requisito da periodicidade o do "lucro imobiliário", quanto às pessoas físicas, e o dos "resulta-

---

[52] *Idem*, p. 275.

[53] Constituição de 1934: "Art. 6º Compete também, privativamente, à União: I, decretar impostos: ... c) de renda e proventos de qualquer natureza, exceptuada a renda cedular de immoveis;".

[54] *Ibidem*, p. 274-275.

[55] *Ibidem*, p. 277-278.

dos de transações eventuais" quanto às jurídicas. E complementa: "Esses tipos de ganhos, a que na linguagem jurídica se dá o nome de 'ganhos de capital' (tradução do inglês *capital gains*) ainda não são tributados sistematicamente no Brasil, mas enquadram-se no conceito de 'proventos' como o definiu o art. 43, II do CTN."[56]. Vale mencionar que ele entende *ganhos de capital* como sendo "resultados diferenciais de operações permutativas", esclarecendo que tal expressão está compreendida no conceito constitucional de proventos.[57]

Perfaz, ainda, um relevante esclarecimento acerca do elemento característico dos conceitos *renda* e *proventos*: "sublinho que, tanto em se tratando de 'renda' como de 'proventos', o elemento essencial do fato gerador é a aquisição da **disponibilidade** da riqueza nova, definida em termos de acréscimo patrimonial."[58]

Rubens Gomes de Sousa reitera o entendimento de que a disponibilidade da riqueza nova (acréscimo patrimonial) pode ser econômica ou jurídica. Aduz que a aquisição de *disponibilidade econômica* corresponde ao que os economistas chamam de *separação* da renda, isto é, a efetiva percepção em dinheiro ou outros valores, e que a aquisição de *disponibilidade jurídica* corresponde ao que os economistas denominam de *realização* da renda, que se dá quando a pessoa, embora ainda não tenha percebido, já possui um título hábil para tanto. E reafirma a conclusão de que a disponibilidade econômica envolve a jurídica, mas a recíproca pode não ser verdadeira, sendo certo que a aquisição de qualquer das duas é suficiente para caracterizar o fato *renda* (sentido amplo).[59]

---

[56] *Ibidem*, p. 278. Rubens Gomes de Sousa adverte que propôs à Comissão, de foi relator, que projetou a reforma tributária promulgada pela Emenda Constitucional nº 18 de 1965 e, depois, o CTN, a substituição do termo "proventos" pela expressão "ganhos de capital", mas que foi vencido nessa parte. *Ibidem*, p. 276.

[57] *Ibidem*, p. 278-279.

[58] *Ibidem*, p. 277.

[59] *Ibidem*, p. 277. A doutrina dominante tem se posicionado nesse sentido. Por exemplo, MODESTO CARVALHOSA defende que disponibilidade econômica é "o efetivo recebimento em dinheiro ou em bens do acréscimo patrimonial" e disponibilidade jurídica é "a outorga efetiva de direitos creditícios, que representam acréscimo patrimonial". (*Imposto de renda – conceituação no sistema tributário da carta constitucional*. Revista de Direito Público volume 1. São Paulo: Revista dos Tribunais, 1967, p. 193). Sobre a relevância desse requisito da *disponibilidade*, Paulo de Barros Carvalho leciona que, numa visão mais ampla, "renda é, sempre e necessariamente, renda disponível, pelo que tributar renda indisponível importaria ultrapassar os limites postos

Por meio desse escorço, atesta-se que definir, separadamente, *renda* e *proventos* só se explica ante a o fato de alguns juristas (os partidários da teoria da *renda-produto*, entre eles Rubens Gomes de Sousa) entenderem que *renda* somente poderia designar acréscimo patrimonial decorrente de uma atividade produtiva, sendo necessário fazer uso da expressão *proventos* para designar outros acréscimos patrimoniais. Como demonstrado, segundo a teoria da *renda-acréscimo patrimonial* seria suficiente falar simplesmente *renda*, pois tal conceito abrangeria qualquer acréscimo no valor de um patrimônio, independentemente de ser derivado de uma atividade produtiva.

É útil destacar que essa acepção mais ampla de renda (que entende que a mera valorização do patrimônio pode informar o fato renda) é defendida de longa data: desde 1803, por Jean Say[60]; desde 1890, por Alfred Marshall[61]; e desde 1906, por Irving Fisher[62]. Desse modo, resta evidenciado que a teoria da renda-acréscimo (inclusive essa vertente que defende a acepção mais ampla de renda), cuja excessiva extensão é criticada por Rubens Gomes de Souza, é tão "clássica" quanto a teoria da renda-produto, pelo que descabe falar em ampliação indevida do conceito de renda pelos partidários da teoria da renda-acréscimo.

Mais um aspecto merece destaque. As expressões "disponibilidade econômica" e "disponibilidade jurídica" parecem ser aplicáveis somente aos fatos-acréscimos (ingressos de recursos em geral: rendimentos, receitas etc.), não propriamente ao fato *renda* (resultado positivo da combinação de fatos-acréscimos com certos fatos-decréscimos). Em rigor, não há como se ter título jurídico ("disponibilidade jurídica") para se exigir um acréscimo patrimonial, ou como se realizar em dinheiro ("disponibilidade econômica") um acréscimo patrimonial. O que se pode exigir com um título jurídico ("disponibilidade jurídica") é um direito subjetivo patrimonial (fato-acréscimo isolado). De igual modo, o que pode ser objeto de realização (transformação em dinheiro) é um direito subjetivo patrimonial (fato-acréscimo isolado).

---

pelo legislador do Código Tributário, para efeito de criar a regra-matriz da exação." (*Direito tributário, linguagem e método*. São Paulo: Noeses, 2008, p. 603).

[60] *Tratado de economia política*. São Paulo: Nova Cultural, 1983.
[61] *Princípios de Economia*. São Paulo: Abril Cultural, 1996.
[62] *The Nature of Capital and Income*. New York: Macmillan, 1906.

Desse modo, duas conclusões seriam, inicialmente, possíveis:

a) o CTN, ao condicionar a caracterização do fato *renda* (sentido amplo) à existência de disponibilidade econômica ou de disponibilidade jurídica, acabou por adotar uma concepção segundo a qual renda é acréscimo patrimonial sempre decorrente da ocorrência de um ingresso ou fluxo de riqueza (aquisição de um novo direito subjetivo patrimonial), ainda que não seja relativo a qualquer atividade produtiva (como é o caso de uma doação ou herança recebida), pelo que a mera valorização de direitos subjetivos patrimoniais já integrantes do patrimônio não poderia ser considerada como fato-acréscimo para fins de apuração do fato renda; ou

b) o CTN, ao condicionar a caracterização do fato *renda* à existência de *disponibilidade econômica* ou de *disponibilidade jurídica*, acabou por adotar uma concepção segundo a qual a mera valorização de direitos subjetivos patrimoniais pode ser considerada um fato-acréscimo (sobre o qual ter-se-ia *disponibilidade jurídica*) para fins de apuração do fato Renda.

A primeira conclusão, pelo antes esposado, parece estar mais em conformidade com a *mens legislatoris* (pelo menos tendo em conta a posição defendida por Rubens Gomes de Sousa) e é conforme uma definição mais restrita de *renda*.

Por sua vez, a segunda conclusão é plenamente compatível com o conceito constitucional de renda antes construído (item III.1.3), em especial, considerando os mencionados princípios constitucionais da universalidade (art. 153, §2º, I) e da capacidade contributiva subjetiva (art. 145, §1º). Tendo em conta esta conclusão o legislador ordinário, ao instituir o imposto sobre a renda, tem a possibilidade de, com fundamento na Constituição e no CTN, adotar uma concepção (mais ampla), segundo a qual a mera valorização de direitos subjetivos patrimoniais pode ser considerada um fato-acréscimo (sobre o qual ter-se-ia *disponibilidade jurídica*) para fins de apuração do fato *renda*.

É mister não olvidar que, acaso o legislador ordinário faça a opção por considerar a mera valorização de itens do patrimônio como fato-acréscimo, é necessário que considere a mera desvalorização de itens do patrimônio como fato-decréscimo.

Como se disse, é preciso ter em conta que *patrimônio* significa conjunto de direitos subjetivos e deveres jurídicos economicamente apreciáveis, isto é, avaliáveis em moeda, que uma pessoa é titular. Portanto, é inadmissível, especialmente em matéria de IR, pensar em (a) uma pessoa como sendo titular de "diferentes patrimônios", ou (b) grupos de diferentes fatos que impliquem o aumento ou a diminuição de valor de "diferentes patrimônios". Essas situações importariam ofensa direta aos princípios da igualdade, da universalidade e da capacidade contributiva subjetiva, pois possibilitariam o surgimento de privilégios odiosos ou de tratamentos discriminatórios e iníquos, que acabariam por distorcer o conceito de *renda* ("renda e proventos de qualquer natureza"), o que, consequentemente, caracterizaria flagrante hipótese de inconstitucionalidade.

Considerar a mera valorização ou desvalorização de itens do patrimônio como, respectivamente, fato-acréscimo e fato-decréscimo para fim de apuração do fato *renda* representa a adoção de uma *técnica de avaliação a mercado* (segundo o valor vigente em condições normais de negociação) do patrimônio. Essa técnica de apuração de fatos-acréscimos e de fatos-decréscimos mediante avaliação a mercado dos itens do patrimônio (sistema do *accrual basis*) apresenta duas grandes desvantagens: (i) ser um método que se baseia em critério extremamente efêmero, pois o valor dos itens de um patrimônio apresenta grande variação (positiva e negativa) no tempo, havendo sério risco de a avaliação procedida em certo dia estar bastante alterada no dia seguinte, o que revelaria uma distorção do fato *renda* (vide a situação de enorme flutuação do valor dos ativos negociados atualmente nas bolsas de valores de todo o mundo); e (ii) tanto a Administração Fiscal quanto o contribuinte teriam sérias dificuldades em efetuar avaliações globais e periódicas de cada patrimônio. Segundo Henry Tilbery, esta seria a razão pela qual a maior parte dos países optou pelo sistema de tributação dos acréscimos somente após a realização.[63]

---

[63] Henry Tilbery adverte que há duas alternativas quanto ao momento da ocorrência do ganho tributável: a) ser o da sua realização; ou b) ser o do período de acréscimo de valor. No primeiro caso, o fato gerador ocorreria no instante em que o bem fosse alienado por um valor que ultrapassasse a reposição de capital, surgindo a mais-valia (*realization basis*). No segundo, seria procedida uma avaliação periódica (anual), sendo o final do ano o momento da ocorrência do fato, que corresponderia à valorização alcançada no período, independentemente de qualquer realização – equivaleria à mais-valia acrescida ao valor anterior (*accrual basis*) (*A tributação dos ganhos de capital*. São Paulo: Resenha Tributária, 1977, pp. 24-27). Em outra oportunidade, esse

Importa, por fim, apreciar o disposto nos parágrafos 1º e 2º do art. 43 do CTN, cujos enunciados foram introduzidos pela Lei Complementar nº 104/2001 nos seguintes termos:

§ 1º A incidência do imposto independe da denominação da receita ou do rendimento, da localização, condição jurídica ou nacionalidade da fonte, da origem e da forma de percepção.

§ 2º Na hipótese de receita ou de rendimento oriundos do exterior, a lei estabelecerá as condições e o momento em que se dará sua disponibilidade, para fins de incidência do imposto referido neste artigo.

Esses dispositivos devem ser interpretados à luz do que prescreve a Constituição Brasileira. Assim, a referência a "receita" ou "rendimento" deve ser compreendida como sendo atinente a simples fatos-acréscimos que precisam ser combinados com certos fatos-decréscimos, a fim de que se apure a ocorrência ou não do fato *renda* (acréscimo de valor patrimonial). Assim, é certo firmar que por meio do imposto sobre a renda não se pode tributar fatos acréscimos isolados (rendimentos, receitas, ganhos), sempre que for possível à Administração Fiscal verificar o conjunto dos fatos-acréscimos e dos fatos-decréscimos necessariamente dedutíveis (que devem ser necessariamente considerados por força do princípio do mínimo existencial).[64]

---

jurista deixou claro seu entendimento sobre qual método de tributação do ganho de capital (*accrual basis* ou *realization basis*) foi adotado pela Constituição e pelo Código Tributário Nacional: "Não há dúvida que a redação tanto da Carta Magna como também do Código Tributário Nacional autoriza a tributação, pela lei ordinária, de ganhos de capital realizados, que são abrangidos pela expressão: 'proventos de qualquer natureza, assim entendidos os acréscimos patrimoniais ..'". E complementa, esclarecendo os limites desse conceito: "Estas palavras não dão cobertura à tributação da mais-valia acrescida ao valor anterior (ACCRUAL BASIS), ainda não realizada, mas referem-se ao acréscimo do patrimônio realizado pela alienação do bem por um preço que ultrapassa a reposição do capital (REALIZATION BASIS)." (*A tributação dos ganhos de capital, 1978: nas vendas de participações societárias pelas pessoas físicas.* São Paulo: Resenha Tributária, 1978, p. 27).

[64] Já tive a oportunidade de discorrer sobre a questão da constitucionalidade da tributação dos fatos-acréscimos isolados (receitas, rendimentos, ganhos etc.) naqueles casos em que não se tem a possibilidade de identificar o conjunto dos fatos-acréscimos e de certos fatos-decréscimos realizados por certa pessoa. *Imposto sobre a renda* ... . Idem, pp. 290 e segs.

Em consonância com o disposto no art. 146, inciso III, alínea "a", da CRFB/88[65], o CTN ainda dispõe sobre a definição de *base de cálculo* e de *contribuinte*. respectivamente, nos arts. 44 e 45. Eis o teor do art. 44 do CTN

> Art. 44. A base de cálculo do imposto é o montante, real, arbitrado ou presumido, da renda ou dos proventos tributáveis.

Alguns esclarecimentos merecem ser feitos quanto ao disposto no art. 44 sobre a base de cálculo.

Primeiramente, há que se ter em conta que o "montante, real, arbitrado ou presumido" não significam três diferentes bases de cálculo do imposto sobre a renda, mas sim três diferentes formas de apuração da base de cálculo, a qual não é outra que não o montante da "renda ou proventos de qualquer natureza".

A forma de apuração "real" da base de cálculo é a que corresponde à efetiva apuração do fato *renda* (acréscimo patrimonial), o que se dá mediante a combinação dos fatos-acréscimos com certos fatos-decréscimos, legalmente previstos. Desde que cumpra as obrigações legais relativas à apresentação das informações necessárias à apuração do fato *renda*, o contribuinte pode exigir que a forma de apuração do fato *renda* seja a "real".

A forma de apuração "presumida" da base de cálculo ocorre mediante a consideração de outros fatos, que não se confundem com o fato *renda*, mas que servem de um razoável indicador da possível existência desse fato. Atualmente, segunda a legislação ordinária brasileira, essa forma de apuração do fato renda está disponível apenas para as pessoas jurídicas que preenchem certos requisitos legais (basicamente, limite máximo de receita bruta, tipo de atividade desenvolvida ou forma de constituição societária ou natureza jurídica). A apuração "presumida" da base de cálculo tem em consideração o fato receita bruta, grandeza sobre a qual se aplica um certo percentual, que varia em função da atividade exercida, e cujo resultado corresponde ao denominado *lucro presumido*. Essa forma de apuração

---

[65] Eis o texto constitucional:
"Art. 146. Cabe à lei complementar:
[...]
III – estabelecer normas gerais em matéria de legislação tributária, especialmente sobre:
a) definição de tributos e de suas espécies, bem como, em relação aos impostos discriminados nesta Constituição, a dos respectivos fatos geradores, bases de cálculo e contribuintes;"

depende do interesse do contribuinte e da opção por este realizada. De certo modo, quando as pessoas físicas optam pelo modelo simplificado de declaração anual de ajuste do imposto sobre a renda tem-se um sistema que se aproxima de uma apuração presumida do fato *renda*. Neste caso, os fatos-decréscimos efetivamente realizados não são considerados. A base de cálculo do imposto é calculada da seguinte maneira: apura-se o total dos rendimentos tributáveis; permite-se que se desconte deste total um montante correspondente a 20%, que não pode ultrapassar o limite legalmente fixado (no ano de 2014, esse limite foi de R$ 15.197,02).

A forma de apuração "arbitrada" da base de cálculo é aplicada àqueles casos em que o contribuinte não cumpre as obrigações legais relativas à apresentação das informações necessárias à apuração "real" ou "presumida" do fato *renda*. A lei ordinária prevê certos parâmetros que serão utilizados, pelo Fisco ou pelo contribuinte, para se chegar a um valor que suposta e razoavelmente corresponda ao fato *renda*. Via de regra, aplica-se certos percentuais à receita bruta ou, quando esta não é conhecida, sobre outros valores legalmente previstos. Não é punição, mas uma forma de apuração do fato *renda*.

Por fim, o art. 45 do CTN dispõe sobre a definição de *contribuinte,* nos seguintes termos:

> Art. 45. Contribuinte do imposto é o titular da disponibilidade a que se refere o artigo 43, sem prejuízo de atribuir a lei essa condição ao possuidor, a qualquer título, dos bens produtores de renda ou dos proventos tributáveis.
>
> Parágrafo único. A lei pode atribuir à fonte pagadora da renda ou dos proventos tributáveis a condição de responsável pelo imposto cuja retenção e recolhimento lhe caibam.

Sobre o enunciado do art. 45 do CTN, cabe fazer duas importantes observações. A primeira é a relativa ao caput desse artigo quando define que é o contribuinte. Como restou demonstrado ao se tratar do sistema do imposto sobre a renda na Constituição, contribuinte somente pode ser aquele que realiza o fato gerador, o fato *renda*. Em outras palavras, contribuinte somente pode ser aquele que obtém o acréscimo patrimonial. O parágrafo único do art. 45 do CTN trata da possibilidade de aqueles que realizam pagamentos aos contribuintes serem obrigados a reter e repassar certos valores ao sujeito ativo (União). É preciso ressaltar que, em rigor, não faz sentido falar em pagamento de "renda" ou "proventos", pois, de acordo com o que prescreve o art. 43 do CTN, o fato *renda* corresponde a acréscimo patrimonial, e não há sentido jurídico dizer que se paga acréscimo patrimonial. Pagamento significa cumprimento de obrigação. Aquele que recebe um pagamento realiza um fato-acréscimo (rendimento, receita etc.), que deve ser somado a outros fatos-acréscimos e combinado com certos fatos-decréscimos, para apurar o fato *renda*. Como esclarecido anteriormente, rendimento e receita são espécies de fatos-acréscimos e não podem ser confundidos com *renda*. Dessarte, aquilo que é retido e, por consequência, repassado são valores correspondentes a fatos-acréscimos, que, importa reiterar, não se confundem com o fato *renda*. Essa sistemática, em muitos casos, representa uma flagrante e injustificada distorção do fato *renda*, sendo, pois, de constitucionalidade duvidosa.

6. Doutrina especializada

CARRAZZA, Roque Antonio. *Imposto sobre a renda (perfil constitucional e temas específicos)*. São Paulo: Malheiros, 2009.

OLIVEIRA, Ricardo Mariz de. *Fundamentos do imposto de renda*. São Paulo: Quartier Latin, 2008.

PEDREIRA, José Luiz Bulhões. *Imposto de renda*. Rio de Janeiro: Justec, 1971.

QUEIROZ, Luís Cesar Souza de Queiroz. *Imposto sobre a renda: requisitos para uma tributação constitucional*. Rio de Janeiro: Forense, 2003.

Imposto sobre a Renda e Proventos de Qualquer Natureza, Imposto de Renda das Pessoas Físicas (IRPF) e Imposto de Renda das Pessoas Jurídicas (IRPJ)

MARCOS ANDRÉ VINHAS CATÃO
MELINA ROCHA LUKIC

1. Normas Gerais do Imposto de Renda

O Imposto sobre a Renda e proventos de qualquer natureza encontra-se constitucionalmente previsto no art.153, III da CF/88, o qual estipula competir *"à União instituir impostos sobre renda e proventos de qualquer natureza"*. Da leitura do texto constitucional, podemos já extrair que o critério material do Imposto sobre a Renda é o fato de *"auferir renda e proventos de qualquer natureza"*.

Assunto importante a ser tratado, portanto, é o conceito de renda previsto pela Constituição. A definição de renda, enquanto expressão causalística de um fato tributário, por si só já embute um elevado grau de complexidade. Renda (ou como em outros ordenamentos income, ganancia ou utilidad) é uma expressão de altíssima abstração e ambiguidade. Pode ser concebida de forma leiga ou técnica, e em ambas as situações produz uma multiplicidade de possíveis aplicações. Tratar-se-ia de renda o recebimento de um valor que se deve devolver? Constitui-se em renda a atividade ilícita? E os valores recebidos, sem que se possa estimar, como *vg*, aqueles recebidos a título de uma recomposição não patrimonial, como as indenizações por danos morais, podem ser consideradas como renda.

Não por outra razão que os economistas clássicos como Mill, Ricardo e Adam Smith teorizaram que todo tributo se assenta no conceito de renda, e não somente aquele tomado como referente para a tributação dos rendimentos ou lucros. Assim teríamos a renda consolidada (que justificaria a tributação do patrimônio); a renda circulante (que autoriza a tributação de impostos sobre vendas); a renda poupada, entre outros[1].

No âmbito de nosso Direito, apesar da Constituição não ter trazido expressamente um conceito de renda, muito se discute se, ao dar a competência para instituição do imposto à União, a Constituição já teria estabelecido um conteúdo mínimo à palavra renda. Assim, grande parte da doutrina[2] defende que a Constituição trouxe um conceito implícito de renda no sentido de **acréscimo patrimonial**, entendido como a diferença entre as receitas (entradas) e as despesas (saídas), tanto da pessoa física quanto da pessoa jurídica, durante um determinado período de tempo. Neste sentido, José Artur Lima Gonçalves[3] afirma que *"o conteúdo semântico mínimo do conceito constitucionalmente pressuposto de renda"* pode ser traduzido pelo *"saldo positivo resultante do confronto entre certas entradas e certas saídas, ocorridas ao longo de um dado período"*. A noção de acréscimo patrimonial – conceito central para a definição de renda – pressupõe, segundo este autor, um *"incremento (material ou imaterial, representado por qualquer espécie de direitos ou bens, de qualquer natureza (...)) ao conjunto líquido de direitos de um dado sujeito"*[4]. Ou seja, tendo em vista este critério, o IR não poderia recair sobre a receita, capital ou faturamento isoladamente considerados, pois, desta maneira, estaria recaindo sobre o patrimônio e não sobre a renda do contribuinte.

Contra a defesa da existência de um conceito constitucional de renda, argumenta-se que a Constituição teria por função apenas a divisão das competências tributárias entre os entes federativos. Nessa linha, caberia à União, ao exercer a competência relacionada ao IR, estipular o conteúdo semântico da palavra renda para fins de delimitação do fato gerador e da base de cálculo de tal tributo.

Com relação aos princípios aplicáveis a este tributo, a Constituição ainda prevê no art. 153, § 2º, I que o Imposto de Renda será *"informado*

---

[1] SMITH, Adam. *A Riqueza das Nações: Investigação sobre sua Natureza e suas Causas.* São Paulo, Abril Cultural, Coleção: Os Economistas, São Paulo. 1.983

[2] Dentre os autores que defendem que a Constituição traz um conceito implícito de renda entendido como acréscimo patrimonial encontram-se: Roque Antônio Carrazza, José Arthur Lima Gonçalves e Paulo de Barros Carvalho.

[3] Gonçalves, José Artur Lima. *Imposto Sobre a Renda – Pressupostos Constitucionais* São Paulo, Malheiros, 2002, p. 179.

[4] Ibid, p. 180.

pelos critérios da generalidade, da universalidade e da progressividade, na forma da lei". O fato de ser regido pelo princípio da generalidade significa que o Imposto de Renda deve alcançar todas as pessoas que praticarem a hipótese de incidência do tributo, ou seja, que auferirem renda ou proventos de qualquer natureza. Este princípio diz respeito, portanto, à sujeição passiva do tributo e não admite qualquer tributação diferenciada em razão de características pessoais do contribuinte.

Já o critério da universalidade diz respeito à abrangência da base de cálculo e orienta que o Imposto sobre a Renda deve abranger todo e qualquer ganho recebido pelo sujeito passivo, sem fazer qualquer distinção em razão da nomenclatura, tipo, origem, espécies de ganhos, etc. Ou seja, por este princípio, nenhuma renda deve ser desconsiderada da base de cálculo do imposto. Além disso, por este critério, deve-se interpretar que os rendimentos submetidos à tributação devem ser encarados na sua totalidade, sem que sejam sujeitos à tributação diversa de acordo com estes mesmos critérios[5].

Um das consequências deste princípio é o fato que mesmo as rendas auferidas fora do território nacional, devem ser oferecidas à tributação no Brasil. Neste sentido, Carrazza afirma que *"o imposto há de incidir, pois, sobre todos os rendimentos auferidos, sujeitando-os a um mesmo tratamento fiscal"*[6]. E continua reiterando que *"não há a possibilidade jurídica de segregar a espécie de renda obtida, tributando-a por critérios diferentes, isto é, por meio de alíquotas diferenciadas ou variações de bases de cálculo"*[7].

A perspectiva de uma tributação sobre a renda em bases globais ademais, permite o alinhamento evolutivo do conceito de renda à modificação mesmo do Direito. Renda passa a ser um conceito que se deve harmonizar, cujo principal exemplo são os Tratados, Acordos ou Convênios para se evitar a dupla tributação.

Por fim, e, também desde uma perspectiva de justiça idealizada pelos economistas, onde a tributação da renda deva estar intrinsicamente arraigado ao sue montante, se juridicizou o princípio da progressividade. Este determina que quanto maior a renda auferida (base de cálculo), maior será

---

[5] Por este motivo, alguns autores consideram que o critério da universalidade impediria a tributação exclusiva na fonte.

[6] CARRAZZA, Roque Antônio. Imposto sobre a Renda (perfil constitucional e temas específicos). São Paulo: Malheiros, 2009, p. 70.

[7] Ibid., p. 70.

a alíquota que recairá sobre ela. Ou seja, a alíquota será tanto maior quanto maior for a renda do sujeito passivo. Este princípio é corolário dos princípios da igualdade e da capacidade contributiva e faz com que o Imposto de Renda tenha um caráter pessoal e seja um instrumento de uma redistribuição de renda. Ele se traduz, por exemplo, na tabela mensal e anual aplicável ao imposto de renda da pessoa física, conforme veremos a seguir.

Com relação às normas gerais do IR, o Código Tributário Nacional assim dispõe sobre o seu fato gerador:

> Art. 43. O imposto, de competência da União, sobre a renda e proventos de qualquer natureza tem como fato gerador a aquisição da disponibilidade econômica ou jurídica:
>
> I – de renda, assim entendido o produto do capital, do trabalho ou da combinação de ambos;
>
> II – de proventos de qualquer natureza, assim entendidos os acréscimos patrimoniais não compreendidos no inciso anterior.

O artigo 43 do CTN, em consonância com o disposto na Constituição, prevê que o fato gerador do IR é "*a aquisição da disponibilidade econômica ou jurídica*" da renda ou proventos de qualquer natureza. Primeiramente, o termo *aquisição*, em atendimento ao significado de acréscimo patrimonial, deve ser entendido como "vir a ter, obter, adquirir". Muito se discute, porém, acerca do significado e da diferença entre a disponibilidade econômica e jurídica. A doutrina majoritária considera que tanto uma quanto outra envolvem renda disponível para o uso do sujeito passivo, não abrangendo, por conseguinte, rendas potenciais ou expectativa de ganhos futuros.

Assim, a partir do conceito constitucional de renda e dos critérios trazidos pelo art. 43 do CTN, Carrazza conceitua renda como "*os ganhos econômicos do contribuinte gerados por seu capital, por seu trabalho ou pela combinação de ambos e apurados após o confronto das entradas e saídas verificadas em seu patrimônio, num certo lapso de tempo*"[8].

No que diz respeito ao critério espacial deste tributo, é preciso trazer as lições do art. 43 § 1º. do CTN que dispõe: "*a incidência do imposto independe da denominação da receita ou do rendimento, da localização, condição jurídica ou*

---

[8] CARRAZZA, Roque Antônio. Imposto sobre a Renda (perfil constitucional e temas específicos). São Paulo: Malheiros, 2009, p. 39

nacionalidade da fonte, da origem e da forma de percepção". Este artigo prevê a aplicação do princípio da extraterritorialidade ao IR, no sentido que alcança fatos ocorridos não apenas dentro do território nacional, mas também fora dele. Assim, em razão deste princípio, o Imposto de Renda pode recair sobre todas as rendas auferidas por residentes brasileiros em qualquer parte do mundo. Da mesma forma, também serão tributados pelo IR brasileiro os rendimentos auferidos no Brasil por residente no estrangeiro.

O terceiro elemento da regra-matriz do imposto sobre a renda é o critério temporal. Conforme visto acima, intrínseco ao próprio conceito de renda está a noção de lapso temporal, imprescindível para a definição do acréscimo patrimonial verificado por determinado sujeito. Em outras palavras, para se realizar o confronto entre as entradas e saídas para fins de apuração da renda auferida pelo individuo, será preciso se fazer uma análise durante um lapso temporal definido. O critério temporal do tributo será, portanto, *"o derradeiro momento do ultimo dia relativo ao período de competência, ou seja, no átimo final do exercício financeiro"*[9]. Assim, conforme veremos a seguir, o critério temporal será diferente caso se tratar de pessoa jurídica ou física e, entre as pessoas jurídicas, dependerá do regime de tributação escolhido por ela (lucro presumido ou real)

Passemos agora à análise do consequente da regra-matriz do Imposto sobre a Renda. No critério pessoal, temos como sujeito ativo a mesma pessoa política detentora da competência tributária para instituí-lo – a União Federal, que administrará o recolhimento e administração do tributo através da Secretaria da Receita Federal. Já o sujeito passivo será, em princípio, a pessoa que realizar o fato descrito no critério material – aquele que auferir renda – independentemente de ser pessoa física ou jurídica. Neste sentido o art. 45 do CTN dispõe que:

> Art. 45. Contribuinte do imposto é o titular da disponibilidade a que se refere o artigo 43, sem prejuízo de atribuir a lei essa condição ao possuidor, a qualquer título, dos bens produtores de renda ou dos proventos tributáveis.

O parágrafo único do artigo 45 prevê ainda a possibilidade de instituição, por meio de lei, de responsabilidade à fonte pagadora do tributo, nos seguintes termos: *"A lei pode atribuir à fonte pagadora da renda ou dos proven-*

---

[9] CARVALHO, Paulo de Barros. Curso de Direito Tributário. 18ª Ed. São Paulo: Saraiva, 2007.

tos tributáveis a condição de responsável pelo imposto cuja retenção e recolhimento lhe caibam".

Já no que diz respeito ao critério quantitativo, a base de cálculo será o valor da renda verificada pela pessoa no instante descrito pelo critério temporal, conforme o disposto no artigo 44 do CTN: *"a base de cálculo do imposto é o montante, real, arbitrado ou presumido, da renda ou dos proventos tributáveis".*

Tendo em vista que, conforme vimos acima, o conceito de renda equivale a acréscimo patrimonial, para se aferir a base de cálculo do imposto há que se fazer o confronto de todas as receitas (entradas) recebidas pela pessoa física ou jurídica e das despesas (saídas) permitidas pela lei, para se chegar à base de calculo do Imposto sobre a Renda. No caso específico das pessoas jurídicas, a base de cálculo poderá ser o lucro presumido, arbitrado ou real, dependendo do regime de apuração ao qual a pessoa esteja submetido.

Por fim, as alíquotas aplicáveis serão aquelas previstas em lei. No caso da pessoa física, as alíquotas são progressivas em razão do aumento da base de cálculo, ou seja, quanto maior a renda auferida, maior será a alíquota aplicada. Já a alíquota referente às pessoas jurídicas é fixa com base no seu lucro real, presumido ou arbitrado, havendo uma alíquota adicional no caso da base de cálculo ultrapassar determinado montante estipulado em lei.

2. Imposto de Renda das Pessoas Físicas (IRPF)
2.1. Critério Material

O Imposto sobre a Renda de Pessoa Física tem por critério material o fato de auferir renda ou proventos de qualquer natureza em um determinado lapso de tempo. A renda e o provento para fins de tributação pelo Imposto de Renda devem ser considerados, conforme acima visto como **acréscimo patrimonial**, ou seja, como a diferença entre os rendimentos auferidos e as despesas necessárias à sobrevivência do indivíduo. Assim a legislação do IRPF deve prever, além da tributação das receitas auferidas pela pessoa física, a possibilidade de dedução de certas despesas com saúde, educação, previdência, dependentes, etc. A doutrina costuma invocar o conceito de **mínimo vital** como base para definição das despesas dedutíveis da base de cálculo do imposto de renda da pessoa física. Tendo em vista a falta de um conceito legalmente estabelecido de mínimo vital, recorre-se ao art. 7º, IV da CF/88 que, ao dispor sobre o salário mínimo, estipula que este deve ser *"capaz de atender a suas necessidades vitais básicas e às de sua família com moradia, alimentação, educação, saúde, lazer, vestuário, higiene, transporte e pre-*

vidência social, com reajustes periódicos que lhe preservem o poder aquisitivo, sendo vedada sua vinculação para qualquer fim". Assim, de acordo com esta posição, todas as despesas elencadas neste dispositivo deveriam ter sua dedução permitida para fins de IRPF. No entanto, conforme veremos a seguir, as deduções permitidas pela legislação tributária são limitadas e não necessariamente correspondem à totalidade das despesas relacionadas às necessidades básicas do individuo.

2.2. Critério Temporal

Para a verificação do acréscimo patrimonial auferido por determinada pessoa, é preciso se considerar um lapso temporal definido por lei. Para as pessoas físicas, a lei define que o lapso temporal para a consideração do acréscimo patrimonial corresponde ao período de um ano-calendário, esgotando-se, portanto, no dia 31 de dezembro de cada ano. Será neste instante, regra geral, que se reputará ocorrido o fato gerador do tributo, pois é somente neste momento que é possível verificar o acréscimo patrimonial que o individuo teve em relação ao período anterior (rendimentos auferidos menos as despesas dedutíveis). As exceções são os rendimentos e ganhos de capital cuja arrecadação se dá pela sistemática da tributação exclusiva na fonte ou definitiva, em que a ocorrência e apuração do fato gerador independe dos demais rendimentos e da dedução de despesas. Esta forma de arrecadação é muito criticada pela doutrina, tendo em vista que, ao considerar os redimentos de forma isolada e ao não permitir a dedução de despesas, estaria, na verdade, tributando o patrimônio e não a renda do individuo.

Não se pode confundir, assim, o critério espacial – momento em que se reputa ocorrido o fato gerador, com o momento em que ocorre a apuração e o recolhimento do Imposto sobre a Renda, que pode ocorrer na medida em que os ganhos são auferidos[10]. Conforme se verificará a seguir, o IRPF tem várias formas de recolhimento que, em sua maioria, ocor-

---

[10] Lei 7.713/88 – Art. 2º O imposto de renda das pessoas físicas será devido, mensalmente, à medida em que os rendimentos e ganhos de capital forem percebidos.
RIR/99 – Art. 2º § 2º O imposto será devido à medida em que os rendimentos e ganhos de capital forem percebidos, sem prejuízo do ajuste estabelecido no art. 85
Art. 38. Parágrafo único. Os rendimentos serão tributados no mês em que forem recebidos, considerado como tal o da entrega de recursos pela fonte pagadora, mesmo mediante depósito em instituição financeira em favor do beneficiário.

rem na medida do recebimento dos rendimentos pela pessoa física. Estes recolhimentos, em geral, representam meras antecipações do tributo a ser apurado somente após o fechamento do ano-calendário, na ocasião da Declaração de Ajuste Anual.

2.3. Formas de Recolhimento

O Imposto de Renda da Pessoa Física conta com seis formas diferentes de recolhimento, conforma a natureza da receita auferida pelo indivíduo: *a)* Desconto pela fonte pagadora, *b)* Recolhimento mensal obrigatório, *c)* Recolhimento complementar facultativo, *d)* Tributação exclusiva na fonte, *e)* Tributação Definitiva e *f)* Declaração de Ajuste Anual. Vejamos detalhadamente cada uma delas:

a) **Desconto pela fonte pagadora:** O Imposto de Renda relativo a certos rendimentos auferidos pelo indivíduo está submetido ao desconto e recolhimento pela respectiva fonte pagadora. A previsão encontra-se no art. 7º da Lei 7.713/88, que dispõe que ficam sujeitos à incidência no imposto de renda na fonte os rendimentos do trabalho assalariado, pagos ou creditados por pessoas físicas ou jurídicas e os demais rendimentos percebidos por pessoas físicas, que não estejam sujeitos à tributação exclusiva na fonte, pagos ou creditados por pessoas jurídicas.

Nesta sistemática de arrecadação, ao efetuar o pagamento, a pessoa (física ou jurídica) que o realiza deve descontar o IRPF devido pelo beneficiário do rendimento e repassar o valor correspondente à União Federal. Assim, a pessoa receberá a sua remuneração já com o desconto do imposto de renda respectivo. Muito se discute se a fonte ocuparia, neste caso, a posição de responsável tributário, passando a ser sujeito passivo da relação jurídico-tributária; ou se exerceria uma mera obrigação acessória de reter e recolher o valor do tributo devido pelo contribuinte aos cofres públicos. Apesar de parte da doutrina defender o contrário, parece-nos correta a posição de que a fonte pagadora não pode ser colocada como sujeito passivo da obrigação tributária ao lado do contribuinte, tendo em vista que a sua função representa uma mera obrigação acessória. Nesta linha, Daniel Monteiro Peixoto afirma que *"no caso de retenção na fonte, (...) não se trata de dever de cumprir a obrigação principal, mas de efetivar dever instrumental de retenção e recolhimento de tributo devido por outrem"*[11].

Cabe salientar que os valores recolhidos por esta sistemática representam meras antecipações do IRPF a ser apurado na ocasião da Declaração de Ajuste Anual. Assim, os valores já arrecadados com base neste método serão compensados com o imposto apurado na Declaração de Ajuste Anual.

b) **Recolhimento mensal obrigatório:** A segunda forma de arrecadação do IRPF, prevista no art. 8º da Lei nº 7.713/88, é o recolhimento mensal obrigatório, também conhecido por "carnê-leão". Assim, ganhos recebidos pela pessoa física e pagos por outra pessoa física, se não sujeitos à tributação na fonte, tais como: pensão alimentícia, remuneração pela prestação de serviços, aluguéis, bem como rendimentos auferidos de fontes localizadas no exterior, ficam sujeitos ao recolhimento mensal obrigatório. Como no caso do desconto pela fonte pagadora, os valores recolhidos pelo "carnê-leão" representam antecipações do IRPF a ser apurado na Declaração de Ajuste Anual, podendo tais valores, portanto, ser compensados com o valor calculado no ajuste. Importante salientar que o recolhimento mensal é obrigatório, sujeitando-se a pessoa que não o realizar ao pagamento de multa.

c) **Recolhimento complementar facultativo:** O recolhimento complementar facultativo é uma maneira de antecipar o pagamento do imposto a ser apurado na Declaração de Ajuste Anual. Previsto no art. 7º da Lei nº 8.383/91, aplica-se no caso de recebimento de rendimentos de inúmeras fontes pagadoras – pessoas físicas e jurídicas – ou de mais de uma pessoa jurídica. Ao receber rendimentos de diversas fontes, mesmo que estes sejam tributados pela sistemática do desconto na fonte ou pelo recolhimento mensal obrigatório, pode ocorrer que o somatório dos rendimentos fique submetido a uma alíquota diversa à que foi aplicada. Assim, o contribuinte terá duas opções: ou efetua o recolhimento complementar facultativo, apurando a diferença do IRPF devido em virtude da somatória dos rendimentos auferidos; ou os declara e apura esta diferença somente

---

[11] PEIXOTO, Daniel Monteiro. Responsabilidade Tributária e os atos de formação, administração, reorganização e dissolução de sociedades. São Paulo: Saraiva, 2012, p. 159.

no momento da Declaração de Ajuste Anual, ocasião na qual terá que recolher a diferença entre o tributo devido e o já pago ao longo de todo o exercício.

d) **Tributação Exclusiva na Fonte**: A quarta forma de recolhimento do IRPF é a tributação exclusiva na fonte. Ao contrário das sistemáticas anteriormente analisadas, a tributação exclusiva na fonte não é mera antecipação do Imposto de Renda a ser apurado na Declaração de Ajuste Anual. Nesta forma de arrecadação, os valores são também descontados pela fonte pagadora, mas tal desconto é a título definitivo, ou seja, o valor pago a título de IRPF não entra no cálculo e apuração nem é compensado no ajuste anual a ser feito pelo sujeito passivo. Dentre os rendimentos tributados por esta forma de apuração, de acordo com as Leis 9.250/95 e 9.532/97, encontram-se: o 13º salário; os rendimentos produzidos por aplicação financeira de renda fixa, em fundos de investimento financeiro, fundos de ações, entre outros; prêmios distribuídos por meio de concursos e sorteios em geral, sob a forma de bens e serviços, e os pagos em dinheiro; os juros pagos ou creditados individualmente a titular, sócio ou acionista, a título de remuneração do capital próprio; os rendimentos recebidos no Brasil por não-residentes, se não tributado de forma definitiva, entre outros.

e) **Tributação Definitiva**: Outra forma de arrecadação do IRPF é a tributação definitiva. Da mesma forma que a tributação exclusiva na fonte, os valores pagos a título de IRPF submetido à tributação definitiva não representam antecipações do imposto a ser apurado na Declaração de Ajuste Anual e, portanto, não serão considerados no cálculo desta. Exemplo de rendimento submetido à tributação definitiva é aquele auferido em virtude de ganho de capital em decorrência da alienação de bens e direitos de qualquer natureza, previstos no artigo 21 da Lei 8.981/95[12]e no artigo 117 do RIR/99[13].

f) **Declaração de Ajuste Anual:** Por fim, a última forma de apuração e recolhimento do IRPF é a Declaração de Ajuste Anual. Conforme

---

[12] Lei 8981/ 95 Art. 21. O ganho de capital percebido por pessoa física em decorrência da alienação de bens e direitos de qualquer natureza sujeita-se à incidência do Imposto de Renda, à alíquota de quinze por cento.

§ 1º O imposto de que trata este artigo deverá ser pago até o último dia útil do mês subseqüente ao da percepção dos ganhos.

visto acima, o critério temporal do IRPF é o acréscimo patrimonial realizado pelo sujeito passivo durante o lapso temporal de um ano-calendário. Assim, até 31 de dezembro o indivíduo pode auferir renda, ter despesas dedutíveis e, portanto, é somente nesta data que se fechará o "balanço" relativo às receitas e despesas de determinada pessoa durante o ano-calendário. A Declaração de Ajuste Anual nada mais é, portanto, que um espelho deste "balanço" das contas do contribuinte, no qual se declarará todos os rendimentos auferidos, as despesas incorridas passíveis de serem deduzidas, a variação patrimonial, bem como se fará a compensação do tributo já descontado e pago pela fonte, pelo recolhimento mensal obrigatório ou complementar.

Resumidamente, portanto, a Declaração de Ajuste Anual assim é composta:

> 1) Rendimentos Tributáveis (-) Deduções = Base de cálculo do IRPF
> 2) Base de cálculo do IRPF (X) alíquota correspondente = Imposto Devido
> 3) Imposto Devido (-) Imposto pago = Imposto a pagar ou a restituir

Em virtude das sistemáticas de recolhimento que configuram antecipações do IRPF (desconto na fonte, recolhimento mensal obrigatório e recolhimento complementar), pode ocorrer, ao se efetuar as deduções previstas pela legislação tributária no Ajuste Anual, que o contribuinte tenha recolhido um valor maior do que o efetivamente devido por meio destas antecipações. Neste caso, portanto, é que ocorre a "restituição" do Imposto de Renda, que nada mais é que uma devolução dos valores pagos a mais durante o exercício a título deste tributo.

§ 2º Os ganhos a que se refere este artigo serão apurados e tributados em separado e não integrarão a base de cálculo do Imposto de Renda na declaração de ajuste anual, e o imposto pago não poderá ser deduzido do devido na declaração.
[13] RIR 99 Art. 117. Está sujeita ao pagamento do imposto de que trata este Título a pessoa física que auferir ganhos de capital na alienação de bens ou direitos de qualquer natureza (Lei nº 7.713, de 1988, arts. 2º e 3º, § 2º, e Lei nº 8.981, de 1995, art. 21).
§ 2º Os ganhos serão apurados no mês em que forem auferidos e tributados em separado, não integrando a base de cálculo do imposto na declaração de rendimentos, e o valor do imposto pago não poderá ser deduzido do devido na declaração (Lei nº 8.134, de 1990, art. 18, § 2º, e Lei nº 8.981, de 1995, art. 21, § 2º).

Na Declaração de Ajuste Anual é dada ao contribuinte a opção do desconto simplificado. Prevista pelo art. 10 da Lei nº 9.250/95, trata-se de um desconto de 20% sobre os rendimentos tributáveis que substitui todas as deduções legais cabíveis. Não necessita de comprovação e está limitado a certo valor, estipulado anualmente. Esta dedução simplificada pode ser utilizada independentemente do montante dos rendimentos recebidos e do número de fontes pagadoras.

3. Critério Espacial

O Imposto de Renda da Pessoa Física é informado no Brasil pelo critério da universalidade, ou seja, tributa-se a renda gerada e recebida em qualquer parte do mundo, desde que o beneficiário seja residente no Brasil. Esta extraterritorialidade foi instituída pela lei 7.713/88 e foi prevista pela Lei Complementar 104/2001 que introduziu o § 1º ao art. 43 do CTN, já tratado.

3.1. Critério Pessoal

O sujeito ativo do IRPJ é a mesma pessoa política detentora da competência tributária para instituí-lo – a União Federal, que administrará o recolhimento e administração do tributo através da Receita Federal.

Já no que diz respeito ao sujeito passivo, o art. 2° do Regulamento do Imposto de Renda (Decreto 3.000/99) também define que as pessoas físicas domiciliadas ou residentes no Brasil, titulares de disponibilidade econômica ou jurídica de renda ou proventos de qualquer natureza, inclusive rendimentos e ganhos de capital, são contribuintes do imposto de renda, sem distinção da nacionalidade, sexo, idade, estado civil ou profissão. O art. 3º ressalta que serão contribuintes do imposto os residentes ou domiciliados no exterior, pela renda e os proventos de qualquer natureza percebidos no País.

3.2. Base de cálculo
3.2.1. Rendimentos Tributáveis

O artigo 34 do CTN dispõe que *"a base de cálculo do imposto é o montante, real, arbitrado ou presumido, da renda ou dos proventos tributáveis"*. Por sua vez, o art. 3° da lei 7.713/88 dispõe que *"o imposto incidirá sobre o rendimento bruto"* e o seu § 1º que *"constituem rendimento bruto todo o produto do capital, do trabalho ou da combinação de ambos, os alimentos e pensões percebidos em dinheiro, e ainda os proventos de qualquer natureza, assim também entendidos os acréscimos patrimoniais não correspondentes aos rendimentos declarados"*. A Lei 9.250/95 ainda complementa estas disposições, estabelecendo em seu art. 8º que a base de cálculo do imposto será a diferença entre as somas de todos os rendimentos percebidos durante o ano-calendário (exceto os isentos, os não-tributáveis, os tributáveis exclusivamente na fonte e os sujeitos à tributação definitiva) e as deduções elencadas no inciso II do mesmo artigo.

A base de cálculo do IRPF se constitui, portanto, pelos rendimentos do sujeito passivo, sejam aqueles advindos do capital, trabalho ou de qualquer outra natureza, independentemente da forma como é denominado. O Regulamento do Imposto de Renda, ao consolidar diversas legislações ordinárias, elenca como tributáveis verbas recebidas como rendimento do trabalho assalariado e não-assalariado, de aluguéis ou royalties e os ganhos de capital na alienação de bens ou direitos de qualquer natureza, entre outras.

3.3. Rendimentos não-tributáveis ou isentos

O art. 6º Lei 7713/88 e o art. 39 RIR/99, com fundamento legal em diversas leis ordinárias, prevêem uma série de rendimentos que não estão sujeitos à tributação pelo IRPF. Dentre eles podemos citar os valores recebidos a título de alimentação, transporte e uniformes; diárias e ajudas de custo, rendimentos da caderneta de poupança, aposentadoria por acidente de serviço ou moléstia grave, aposentadoria após 65 anos até limite estipulado em lei, bens adquiridos por doação ou herança, seguro e pecúlio por morte ou invalidez permanente, lucros e dividendos distribuídos, bolsa de estudo e pesquisa sem benefício ao pagador, seguro-desemprego, auxílio-natalidade, funeral e acidente, salário família, verbas indenizatórias, verbas recebidas a título de FGTS, PIS, PASEP, programas de demissão voluntária e indenização desapropriação para fins de reforma agrária.

3.4. Deduções do rendimento bruto

Conforme visto, o conceito de renda para fins de tributação pelo IR deve levar em consideração não somente os rendimentos auferidos pela pessoa física, mas também certas despesas por ela realizadas. Assim, a legislação do IRPF , principalmente a lei 9.250/95, prevê algumas despesas dedutíveis do rendimento, para fins de apuração da renda auferida. Algumas destas deduções podem ser descontadas tanto mensalmente quanto no ajuste anual, seja por meio do desconto na fonte ou pelo recolhimento mensal obrigatório; já outras (como, por exemplo, saúde e educação) somente poderão ser deduzidas na ocasião do ajuste anual.

a) **Deduções mensais**: podem ser deduzidas mensalmente, do imposto devido a título de desconto na fonte ou no recolhimento mensal obrigatório, as seguintes despesas (o contribuinte poderá também optar em deduzi--las somente no Ajuste Anual):

- **Contribuição Previdenciária**
- **Dependentes** – se o contribuinte do IRPF possui dependentes, a lei fixa um valor mensal e anual (caso não seja feito o desconto mensal) para que seja descontado do IRPF devido. A Lei nº 9.250, de 1995, no art. 35, considera como dependente:
- o cônjuge ou companheiro
- filhos até 21 anos (ou até 24 anos se no ensino superior) ou de qualquer idade quando incapacitado
- o irmão, o neto ou o bisneto até 21 anos com guarda judicial
- os pais, os avós ou os bisavós, sem rendimentos
- o absolutamente incapaz, do qual o contribuinte seja tutor ou curador.
  Importante salientar que é vedada a dedução concomitante (pelo pai e pela mãe, por exemplo) do montante referente a um mesmo dependente.
- **Pensão alimentícia** – quem paga pensão alimentícia pode descontar o valor do IRPF devido.
- **Despesas Escrituradas no Livro Caixa (trabalho não assalariado):** os profissionais autônomos que recebem por meio da pessoa física, poderão escriturar um "Livro Caixa" para fins de contabilizar as despesas necessárias para o exercício de sua atividade. Algumas destas despesas poderão ser descontadas no IRPF por ele apurado. As despesas passíveis de deduções são as seguintes:
  - *a)* a remuneração paga a terceiros, desde que com vínculo empregatício, e os encargos trabalhistas e previdenciários
  - *b)* os emolumentos pagos a terceiros;
  - *c)* as despesas de custeio pagas, necessárias à percepção da receita e à manutenção da fonte produtora: são aquelas indispensáveis à

percepção da receita e à manutenção da fonte produtora, como aluguel, água, luz, telefone, material de expediente ou de consumo.

Não são dedutíveis despesas na aplicação de capital, ou seja, gastas na aquisição de bens necessários à manutenção da fonte produtora, cuja vida útil ultrapasse o período de um exercício, e que não sejam consumíveis, como por exemplo, instalação de escritório ou consultório, aquisição e instalação de máquinas, equipamentos, instrumentos, mobiliários, etc. Além disso, as despesas com transporte, locomoção, combustível, estacionamento e manutenção de veículo próprio não são consideradas necessárias à percepção da receita e, por isso não são dedutíveis no livro Caixa.

Salienta-se que as deduções permitidas não poderão exceder à receita mensal da atividade. Se as deduções de determinado mês ultrapassarem a receita mensal, poderão ser compensadas nos meses seguintes até o mês de dezembro.

b) **Deduções na Declaração de Ajuste Anual**: algumas despesas somente poderão ser deduzidas na Declaração de Ajuste Anual. Este é o caso das despesas com instrução e saúde.

- **Despesas com instrução do contribuinte e dependentes** – certas despesas com educação do contribuinte e de seus dependentes (pré-escolar, de 1º, 2º e 3º graus, cursos de especialização ou profissionalizantes) podem ser deduzidas da base de cálculo do IRPF. Estas despesas, no entanto, estão limitadas a um valor anual individual definido a cada ano-base.
- **Despesas com saúde do contribuinte e dependentes** – despesas com saúde (médicos, dentistas, psicólogos, fisioterapeutas, fonoaudiólogos, terapeutas ocupacionais e hospitais, bem como as despesas com exames laboratoriais, serviços radiológicos, aparelhos ortopédicos e próteses ortopédicas e dentárias) também podem ser deduzidas no cálculo do IRPF, sem limite de montante.

3.5. Alíquotas

Há duas tabelas do IRPF, cujas faixas de renda e eventualmente as alíquotas costumam variar a cada ano. As alíquotas atualmente em vigor são de 0, 7,5%, 15%, 22,5% e 27,5%. A primeira tabela é a mensal e serve para o cálculo do IRPF a ser descontado na fonte ou para o recolhimento mensal obrigatório. A segunda tabela é anual, utilizada para a apuração do imposto devido na Declaração de Ajuste Anual[14].

3.6. Deduções no imposto apurado

Após a apuração do IRPF na ocasião da Declaração de Ajuste Anual, o art. 12 da Lei nº 9.250/95 ainda permite que sejam efetuadas certas deduções, como é o caso de doações feitas a fundos ligados a Conselhos Municipais, Estaduais e Nacional dos Direitos da Criança e do Adolescente ou em favor de projetos culturais e investimentos feitos a título de incentivo às atividades audiovisuais, de acordo com a respectiva lei regulamentadora.

Além disso, deve-se efetuar a dedução do imposto retido na fonte ou o pago por meio do recolhimento mensal obrigatório, inclusive a título de recolhimento complementar, correspondente aos rendimentos incluídos na base de cálculo e o imposto pago no exterior, desde que haja reciprocidade de tratamento em relação aos rendimentos produzidos no Brasil ou previsão em acordo ou convenção internacional.

[14] Para o ano-calendário de 2014, a tabela mensal é a seguinte:

Base de calculo	Aliquota
Até 1.787,78	0
De 1.787,78 até 2.679,29	7,5
De 2.679,30 até 3.572,43	15
De 3.572,44 até 4.463,81	22,5
Acima de 4.463,81	27,5

Para a Declaração de 2015, referente ao ano-calendário de 2014, a tabela a ser utilizada será a seguinte:

Base de cálculo	Aliquota
Até 21.453,24	0
De 21.453,25 até 32.151,48	7,5
De 32.151,49 até 42.869,16	15
De 42.869,17 até 53.565,72	22,5
Acima de 53.565,72	27,5

4. Imposto de Renda das Pessoas Jurídicas (IRPJ)

4.1. Regimes de Tributação

A tributação do Imposto de Renda Pessoa Jurídica pode ser feita por meio de três formas de apuração: lucro presumido, lucro real e lucro arbitrado. Para micro e pequenas empresas, ainda se tem a opção do regime do Simples Nacional, no qual o IR é arrecadado em conjunto com outros tributos. Vejamos as peculiaridades de cada uma.

a) Lucro presumido

O regime do Lucro Presumido é uma forma de tributação simplificada e opcional da pessoa jurídica. Este regime se baseia numa presunção legal de lucratividade para fins de cálculo da base de cálculo do Imposto de Renda. Assim, não depende dos resultados apurados contabilmente, nem se permite a dedução das despesas e custos que a pessoa jurídica tem no desenvolvimento de sua atividade.

O regime do lucro presumido é trimestral, ou seja, o período de apuração encerra-se em 31 de março, 30 de junho, 30 de setembro e 31 de dezembro de cada ano-calendário. Apesar de ser um regime facultativo, a permanência na opção é obrigatória por todo o ano-calendário, segundo a Lei nº 9.718, de 1998, art. 13, § 1º. A partir de 2014, para a pessoa jurídica submeter os seus rendimentos à sistemática do Lucro Presumido, terá que ter uma receita total, no ano-calendário anterior, igual ou inferior a R$ 78.000.000,00, segundo mudança trazida pela Lei 12.814/13[15]. Não podem optar pelo regime as pessoas jurídicas que estejam obrigadas à tributação pelo lucro real em função da atividade exercida ou da sua constituição societária ou natureza jurídica.

Segundo o artigo 25 da Lei 9.430/95, com as modificações trazidas pela Lei 12.973/14, o lucro presumido será o montante determinado pela soma das seguintes parcelas:

i) o valor resultante da aplicação dos percentuais de que trata o art. 15 da Lei nº 9.249/95 sobre a receita bruta definida pelo art. 12 do

---

[15] Lei 9.718/98. Art. 13. A pessoa jurídica cuja receita bruta total no ano-calendário anterior tenha sido igual ou inferior a R$ 78.000.000,00 (setenta e oito milhões de reais) ou a R$ 6.500.000,00 (seis milhões e quinhentos mil reais) multiplicado pelo número de meses de atividade do ano-calendário anterior, quando inferior a 12 (doze) meses, poderá optar pelo regime de tributação com base no lucro presumido. (Redação dada pela Lei nº 12.814, de 2013)

Decreto-Lei nº 1.598/77, deduzida das devoluções e vendas canceladas e dos descontos incondicionais concedidos; e

ii) os ganhos de capital, os rendimentos e ganhos líquidos auferidos em aplicações financeiras, as demais receitas, os resultados positivos decorrentes de receitas não abrangidas pelo inciso I, com os respectivos valores decorrentes do ajuste a valor presente de que trata o inciso VIII do caput do art. 183 da Lei nº 6.404/76, e demais valores determinados em Lei, auferidos naquele mesmo período.

Assim, a apuração com base no lucro presumido se dá da seguinte maneira: a base de cálculo do IRPJ é determinada mediante a aplicação de determinados percentuais previstos em lei (presunções de lucratividade) à receita bruta mensal referente à atividade operacional do contribuinte. A Lei 12.973/14 modificou o previsto no artigo 12 do Decreto-Lei 1.598/77, passando a considerar como Receita Bruta para fins de aplicação da alíquota do lucro presumido *i) o produto da venda de bens nas operações de conta própria; ii) o preço da prestação de serviços em geral; iii) o resultado auferido nas operações de conta alheia; e iv) as receitas da atividade ou objeto principal da pessoa jurídica não compreendidas nos incisos I a III.* Da receita bruta, segundo a redação dada pela Lei 12.973/14[16] ao § 1º, do artigo 12 do Decreto-Lei 1.598/77, deve-se diminuir, para fins de apuração da receita líquida, o valor devoluções e vendas canceladas; descontos concedidos incondicionalmente, tributos sobre ela incidentes; e valores decorrentes do ajuste a valor presente, de que trata o inciso VIII do caput do art. 183 da Lei nº 6.404/76, das operações vinculadas à receita bruta.

As alíquotas de presunção do lucro a serem aplicadas sobre a receita bruta estão previstas no art. 15 da Lei nº 9.249/95, com as modificações trazidas pela Lei 12.973/14. Segundo este artigo, a base de cálculo do imposto, em cada mês, será determinada mediante a aplicação do percentual de 8%

---

[16] A Lei 12.973/14 ainda acrescentou os §s 4º e 5º ao artigo 12 do Decreto-Lei 1.598/77 que dispõem:

§ 4º Na receita bruta não se incluem os tributos não cumulativos cobrados, destacadamente, do comprador ou contratante pelo vendedor dos bens ou pelo prestador dos serviços na condição de mero depositário.

§ 5º Na receita bruta incluem-se os tributos sobre ela incidentes e os valores decorrentes do ajuste a valor presente, de que trata o inciso VIII do caput do art. 183 da Lei nº 6.404, de 15 de dezembro de 1976, das operações previstas no caput, observado o disposto no § 4o."

IMPOSTO SOBRE A RENDA E PROVENTOS DE QUALQUER NATUREZA...

(oito por cento) sobre a receita bruta auferida mensalmente, observado o disposto no art. 12 do Decreto-Lei no 1.598/77, deduzida das devoluções, vendas canceladas e dos descontos incondicionais concedidos. Este dispositivo ainda traz alíquotas diferenciadas, dependendo da atividade que deu origem à receita, de acordo com a seguinte tabela:

Atividade de revenda, para consumo, de combustível derivado de petróleo, álcool etílico carburante e gás natural	1,6%
Prestação de serviços de transporte, exceto o de carga Prestação de serviço exclusivo com receita inferior a R$120mil[17]	16%
Prestação de serviços em geral Intermediação de negócios Administração, locação ou cessão de bens imóveis, móveis e direitos de qualquer natureza Prestação cumulativa e contínua de serviços de assessoria creditícia, mercadológica, gestão de crédito, seleção de riscos, administração de contas a pagar e a receber, compra de direitos creditórios resultantes de vendas mercantis a prazo ou de prestação de serviços (factoring). Prestação de serviços de construção, recuperação, reforma, ampliação ou melhoramento de infraestrutura vinculados a contrato de concessão de serviço público.	32%

Se a pessoa jurídica exercer diversas atividades, deverá ser aplicado para cada uma delas o respectivo percentual previsto na legislação, devendo, portanto, as receitas serem apuradas separadamente.

Ao resultado da aplicação da margem de presunção de lucro sobre a receita líquida, devem ser somadas, para fins de apuração da base de cálculo, as receitas não vinculadas à atividade principal da empresa: os ganhos de capital, os rendimentos e ganhos líquidos auferidos em aplicações finan-

---

[17] Sublinhe-se o fato da prestação de serviço estar enquadrada tanto na alíquota de 16%, quanto na alíquota de 32%. O serviço será tributado pela alíquota de 16% sobre a receita bruta de cada trimestre no caso das pessoas jurídicas exclusivamente prestadoras de serviços (exceto as que prestam serviços hospitalares e as sociedades civis de prestação de serviços de profissão legalmente regulamentada), cuja receita bruta anual não ultrapassar R$120.000,00 (cento e vinte mil reais) (Lei no 9.250, de 1995, art. 40, RIR/1999, art. 519, § 4º).

ceiras, as demais receitas, os resultados positivos decorrentes de receitas não abrangidas na receita bruta, e demais valores determinados em Lei.

Após se chegar à base de cálculo, aplica-se a alíquota de 15% referente ao IRPJ, mais o adicional de 10% para a parcela da base de cálculo que ultrapassar o valor de R$ 60.000,00. Podemos resumir a apuração do imposto pelo lucro presumido pela tabela abaixo:

Cálculo:

Receita Bruta Operacional X % atividade = Lucro sobre a Receita Bruta

(+) Ganhos de capitais, Rendimentos e ganhos líquidos auferidos em aplicações financeiras e todos os resultados positivos decorrentes de atividades assessórias da PJ;

(+) Demais receitas, rendimentos e resultados positivos auferidos no trimestre, inclusive juros sobre o capital próprio.

(=) **Lucro Presumido X 15% = IR devido**

(Adicional de 10% se BC exceder a R$60.000,00)

Por fim, cumpre salientar que a pessoa jurídica optante do lucro presumido poderá escolher, como critério de reconhecimento das receitas das vendas de bens e direitos ou da prestação de serviços, o regime de competência ou o regime de caixa[18]. Regra geral, conforme veremos a seguir no lucro real, a pessoa jurídica apura a base de cálculo dos impostos e contribuições pelo regimento de competência. Neste regime, a receita é computada no momento da venda ou da prestação de serviço, independentemente do recebimento efetivo dos valores. Entretanto, no caso de opção pelo lucro presumido, a pessoa jurídica poderá adotar o critério de reconhecimento das receitas das vendas de bens e direitos ou da prestação de serviços com pagamento a prazo ou em parcelas na medida dos recebimentos, ou seja, pelo regime de caixa.

---

[18] IN SRF nº 104, de 1998.

b) Lucro real

Outra opção de tributação da pessoa jurídica é o lucro real. Esta tributação é feita com base no lucro efetivo, ou seja, aquele contabilmente aferido pela pessoa jurídica durante o período de apuração. A sistemática do lucro real é o regime jurídico padrão de apuração do IRPJ, ou seja, pode ser utilizado por toda e qualquer pessoa jurídica. Algumas empresas, no entanto, são obrigadas a apurar o IRPJ pelo lucro real. O art. 14 da Lei 9.718/98 indica algumas pessoas jurídicas que são obrigadas a se submeter ao regime do lucro real:

Lei 9.718/98 Art. 14. Estão obrigadas à apuração do lucro real as pessoas jurídicas:

I. cuja receita total no ano-calendário anterior seja superior ao limite de R$ 78.000.000,00 (setenta e oito milhões de reais) ou proporcional ao número de meses do período, quando inferior a 12 (doze) meses; (Redação dada pela Lei nº 12.814, de 2013)

II. cujas atividades sejam de bancos comerciais, bancos de investimentos, bancos de desenvolvimento, caixas econômicas, sociedades de crédito, financiamento e investimento, sociedades de crédito imobiliário, sociedades corretoras de títulos, valores mobiliários e câmbio, distribuidoras de títulos e valores mobiliários, empresas de arrendamento mercantil, cooperativas de crédito, empresas de seguros privados e de capitalização e entidades de previdência privada aberta;

III. que tiverem lucros, rendimentos ou ganhos de capital oriundos do exterior;

IV. que, autorizadas pela legislação tributária, usufruam de benefícios fiscais relativos à isenção ou redução do imposto;

V. que, no decorrer do ano-calendário, tenham efetuado pagamento mensal pelo regime de estimativa, na forma do art. 2° da Lei n° 9.430, de 1996;

VI. que explorem as atividades de prestação cumulativa e contínua de serviços de assessoria creditícia, mercadológica, gestão de crédito, seleção e riscos, administração de contas a pagar e a receber, compras de direitos creditórios resultantes de vendas mercantis a prazo ou de prestação de serviços (factoring).

VII. que explorem as atividades de securitização de créditos imobiliários, financeiros e do agronegócio.(Incluído pela Lei nº 12.249, de 2010)

A opção pelo lucro real exige da empresa certo grau de estrutura e organização, já que requer uma maior quantidade de livros e escriturações contábeis e fiscais, bem como exige a manutenção de documentação idônea principalmente para comprovar as despesas e gastos deduzidos da receita bruta.

O ponto de partida para a apuração do IRPJ pela sistemática do lucro real é o Lucro Líquido do exercício apurado contabilmente. Determinado o Lucro Líquido do exercício, procede-se a uma série de ajustes determinada pela lei tributária através de adições, exclusões e compensações, chegando-se ao lucro real, base de cálculo do IRPJ. O §1º do art. 6º do Decreto-Lei 1.598/77, reproduzido no art. 248 do RIR/99, conceitua o lucro líquido do exercício como a soma algébrica de lucro operacional (resultado das atividades, principais ou acessórias, que constituam objeto da pessoa jurídica), dos resultados não operacionais e das participações, e deverá ser determinado com observância dos preceitos da lei comercial[19].

Já o Lucro real, base de cálculo do IRPJ, é definido pelo caput do art. 6º do Decreto-Lei 1.598/77 (art. 247 do RIR/99) como o *"lucro líquido do exercício ajustado pelas adições, exclusões ou compensações prescritas ou autorizadas pela legislação tributária"*. Assim, para fins de apuração do lucro real – que será a base de cálculo do imposto de renda, o lucro líquido do exercício deverá sofrer certos ajustes – adições, exclusões e compensações – previstos na legislação tributária. Vejamos, a seguir, cada um destes ajustes.

c) Adições

As adições efetuadas no Lucro Líquido têm por objetivo evitar que seja computada na base de cálculo do IR despesa que tenha afetado o lucro líquido, mas que a legislação do IR considera indedutível. Em outras palavras, para fins de apuração do IRPJ, algumas despesas são consideradas como indedutíveis e devem ser, por isso, adicionadas ao lucro líquido (tendo em vista que no cálculo deste foram consideradas despesas e, portanto, diminuídas) para a apuração do lucro real.

---

[19] Observa-se que a redação original do §1º do art. 6º do Decreto-Lei 1.598/77 ainda previa como parte do lucro líquido o "saldo da conta de correção monetária". Entretanto, o art. 4º da Lei 9249/95 revogou
a possibilidade de correção monetária das demonstrações financeiras, inclusive para fins societários.

O §2º do art. 6º do Decreto-Lei 1.598/77 (art. 249 do RIR/99) estipula que na determinação do lucro real serão adicionados ao lucro líquido do exercício: a) os custos, despesas[20], encargos, perdas, provisões, participações e quaisquer outros valores deduzidos na apuração do lucro líquido que, de acordo com a legislação tributária, não sejam dedutíveis na determinação do lucro real; b) os resultados, rendimentos, receitas e quaisquer outros valores não incluídos na apuração do lucro líquido que, de acordo com a legislação tributária, devam ser computados na determinação do lucro real. O parágrafo único do art. 249 do RIR/99[21] ainda consolida uma série de adições específicas previstas na legislação ordinária.

---

[20] O artigo 299 do RIR/99, com fundamento na Lei 4.506/64, considera despesas operacionais aquelas: i) necessárias à atividade da empresa e à manutenção da respectiva fonte produtora, ii) pagas ou incorridas para a realização das transações ou operações exigidas pela atividade da empresa e iii) usuais ou normais no tipo de transações, operações ou atividades da empresa. Estas despesas devem ser comprovadas por meio de documentação idônea.

[21] Algumas despesas, como mencionado, são consideradas indedutíveis para fins de apuração do IRPJ, conforme o parágrafo único do art. 249 do RIR/99:

Parágrafo único. Incluem-se nas adições de que trata este artigo:

I – ressalvadas as disposições especiais deste Decreto, as quantias tiradas dos lucros ou de quaisquer fundos ainda não tributados para aumento do capital, para distribuição de quaisquer interesses ou destinadas a reservas, quaisquer que sejam as designações que tiverem, inclusive lucros suspensos e lucros acumulados (Decreto-Lei nº 5.844, de 1943, art. 43, § 1º, alíneas "f", "g" e "i ");

II – os pagamentos efetuados à sociedade civil de que trata o § 3º do art. 146 quando esta for controlada, direta ou indiretamente, por pessoas físicas que sejam diretores, gerentes, controladores da pessoa jurídica que pagar ou creditar os rendimentos, bem como pelo cônjuge ou parente de primeiro grau das referidas pessoas (Decreto-Lei nº 2.397, de 21 de dezembro de 1987, art. 4º);

III – os encargos de depreciação, apropriados contabilmente, correspondentes ao bem já integralmente depreciado em virtude de gozo de incentivos fiscais previstos neste Decreto;

IV – as perdas incorridas em operações iniciadas e encerradas no mesmo dia (day-trade), realizadas em mercado de renda fixa ou variável (Lei nº 8.981, de 1995, art. 76, § 3º);

V – as despesas com alimentação de sócios, acionistas e administradores, ressalvado o disposto na alínea "a" do inciso II do art. 622 (Lei nº 9.249, de 1995, art. 13, inciso IV);

VI – as contribuições não compulsórias, exceto as destinadas a custear seguros e planos de saúde, e benefícios complementares assemelhados aos da previdência social, instituídos em favor dos empregados e dirigentes da pessoa jurídica (Lei nº 9.249, de 1995, art. 13, inciso V);

VII – as doações, exceto as referidas nos arts. 365 e 371, caput (Lei nº 9.249, de 1995, art. 13, inciso VI);

VIII – as despesas com brindes (Lei nº 9.249, de 1995, art. 13, inciso VII);

IX – o valor da contribuição social sobre o lucro líquido, registrado como custo ou despesa operacional (Lei nº 9.316, de 22 de novembro de 1996, art. 1º, caput e parágrafo único);

d) Exclusões

As exclusões representam valores a serem abatidos do lucro líquido para fins de apuração do lucro real. Tais valores têm por objetivo não computar na base de cálculo do IR receitas que foram consideradas no lucro líquido da PJ, mas que a legislação tributária considera como não tributáveis. Exemplos de exclusões são certas receitas não tributadas ou isentas como: lucros e dividendos recebidos pela PJ, resultado credor da equivalência patrimonial, ganho de capital na transferência de imóveis desapropriados para fins de reforma agrária, seguros ou pecúlio em favor da empresa, pago por morte do sócio segurado, entre outras.

e) Compensações – Prejuízos da PJ

O último ajuste a ser feito para fins de apuração do lucro real é a compensação do prejuízo fiscal de períodos anteriores. A pessoa jurídica pode contabilizar dois tipos diferentes de prejuízo: um contábil – apurado na Demonstração de Resultado do Exercício (DRE) e outro fiscal, apurado após os ajustes do Lucro Líquido, na Demonstração do Lucro Real. Os prejuízos fiscais apurados em períodos anteriores podem ser compensados, independente de prazo, até o limite de 30% do lucro líquido ajustado pelas adições e exclusões previstas na legislação do imposto de renda, apurado em exercícios seguintes, segundo o artigo 15 da Lei nº 9.065/95.

f) Períodos de apuração

O lucro real pode ser apurado de duas maneiras diferentes a critério da Pessoa Jurídica. A primeira forma de apuração é a **trimestral** – cujos recolhimentos são definitivos e correspondem ao lucro auferido em cada trimestre. A segunda forma é a apuração **anual**, composta de parcelas mensais estimadas que representam meros adiantamentos do IRPJ correspondente ao lucro auferido até o final do período- 31/12 e apurado no ajuste anual.

X – as perdas apuradas nas operações realizadas nos mercados de renda variável e de swap, que excederem os ganhos auferidos nas mesmas operações (Lei nº 8.981, de 1995, art. 76, § 4º); XI – o valor da parcela da Contribuição para o Financiamento da Seguridade Social – COFINS, compensada com a Contribuição Social sobre o Lucro Líquido, de acordo com o art. 8º da Lei nº 9.718, de 1998 (Lei nº 9.718, de 1998, art. 8º, § 4º).

g) *Alíquota e adicional*

Após a apuração do lucro real, aplica-se a alíquota de 15% referente ao IRPJ, prevista no artigo 3º da Lei 9.249/95. O mesmo artigo, em seu parágrafo 1º, com a redação dada pela Lei 9.430/96, prevê um adicional de 10% à parcela da base de cálculo que ultrapassar o valor de R$240.000,00 no regime de apuração anual ou R$60.000,00 no regime trimestral. Assim, em resumo, a apuração anual se dá da seguinte forma:

Apuração do Lucro Real Anual

Lucro líquido contábil

(+) Adições

(-) Exclusões

(-) Compensação prejuízos fiscais

(=) Lucro real

(X) Alíquota de 15%

(X) Adicional de 10% (acima de R$240.000,00)

(-) Deduções incentivos fiscais

(-) IRPJ pago e/ou retido na fonte

(=) IRPJ a pagar

---

h) *Saldo negativo do IRPJ*

O saldo negativo do IRPJ ocorre quando, na apuração do lucro real anual, constata-se que a Pessoa Jurídica pagou mais imposto no decorrer do ano-calendário através dos adiantamentos mensais, do que efetivamente deveria pagar. Ou seja, este caso ocorre quando o recolhimento do IRPJ mensal por estimativa for maior do que aquele verificado na apuração anual. Neste caso, haverá um crédito em favor do contribuinte, que poderá ou ser restituído ou compensado com tributos federais de qualquer espécie.

i) *Lucro Arbitrado*

A última forma de apuração do imposto de renda da pessoa jurídica é o regime de lucro arbitrado. Geralmente este regime é aplicado subsidiariamente aos demais, no caso de irregularidades na escrituração ou opção indevida pelos outros regimes. O artigo 47 da Lei 8.981/95 dispõe quando se aplicará o lucro arbitrado. Os principais casos são, resumidamente, os seguintes:

a) quando o contribuinte não mantiver escrituração na forma das leis comerciais e fiscais, deixar de elaborar as demonstrações financeiras exigidas pela legislação fiscal ou deixar de apresentá-los à autoridade tributária

b) quando a escrituração a que estiver obrigado o contribuinte revelar evidentes indícios de fraude ou contiver vícios, erros ou deficiências que a tornem imprestável para *i*) identificar a efetiva movimentação financeira, inclusive bancária; ou *ii*) determinar o lucro real.

c) quando o contribuinte optar indevidamente pela tributação com base no lucro presumido

A Lei 8.981/95 traz ainda as regras para a apuração do lucro arbitrado. Caso conhecida a receita bruta, a apuração do imposto será feita com base nesta, aplicando-se as alíquotas do lucro presumido acrescidas em 20%; caso desconhecida, outros elementos de apuração são trazidos pelo artigo 51 da mesma lei, tais como lucro real do último período de apuração, soma dos valores do ativo circulante, valor do patrimônio líquido, etc.

j) Simples Nacional

O Simples Nacional é um regime tributário diferenciado, simplificado e favorecido previsto na Lei Complementar nº 123/2006. Este regime é aplicável às Microempresas e às Empresas de Pequeno Porte, a partir de 01.07.2007. Este sistema abrange todos os entes da Federação, é facultativo, mas irretratável para o ano calendário. O recolhimento é mensal e calculado sobre a receita bruta mensal da pessoa jurídica. O pagamento deve ser feito até o último dia da primeira quinzena ao mês subsequente em que a receita tiver sido auferida.

A Lei Complementar 139/2011 alterou os valores máximos de receita bruta anual para fins de definição de micro e pequena empresa. A partir de 2012, estes valores passaram a ser de até R$ 360.000,00 para microempresário e R$ 3.600.000,00 para pequena empresa.

Tal sistema tem por vantagem o fato de abranger os seguintes tributos: Imposto sobre a Renda da Pessoa Jurídica (IRPJ); Imposto sobre Produtos Industrializados (IPI); Contribuição Social sobre o Lucro Líquido (CSLL); Contribuição para o Financiamento da Seguridade Social (COFINS); Contribuição para o PIS/Pasep; Contribuição Patronal Previdenciária (CPP); Imposto sobre Operações Relativas à Circulação de Mercadorias e Sobre Prestações de Serviços de Transporte Interestadual e Intermunicipal e de Comunicação (ICMS); Imposto sobre Serviços de Qualquer Natureza (ISS).

A desvantagem, porém, é que o SIMPLES possui diversos impedimentos, conforme as previsões do artigo 3º, § 4 e do artigo 17 da LC 123/06, o que pode fazer com que diversas empresas não possam escolher esta opção. Destaca-se que uma das principais vedações constante na redação original da LC 123/06 dizia respeito às empresas que tinham por finalidade *a prestação de serviços decorrentes do exercício de atividade intelectual, de natureza técnica, científica, desportiva, artística ou cultural, que constitua profissão regulamentada ou não, bem como a que preste serviços de instrutor, de corretor, de despachante ou de qualquer tipo de intermediação de negócios*. A Lei Complementar nº 147/2014 revogou tal previsão, o que abriu a possibilidade para que inúmeras empresas de profissionais liberais, inclusive escritórios de advocacia, possam passar a fazer a opção por este regime.

O cálculo do valor a ser pago na sistemática do SIMPLES é feito da seguinte forma: apura-se o valor da receita bruta mensal e sobre ele se aplica uma alíquota a ser determinada pela receita bruta acumulada nos 12 meses anteriores ao do período de apuração, constante nos anexos da Lei 123/2006.

Impostos sobre Produtos Industrializados

RICARDO LODI RIBEIRO

1. Classificação

O imposto sobre produtos industrializados é um tributo indireto, extra-fiscal, real, seletivo e instantâneo.

É indireto porque enseja uma repercussão econômica a que o Direito Tributário confere relevância, com o surgimento do direito de crédito ao contribuinte do imposto em relação aos insumos por ele adquiridos, por meio do princípio da não cumulatividade.

Sua função hoje é predominantemente extrafiscal, como imposto sele-tivo, tributando mais pesadamente os produtos supérfluos como perfumes e carros, bem como os de consumo desaconselhável, como bebidas e cigar-ros. No entanto, o IPI também é ainda uma importante fonte de receitas não só para a União, que fica com 42% do produto da sua arrecadação, como para Estados e Municípios, através do Fundo de Participação dos Estados, que fica com 21,5%, do Fundo de Participação dos Municípios, com 23,5% e dos programas de financiamento do setor produtivo das Regiões Norte, Nordeste e Centro-Oeste, com 3%, segundo a disciplina do art. 159, I, da Constituição Federal, além do percentual de 10% destinado aos Estados, proporcionalmente às suas exportações de produtos industrializados, de acordo com o inciso II do mesmo dispositivo constitucional.

É seletivo, pois suas alíquotas são graduadas de acordo com a essencia-lidade do produto, com que se atinge a capacidade contributiva do consu-midor final e a extrafiscalidade.

Seu fato gerador ocorre com a prática de uma única conduta, o que lhe torna um imposto instantâneo, ainda que o período de apuração possa ser fixado em período certo de tempo, a fim de viabilizar a operacionalidade do princípio da não cumulatividade por meio de uma conta corrente de créditos e débitos durante certo lapso temporal legal.

2. Disciplina Constitucional

A Constituição Federal de 1988 prevê a competência federal para a instituição de impostos sobre produtos industrializados.[1]

Observe-se que, de acordo com a regra de competência constitucional, o imposto não incide sobre o processo de industrialização, mas sobre as operações com *produtos* industrializados. Trata-se, portanto, de um tributo circulatório, o que pressupõe a evolução do produto na cadeia industrial a partir da introdução de qualquer processo de industrialização em cada um dos elos desta, independentemente de transferência jurídica da sua propriedade. É bastante encontrada na doutrina a exigência de um negócio jurídico que transmita a propriedade ou posse do produto para caracterização de uma *operação* sujeita ao IPI.[2] Porém, não há necessidade de uma transferência de domínio para a caracterização do fato gerador, bastando a circulação econômica revelada pela evolução do produto na cadeia produtiva, o que pressupõe a transferência real ou ficta da posse (e não somente da propriedade) a qualquer título do bem para outro estabelecimento da mesma ou da outra empresa, e a realização de processo industrial por cada um desses estabelecimentos.[3] É que o IPI é subordinado ao princípio da autonomia dos estabelecimentos, o que significa que cada um deles, ainda que da mesma empresa, são tratados como contribuinte autônomo. Logo, as operações entre diferentes estabelecimentos do mesmo titular geram incidência do imposto, desde haja circulação econômica com a evolução do bem na cadeia produtiva.[4]

---

[1] "Art. 153 – Compete à União instituir impostos sobre: IV – produtos industrializados;" (...).
[2] Por todos: ATALIBA, Geraldo. "Hipótese de Incidência do IPI", *Estudos e Pareceres em Direito Tributário*. São Paulo: Revista dos Tribunais, 1978, p. 3.
[3] No mesmo sentido: BOTTALLO, Eduardo Domingos. *IPI – Princípios e Estrutura*. São Paulo: Dialética, 2009, p. 26. Contra, exigindo a transferência da propriedade; MELO, José Eduardo Soares de Melo. *IPI – Teoria e Prática*. São Paulo: Malheiros, 2009, p. 54.
[4] BOTTALLO, Eduardo Domingos. *IPI – Princípios e Estrutura*, p. 27.

IMPOSTOS SOBRE PRODUTOS INDUSTRIALIZADOS

Incidindo o imposto sobre a circulação de produtos industrializados, pouco importa se os bens são industrializados no Brasil ou alhures. Em qualquer caso será tributado.[5] Se o bem for fabricado no Brasil, incidirá por ocasião da saída do produto do estabelecimento industrial. Caso seja importado, no desembaraço aduaneiro ou na arrematação do bem levado a leilão.[6] Embora a legitimidade do IPI na importação seja questão há muito tempo pacificada na jurisprudência,[7] o STF tem entendido que a aplicação da não cumulatividade do imposto é obrigatória, o que levou o Tribunal a considerar a ilegitimidade da incidência na importação por pessoa física, que não é contribuinte do imposto. [8] No mesmo sentido decidiu o STJ.[9] Seguindo esse raciocínio, não há incidência do IPI na importação por comerciante e prestador de serviços que também não sejam contribuintes do imposto.[10] É que, ao contrário do ICMS em que a Constituição de 1988 estabeleceu uma incidência específica para a importação, com a cláusula *incidirá também*, contida no art. 155, § 2º, IX, *a*, com redação dada pela EC nº 33/2001,[11] no IPI a incidência depende da condição de ser o importador contribuinte do imposto, sem o que, não haverá respeito ao princípio da não cumulatividade, suportando este toda a tributação. Neste caso, deixaríamos de ter imposto sobre produtos industrializados e passaría-

---

[5] BALEEIRO, Aliomar. *Direito Tributário Brasileiro*, p. 340-341. Contra: MELO, José Eduardo Soares de Melo. *IPI – Teoria e Prática*, p. 128-130, que defende não haver previsão constitucional para tributar o IPI na importação.

[6] Não incide IPI na arrematação, pois a redação da lei ordinária de incidência, a Lei nº 4.502/1964, não contempla o referido fato gerador.

[7] STF, 2ª Turma, RE nº 92.146/SP, Rel. Min. Cordeiro Guerra, DJU 16/05/1980, p. 3487; STJ, 1ª Turma, REsp nº 660.192/SP, Rel. Min. Denise Arruda, DJU 02/08/2007, p. 338; STJ, 2ª Turma, REsp nº 216.265/SP, Rel. Min. Franciulli Neto, DJU 29/03/2004, p. 179.

[8] STF, 2ª Turma, RE nº 501.773/AgR, Rel. Min. Eros Grau, DJe 15/08/2008; STF, 2ª Turma, RE nº 255.682 AgR, Rel. Min. Carlos Velloso, DJU 10/02/2006, p. 14.

[9] STJ, 1ª Turma, REsp nº 848.339-SP, Rel. Min. Luiz Fux, DJe 01/12/2008.

[10] Deve-se advertir, porém, que, a despeito do posicionamento do STF e do próprio STJ no sentido da não incidência na importação por pessoa física, a Corte Federal vem reconhecendo a incidência do IPI independentemente do importador pessoa jurídica ser industrial: STJ, 1ª Turma, REsp nº 216.217/SP, Rel. Min. José Delgado, DJU 29/11/1999, p. 130; STJ, 2ª Turma, REsp nº 794.352/RJ, Rel. Min. Castro Meira, DJe 10/02/2010.

[11] "IX – incidirá também: a) sobre a entrada de bem ou mercadoria importados do exterior por pessoa física ou jurídica, ainda que não seja contribuinte habitual do imposto, qualquer que seja a sua finalidade, assim como sobre o serviço prestado no exterior, cabendo o imposto ao Estado onde estiver situado o domicílio ou o estabelecimento do destinatário da mercadoria, bem ou serviço; (Redação dada pela Emenda Constitucional nº 33, de 2001)."

mos a ter incidência sobre a importação.[12] Vale lembrar que antes da EC nº 33/1991, o STF entendia, pela mesma razão defendida no texto, que só o contribuinte do ICMS nas operações internas sofria a incidência do imposto estadual na importação.[13]

Entendeu o STF que o IPI incide na importação ainda que o contrato que a proporcione seja o *leasing*.[14] É que a incidência do IPI sobre a importação independe do negócio jurídico que a precedeu, desde que a entrada do bem no país tenha contornos definitivos, não estando submetida ao regime de admissão temporária.

Por outro lado, nas operações internas, se o produto for fabricado mas não sofrer uma operação de circulação por ter sido destruído ou consumido inteiramente pelo industrial na fabricação de outro produto, por exemplo, não ocorre o fato gerador do tributo, inexistindo autorização constitucional para a exigência.

Como vimos no estudo do Imposto de Importação, a expressão *produtos* tem a acepção muito ampla, traduzindo-se em qualquer bem móvel, seja ele destinado à industrialização, ao comércio, ao consumo de pessoas físicas ou jurídicas, ou ainda ao ativo fixo dessas últimas. Os *produtos industrializados* se diferenciam das *mercadorias*, pois os primeiros são bens móveis que estão na disponibilidade de um estabelecimento industrial que se caracteriza como aquele que neles realiza, com habitualidade, processo de industrialização. Assim, a Constituição Federal deferiu competência à União para, nas operações internas, instituir IPI sobre a saída dos produtos industrializados dos estabelecimentos industriais ou a ele equiparados, que promovem em relação a esses produtos processo de industrialização. Por sua vez, as *mercadorias* são bens móveis produzidos ou adquiridos pelo estabelecimento industrial ou comercial, com o intuito mercantil. Ou seja, para habitual revenda a outro estabelecimento comercial ou ao consumidor final. Em princípio, podem incidir o IPI e o ICMS sobre a saída do produto industrializado do estabelecimento industrial. Porém, nos casos em que o estabelecimento comercial (que não realiza processo de industrialização) dá saída em mercadoria não há competência constitucional para a tribu-

---

[12] Contra, entendendo ser constitucional a incidência do IPI na importação de produtos por comerciantes: BOTTALLO, Eduardo Domingos. *IPI – Princípios e Estrutura*, p. 24

[13] STF, Súmula nº 660 – "Não incide ICMS na importação de bens por pessoa física ou jurídica que não seja contribuinte do imposto."

[14] STF, 2ª Turma, RE nº 429.306/PR, Rel. Min. Joaquim Barbosa, DJe 16/03/2011.

tação do IPI (apenas do ICMS), salvo nos casos em que o comerciante é validamente equiparado com o industrial, conforme será estudado no item relativo à sujeição passiva do imposto federal. Porém, quando este mesmo bem adentra no estabelecimento do consumidor final, que não o adquire para revenda, mas para a utilização em suas operações, passa a ser um bem do ativo fixo ou um bem de consumo, dependendo da sua natureza e durabilidade. A eventual saída deste bem de consumo ou do ativo fixo de estabelecimento, ainda que este seja comercial, não sofrerá a incidência de qualquer imposto, uma vez que o bem não tem mais a natureza de merca-doria, já que no caso resta ausente o requisito da habitualidade. O mesmo fenômeno ocorre quando a pessoa física vende os seus bens de consumo.

Portanto, ainda que o imposto não incida sobre o processo de indus-trialização em si, mas sobre a circulação de bens que foram objeto deste, é essencial defini-lo a fim de delimitar os produtos que passaram por estas modificações, e que, portanto, serão tributados. O processo de industriali-zação, segundo o parágrafo único do art. 46 do CTN, comporta qualquer atividade, ainda que incompleta, parcial ou intermediária, que provoque no produto a modificação de sua natureza, a alteração de sua finalidade ou o seu aperfeiçoamento para o consumo, em conceito que, embora definido na lei de normas gerais, decorre da própria Constituição Federal. Para ser caracterizada a incidência do imposto, não basta que o produto tenha sido industrializado no passado, é preciso que o contribuinte do imposto rea-lize operação de industrialização. Assim, quando o comerciante vende o bem, não há que se falar em exigência do IPI, mas do ICMS, salvo quando esta mercadoria seja insumo utilizado na fabricação de produto indus-trializado, quando sofrerá a incidência dos dois impostos, uma vez que o comerciante será equiparado ao industrial (art. 51, III, do CTN).

Por outro lado, há que diferenciar os campos de incidência do IPI e do ISS nas operações em que ocorre a modificação da estrutura física de um bem, a partir de uma atividade desenvolvida pelo industrial ou prestador, como na industrialização por encomenda.[15] Trata-se de prestação de serviço ou industrialização? Embora a resposta à indagação deva levar em consi-deração os aspectos do caso concreto, a Constituição Federal nos oferece

---

[15] Sobre industrialização por encomenda, vide: RIBEIRO, Ricardo Lodi e LOPES, Lívia Pinheiro. "A industrialização por encomenda e os conflitos de competência entre o IPI e o ISS". *Revista Fórum de Direito Tributário nº 54*, 2011.

algumas certezas derivadas da delimitação das competências tributárias. Sendo o ISS um imposto residual em relação ao IPI[16], há que afastar as características centrais que levam à exigência do imposto federal, a fim de verificar os limites do poder de tributar municipal.

A primeira característica dos produtos sujeitos ao IPI que deve ser afastada para o reconhecimento da tributação pelo ISS reside na generalidade verificada no desenvolvimento da atividade.[17] Se esta é prestada em escala industrial, modificando bens próprios ou de terceiros de forma padronizada, incide o IPI, na modalidade *beneficiamento de bens,* como ocorre na transformação de cabines simples de *Pick Ups* em cabines duplas, conforme reconheceu o STJ.[18] Por outro lado, se atividade é customizada, sob encomenda individualizada que especifique suas características que as distinguem de todos os outros produtos do mesmo gênero, poderá haver prestação de serviços com a incidência do ISS, se presentes os demais requisitos, como foi reconhecido pelo STJ na confecção de cartões magnéticos com as cores, logomarca e características solicitadas pelo encomendante.[19] Neste caso a insignificância dos materiais empregados pelo prestador em relação ao que é prestado ao usuário – que não adquire um cartão, mas contrata serviços bancários e realiza operações financeiras com o cartão, conforme a natureza destas – revela a natureza de prestação de serviços.

A segunda característica do processo industrial que leva à incidência do IPI, afastando-se o imposto municipal, é a natureza intermediária do serviço diante da essência da prestação fornecida ao usuário se revelar pela comercialização de um produto industrializado. Para incidência do ISS, é necessário que, ao revés, os materiais fornecidos pelo prestador sejam, como destaca Aires Barreto, *meros ingredientes, insumos, componentes,*

---

[16] MORAES, Bernardo Ribeiro. *Doutrina e Prática do Imposto Sobre Serviços.* São Paulo: Revista dos Tribunais, 1984, p. 101; TORRES, Ricardo Lobo. *Tratado de Direito Constitucional Financeiro e Tributário, Vol. IV – Os Tributos na Constituição,* p. 359.

[17] MELO, José Eduardo Soares de. *ISS – Aspectos Teóricos e Práticos.* 3. ed. São Paulo: Dialética, 2003, p. 38.

[18] STJ, 1ª Turma, REsp nº 136.398/RS, Rel. Min. Demócrito Reinaldo, DJU 15/12/1997 p. 66.269.

[19] STJ, 1ª Turma, REsp nº 817.182/RJ, Rel. Min. Luiz Fux, DJU 08/03/2007 p. 170. Em relação ao tema, vide a Súmula nº 156 do STJ: "A prestação de serviços de composição gráfica, personalizada e sob encomenda, ainda que envolva o fornecimento de mercadorias está sujeita, apenas, ao ISS".

elementos integrantes do serviço.[20] Se, ao contrário, os serviços forem apenas um meio para a industrialização do produto, incidirá o IPI.

Assim sendo, é de suma importância para a definição do imposto incidente a pesquisa da natureza jurídica da prestação adquirida pelo usuário final, de modo a verificar se o esforço humano corresponde à atividade-fim, por este contratada, ou a uma atividade-meio para a industrialização e/ou comercialização de produto ou mercadoria.

Por essas razões o STJ decidiu que o ISS não incide sobre a fabricação de sacos de papel, ainda que exista impressão gráfica personalizada, mero serviço acessório à industrialização[21] e nem sobre a aquisição de móveis por encomenda, a despeito de a produção ter sido realizada a partir de especificações do usuário. [22]

A terceira característica que denota a existência de um processo industrial e afasta a incidência do ISS, e que deriva da segunda, é o fornecimento de materiais, no todo ou em parte, pelo prestador. A caracterização da prestação de serviços onerada pela tributação municipal depende que todo o material que constitua objeto da prestação seja fornecido pelo tomador, restando ao prestador apenas o esforço humano. Ao contrário, se o prestador fornece, no todo ou em parte, o material que será objeto do seu trabalho de modificação da natureza ou finalidade desses bens, ou ainda o seu acondicionamento – e não um mero insumo do seu serviço, como ocorre com as tintas utilizadas pelas gráficas ou a resina utilizada pelo dentista (vide acima a segunda característica necessária à tributação pelo ISS) –, estará realizando processo de industrialização, conforme previsto no parágrafo único do art. 46 do CTN. A utilização de materiais exclusivamente fornecidos pelo tomador foi utilizada pelo STJ para reconhecer a incidência do ISS e não do IPI e do ICMS sobre o corte, recorte e polimento de mármore e granito.[23] A exceção à regra fica por conta da construção civil, onde o prestador só é tributado pelos seus serviços, pois tem o direito de deduzir o valor dos materiais por ele produzidos, nos termos do art. 7º da LC nº 116/2003.

---

[20] BARRETO, Aires F. *O ISS na Constituição e na Lei*. 3. ed. São Paulo: Dialética, 2009, p. 47-48.

[21] STJ, 2ª Turma, REsp nº 725.246/PE, Rel. Min. Teori Zavascki, DJe 14/11/05, p. 215.

[22] STJ, 2ª Turma, REsp nº 395.633/RS, Min. Eliana Calmon, DJU 17/03/2003, p. 212.

[23] STJ, 2ª Turma, REsp nº 959.258/ES, Rel. Min. Herman Benjami, DJe 27/08/2009. No mesmo sentido: STJ, 1ª Turma, REsp nº 888.852/ES, Rel. Min. Luiz Fux, DJe 01/12/2008.

A quarta característica do processo de industrialização que afasta a prestação de serviço da hipótese de incidência do ISS é a não destinação da atividade ao usuário final, mas sim a estabelecimento que realiza a industrialização. Para a incidência do imposto municipal, como observa Bernardo Ribeiro de Moraes, os serviços são necessariamente prestados ao usuário final, e não ao estabelecimento industrial.[24] Com base nesse entendimento, o STF considerou não incidir o ISS sobre os serviços gráficos inerentes à fabricação de embalagens sob encomenda destinadas ao processo de industrialização.[25]

Diante de todo o exposto, é lícito concluir que o trabalho desenvolvido na industrialização de um bem só poderá ser tributado pelo ISS se cumulativamente: [26]

a) houver customização na produção do bem, a partir de encomenda do cliente;

b) os materiais empregados forem meros elementos integrantes da prestação de serviço caracterizada como atividade-fim e não bens destinados à comercialização ou industrialização em relação ao objeto da prestação contratada;

c) os materiais inerentes à operação, que serão transformados pelo esforço humano, forem fornecidos exclusivamente pelo tomador, salvo quando não passarem de insumos da prestação de serviços;

d) a prestação for destinada a usuário final.

Em razão das funções extrafiscais do imposto que o consagram como mecanismo de política econômica, o § 1º do art. 153 da CF admite que possa ter suas alíquotas alteradas pelo Poder Executivo, observados os limites estabelecidos em lei. Desse modo, é essencial que a lei fixe a alíquota, para só então o Poder Executivo alterá-la, servindo este percentual legal como limite máximo. Essa faculdade mitiga o princípio da legalidade nos impostos previstos no § 1º do art. 153, que além do IPI, são o II, o IE e o IOF.

O ato do Poder Executivo que modifica a alíquota não precisa ser necessariamente do Presidente da República, que pode delegar essa função aos

---

[24] MORAES, Bernardo. *Doutrina e Prática do Imposto Sobre Serviços*, p. 360.

[25] STF, Pleno, ADI MC nº 4.389/DF, Rel. Min. Joaquim Barbosa, DJe 25/05/2011.

[26] Sobre a aplicação prática desses requisitos, vide: RIBEIRO, Ricardo Lodi e TAVARES, Adriana Clemente de Souza. "A não incidência de ISS sobre a Fabricação de Módulos para Plataforma de Petróleo". *Revista Dialética de Direito Tributário nº 195*, 124-137, 2011.

IMPOSTOS SOBRE PRODUTOS INDUSTRIALIZADOS

seus ministros e auxiliares. A motivação econômica que justifica o aumento de alíquota não precisa estar prevista no decreto ou ato normativo que promoveu a alteração, podendo constar de procedimento administrativo de sua formação.[27] Ao contrário da Constituição Federal anterior, a atual Carta não mais admite a alteração da base de cálculo por ato do Poder Executivo, mas somente da alíquota.

Pelos mesmos motivos extrafiscais que justificam essa mitigação da legalidade, os impostos previstos no § 1º do art. 153 da CF, entre eles o IPI, não se submetem ao princípio da anterioridade, podendo a sua majoração ou instituição serem aplicadas imediatamente (§ 1º do art. 150, CF).

No entanto, o IPI deve respeitar a regra da noventena constitucional, introduzida pela EC nº 42/2003, uma vez que, ao contrário do que ocorre com a anterioridade anual, o imposto não foi inserido na exceção prevista na nova redação do § 1º, parte final, do art. 150, CF. Assim, a norma que alterar a legislação do IPI, no sentido de promover aumento do montante devido, só incidirá em relação a fatos geradores ocorridos noventa dias após a sua publicação, independentemente do exercício em que esta tenha ocorrido. É de se estranhar que nessa regra da noventena tenha sido excepcionado o IR, e não o IPI, uma vez que as razões vinculadas à extrafiscalidade deste último, que levaram o legislador constituinte originário a excepcioná-lo em relação à anterioridade clássica, e que também fundamentam a exceção ao novo dispositivo constitucional em relação ao II, IE e IOF, se fazem aqui presentes. O que houve foi uma manobra parlamentar para trocar na redação da emenda a ressalva ao inciso IV do art. 153 pelo inciso III do mesmo artigo.[28] Dessarte, retirou-se a proteção da noventena em relação ao IR, justamente onde esta se fazia mais importante à tutela da não surpresa do contribuinte em face das constantes alterações da legislação deste imposto nos últimos dias do ano. Em troca, quase que para fazer a alteração passar despercebida, excepcionou-se a noventena em relação ao

---

[27] STF, Pleno, RE nº 224.285/CE, Rel. Min. Maurício Correa, DJ de 28/05/1999, p. 1.795.

[28] Como noticia Ricardo Mariz de Oliveira, o texto original da PEC nº 41/2003, que deu origem à EC nº 42/2003, não previa a regra da noventena, que foi inserida nas emendas substitutivas aprovadas na Câmara dos Deputados. Porém, tais emendas não previam a exclusão do IR, o que só veio a se dar com a Emenda Aglutinativa nº 27, de 03/09/2003. (OLIVEIRA, Ricardo Mariz. "Ampliação do Âmbito do Princípio da Anterioridade das Leis Tributárias". In: SARAIVA FILHO, Oswaldo Othon (Org.). *Reforma Tributária – Emendas Constitucionais nº 41 e nº 42, de 2003, e nº 44, de 2004*. Belo Horizonte: Fórum, 2004, p. 267).

IPI, onde a garantia não faz muito sentido. Porém, tal manobra foi chancelada pelo legislador constituinte derivado, vinculando o legislador ordinário.[29] Conforme decidido pelo STF, não é só o legislador que deve atender à noventena, mas também o ato do Poder Executivo que altera a alíquota do IPI até o limite estabelecido em lei.[30]

2.1. Princípio da Não Cumulatividade

A *não cumulatividade* é característica que pode ser encontrada (ou não) nos impostos multifásicos, ou seja, aqueles que incidem sobre a circulação de bens ou serviços pelas várias etapas da cadeia econômica. Incidindo sobre todas as fases da cadeia, a carga tributária chegaria ao contribuinte geometricamente elevada, não fosse a não cumulatividade.

O mecanismo consiste na autorização para que o contribuinte do imposto se credite do IPI incidente, ou que deveria incidir, nas operações anteriores para o cálculo do valor a ser pago na operação por ele praticada. Assim, é efetuada a compensação em uma contacorrente de *créditos* e *débitos*, onde os primeiros se referem aos valores incidentes nos anteriores da cadeia e que foram embutidos no preço pago pelo contribuinte do IPI. Os últimos são os valores incidentes na operação por ele praticada. Portanto, são elementos da contacorrente:

- créditos – relativos ao imposto incidente (ou que deveria incidir, caso não houvesse isenção ou imunidade) sobre o produtos adquiridos pelo contribuinte do IPI, e utilizados como matéria-prima, produto intermediário e material de embalagem na fabricação do produto industrializado;
- débitos – a tributação incidente sobre a operação em questão, calculada pela aplicação da alíquota do imposto sobre a sua base de cálculo;
- saldo – resultado positivo ou negativo da conta.

---

[29] Registre-se a posição de Ricardo Lobo Torres, que defende que, mesmo em face da redação dada a EC nº 42/2003, a noventena não se aplica ao IPI. (TORRES, Ricardo Lobo. *Tratado de Direito Constitucional Financeiro e Tributário, Vol. II – Valores e Princípios Constitucionais Tributários*, Rio de Janeiro: Renovar, 2005, p. 563).

[30] STF, Pleno, ADI nº 4.651/DF MC, Rel. Min. Marco Aurélio, j. 20/10/2011, Informativo STF 645.

Se o saldo for devedor, o contribuinte irá recolher a diferença ao final do período de apuração. Caso contrário, se o saldo for credor, o contribuinte pode aproveitar esses créditos no período de apuração seguinte. Com isso, cada contribuinte só irá recolher, em tese, o IPI incidente sobre o valor que agrega à mercadoria.

Como exemplo prático da não cumulatividade no IPI, imaginemos que um industrial adquire diversas matérias-primas que serão utilizadas como insumo em seu produto industrializado. O IPI incidente sobre as operações anteriores, que foi por ele suportado no preço destes totaliza R$ 45,00. Tem o industrial, portanto, o direito de se creditar de R$ 45,00. O IPI incidente sobre o preço do produto industrializado e vendido pelo industrial é de R$ 70,00. É esse valor que ele irá se debitar. Desse modo, em sua contracorrente teremos um saldo devedor de R$ 25,00. É esta quantia que será recolhida.

2.2. Princípio da Seletividade

O princípio da *seletividade* exige que as alíquotas do imposto sejam graduadas de acordo com a sua essencialidade ao consumidor. Desse modo, os produtos mais essenciais para o consumo da população, como os gêneros de primeira necessidade, deverão ter alíquotas baixas. Enquanto isso, os bens de consumo supérfluo ou nocivos, como carros, bebidas, e cigarros[31] terão suas alíquotas estabelecidas em elevado patamar. O critério que a Constituição utiliza para a seletividade no IPI, como no ICMS, é a essencialidade do produto. A seletividade também é o mecanismo utilizado para mensurar a capacidade contributiva nos tributos indiretos, uma vez que considera a riqueza do consumidor final do produto ou mercadoria. É princípio de observância obrigatória pelo legislador ordinário no IPI.

2.3. Imunidade na Exportação

Estabelece a Constituição Federal uma *imunidade* de IPI para os produtos industrializados destinados ao exterior. Convém ressaltar que essa imuni-

---

[31] Até a edição do Decreto nº 3.070, de 1999, a alíquota do cigarro era de 330% aplicada a uma base de cálculo de 12,5%, o que representava uma alíquota efetiva de 41,25%. A partir da edição do referido decreto, a tributação passou a ser feita por alíquota fixa de acordo com a embalagem do produto apresentada ao consumidor.

dade, não se alicerçando nos direitos fundamentais, mas apenas em uma opção econômica do legislador constituinte, não se traduz em cláusula pétrea, podendo ser suprimida pelo constituinte derivado. O dispositivo, de cunho nitidamente extrafiscal, objetiva o estímulo à exportação, a partir da desoneração fiscal dos produtos exportados.

2.4. Desoneração dos Bens de Capital

Com a Emenda Constitucional nº 42/2003, o constituinte recomenda ao legislador ordinário a redução do impacto na aquisição dos bens de capital pelo contribuinte do IPI. Trata-se de medida que visa à desoneração dos bens de produção como alavanca do desenvolvimento econômico. No entanto, a efetividade do dispositivo dependerá de sua regulamentação pelo legislador ordinário, o que pode ir da simples redução de alíquota de IPI sobre os bens de capital a modificações da sistemática de creditamento, que passe a permitir o crédito de tais produtos, o que hoje não é permitido na legislação infraconstitucional.

3. Matriz Legal

Além dos artigos 46 a 51 do CTN, que estabelecem normas gerais sobre o IPI, a sua lei instituidora é a Lei nº 4.502/1964, que tratava do imposto sobre consumo. Com a EC nº 18/1965, que substitui o vetusto imposto pelo IPI, é editado o DL nº 34/1966 que determina a mudança de nomenclatura do tributo e estabelece a substituição de todas as menções da lei ao *imposto sobre consumo* para *imposto sobre produtos industrializados*. Desse modo, a despeito das alterações que a legislação do tributo sofreu ao longo do tempo, a Lei nº 4.502/1964 ainda é a regra de incidência do IPI.

4. Matriz Infralegal

O Decreto nº 7.212/2010 é o Regulamento do IPI – RIPI.

5. Fato Gerador

Como vimos na parte constitucional do estudo, o imposto incide sobre operações de circulação de produtos industrializados, o que pressupõe uma operação em que um estabelecimento que tenha promovido processo de industrialização coloque o bem em circulação em direção a outro elo da cadeia econômica. Por isso, é necessário verificar o significado da expressão industrialização. De acordo com o parágrafo único do art. 46 do CTN, o processo de industrialização se revela por qualquer atividade, ainda que incompleta, parcial ou intermediária, que provoque no produto a modificação de sua natureza, a alteração de sua finalidade ou o seu aperfeiçoamento para o consumo.

Tais operações podem ocorrer dar a partir dos seguintes processos: [32]

a) transformação: atividade exercida sobre matéria-prima ou produto intermediário que importe na obtenção de espécie nova, como por exemplo, a construção de uma mesa;

b) beneficiamento: modificação, aperfeiçoamento, ou qualquer forma de alteração do funcionamento, da utilização, do acabamento ou da aparência do produto, como, por exemplo, a transformação de veículo de cabine simples para cabine dupla;[33]

c) montagem: reunião de produtos, peças ou partes, que resulte um novo produto ou unidade autônoma, do que é exemplo a montagem de um automóvel;

d) acondicionamento ou reacondicionamento: alteração da apresentação do produto, pela colocação da embalagem, ainda que em substituição da original, salvo quando esta se destine apenas ao transporte da mercadoria, como o engarrafamento de cerveja;

e) renovação ou recondicionamento: atividade exercida sobre o produto usado ou parte remanescente de produto inutilizado ou deteriorado que o renove ou restaure para utilização, caso da retífica de motores.

São irrelevantes para a caracterização da industrialização os processos utilizados para a obtenção do produto, a localização das instalações e os equipamentos empregados. Assim, mesmo atividades rudimentares praticadas em ambientes simples ensejarão um processo de industrialização, desde que presentes os mecanismos acima citados.

No processo de industrialização são utilizados matérias-primas, produtos intermediários, produtos refratários e embalagens.

- *Matérias-primas* são substâncias empregadas na fabricação de outras, sendo aquelas parte integrantes destas. Ex.: minério de ferro na siderurgia.

---

[32] Art. 4º do RIPI/10.
[33] STJ, 1ª Turma, REsp nº 136.398/RS, Rel. Min. Demócrito Reinaldo (RT 749/243).

- *Produtos intermediários* são aqueles provenientes de indústria, própria ou de outrem, que compõem ou integram a estrutura físico--química do produto. Ex.: pneus em relação aos carros.
- *Produtos refratários* são os inteiramente consumidos na fabricação do produto, não o integrando fisicamente. Tratam-se na verdade de uma modalidade de produtos intermediários. Ex.: calcário utilizado na siderurgia para extração de impurezas do minério de ferro e depois desperdiçado.[34]
- *Embalagens* são invólucros utilizados no acondicionamento e apresentação do produto ao consumo.

São três os fatos geradores previstos pelo art. 46 do CTN:

a) o desembaraço aduaneiro do produto industrializado de origem estrangeira;
b) a saída dos bens dos estabelecimentos industriais ou equiparados;
c) a arrematação em leilão de produto apreendido ou abandonado.

Ocorre que a Lei nº 4.502/1964 não contempla a terceira hipótese, a da arrematação. Portanto, em relação a ela, há uma não incidência em sentido estrito. Assim, hoje só existem dois fatos geradores previstos em lei ordinária: a saída do produto do estabelecimento e o desembaraço aduaneiro.

Em relação ao desembaraço aduaneiro, considera-se este também ocorrido, de acordo com o art. 2º, § 3º, da Lei nº 4.502/1964, com redação dada pelo art. 8º da Lei nº 10.833/2003, quando houver extravio ou avaria apurados pela autoridade fiscal de mercadoria que constar como tendo sido importada, ainda que sob o regime de suspensão de imposto. Trata-se de uma presunção legal absoluta de que a mercadoria entrou ilicitamente no Brasil.

O art. 36 do RIPI/2010, consolidando a disciplina dos arts. 2º e 5º da Lei nº 4.502/1964, bem como dos arts. 38 a 40 da Lei nº 9.532/1997, identifica o aspecto temporal do fato gerador. Ou seja, o momento em que se considera ocorrida a saída da mercadoria do estabelecimento ou em que se dá o desembaraço aduaneiro.[35]

---

[34] Exemplos extraídos de CASSONE, Vittorio, *Direito Tributário*. 10. ed., São Paulo: Atlas, São Paulo, 1997, p. 272.

[35] Dispõe o art. 36 do RIPI/10: "Considera-se ocorrido o fato gerador: I – na entrega ao comprador, quanto aos produtos vendidos por intermédio de ambulantes (Lei nº 4.502, de

IMPOSTOS SOBRE PRODUTOS INDUSTRIALIZADOS

Existe a possibilidade de uma mesma operação constituir fato gerador do IPI e do ICMS, em uma bitributação admitida pelo Texto Maior. Ocorre, por exemplo, quando os estabelecimentos industriais vendem os produtos por eles industrializados que passam a ser mercadorias; ou ainda quando os estabelecimentos atacadistas vendem matérias-primas ou produtos intermediários para o industrial. Nesses casos, a Constituição

1964, art. 2º e art. 5º, inciso I, alínea *a*, e Decreto-Lei nº 1.133, de 16 de novembro de 1970, art. 1º); II –na saída de armazém-geral ou outro depositário do estabelecimento industrial ou equiparado a industrial depositante, quanto aos produtos entregues diretamente a outro estabelecimento (Lei nº 4.502, de 1964, art. 2º e art. 5º, inciso I, alínea *a*, e Decreto-Lei nº 1.133, de 1970, art. 1º); III – na saída da repartição que promoveu o desembaraço aduaneiro, quanto aos produtos que, por ordem do importador, forem remetidos diretamente a terceiros (Lei nº 4.502, de 1964, art. 2º e art. 5º, inciso I, alínea *b*, e Decreto-Lei nº 1.133, de 1970, art. 1º); IV – na saída do estabelecimento industrial diretamente para estabelecimento da mesma firma ou de terceiro, por ordem do encomendante, quanto aos produtos mandados industrializar por encomenda (Lei nº 4.502, de 1964, art. 2º e art. 5º, inciso I, alínea *c*, e Decreto-Lei nº 1.133, de 1970, art. 1º); V – na saída de bens de produção dos associados para as suas cooperativas, equiparadas, por opção, a estabelecimento industrial;VI-no quarto dia da data da emissão da respectiva nota fiscal, quanto aos produtos que até o dia anterior não tiverem deixado o estabelecimento do contribuinte (Lei nº 4.502, de 1964, art. 2º e art. 5º, inciso I, alínea *d*, e Decreto-Lei nº 1.133, de 1970, art. 1º); VII – no momento em que ficar concluída a operação industrial, quando a industrialização se der no próprio local de consumo ou de utilização do produto, fora do estabelecimento industrial (Lei nº 4.502, de 1964, art. 2º, § 1º); VIII –no início do consumo ou da utilização do papel destinado à impressão de livros, jornais e periódicos, em finalidade diferente da que lhe é prevista na imunidade de que trata o inciso I do art. 18, ou na saída do fabricante, do importador ou de seus estabelecimentos distribuidores, para pessoas que não sejam empresas jornalísticas ou editoras (Lei nº 9.532, de 1997, art. 40); IX – na aquisição ou, se a venda tiver sido feita antes de concluída a operação industrial, na conclusão desta, quanto aos produtos que, antes de sair do estabelecimento que os tenha industrializado por encomenda, sejam por este adquiridos; X – na data da emissão da nota fiscal pelo estabelecimento industrial, quando da ocorrência de qualquer das hipóteses enumeradas no inciso VII do art. 25 (Lei nº 9.532, de 1997, art. 39, § 4º); XI – no momento da sua venda, quanto aos produtos objeto de operação de venda que forem consumidos ou utilizados dentro do estabelecimento industrial (Lei nº 4.502, de 1964, art. 2º e art. 5º, inciso I, alínea *e*, Decreto-Lei nº 1.133, de 1970, art. 1], e Lei nº 9.532, de 1997, art. 38); XII – na saída simbólica de álcool das usinas produtoras para as suas cooperativas, equiparadas, por opção, a estabelecimento industrial; e XIII – na data do vencimento do prazo de permanência da mercadoria no recinto alfandegado, antes de aplicada a pena de perdimento, quando as mercadorias importadas forem consideradas abandonadas pelo decurso do referido prazo (Decreto-Lei nº 1.455, de 1976, art. 23, inciso II, e Lei nº 9.779, de 1999, art. 18, e parágrafo único).
Parágrafo único.Na hipótese do inciso VII, considera-se concluída a operação industrial e ocorrido o fato gerador na data da entrega do produto ao adquirente ou na data em que se iniciar o seu consumo ou a sua utilização, se anterior à formalização da entrega".

Federal, no art. 155, § 2º,[36] determina que o IPI será deduzido da base de cálculo do ICMS. Na importação, o IPI incide sobre o mesmo fato econômico do próprio ICMS, bem como do II e, após da EC nº 42/2003 e Lei nº 10.865/2004, do PIS e da COFINS.

6. Base de Cálculo

A base de cálculo do IPI é definida pelo art. 47 do CTN. Nas operações de importação é o valor aduaneiro,[37] definido como base de cálculo do II, acrescido do próprio imposto de importação, bem como das demais taxas exigidas para a entrada do produto no Brasil e encargos cambiais pagos ou devidos pelo importador (art. 47, I, do CTN). Como bem sustenta José Eduardo Soares de Melo,[38] é questionável a adição ao valor aduaneiro de outras parcelas para a fixação da base de cálculo no IPI na importação. Isso porque o Brasil é signatário do GATT, que predetermina que os países contratantes utilizarão na base de cálculo dos impostos incidentes sobre a importação o valor aduaneiro, sendo contrária ao tratado a adição de outras parcelas.

Em relação ao IPI incidente sobre a saída do produto do estabelecimento, a base de cálculo é o valor efetivo da operação que decorrer da saída.

---

[36] Art. 155. Compete aos Estados e ao Distrito Federal instituir impostos sobre: II – operações relativas à circulação de mercadorias e sobre prestações de serviços de transporte interestadual e intermunicipal e de comunicação, ainda que as operações e as prestações se iniciem no exterior; § 2º O imposto previsto no inciso II atenderá o seguinte: XI – não compreenderá, em sua base de cálculo, o montante do imposto sobre produtos industrializados, quando a operação, realizada entre contribuintes e relativa a produto destinado à industrialização ou à comercialização, configure fato gerador dos dois impostos; (...).

[37] O valor aduaneiro é calculado nos termos do artigo VII do GATT – Acordo Geral sobre Tarifas e Comércio, mais conhecido por Acordo de Valoração Aduaneira (Decreto nº 1.355/1994). Segundo as regras estabelecidas no referido acordo, inicialmente se utiliza como base de cálculo o valor constante da fatura do produto. Na impossibilidade da aplicação desse método, aplicam-se sucessivamente o valor de transação de mercadoria idêntica à mercadoria importada, ou ainda de mercadoria similar, ou o valor de revenda da mercadoria, ou computado, e, em último caso, valor baseado em critérios razoáveis fixados pelas autoridades administrativas, desde que em caráter normativo. Somente nesses casos, quando frustradas as tentativas de se identificar o valor real da mercadoria, ou espécime idêntica ou similar, ou ainda o seu valor de revenda ou computado, é que podem ser utilizados os preços de referência previstos nos atos administrativos.

[38] MELO, José Eduardo Soares de. *A importação no Direito Tributário*. São Paulo: Revista dos Tribunais, 2003, p. 92.

Somente em casos de falta desse valor real será adotado o preço normal que a mercadoria encontra no mercado, ou de seu similar no mercado atacadista. Em consequência, conforme já decidiu o STJ,[39] só será possível a utilização da pauta mínima no IPI em caso de inidoneidade da documentação apresentada pelo contribuinte.[40]

Por outro lado, os descontos incondicionados concedidos pelo contribuinte devem ser excluídos da base de cálculo, enquanto os submetidos à condição integram-na.[41] Também devem ser excluídas as bonificações[42] de mercadorias dadas graciosamente em razão do volume da aquisição, bem como os juros pelo financiamento da compra a prazo[43] e o valor do frete[44] e seguro.

A despeito das previsões do art. 47, II, do CTN referentes à base de cálculo do imposto nas operações internas, a Lei nº 7.798/1989 previu a tributação fixa do IPI incidente sobre as bebidas alcoólicas, em variação de acordo com o tamanho do recipiente. O § 2º do art. 1º da referida lei autorizou ao Poder Executivo incluir outros produtos no regime especial nela prevista. Com base nessa previsão, o Decreto nº 3.070/1999 estendeu a disciplina aos cigarros, de acordo com a embalagem do produto apresentada ao consumidor.[45]

Ao contrário do que ocorre no ICMS, a base de cálculo do IPI é calculada por fora. Isto é, o imposto não integra sua própria base de cálculo, uma vez que o valor destacado de IPI na nota fiscal não integra o preço do produto e nem a base de cálculo do próprio imposto.

---

[39] STJ, 1ª Turma, REsp nº 24.861/CE, Rel. Min. Humberto Gomes de Barros, DJU de 21/02/1994, p. 124.

[40] No sentido do texto: BOTTALLO, Eduardo Domingos. *IPI – Princípios e Estrutura*, p. 183.

[41] STJ, 1ª Turma, REsp nº 477.525/GO, Rel. Min. Luiz Fux, DJU 23/06/2003, p. 258; STJ, 2ª Turma, REsp nº 318.639/RJ, Rel. Min. Peçanha Martins, DJU 21/11/05, p. 174.

[42] STJ, 2ª Turma, REsp nº 872.365/RJ, Rel. Min. Castro Meira, DJU 01/12/2006, p. 298. Contra: CASSONE, Vittorio. "Base de Cálculo: distinção entre descontos incondicionados e bonificações em mercadorias." *Revista Fórum de Direito Tributário nº* 29/147, 2007.

[43] STJ, 1ª Turma, REsp nº 207.814/RS, Rel. Min. Milton Luiz Pereira, DJU 13/05/2002, p. 155.

[44] STJ, 1ª Turma, REsp nº 654.127/SC, Rel. Min. José Delgado, DJU 28/02/05, p. 237.

[45] Sustenta Alberto Xavier que essa tributação fixa do cigarro não contraria o art. 47 do CTN, uma vez que a base de cálculo especial sobre o cigarro, prevista em anexo à Lei nº 4.502/1964, teria sido recepcionada pela sistemática do CTN, sendo ambas as leis materialmente ordinárias no regime constitucional de 1967, tendo as duas sido recepcionadas com eficácia passiva de lei complementar pela Constituição de 1988 (Vide: XAVIER, Alberto. "A Tributação do IPI sobre Cigarros", *Revista Dialética de Direito Tributário*, nº 118, p. 9-30).

Não mais pode o Poder Executivo, segundo o art. 153 § 1º, da Constituição Federal, alterar a base de cálculo do tributo, como acontecida sob a égide do ordenamento constitucional pretérito.

7. Alíquota

As alíquotas seletivas do IPI constam da Tabela de Incidência do IPI, a TIPI, aprovada pelo Decreto nº 6.006/2006, que tem por base a Nomenclatura Comum do MERCOSUL (NCM) constante do Decreto nº 2.376, de 12 de novembro de 1997. A classificação do produto na TIPI se faz por Seções, Capítulos, Subcapítulos, Posições, Subposições, Itens e Subitens, de acordo com o art. 15 do RIPI/2010.

8. Contribuintes

São contribuintes do IPI, segundo o art. 51 do CTN:

- o importador ou quem a lei a ele equiparar;
- o industrial ou quem a lei a ele equiparar;
- o comerciante de produtos intermediários e matérias-primas utilizadas pelos industriais para a fabricação dos produtos industrializados.

Na importação, ao contrário do que se dá em relação ao industrial ou comerciante, não é exigível a habitualidade, bastando uma única importação para a ocorrência do fato gerador e da caracterização da condição de contribuinte. No entanto, o STF[46] e o STJ[47] já reconheceram que não há incidência sobre pessoa física. Entendemos que os mesmos argumentos utilizados pelos Tribunais Superiores, de preservação do princípio da não cumulatividade, afastam também a incidência em relação às pessoas jurídicas que não são contribuintes do imposto, como as empresas comerciais e prestadoras de serviço, sendo inconstitucional a sua equiparação aos estabelecimentos industriais, como pretendeu o art. 4º, I, da Lei nº 4.502/1964.

Estabelecimento industrial é aquele que realiza processo de industrialização (art. 3º da Lei nº 4.502/1964). Para fins de incidência do IPI, os arts. 9º e 10 do RIPI/2010, que consolidam a disciplina do art. 4º da Lei

---

[46] STF, 2ª Turma, RE n] 501.773/AgR, Rel. Min. Eros Grau, DJe 152, pub. 15/08/2008; STF, 2ª Turma, RE nº 255.682 AgR, Rel. Min. Carlos Velloso, DJU 10/02/2006, p. 14.

[47] STJ, 1ª Turma, REsp nº 848.339-SP, Rel. Min. Luiz Fux, DJe 01/12/2008.

IMPOSTOS SOBRE PRODUTOS INDUSTRIALIZADOS

nº 4.502/1964 e suas alterações, elencam uma série de pessoas jurídicas equiparadas a estabelecimento industrial, sendo, portanto, contribuintes do imposto.[48] A legitimidade dessa equiparação está subordinada à vin-

---

[48] Art.9º Equiparam-se a estabelecimento industrial: I – os estabelecimentos importadores de produtos de procedência estrangeira, que derem saída a esses produtos (Lei nº 4.502, de 1964, art. 4º, inciso I); II – os estabelecimentos, ainda que varejistas, que receberem, para comercialização, diretamente da repartição que os liberou, produtos importados por outro estabelecimento da mesma firma; III – as filiais e demais estabelecimentos que exercerem o comércio de produtos importados, industrializados ou mandados industrializar por outro estabelecimento da mesma firma, salvo se aqueles operarem exclusivamente na venda a varejo e não estiverem enquadrados na hipótese do inciso II (Lei nº 4.502, de 1964, art. 4º, inciso II, e § 2º, Decreto-Lei nº 34, de 1966, art. 2º, alteração 1a, e Lei nº 9.532, de 10 de dezembro de 1997, art. 37, inciso I); IV – os estabelecimentos comerciais de produtos cuja industrialização tenha sido realizada por outro estabelecimento da mesma firma ou de terceiro, mediante a remessa, por eles efetuada, de matérias-primas, produtos intermediários, embalagens, recipientes, moldes, matrizes ou modelos (Lei nº 4.502, de 1964, art. 4º, inciso III, e Decreto--Lei nº 34, de 1966, art. 2º, alteração 33a); V – os estabelecimentos comerciais de produtos do Capítulo 22 da TIPI, cuja industrialização tenha sido encomendada a estabelecimento industrial, sob marca ou nome de fantasia de propriedade do encomendante, de terceiro ou do próprio executor da encomenda (Decreto-Lei nº 1.593, de 21 de dezembro de 1977, art. 23); VI – os estabelecimentos comerciais atacadistas dos produtos classificados nas Posições 71.01 a 71.16 da TIPI (Lei nº 4.502, de 1964, Observações ao Capítulo 71 da Tabela); VII – os estabelecimentos atacadistas e cooperativas de produtores que derem saída a bebidas alcoólicas e demais produtos, de produção nacional, classificados nas Posições 22.04, 22.05, 22.06 e 22.08 da TIPI e acondicionados em recipientes de capacidade superior ao limite máximo permitido para venda a varejo, com destino aos seguintes estabelecimentos (Lei nº 9.493, de 997, art. 3º): a)industriais que utilizarem os produtos mencionados como matéria-prima ou produto intermediário na fabricação de bebidas; b)atacadistas e cooperativas de produtores; ou c)engarrafadores dos mesmos produtos; VIII – os estabelecimentos comerciais atacadistas que adquirirem de estabelecimentos importadores produtos de procedência estrangeira, classificados nas Posições 33.03 a 33.07 da TIPI (Medida Provisória no 2.158-35, de 24 de agosto de 2001, art. 39); IX – os estabelecimentos, atacadistas ou varejistas, que adquirirem produtos de procedência estrangeira, importados por encomenda ou por sua conta e ordem, por intermédio de pessoa jurídica importadora (Medida Provisória nº 2.158-35, de 2001, art. 79, e Lei nº 11.281, de 20 de fevereiro de 2006, art. 13); X – os estabelecimentos atacadistas dos produtos da Posição 87.03 da TIPI (Lei nº 9.779, de 19 de janeiro de 1999, art. 12); XI – os estabelecimentos comerciais atacadistas dos produtos classificados nos Códigos e Posições 2106.90.10 Ex 02, 22.01, 22.02, exceto os Ex 01 e Ex 02 do Código 2202.90.00, e 22.03, da TIPI, de fabricação nacional, sujeitos ao imposto conforme regime geral de tributação de que trata o art. 222 (Lei nº 10.833, de 29 de dezembro de 2003, arts. 58-A e 58-E, inciso I, e Lei nº 11.727, de 23 de junho de 2008, art. 32); XII – os estabelecimentos comerciais varejistas que adquirirem os produtos de que trata o inciso XI, diretamente de estabelecimento industrial, ou de encomendante equiparado na forma do inciso XIII (Lei nº 10.833, de 2003, arts. 58-A

CURSO DE DIREITO TRIBUTÁRIO BRASILEIRO

culação pessoal e direta desses sujeitos passivos com o fato gerador, nos termos do art. 121, parágrafo único, I, do CTN.[49] Deste modo, precisam estar diretamente vinculados ao processo de industrialização. Caso contrário, são quando muito responsáveis, se houver ligação entre eles e o fato gerador, ainda que indireta, nos termos do art. 128 do CTN.[50]

Para que o comerciante seja contribuinte é necessário que suas mercadorias sejam destinadas à industrialização. Tal previsão visa a dar continuidade ao princípio da não cumulatividade, pois para que o industrial tome crédito sobre os insumos por ele adquiridos para industrialização, é necessária a incidência do imposto na etapa anterior, cujo fato gerador é praticado por estabelecimento mercantil.[51] É o caso do comerciante que vende peças para a indústria automobilística utilizar como produto intermediário na fabricação de veículos. Por isso, o art. 4º, IV, da Lei nº 4.502/1964,

e 58-E, inciso II, e Lei º 11.727, de 2008, art. 32); XIII – os estabelecimentos comerciais de produtos de que trata o inciso XI, cuja industrialização tenha sido por eles encomendada a estabelecimento industrial, sob marca ou nome de fantasia de propriedade do encomendante, de terceiro ou do próprio executor da encomenda (Lei nº 10.833, de 2003, arts. 58-A e 58-E, inciso III, e Lei nº 11.727, de 2008, art. 32); XIV – os estabelecimentos comerciais atacadistas dos produtos classificados nos Códigos e Posições 2106.90.10 Ex 02, 22.01, 22.02, exceto os Ex 01 e Ex 02 do Código 2202.90.00, e 22.03, da TIPI, de procedência estrangeira, sujeitos ao imposto conforme regime geral de tributação de que trata o art. 222 (Lei nº 10.833, de 2003, arts. 58-A e 58-E, inciso I, e Lei nº 11.727, de 2008, art. 32); e XV – os estabelecimentos comerciais varejistas que adquirirem os produtos de que trata o inciso XIV, diretamente de estabelecimento importador (Lei nº 10.833, de 2003, arts. 58-A e 58-E, inciso II, e Lei nº 11.727, de 2008, art. 32). E ainda: Art.10.São equiparados a estabelecimento industrial os estabelecimentos atacadistas que adquirirem os produtos relacionados no Anexo III da Lei nº 7.798, de 10 de julho de 1989, de estabelecimentos industriais ou dos estabelecimentos equiparados a industriais de que tratam os incisos I a V do art. 9º (Lei nº 7.798, de 1989, arts. 7º e 8º).
[49] Art. 121. Sujeito passivo da obrigação principal é a pessoa obrigada ao pagamento de tributo ou penalidade pecuniária.
Parágrafo único. O sujeito passivo da obrigação principal diz-se: I – contribuinte, quando tenha relação pessoal e direta com a situação que constitua o respectivo fato gerador; II – responsável, quando, sem revestir a condição de contribuinte, sua obrigação decorra de disposição expressa de lei.
[50] Art. 128. Sem prejuízo do disposto neste capítulo, a lei pode atribuir de modo expresso a responsabilidade pelo crédito tributário a terceira pessoa, vinculada ao fato gerador da respectiva obrigação, excluindo a responsabilidade do contribuinte ou atribuindo-a a este em caráter supletivo do cumprimento total ou parcial da referida obrigação.
[51] MACHADO, Hugo de Brito. Comentários ao Código Tributário Nacional, vol. I (arts. 1º a 95), p. 512. Em sentido contrário, entendendo ser ilegítima a incidência sobre o comerciante: MELO, José Eduardo Soares. IPI – Teoria e Prática, p. 19-20.

equiparou ao industrial o comerciante que efetuar vendas por atacado de matérias-primas, produtos intermediários, embalagens, equipamentos e outros bens de produção a industriais ou revendedores. Por não praticar processo de industrialização, o comerciante atacadista não é obrigatoriamente equiparado ao industrial, pois o art. 11, I, do RIPI/2010 estabeleceu a equiparação por opção.[52] Como o crédito de IPI relativo aos insumos adquiridos pelo industrial depende da incidência do imposto na operação anterior, e esta depende da equiparação do comerciante atacadista ao industrial, os estabelecimentos industriais tenderão a adquirir os seus insumos de comerciantes que exercerem a opção.

O arrematante, previsto no inciso IV do art. 51, não é contribuinte do IPI, uma vez que sobre a arrematação não incide o imposto de acordo com a Lei nº 4.502/1964.

O parágrafo único do art. 51 do CTN estabelece o princípio da autonomia dos estabelecimentos. De acordo com tal princípio, independentemente de uma mesma pessoa jurídica possuir vários estabelecimentos, cada um deles constituirá um contribuinte autônomo do IPI, como se dá também no ICMS.[53] Em função desse princípio, a legislação tributária prevê a incidência quando o produto sair de um estabelecimento para o outro do mesmo titular. Porém, nos parece que se não ocorrer a saída econômica, ou seja, se o produto não avançar um elo da cadeia multifásica, não haverá incidência, pois a saída meramente física é irrelevante para o Direito Tributário.[54]

Embora os contribuintes sejam legalmente aquelas pessoas elencadas no art. 51, uma vez que eles praticam o fato gerador do imposto, é forçoso reconhecer que a repercussão econômica da tributação recai sobre o consumidor dos produtos industrializados, o chamado *contribuinte de fato*, conceito que tem relevância no exame da legitimidade ativa para postu-

---

[52] São equiparados a estabelecimento industrial por opção, de acordo com o art. 11 do RIPI: "I – os estabelecimentos comerciais que derem saída a bens de produção, para estabelecimentos industriais ou revendedores, observado o disposto na alínea *a* do inciso I do art. 14; e II – as cooperativas, constituídas nos termos da Lei nº 5.764, de 16 de dezembro de 1971, que se dedicarem à venda em comum de bens de produção, recebidos de seus associados para comercialização".

[53] Na maioria dos tributos, como o IR e as contribuições sociais da seguridade social, cada pessoa jurídica representa um contribuinte, independentemente da diversidade de estabelecimentos.

[54] TFR, 4ª Turma, AC nº 69240-SP, Rel. Min. Ilmar Galvão, DJU de 24/09/1987.

CURSO DE DIREITO TRIBUTÁRIO BRASILEIRO

lar em juízo a restituição do indébito. O STJ, modificando entendimento anterior,[55] tem reconhecido ilegitimidade para esses contribuintes de fato.[56] Segundo o entendimento jurisprudencial hoje dominante, cabe apenas ao contribuinte de direito pleitear a repetição de indébito, precisando de autorização do contribuinte de fato, ou da comprovação de que não houve repercussão econômica, tal como exige o art. 166, do CTN.

O art. 25 do RIPI/2010 elenca os casos de responsabilidade tributária.[57] Em tais hipóteses, o responsável ficará como único sujeito passivo da

---

[55] STJ, 1ª Turma, AGRESP nº1003046, Rel. Min. Francisco Falcão, DJU de 17/04/2008.

[56] STJ, Primeira Seção, REsp nº 903.394/AL, Rel. Min. Luiz Fux, DJe 26/04/2010.

[57] Art.25. São obrigados ao pagamento do imposto como responsáveis: I – o transportador, em relação aos produtos tributados que transportar, desacompanhados da documentação comprobatória de sua procedência (Lei nº 4.502, de 1964, art. 35, inciso II, alínea "a"); II – o possuidor ou detentor, em relação aos produtos tributados que possuir ou mantiver para fins de venda ou industrialização, nas mesmas condições do inciso I (Lei nº 4.502, de 1964, art. 35, inciso II, alínea "b"); III – o estabelecimento adquirente de produtos usados cuja origem não possa ser comprovada pela falta de marcação, se exigível, de documento fiscal próprio ou do documento a que se refere o art. 372 (Lei nº 4.502, de 1964, art. 35, inciso II, alínea "b", e art. 43); IV – o proprietário, o possuidor, o transportador ou qualquer outro detentor de produtos nacionais, do Capítulo 22 e do Código 2402.20.00 da TIPI, saídos do estabelecimento industrial com imunidade ou suspensão do imposto, para exportação, encontrados no País em situação diversa, salvo se em trânsito, quando (Decreto-Lei nº 1.593, de 1977, art. 18, Lei nº 9.532, de 1997, art. 41, Lei nº 10.833, de 2003, art. 40, e Lei nº 11.371, de 28 de novembro de 2006, art. 13): a)destinados a uso ou consumo de bordo, em embarcações ou aeronaves de tráfego internacional, com pagamento em moeda conversível (Decreto-Lei nº 1.593, de 1977, art. 8º, inciso I); b)destinados a lojas francas, em operação de venda direta, nos termos e condições estabelecidos pelo art. 15 do Decreto-Lei nº 1.455, de 7 de abril de 1976 (Decreto-Lei nº 1.593, de 1977, art. 8º, inciso II); c)adquiridos por empresa comercial exportadora, com o fim específico de exportação, e remetidos diretamente do estabelecimento industrial para embarque de exportação ou para recintos alfandegados, por conta e ordem da adquirente (Lei nº 9.532, de 1997, art. 39, inciso I e § 2º); ou d)remetidos a recintos alfandegados ou a outros locais onde se processe o despacho aduaneiro de exportação (Lei nº 9.532, de 1997, art. 39, inciso II); V – os estabelecimentos que possuírem produtos tributados ou isentos, sujeitos a serem rotulados ou marcados, ou, ainda, ao selo de controle, quando não estiverem rotulados, marcados ou selados (Lei nº 4.502, de 1964, art. 62, e Lei nº 9.532, de 1997, art. 37, inciso V); VI – os que desatenderem as normas e requisitos a que estiver condicionada a imunidade, a isenção ou a suspensão do imposto (Lei nº 4.502, de 1964, art. 9º, § 1º, e Lei nº 9.532, de 1997, art. 37, inciso II); VII – a empresa comercial exportadora, em relação ao imposto que deixou de ser pago, na saída do estabelecimento industrial, referente aos produtos por ela adquiridos com o fim específico de exportação, nas hipóteses em que (Lei nº 9.532, de 1997, art. 39, § 3º): a)tenha transcorrido cento e oitenta dias da data da emissão da nota fiscal de venda pelo estabelecimento industrial, não houver sido efetivada a exportação (Lei nº 9.532, de 1997,

IMPOSTOS SOBRE PRODUTOS INDUSTRIALIZADOS

obrigação tributária. Por sua vez, o art. 27 do RIPI/2010 elenca os casos de responsabilidade solidária com o contribuinte.[58] Entre essas figuras desta-

art. 39, § 3º, alínea "a"); b)os produtos forem revendidos no mercado interno (Lei nº 9.532, de 1997, art. 39, § 3º, alínea "b"); ou c) ocorrer a destruição, o furto ou roubo dos produtos (Lei nº 9.532, de 1997, art. 39, § 3º, alínea "c"); VIII – a pessoa física ou jurídica que não seja empresa jornalística ou editora, em cuja posse for encontrado o papel, destinado à impressão de livros, jornais e periódicos, a que se refere o inciso I do art. 18 (Lei nº 9.532, de 1997, art. 40, parágrafo único); IX – o estabelecimento comercial atacadista de produtos sujeitos ao regime de que trata a Lei nº 7.798, de 1989, que possuir ou mantiver produtos desacompanhados da documentação comprobatória de sua procedência, ou que deles der saída (Lei nº 7.798, de 1989, art. 4º, § 3º, e Medida Provisória nº 2.158-35, de 2001, art. 33); X-o estabelecimento industrial, relativamente à parcela do imposto devida pelos estabelecimentos equiparados de que tratam os incisos XI e XII do art. 9º, quanto aos produtos a estes fornecidos, na hipótese de aplicação do regime de que trata o art. 222, (Lei nº 10.833, de 2003, art. 58-F, inciso II, e Lei nº 11.727, de 2008, art. 32); XI – o estabelecimento comercial referido no inciso XIII do art. 9º, pelo imposto devido pelos estabelecimentos equiparados na forma dos incisos XI e XII daquele artigo, quanto aos produtos a estes fornecidos, na hipótese de aplicação do regime de que trata o art. 222 (Lei nº 10.833, de 2003, art. 58-G, inciso II, e Lei nº 11.727, de 2008, art. 32); e XII – o estabelecimento importador, relativamente à parcela do imposto devida pelos estabelecimentos equiparados de que tratam os incisos XIV e XV do art. 9º, quanto aos produtos a estes fornecidos, na hipótese de aplicação do regime de que trata o art. 222 (Lei nº 10.833, de 2003, art. 58-F, inciso II, e Lei nº 11.727, de 2008, art. 32).

[58] Art.27. São solidariamente responsáveis: I – o contribuinte substituído, na hipótese do art. 26, pelo pagamento do imposto em relação ao qual estiver sendo substituído, no caso de inadimplência do contribuinte substituto (Lei nº 4.502, de 1964, art. 35, § 2º, e Lei nº 9.430, de 1996, art. 31); II – o adquirente ou cessionário de mercadoria importada beneficiada com isenção ou redução do imposto pelo seu pagamento e dos acréscimos legais (Decreto-Lei nº 37, de 18 de novembro de 1966, art. 32, parágrafo único, inciso I, e Medida Provisória no 2.158-35, de 2001, art. 77); III – o adquirente de mercadoria de procedência estrangeira, no caso de importação realizada por sua conta e ordem, por intermédio de pessoa jurídica importadora, pelo pagamento do imposto e acréscimos legais (Decreto-Lei nº 37, de 1966, art. 32, parágrafo único, alínea "c", Medida Provisória no 2.158-35, de 2001, art. 77, e Lei nº 11.281, de 2006, art. 12); IV – o encomendante predeterminado que adquire mercadoria de procedência estrangeira de pessoa jurídica importadora, na operação a que se refere o § 3º do art. 9º, pelo pagamento do imposto e acréscimos legais (Decreto-Lei nº 37, de 1966, art. 32, parágrafo único, alínea "d", e Lei nº 11.281, de 2006, art. 12); V – o estabelecimento industrial de produtos classificados no Código 2402.20.00 da TIPI, com a empresa comercial exportadora, na hipótese de operação de venda com o fim específico de exportação, pelo pagamento do imposto e dos respectivos acréscimos legais, devidos em decorrência da não efetivação da exportação (Medida Provisória nº 2.158-35, de 2001, art. 35); VI – o encomendante de produtos sujeitos ao regime de que trata a Lei nº 7.798, de 1989, com o estabelecimento industrial executor da encomenda, pelo cumprimento da obrigação principal e acréscimos legais (Lei nº 7.798, de 1989, art. 4º, § 2º, e Medida Provisória no 2.158-35, de 2001, art. 33); VII – o

CURSO DE DIREITO TRIBUTÁRIO BRASILEIRO

cam-se o adquirente de mercadoria importada por sua conta e ordem e o encomendante predeterminado. No primeiro caso, a mercadoria é adquirida com recursos e em nome do mandante; no último é o encomendante que adquire mercadoria de procedência estrangeira de pessoa jurídica que o importa em nome e com recursos próprios. Para fins de responsabilidade tributária, a consequência é a mesma: a solidariedade com o importador, contribuinte do imposto.

9. Lançamento

O lançamento no IPI é feito por homologação. Nas operações internas, relativas à saída de produto de estabelecimento industrial ou equiparado, o período de apuração é mensal, de acordo com o art. 1º, da Lei nº 8.850/94, com redação dada pela Lei nº 11.774/08. O contribuinte mensalmente credita-se do valor dos produtos que entram no seu estabelecimento e se debita dos produtos saídos. Se o saldo for devedor, o contribuinte recolhe o IPI incidente, cabendo à autoridade fiscal homologar o procedimento em cinco anos (art. 150, § 4º, do CTN). Caso o saldo seja credor, o contribuinte tem o direito de utilizá-lo nos períodos de apuração subsequentes, e, de acordo com as posições do Supremo Tribunal Federal e do Superior Tribunal de Justiça, sem qualquer atualização, salvo nos casos em que o aproveitamento tardio do crédito se deu por oposição da Fazenda Pública, quando o crédito será corrigido monetariamente.[59] A justificativa dos Tribunais Superiores é de que os créditos de IPI são apenas escriturais. No entanto, a despeito da consolidada posição pretoriana, entendemos que, se há previsão legal para a atualização dos débitos fiscais em atraso, a sua ina-

---

beneficiário de regime aduaneiro suspensivo do imposto, destinado à industrialização para exportação, pelas obrigações tributárias decorrentes da admissão de mercadoria no regime por outro beneficiário, mediante sua anuência, com vistas na execução de etapa da cadeia industrial do produto a ser exportado (Lei nº 10.833, de 2003, art. 59); e VIII – o encomendante dos produtos sujeitos ao imposto conforme os regimes de tributação de que tratam os arts. 222 e 223 com o estabelecimento industrial executor da encomenda, pelo imposto devido nas formas estabelecidas nos mesmos artigos (Lei nº 10.833, de 2003, art. 58-A, parágrafo único, e Lei nº 11.727, de 2008, art. 32).

[59] STF, 2ª Turma, RE-AgR nº 351754/RS, Rel. Min. Carlos Velloso, DJU 05/08/2005, pg. 232; STJ, 1ª Seção, ERESP nº 468.926/SC, Rel. Min. Teori Albino Zavascki, DJU de 02/05/2005, p. 150; STJ, 1ª Turma, RESP nº 891367/RS, Rel. Min. Teori Albino Zavascki, DJU de 22/02/2007, p. 172; e STJ, 2ª Turma, RESP nº 860907/RS. Rel. Min. Castro Meira, DJU de 01/02/2007, p. 457.

plicabilidade ao saldo credor do IPI desfigura a contacorrente de créditos e débitos, violando o princípio da não cumulatividade. Portanto, os créditos não são meramente escriturais, mas elemento essencial da sistemática de apuração que garante a aplicação do princípio da não cumulatividade. Por outro lado, acreditamos que a causa do não aproveitamento imediato dos créditos é irrelevante para a incidência de correção monetária, uma vez que esta deve ser neutra do ponto de vista tributário, traduzindo-se em mero fator de atualização do valor do tributo, não havendo, portanto, que se investigar a culpa pelo não aproveitamento imediato do crédito. No mesmo sentido a fluência de juros que apenas remunera o capital daquele que já deveria ter a disponibilidade da receita. Por outro lado, vale advertir que a escrituração tempestiva do crédito não assegura a sua compensação com os débitos, o que pressupõe, naturalmente, a existência destes últimos. Logo, havendo escrituração tempestiva do crédito, não há que se negar a fluência de atualização, mesmo que ainda não tenha se verificado a compensação por ausência de débitos.

De acordo com o art. 11 da Lei nº 9.779/1999, o saldo credor acumulado durante o trimestre que não puder ser compensado com o imposto devido na saída de outros produtos poderá ser compensado com qualquer tributo federal administrado pela Secretaria da Receita Federal do Brasil, nos termos dos arts. 73 e 74 da Lei nº 9.430/1996, que regula a sistemática geral de compensação dos tributos federais. No entanto, os tributos que eram administrados pelo INSS, como as contribuições previdenciárias, ainda que hoje tenham como sujeito ativo a União, por meio da própria Secretaria da Receita Federal do Brasil, não podem ser compensados com o IPI, consoante o parágrafo único do art. 26 da Lei nº 11.457/2007, em restrição legal que não tem razão de ser em face da fusão da sujeição ativa e administração tributária relativas às contribuições da seguridade social e aos demais tributos.

Nas operações de importação, o pagamento deverá ser feito a cada importação, de acordo com cálculo do imposto no SISCOMEX, segundo o art. 260, I, do RIPI/2010.

10. Regime de Creditamento

A não cumulatividade do imposto é assegurada, como vimos, pelo sistema de créditos e débitos. O regime de creditamento adotado no IPI pelo art. 49 do CTN e pela Lei nº 4.502/1964, diferentemente do aplicável ao ICMS, é o do *crédito físico*. Ou seja, somente as matérias-primas (MP), o material de embalagem (ME) e os produtos intermediários (PI) que integrem fisicamente o produto podem ser creditados. Não são creditáveis os bens de consumo e bens do ativo fixo,[60] e nem a energia elétrica consumida no processo produtivo.[61] Porém, o próprio legislador tem abrandado um pouco o rigor do creditamento físico admitindo que os produtos refratários (ou seja, aqueles que são inteiramente consumidos no processo produtivo) sejam creditados.[62] O problema consiste em saber se os produtos refratários que sofrem um desgaste paulatino, mas não se consomem imediatamente no processo produtivo de um único produto podem ser creditados. A controvérsia impera até no STJ onde a 1ª Turma[63] tem entendido que só dá direito ao creditamento o produto que é imediata e inteiramente consumido no processo produtivo. Já na 2ª Turma,[64] na esteira do entendimento que era adotado no STF,[65] há precedente admitindo, com razão, que produto que sofra desgaste gradual seja creditado, desde que seja consumido em tempo razoável e não seja bem do ativo fixo, uma vez que o RIPI/2010 não exige que o bem refratário seja consumido imediatamente.

Outra polêmica, no que tange ao creditamento, refere-se à existência do crédito nas operações objeto de imunidade, isenção e não incidência. No regime constitucional passado, anterior à EC nº 23/1983, era pacífica a jurisprudência do STF,[66] baseada no princípio da não cumulatividade, no sentido de que, quando houvesse uma isenção em uma das operações da cadeia multifásica, tais operações geravam direito do contribuinte ao crédito presumido do ICM e do IPI, a fim de que os contribuintes que

---

[60] STJ, Súmula nº 495 do STJ: "A aquisição de bens integrantes do ativo permanente da empresa não gera direito a creditamento de IPI".

[61] STJ, 2ª Turma, REsp nº 1.331.033/SC, Rel. Min. Mauro Campbell Marques, DJe 28/05/2013.

[62] O art. 226, I do RIPI/2010 admite o creditamento dos produtos refratários desde que não integrem o ativo fixo.

[63] STJ, 1ª Turma, AGREsp nº 1.063.630/RJ, Rel. Min. Francisco Falcão, DJU de 29/09/2008, e STJ, 1ª Turma, REsp nº 886.249/SC, Rel. Min. Luiz Fux, DJU de 15/10/2007, pg 245.

[64] STJ, 2ª Turma, REsp nº 18.361/SP, Rel. Min. Hélio Mosimann, DJU de 07/08/1995, p. 23.026.

[65] O STF vinha considerando que se o desgaste é paulatino, como peças que são substituídas de três em três anos não havia direito ao creditamento (RTJ 103/1290), mas se eram consumidos, não imediatamente, porém num tempo razoável, o creditamento era admissível (RTJ 107/732).

[66] STF, 1ª Turma, RE nº 102.843//SP, Rel. Min. Sydney Sanches, DJU 08/03/1985, p. 2.603; STF, 2ª Turma, RE nº 97.541/SP, Rel. Min. Moreira Alves, DJU 30/09/1983, p. 14.966.

IMPOSTOS SOBRE PRODUTOS INDUSTRIALIZADOS

sucedem o isento na cadeia econômica não tivessem que suportar a carga tributária relativa às operações anteriores à isenção ou não incidência.

Ocorre que com a referida emenda constitucional, bem como com a disciplina estabelecida pelo art. 155, § 2º, II, da atual Constituição Federal, relativas respectivamente ao ICM e ao ICMS, as operações imunes, isentas e objeto de não incidência passaram a não gerar créditos e acarretar a anulação de todos os créditos anteriores, salvo disposição legal em contrário. Deste modo, restou excepcionado o princípio da não cumulatividade do ICMS em casos de isenção e não incidência. Porém, tal ressalva constitucional não se aplica ao IPI, onde prevalece o direito integral ao crédito. É que a disciplina de anulação dos créditos em relação ao ICMS é medida constitucional que excepciona a aplicação do princípio da não cumulatividade e, como exceção, não deve ser aplicada analogicamente em relação ao IPI que, por isso, subordina-se integralmente ao referido princípio constitucional, prevalente enquanto regra geral.[67] Vale destacar que mesmo após a Constituição de 1988 o STF reconheceu expressamente o direito ao crédito quanto aos insumos isentos em relação ao IPI, uma vez que a disposição constitucional em contrário é relativa tão somente ao ICMS.[68]

Após a decisão do STF, o legislador também reconheceu expressamente o direito de crédito em relação aos insumos a serem utilizados na industrialização de produtos isentos ou tributados com a alíquota zero, por meio do art. 11 da Lei nº 9.779/1999.[69] Trata-se de um dispositivo legal meramente declaratório, que se aplica inclusive às entradas anteriores à lei,[70]

---

[67] No mesmo sentido: BOTTALLO, Eduardo Domingos. *IPI – Princípios e Estrutura*, p. 42; COSTA, Alcides Jorge. *Estudos sobre IPI, ICMS e ISS*. São Paulo: Dialética, 2009, p. 30; MELO, José Eduardo Soares de Melo. *IPI – Teoria e Prática*, p. 177-179.

[68] STF, Pleno, RE nº 212.484-2/RS, rel. p/ acórdão: Min. Nelson Jobim, DJU de 27/11/1998, p.22.

[69] Art.11.O saldo credor do Imposto sobre Produtos Industrializados – IPI, acumulado em cada trimestre--calendário, decorrente de aquisição de matéria-prima, produto intermediário e material de embalagem, aplicados na industrialização, inclusive de produto isento ou tributado à alíquota zero, que o contribuinte não puder compensar com o IPI devido na saída de outros produtos, poderá ser utilizado de conformidade com o disposto nos arts. 73 e 74 da Lei nº 9.430, de 27 de dezembro de 1996, observadas normas expedidas pela Secretaria da Receita Federal do Ministério da Fazenda.

[70] É abundante a doutrina sobre a natureza declaratória do art. 11 da Lei nº 9.779/1999, como decorrência do princípio da não cumulatividade. Por todos: COSTA, Alcides Jorge. *Estudos sobre IPI, ICMS e ISS*, p. 28-31.

uma vez que decorre diretamente do próprio princípio da não cumulatividade do IPI, incluindo os casos em que o produto está inserido, ainda que abstratamente, no campo de incidência do imposto, mas em que não haverá pagamento por conta de alíquota zero, ou não haverá incidência em razão do afastamento do fato gerador pela aplicação de uma norma de não incidência, seja ela constitucional, seja legal. Assim, o dispositivo aplica-se não só à isenção e à alíquota zero, mas também às imunidades. Esse era o sentido do RIPI/2002, que reconhecia o direito ao creditamento das operações imunes em seu art. 195, § 2º. No entanto, o RIPI/2010, no seu art. 251, §§ 1º e 2º, limitou o direito de crédito às imunidades decorrentes de exportação, em restrição que não tem amparo legal. Independentemente do caráter declaratório do art. 11 da Lei nº 9.779/1999 englobar também a imunidade, interpretar o dispositivo legal restritivamente, de modo a excluir as operações imunes do direito legalmente reconhecido às isenções e alíquotas zeros, significa não só contrariar a sua literalidade, uma vez que a expressão legal **inclusive** *de produto isento ou tributado à alíquota zero* não é restritiva, e sim ampliativa, mas também subverte a pauta de valores constitucionais, dando às imunidades menor tutela do que às isenções, negligenciando a natureza idêntica das duas modalidades de não incidência normativamente qualificada.[71] E o pior é que se prioriza intributabilidade legal, e até mesmo a redução de alíquota, que no IPI fica a cargo do Poder Executivo, do que aquela definida diretamente pela Constituição Federal, como é o casos operações relativas a energia elétrica, serviços de telecomunicações, derivados de petróleo, combustíveis e minerais do país, previstas no art. 155, § 3º, CF.

No entanto, não geram direito de crédito as entradas relativas a matérias-primas, produtos intermediários e material de embalagem que não sofrem a incidência do IPI por estarem fora do campo de incidência do imposto (não incidência em sentido estrito), o que o RIPI/2010 denomina de NT (não tributado), nos termos do seu art. 3º, parágrafo único.[72] Porém, cumpre advertir que muitas vezes a TIPI caracteriza como NT operações

---

[71] Sobre a distinção entre imunidade, isenção e não incidência em sentido estrito, vide: RIBEIRO, Ricardo Lodi. *Limitações Constitucionais ao Poder de Tributar*. Rio de Janeiro: Lumen Juris, 2010, p. 184-186. Capítulo 5, item 4.2.

[72] Contra, admitindo o direito de crédito em relação aos insumos não tributados: BOTTALLO, Eduardo Domingos. *IPI – Princípios e Estrutura*, p. 45-47; MELO, José Eduardo Soares de. *IPI – Teoria e Prática*, p. 179.

que são objeto de isenção ou imunidade, que estariam dentro do campo de incidência do imposto, sendo o fato gerador afastado por norma legal ou constitucional. Nestes casos, haverá direito de crédito. Nos casos de não incidência em sentido estrito, os verdadeiros NTs, não há que se garantir crédito, uma vez que a intributabilidade decorre da sua natureza de produto não industrializado e não de um benefício fiscal ou norma de não incidência legalmente ou constitucionalmente qualificada, cuja finalidade de desonerar o preço do produto depende do aproveitamento dos créditos nas operações subsequentes.

Embora a nossa Corte Suprema tivesse aceitado o direito de crédito no que se refere à alíquota zero, antes mesmo da previsão legal expressa do art. 11 da Lei nº 9.779/1999,[73] a questão voltou a ser debatida em face da alteração na composição do tribunal, que mudou seu entendimento no sentido de negar o direito de crédito relativo ao período anterior à previsão legal.[74]

No que tange aos insumos não tributados (não incidência em sentido estrito), o STF também se posicionou pelo não reconhecimento do direito de crédito,[75] que aliás, não é assegurado pela lei em comento.

Também no que toca ao aproveitamento pelo contribuinte de crédito oriundo de insumos isentos ou submetidos à alíquota zero quando a operação de saída é tributada, o STF negou tal direito em razão da ausência de previsão legal.[76]

Porém, somos de opinião de que o princípio da não cumulatividade, sem as ressalvas constitucionais existentes no ICMS (art 155, § 2º, II, *b*), garante o direito de crédito em relação aos insumos tributados aplicados na fabricação de produtos imunes, isentos e submetidos à alíquota zero. Do mesmo modo, as operações imunes, isentas e com alíquota zero geram créditos para as operações subsequentes, uma vez que no IPI, o princípio da não cumulatividade tem aplicação integral, a ele não se aplicando a exceção constitucional relativa ao ICMS. Porém, o mesmo não se dá no que se refere às operações onde não existe incidência do imposto (não incidência em sentido estrito), que não geram créditos para as operações subsequentes.

---

[73] STF, Pleno, RE nº 212.484/RS, Rel. p/acórdão Min. Nelson Jobim, DJU de 27/11/1998, p. 22.
[74] STF, Pleno, RE nº 562.980/SC, Rel. Min. Ricardo Lewandowski. Rel. p/acórdão: Min. Marco Aurélio, DJe 167, pub. 04/09/2009.
[75] STF, Pleno, RE nº 370.682/SC. Rel. Min. Ilmar Galvão, DJU de 19/12/2007. p. 24.
[76] STF, Pleno, RE nº 353.657/PR, Rel. Min. Marco Aurélio, DJU de 07/03/2008, p. 502.

CURSO DE DIREITO TRIBUTÁRIO BRASILEIRO

Deve-se advertir que embora os produtos que estão fora do campo de incidência do IPI por não sofrerem processo de industrialização (não incidência em sentido estrito) sejam corretamente classificados pela Tabela do IPI como não tributados (NT), não sendo suscetíveis, como vimos, ao regime de creditamento, é forçoso reconhecer que a adoção da referida sigla pela tabela não adota o critério técnico-jurídico adequado, uma vez que elenca como NT produtos que sofreram processo de industrialização, sendo sua intributabilidade derivada de imunidade ou isenção, e não de não incidência em sentido estrito. Entre tantos outros é o caso, por exemplo, do gesso (código 2520.20.90 na TIPI), material obtido por meio do processo de industrialização a partir da transformação da gipsita (código 2520.10.1). Na TIPI figura como NT, mas trata-se de verdadeira não incidência determinada pelo legislador (isenção). O mesmo fenômeno é encontrado em operações imunes, como os combustíveis e derivados de petróleo, imunizados pelo art. 155, § 3º, CF, mas que constam na tabela como sendo NT, como é o caso da gasolina (código 2710.11.59). Evidentemente, se os itens classificados como NT na TIPI não derivam de não incidência em sentido estrito, mas de imunidade ou isenção, o direito de crédito deve ser reconhecido nos termos do art. 11 da Lei nº 9.779/1999.

Por isso, merece cuidado a aplicação da Súmula nº 20 do CARF[77] que não admite o direito de crédito estabelecido pelo art. 11 da Lei nº 9.779/1999 em relação aos insumos adquiridos para a fabricação de produto classificado como NT. Há que se fazer uma interpretação restritiva desse posicionamento, a fim de excluir a sua aplicação em relação às operações que, embora abstratamente dentro do campo de incidência do IPI, têm o fato gerador do imposto afastado por imunidade ou isenção.Tal conclusão é reforçada quando se verifica na Portaria nº 52/2010,[78] que aprovou a súmula, que os precedentes que deram origem ao verbete são exclusivamente de casos de não incidência em sentido estrito, e não de imunidade ou isenção.

Pela mesma razão, devem ser interpretados restritivamente os termos do § 1º do art. 251 do Regulamento do IPI/2010,[79] no sentido de só reconhecer

---

[77] CARF: "Súmula nº 20. Não há direito aos créditos do IPI em relação às aquisições de insumos aplicados na fabricação de produtos classificados na TIPI como NT."

[78] Diário Oficial da União – Seção 1, em 23/12/2010.

[79] § 1º Não deverão ser escriturados créditos relativos a matéria-prima, produto intermediário e material de embalagem que, sabidamente, se destinem a emprego na industrialização de produtos não tributados compreendidos aqueles com notação "NT" na TIPI, os imunes, e os

IMPOSTOS SOBRE PRODUTOS INDUSTRIALIZADOS

a classificação NT como óbice à aplicação do direito de crédito garantido pelo art. 11 da Lei nº 9.779/1999, quando esta derivar da não incidência em sentido estrito, e não da imunidade e da isenção, uma vez que os insumos destinados à fabricação dos produtos por elas beneficiados geram direito de crédito, ainda que a TIPI os classifique como NT.

Paralelamente aos créditos referentes às matérias-primas, produtos intermediários e material de embalagem ingressos no estabelecimento industrial ou equiparado, que o RIPI/2010, em seu art. 226,[80] denomina de créditos básicos, cuja disciplina decorre do princípio da não cumulatividade, a legislação do IPI também admite o creditamento em outras situações que não se fundamentam necessariamente na referida regra constitucional. São os chamados créditos incentivados, créditos presumidos ou créditos prêmios, que, ao contrário dos básicos cujo reconhecimento legislativo é imperativo constitucional, quase sempre se confundem com verdadeiros benefícios fiscais.

---

que resultem de operação excluída do conceito de industrialização-ou saídos com suspensão, cujo estorno seja determinado por disposição legal.

[80] Art. 226. Os estabelecimentos industriais e os que lhes são equiparados poderão creditar-se (Lei nº 4.502, de 1964, art. 25): I – do imposto relativo a matéria-prima, produto intermediário e material de embalagem, adquiridos para emprego na industrialização de produtos tributados, incluindo-se, entre as matérias-primas e os produtos intermediários, aqueles que, embora não se integrando ao novo produto, forem consumidos no processo de industrialização, salvo se compreendidos entre os bens do ativo permanente; II – do imposto relativo a matéria-prima, produto intermediário e material de embalagem, quando remetidos a terceiros para industrialização sob encomenda, sem transitar pelo estabelecimento adquirente; III – do imposto relativo a matéria-prima, produto intermediário e material de embalagem, recebidos de terceiros para industrialização de produtos por encomenda, quando estiver destacado ou indicado na nota fiscal; IV – do imposto destacado em nota fiscal relativa a produtos industrializados por encomenda, recebidos do estabelecimento que os industrializou, em operação que dê direito ao crédito; V – do imposto pago no desembaraço aduaneiro; VI – do imposto mencionado na nota fiscal que acompanhar produtos de procedência estrangeira, diretamente da repartição que os liberou, para estabelecimento, mesmo exclusivamente varejista, do próprio importador; VII – do imposto relativo a bens de produção recebidos por comerciantes equiparados a industrial; VIII – do imposto relativo aos produtos recebidos pelos estabelecimentos equiparados a industrial que, na saída destes, estejam sujeitos ao imposto, nos demais casos não compreendidos nos incisos V a VII; IX – do imposto pago sobre produtos adquiridos com imunidade, isenção ou suspensão quando descumprida a condição, em operação que dê direito ao crédito; e X – do imposto destacado nas notas fiscais relativas a entregas ou transferências simbólicas do produto, permitidas neste Regulamento.

CURSO DE DIREITO TRIBUTÁRIO BRASILEIRO

De acordo com o Regulamento do IPI, *os créditos fiscais como incentivo* são concedidos nos seguintes casos (arts. 236 a 239 do RIPI/10):

a) incentivo atribuído ao programa de alimentação do trabalhador nas áreas da SUDAM e da SUDENE;
b) aquisições de produtos não sujeitos ao imposto de estabelecimentos localizados na Amazônia Ocidental;
c) insumos empregados na industrialização e destinados à exportação (que é imune de IPI).

São presumidos os créditos relativos ao PIS e à COFINS incidentes sobre a exportação (Lei nº 9.363/1996, art. 1º).

Os créditos-prêmios de IPI foram criados pelo art. 1º do DL nº 491/1969, e eram destinados aos fabricantes e exportadores de produtos manufaturados, tendo sido extintos pelo DL nº 1.658/1979, alterado pelo DL nº 1.722/1979, a partir de 30/10/1983. No entanto, os posteriores Decretos-Lei nº 1.724/1979 e nº 1.894/1981 delegaram ao Ministro da Fazenda a competência para extinguir, paulatinamente, o benefício. Os contribuintes alegaram a sobrevivência da legislação pretensamente revogada, uma vez que a referida delegação fora declarada inconstitucional pelo STF.[81] A consequência de tal declaração de inconstitucionalidade foi interpretada de forma controvertida pela jurisprudência do STJ. A posição que predominava na 1ª Turma,[82] que modificou entendimento anterior em sentido contrário, era a de que o benefício estaria extinto desde 30/10/1983, uma vez que a redação original do DL nº 491/1969 assim previa. De acordo com essa linha de raciocínio, foram declaradas inconstitucionais as normas que delegavam competência ao Ministro da Fazenda para postergar o termo final do benefício, e a sua extinção ocorreu como anteriormente prevista.[83] Já a 2ª Turma, embora considerasse que o benefício teria sobrevivido à declaração de inconstitucionalidade das normas que delegavam ao Ministro da Fazenda a competência para extingui-lo, estabelecia que

---

[81] STF, Pleno, RE nº 186.623-3/RS, Rel. Min. Carlos Veloso, DJU 12/04/2002, p. 66. e STF, RE nº 208260/RS, Rel. Min. Mauricio Correa, DJU 28/10/2005, p. 36.

[82] STJ, 1ª Turma, REsp nº 591.708, Rel. Min. Teori Albino Zavascki, DJU 09/08/2004, p. 184.

[83] Para um resumo estruturado das diferentes posições defendidas pela Primeira Turma, ver STJ, 1ª Turma, REsp nº 765.193, Rel. Min. Teori Albino Zavascki, DJU 17/04/2006, p. 179

IMPOSTOS SOBRE PRODUTOS INDUSTRIALIZADOS

o prazo de prescrição de tais créditos era quinquenal[84] e que, por serem escriturais, não deviam ser corrigidos monetariamente, o que, na prática acabava também por fulminá-los.[85] Por fim, a Primeira Seção, uniformizando a jurisprudência das duas turmas de Direito Público do STJ, entendeu que o crédito-prêmio de IPI, sendo um incentivo setorial não reiterado pelo legislador ordinário até dois anos após a promulgação da Constituição Federal de 1988 como exigia o art. 41 do ADCT, estaria extinto desde 05/10/1990.[86]

Há ainda no Regulamento do IPI a previsão de créditos destinados a corrigir lançamentos que não correspondem a saídas tributadas. Nesse sentido, o art. 240 do RIPI/2010 prevê o direito de crédito em relação às notas canceladas antes da saída do produto ou em relação à redução de alíquota anterior a esta. Por sua vez, o art. 229 do RIPI/2010 prevê o direito de crédito em caso de devolução ou retorno do produto. Nesses casos, não há benefício fiscal, mas o reconhecimento da não ocorrência do fato gerador, ou da modificação de outros elementos da obrigação tributária, sendo a sua acolhida pelo legislador uma decorrência da legalidade tributária e da competência constitucional atribuída à União em relação ao IPI.

Os créditos de IPI escriturados pelo contribuinte são utilizados para a dedução do imposto incidente na saída dos produtos tributáveis. Em caso de saldo credor, o contribuinte poderá transferir para o período de apuração seguinte ou compensar com outros tributos administrados pela Secretaria da Receita Federal (art. 11 da Lei nº 9.779/1999, c/c art. 74 da Lei nº 9.430/1996).

De acordo com o STJ, o direito de escriturar créditos de IPI prescreve em cinco anos, nos termos do artigo 1º do Decreto nº 20.910/32, não regulando o CTN a matéria.[87]

---

[84] STJ, 2ª Turma, EDcl no REsp nº 758332/RS, Rel. Min. Herman Benjamin, DJU 29/08/2008.
[85] STJ, 2ª Turma, AGA nº 569.540/PR, Rel. Min. Castro Meira, DJU 16/08/2004, p. 211.
[86] STJ, Primeira Seção, ERESP nº 396.836/RJ, Rel. Min. Teori Albino Zavaski; Rel. p/acórdão: Min. Castro Meira, DJU 08/03/2006.
[87] STJ, Primeira Seção, REsp nº 1.129.971/BA, Rel. Min. Mauro Campbell Marques, DJe 10/03/2010.

11. Doutrina de Leitura Obrigatória

BOTTALO, Eduardo Domingos. *IPI – Princípios e Estrutura*. São Paulo: Dialética, 2009;

MELO, José Eduardo Soares de. *IPI – Teoria e Prática*. São Paulo: Dialética, 2009;

VALADÃO, Marcos Aurélio Pereira e SARAIVA FILHO, Oswaldo Othon de Pontes (orgs.). *IPI: Temas Constitucionais Polêmicos*. Belo Horizonte: Fórum, 2009.

Tributação sobre o Comércio Exterior

ADILSON RODRIGUES PIRES

1. Noções Gerais sobre Política de Comércio Exterior

O comércio exterior é um importante instrumento de política pública, cujo enfoque é definido pelo governo, de acordo com as necessidades de consumo da sociedade, frente ao seu desenvolvimento industrial e tecnológico.

Evidentemente, houve um incremento nas operações de comércio exterior a partir do fenômeno da globalização, com a abertura dos mercados e criação dos blocos econômicos, o que acirrou a concorrência internacional.

A competitividade externa incita o aprimoramento dos meios de produção, a maior capacitação da mão de obra, a utilização intensiva, tanto quanto possível, da tecnologia, além do aproveitamento de outros fatores.

Por essa razão, a tributação ganha relevo como instrumento de gestão do comércio exterior, em especial no que se refere aos Impostos de Importação e Exportação.

2. Competência para legislar sobre o comércio exterior

Nos termos do art. 22, VIII da CFRB, a competência para legislar sobre comércio exterior é da União.

Atualmente, vige o Dec. 6.759/09 "Regulamento Aduaneiro", que tem o condão de regulamentar a administração das atividades aduaneiras, a fiscalização, o controle e a tributação das operações de comércio exterior.

3. Jurisdição dos Serviços Aduaneiros

A jurisdição dos serviços aduaneiros corresponde a todo o território nacional. Para fins administrativos, o território aduaneiro se divide em *zona primária* e *zona secundária*.

Zona Primária é o interior dos portos, dos aeroportos e dos pontos de fronteira, enquanto Zona Secundária é a parte restante do território nacional, incluindo-se aí as águas territoriais e o espaço aéreo.

4. Imposto de Importação

O Imposto de Importação (I.I.) está previsto no artigo 153, inciso I, da Constituição da República de 1988, nos artigos 19 a 22 do Código Tributário Nacional e no Decreto-Lei nº 37, de 18 de novembro de 1966, bem como no Decreto nº 6.759/09, de 05 de fevereiro de 2009.

O I.I. se mostra como uma ferramenta importante para a política de comércio exterior do País, porquanto, por meio desse imposto, o Governo pode estimular ou desestimular o crescimento de determinados setores da economia, bem como incentivar a produção nacional, atrair investimentos externos, prevenir a saída de divisas *etc.*

Trata-se, pois, da nítida função extrafiscal deste imposto, sendo certo que em razão desta característica, a sua incidência se constituiu em exceção ao Princípio da Legalidade, com base no art. 153, §1º da Carta Magna.

Da mesma forma, o I.I. constitui exceção ao princípio da anterioridade, a teor do que se infere do § 1º do art. 150 da CFRB, bem como está dispensado da observância ao princípio da anterioridade nonagesimal, nos termos do art. 150, III, "c" da CFRB.

4.1. Fato Gerador

O fato gerador do I.I. é a entrada de mercadoria estrangeira no território aduaneiro (art. 72 do RA). Em regra, considera-se ocorrido o fato gerador do imposto na data do registro da declaração de importação, conforme dispõe o art. 73, I, do RA.

Nesse sentido, manifesta-se o STF e o STJ, como se pode verificar da ementa do julgado a seguir colacionado, que, entre outros, define como data de entrada da mercadoria, para fins de lançamento do imposto, a data do registro da documentação na repartição aduaneira da jurisdição.

> EMENTA: RECURSO EXTRAORDINÁRIO. CONSTITUCIONAL. TRIBUTÁRIO. IMPOSTO DE IMPORTAÇÃO. MAJORAÇÃO DE ALÍQUOTA. DECRETO. AUSÊNCIA DE MOTIVAÇÃO E INADEQUAÇÃO DA VIA LEGISLATIVA. EXIGÊNCIA DE LEI COMPLEMENTAR. ALEGAÇÕES IMPROCEDENTES. 1. A lei de condições e limites para a majoração da alíquota do imposto de importação, a que se refere o artigo 153, § 1º, da Consti-

TRIBUTAÇÃO SOBRE O COMÉRCIO EXTERIOR

tuição Federal, é a ordinária, visto que lei complementar somente será exigida quando a Norma Constitucional expressamente assim o determinar. Aplicabilidade da Lei nº 3.244/57 e suas alterações posteriores. 2. Decreto. Majoração de alíquotas do imposto de importação. Motivação. Exigibilidade. Alegação insubsistente. A motivação do decreto que alterou as alíquotas encontra-se no procedimento administrativo de sua formação. 3. Majoração de alíquota. Inaplicabilidade sobre os bens descritos na guia de importação. Improcedência. A vigência do diploma legal que alterou a alíquota do imposto de importação é anterior à ocorrência do fato gerador do imposto de importação, que se operou com a entrada da mercadoria no território nacional. Recurso extraordinário conhecido e provido.[1]

Ainda sobre o fato gerador, destaca-se a controvérsia a respeito da incidência do I.I. na aquisição de peças para fins de substituição de outras avariadas, decorrentes de uso normal em operação industrial. O tema já foi objeto do Recurso Especial nº 12.181, oportunidade em que a segunda turma do STJ[2] manifestou-se pela incidência do I.I. sobre a nova importação.

4.2. Sujeito Passivo

O sujeito passivo da obrigação tributária é aquela pessoa física ou jurídica que adquirir produtos importados para serem entregues no território nacional (contribuinte), ou praticar outros atos relacionados à aquisição de produtos estrangeiros (terceiro responsável).

Na qualidade de contribuinte, conforme o art. 104 do Regulamento Aduaneiro, tem-se: (i) o importador, assim considerada qualquer pessoa que promova a entrada de mercadoria estrangeira no território aduaneiro; (ii) o destinatário de remessa postal internacional indicado pelo respectivo remetente; e (iii) o adquirente de mercadoria entreposta.

Além dos responsáveis descritos no art. 105 do Regulamento Aduaneiro, há também os **responsáveis solidários**, dispostos no art. 106 do citado Regulamento Aduaneiro.

---

[1] BRASIL. STF. Pleno. RE 224285, Relator: Min. Maurício Corrêa, julgado em 17/03/1999, DJ 28-05-1999 PP-00026 EMENT VOL-01952-09 PP-01795.
[2] BRASIL. Superior Tribunal de Justiça. REsp nº. 12.181-PE. Segunda Turma. Relator: Ministro Hélio Mosimann. Julgado em 07 de novembro de 1994. In: DJ, de 05 de dezembro de 1994.

4.3. Cálculo do Imposto

O I.I. devido pelo ingresso de mercadoria no território nacional é calculado mediante a aplicação de uma alíquota sobre uma base de cálculo. De modo geral, a alíquota do I.I. é representada por um percentual *ad valorem* que incide sobre uma base imponível em dinheiro.

Excepcionalmente, pode ser utilizada a alíquota específica, como é o caso de importações de fumo e seus derivados, além de bebidas. Nestes casos, é utilizada uma alíquota mista, isto é a alíquota específica conjugada com a *ad valorem*, com base no art. 91 do Regulamento Aduaneiro.

Outrossim, importa destacar que o fato gerador do imposto ocorre na entrada da mercadoria no território nacional, isto é, na data do registro da Declaração de Importação[3], ato pelo qual se formaliza o início do procedimento de importação.

4.3.1. Alíquota *Ad Valorem*

A alíquota *ad valorem*, mais complexa que a específica, é representada por um percentual que incide sobre o valor aduaneiro da mercadoria importada, calculada com base no Artigo VII do Acordo Geral sobre Tarifas Aduaneiras e Comércio – GATT.

Esta alíquota é encontrada junto à Nomenclatura Comum do Mercosul, baseada no Sistema Harmonizado de Designação e Codificação de Mercadorias (NCM/SH).

a) A Tarifa Externa Comum

A Tarifa Externa Comum (TEC)[4] foi instituída pelo Tratado de Assunção (art. 5º, "c" do Decreto Legislativo 350/1991, ratificado pelo Dec. 1.343/1994), com o objetivo de incentivar a competitividade dos Estados-

---

[3] A despeito de ter havido grande divergência doutrinária e jurisprudencial acerca do momento de ocorrência do fato gerador do imposto de importação, consolidou-se posicionamento para reconhecer a sua incidência no momento do registro da Declaração de Importação, a teor do que se infere pela Súmula nº 4, publicada em 25 de agosto de 1978 pelo antigo Tribunal Federal de Recursos, que admitiu a compatibilidade do art. 23 do Decreto – Lei nº 37/66 com o art. 19 do CTN. Neste sentido também se posicionou o STF no RE nº 91.337-8/SP, Relator Ministro Cordeiro Guerra, PLENO, julgado em 06.02.1980, DJ 20/02/1981.

[4] A TEC foi implementada, no Brasil, pelo Decreto nº 1.343, de 23 de dezembro de 1994, para vigorar a partir de 1995. Resultou da União Aduaneira que o Brasil estabeleceu com os demais países do MERCOSUL. A partir de 01/01/2007, entrou em vigor no Brasil a nova versão da Nomenclatura Comum do Mercosul (NCM) adaptada à IV Emenda do Sistema

TRIBUTAÇÃO SOBRE O COMÉRCIO EXTERIOR

-partes, dispondo sobre a aplicação de alíquotas *ad valorem* aos produtos importados.

Para as importações realizadas por demais países, que não fazem parte do Tratado de Assunção, aplicam-se as normas previstas no Acordo Geral sobre Tarifas Aduaneiras e Comércio – GATT (Artigo VII).

Quanto à TEC, suas alíquotas variam de acordo com a classificação fiscal da mercadoria estrangeira prevista em Resolução da CAMEX, conforme o posicionamento da mercadoria na Nomenclatura Comum do Mercosul – NCM.[5]

Veja-se, a seguir, como essa classificação se aplica na prática. Toma-se como exemplo o Capítulo 1 (Animais Vivos), em que o cavalo, quando não se trata de reprodutor de raça pura, está classificado na posição NCM/SH 0101.90.10, cuja alíquota correspondente é 2%. Caso seja reprodutor, a alíquota será igual a zero.

NCM	DESCRIÇÃO	TEC (%)
01.01	**Cavalos, asininos e muares, vivos.**	
0101.2	- Cavalos:	
0101.21.00	-- Reprodutores de raça pura	0
0101.29.00	-- Outros	2
0101.30.00	- Asininos	4
0101.90.00	- Outros	4

A partir do exemplo acima, verifica-se que os quatro primeiros dígitos da classificação fiscal da mercadoria referem-se ao capítulo e à posição em que a mesma se insere. Os dois dígitos subsequentes referem-se à subposição, que pode ser subdivida em dois níveis, conforme o caso, e os últimos dois dígitos referem-se ao item e subitem em que a mercadoria está inserida, podendo-se concluir que o código NCM/SH de uma mercadoria poderá ter até oito dígitos.

Harmonizado de Designação e Codificação de Mercadorias, aprovada pelo Conselho de Cooperação Aduaneira (SH-2007).
Mercosul (NCM) com a alíquota do I.I.
[5] Com base no Sistema Harmonizado de Designação e Codificação de Mercadorias, os países que integram o MERCOSUL elaboraram a NCM, que constitui a base da TEC.

Finalmente, vale ressaltar que as alíquotas previstas na TEC são modificadas pela Câmara de Comércio Exterior – CAMEX, conforme previsto no art. 92 do RA, porém nos limites e condições estabelecidos em lei.

Atualmente, as alíquotas da TEC podem alcançar até 35%, mas por se tratar de um tributo com finalidade extrafiscal, é possível alterar as alíquotas de acordo com a política econômica, inclusive para defender o mercado interno da concorrência desleal no mercado internacional, seja através da prática de dumping[6] ou subsídios[7].

Apenas a redução da alíquota do I.I. recebe um tratamento mais especial, tendo em vista o impacto que esta medida pode provocar nos mercados externos, razão pela qual somente é possível sua alteração, desde que obedecidos os ditames da lei e dos Tratados, dos quais o Brasil seja signatário, nos termos do art. 115 do Regulamento Aduaneiro[8].

b) *Sistema Harmonizado*

O Sistema Harmonizado de Designação e de Codificação de Mercadorias (SH) consiste em um sistema unitário para a nomenclatura de mercadorias concebida com o objetivo de permitir a elaboração de tarifas aduaneiras, de fretes, estatísticas, do comércio de importação e exportação de produtos e dos diferentes meios de transportes de mercadorias, entre outras.

A estrutura do Sistema Harmonizado obedece a uma ordem progressiva de elaboração dos produtos, começando com animais vivos e terminando com obras de arte, compreendendo seções, capítulos, posições, subposições, dispostos de forma numérica, podendo chegar a oito dígitos, com a Tarifa Externa Comum (TEC).

---

[6] "Considera-se que há prática de dumping quando uma empresa exporta para o Brasil um produto a preço (preço de exportação) inferior àquele que pratica para produto similar nas vendas para o seu mercado interno (valor normal).

[7] Entende-se como subsídio a concessão de um benefício, em função das seguintes hipóteses: 1. caso haja, no país exportador, qualquer forma de sustentação de renda ou de preços que, direta ou indiretamente, contribua para aumentar exportações ou reduzir importações de qualquer produto; ou
2. caso haja contribuição financeira por um governo ou órgão público, no interior do território do país exportador.
3. E desde que com isso se confirme uma vantagem ao exportador.

[8] Art. 115. A isenção ou a redução do imposto somente será reconhecida quando decorrente de lei ou de ato internacional.

Segue abaixo, a título de ilustração, a estrutura da TEC, com base no Sistema Harmonizado de Designação e de Codificação de Mercadorias (SH), conjugada à Nomenclatura Brasileira de Mercadorias (NBM), denominada pela sigla NBM/SH:

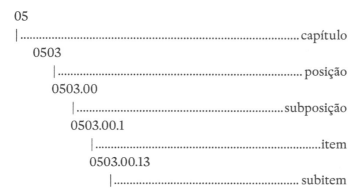

A TEC pode conter, ainda, os chamados *"ex"*, em que se classificam produtos beneficiados com a redução de alíquota, tendo em vista o interesse econômico do País devidamente justificado pelo importador. Contudo, a alíquota diferenciada, conforme consta do Acórdão nº 302-34.235, do então Terceiro Conselho de Contribuintes,[9] é situação excepcional.

Além de notas explicativas dos títulos de seções, capítulos, posições e subposições, a nomenclatura segundo o Sistema Harmonizado contém seis regras gerais e uma regra geral complementar, para a sua interpretação, que orientam a forma como são classificadas as mercadorias importadas em função de sua composição física ou química, da forma como são agrupadas ou desmembradas as mercadorias para fins de manuseio e transporte, da possível superposição na classificação, do estojo ou da embalagem utilizada para proteção e transporte etc.

No que tange à classificação em item e subitem, a classificação fiscal das mercadorias segue a **Regra Geral Complementar (RGC)**, que basicamente determina a adoção das regras e critérios do SH.

---

[9] BRASIL. Terceiro Conselho de Contribuintes. Recurso n. 119.086. Acórdão n. 302.34235. Segunda Câmara. Relator: Conselheiro Luis Antonio Flora. Julgado em 11 de abril de 2000.

c) *NALADI*

A Nomenclatura Aduaneira da Associação Latino-Americana de Integração (NALADI) é adotada na comercialização de produtos entre os signatários do Tratado de Montevidéu, firmado em 1980. Igualmente, tem como base a Nomenclatura Sistema Harmonizado. Os primeiros seis dígitos são comuns ao SH. Os dois últimos referem-se exclusivamente a NALADI.

4.3.2. Base de Cálculo

O crescimento do comércio internacional passou a exigir um sistema padronizado de valoração da mercadoria, em substituição aos então adotados, quase sempre instáveis, que constituíam, por essa razão, sério obstáculo à dinamização das trocas entre os países. Longo caminho foi percorrido até que se chegasse à forma adotada por grande número de países, baseada no preço real, o chamado valor de transação.

Aderindo ao Acordo para Implementação do Artigo VII, do GATT (*General Agreement on Tariffs and Trade*), em 23/07/86, o Brasil passou a adotar como base de cálculo, nos casos de alíquota *ad valorem*, o preço real da mercadoria, conforme definido naquele ato, conhecido como Acordo de Valoração Aduaneira.

Com vistas a coibir abusos e arbitrariedades, o art. VII, § 2º do GATT previu que o *valor aduaneiro*, por sua vez, deve se basear no *valor real* da mercadoria importada ou de mercadoria similar, e não no valor de uma mercadoria de origem nacional, nem valores arbitrários ou fictícios.

Já o *valor real* deve ser o preço que, no tempo ou lugar determinados pela legislação do país importador, as mercadorias importadas ou similares são oferecidas à venda em condições normais de livre concorrência.

A verificação e a entrega da mercadoria ao importador não significa que o valor declarado pelo importador tenha sido aceito em definitivo, uma vez que, dentro do prazo de decadência, esse valor pode ser questionado pela autoridade fiscal.

Quando a alíquota for *ad valorem*, a fórmula utilizada para cálculo do I.I. é a seguinte: **Imposto de Importação = % x Valor da Mercadoria.**

Ao todo, são seis os métodos de valoração que permitem estabelecer a base de cálculo do imposto, sendo que na declaração de importação o importador deve informar que método de valoração aduaneira está utilizando. São eles, em síntese[10]:

---

[10] Síntese extraída do sítio eletrônico do Portal Brasileiro de Comércio Exterior: http://www.comexbrasil.gov.br/conteudo/ver/chave/acordo-de-valoracao-aduaneira. Acesso em: 16, ago., 2013.

i) 1º Método – método do valor da transação.

ii) 2º Método – método do valor de transação de mercadorias idênticas.

iii) 3º Método – método do valor de transação de mercadorias similares.

iv) 4º Método – método do valor de revenda (ou método do valor dedutivo).

v) 5º Método – método do custo de produção (ou método do valor computado).

vi) 6º Método – método do último recurso (ou método pelo critério da razoabilidade).

A mercadoria cujo valor de transação não possa ser apurado imediatamente, não poderá ser retida pela autoridade aduaneira, devendo ser retirada das dependências alfandegárias mediante a apresentação de garantias sob a forma de fiança, depósito ou qualquer outro meio satisfatório.

4.4. Isenções e Reduções

O I.I. pode ser dispensado, tendo em vista isenções ou reduções concedidas por lei ou ato internacional, vinculadas à qualidade do importador ou à destinação dos bens. Quando decorrentes de acordo internacional, somente serão beneficiadas mercadorias originárias do país signatário. A isenção pode ser concedida em caráter *subjetivo, objetivo* ou *misto*. A maioria das isenções concedidas em matéria aduaneira, no Brasil, é de caráter misto.

Observadas as exceções previstas em lei ou no Regulamento Aduaneiro, a isenção ou redução do imposto não beneficia mercadoria com similar nacional.

A isenção ou redução do imposto, quando a título particular, será efetivada, em cada caso, por despacho da autoridade fiscal. A isenção ou a redução vinculada à qualidade do importador condiciona a transferência de propriedade ou uso dos bens, a qualquer título, ao prévio pagamento dos tributos dispensados pela isenção.

Quando o importador pretende gozar de isenção ou de redução do imposto, a fruição destes benefícios está sujeita ao exame prévio da similaridade procedido pela autoridade governamental, conforme já decidido inclusive pelo STF:

DECISÃO: Trata-se de agravo de instrumento contra decisão que negou seguimento a recurso extraordinário interposto de acórdão que possui a seguinte ementa: "TRIBUTÁRIO. IMPOSTO DE IMPORTAÇÃO. ISENÇÃO DO TRIBUTO POR FALTA DE SIMILAR NACIONAL. DISCRICIO-

NARIEDADE DA ADMINISTRAÇÃO. **A apuração de similaridade do produto importado com aquele fabricado na (sic) país, para efeitos de isenção fiscal, depende da destinação da mercadoria importada e da política dos órgãos governamentais competentes.** Ao Poder Judiciário está reservada a apreciação do ato deferitório ou indeferitório da isenção apenas sob a ótica dos princípios e formas que regem a Administração Pública e os atos administrativos. **Não comprovada a inexistência de similar nacional em relação às máquinas importadas, correto o indeferimento da isenção.** Apelação desprovida" (fl. 105). (...)

Isso posto, nego seguimento ao recurso. Publique-se. Brasília, 14 de abril de 2010. Ministro RICARDO LEWANDOWSKI – Relator. (grifamos)[11].

A rigor, a isenção ou a redução somente beneficia produto sem similar nacional em condições de substituir o importado. Um produto é considerado similar ao estrangeiro quando atende, cumulativamente, às seguintes condições: (i) qualidade equivalente e especificações adequadas ao fim a que se destine (ii) preço não superior ao do produto estrangeiro, a ele devendo ser acrescidos o I.I. e demais tributos internos incidentes, além dos encargos cambiais, quando exigíveis e (iii) prazo de entrega, ou prazo corrente para entrega, para o mesmo tipo de mercadoria.

Na comparação de preços para averiguar a similaridade, devem ser acrescidos todos os tributos incidentes sobre a importação, isto é, o próprio I.I., o Imposto sobre Produtos Industrializados, o PIS/Importação, Cofins/Importação, Adicional de Frete para Renovação da Marinha Mercante, custo dos encargos cambiais e Imposto sobre Circulação de Mercadorias e Serviços.

Assinale-se que a isenção pode ser concedida, também, quando não houver produção nacional de matéria-prima ou de qualquer produto de base, ou quando esta for insuficiente para atender ao consumo interno. O contingenciamento pode ser autorizado com base em quotas tarifárias globais e/ou por período determinado, que não pode ultrapassar um ano, ou por quotas percentuais em relação ao consumo nacional.

---

[11] BRASIL. STF. AI 793500, Relator(a): Min. RICARDO LEWANDOWSKI, julgado em 14/04/2010, publicado em DJe-072 DIVULG 23/04/2010 PUBLIC 26/04/2010.

4.5. Despacho Aduaneiro de Importação

É o procedimento fiscal mediante o qual é verificada a exatidão dos dados declarados pelo importador em relação à mercadoria importada a título definitivo ou não, aos documentos apresentados, à aplicação da legislação pertinente e ao pagamento de tributos, se devidos, com vistas ao seu desembaraço aduaneiro. O despacho aduaneiro implica o pagamento de tributos e o cumprimento de formalidades administrativas, tendo início com o registro da Declaração de Importação no Sistema Integrado de Comércio Exterior (SISCOMEX), feito pelo importador.

Utiliza-se a expressão "despacho aduaneiro para consumo" para significar a importação definitiva da mercadoria no território nacional.

O registro só é permitido após a declaração formal de chegada efetiva da mercadoria ao país, salvo na hipótese de despacho antecipado. Desembaraço aduaneiro é o ato final do despacho aduaneiro em virtude do qual é autorizada a entrega da mercadoria ao importador.

O prazo para início do despacho de importação deverá começar:

a) até 90 dias da descarga, se a mercadoria estiver em recinto alfandegado de zona primária;

b) até 45 dias após esgotar-se o prazo estabelecido para a permanência da mercadoria em recinto alfandegado de zona secundária.

c) até 90 dias, contados do recebimento do aviso de chegada da remessa postal.

A data do registro da declaração determina o momento de ocorrência do fato gerador da importação para efeito de lançamento do crédito tributário.

O então Terceiro Conselho de Contribuintes[12], examinando o Recurso nº 119.953, que resultou no Acórdão nº 302-34.173, decidiu que o licenciamento de importação não se vincula ao estabelecimento do importador/consignatário, podendo a mercadoria importada ser despachada para estabelecimento distinto, desde que pertencente ao mesmo contribuinte.

O desembaraço aduaneiro é o ato final do despacho aduaneiro, em virtude do qual é autorizada a entrega da mercadoria ao importador. Registrado o desembaraço da mercadoria no sistema, o SISCOMEX expedirá o

---

[12] BRASIL. Terceiro Conselho de Contribuintes. Recurso n. 119.953. Segunda Câmara. Acórdão n. 302-34.173. Relator: Conselheira Elizabeth Emílio de Moraes Chieregatto. Julgado em 23 de fevereiro de 2000.

Comprovante de Importação, que será entregue pela autoridade aduaneira ao importador, constituindo-se, este documento, na prova do ingresso regular da mercadoria no país.

A declaração, recepcionada, será objeto de seleção feita pelo sistema, com base em limites e critérios previamente estabelecidos, convergindo, após, para um dos seguintes canais, sujeitando-se a mercadoria às providências concernentes a cada um deles:

CANAL	CONSEQUÊNCIA
VERDE	O desembaraço é automático
AMARELO	a declaração é submetida, apenas, a exame documental, para a apuração de possíveis irregularidades que impeçam o despacho da mercadoria sem verificação física
VERMELHO	o desembaraço e a entrega da mercadoria só são cabíveis após o exame documental, a verificação física e a análise preliminar do valor aduaneiro.
CINZA	O desembaraço e a entrega da mercadoria dependem, além, das verificações acima, do exame do valor aduaneiro, que deverá estar concluído no prazo de 60 dias, prorrogáveis, a contar da data do início do exame.

A conferência aduaneira, realizada na presença do importador ou de seu representante legal, será concluída no prazo máximo de cinco dias úteis, contados da data da recepção do extrato da declaração e dos documentos que a acompanham.

A apuração de avarias ou faltas de mercadorias embarcadas com destino ao Brasil é objeto de vistoria aduaneira, para fins de apuração de responsabilidades quanto ao recolhimento dos tributos devidos.

4.6. Certificação de Origem
A origem dos bens importados com redução de direitos de importação, negociada em acordos bi ou multilaterais de comércio, obedece, necessariamente,

à comprovação da origem. Para fins de comprovação de origem, conceitua-se de *país de origem* de uma mercadoria aquele onde a mercadoria foi produzida ou foi objeto de transformação substancial, que lhe confira nova individualidade, ou seja, onde tenha sua classificação tarifária alterada.

É obrigatória a apresentação do *Certificado de Origem* para todas as importações de mercadorias que se beneficiam de tratamento tarifário preferencial, a exemplo das mercadorias provenientes de países integrantes da ALADI, do MERCOSUL e da OMC, organismos que objetivam a liberalização do comércio mediante a adoção de mecanismos de desgravação tarifária com vistas à formação de um mercado comum.

No caso específico do Mercosul, é considerado originário do país o produto que tenha incorporado o máximo de 40% do valor FOB (*free on board*)[13] do produto final, em insumos de terceiros países. Assim também as operações de montagem permitem a incorporação de, no máximo, 50% de materiais oriundos de terceiros países, para que possa ser considerado originário do país signatário do acordo.

4.7. Outros Tributos Incidentes na Importação

A operação de importação, em regra, enseja a incidência de outros tributos, além do I.I. já mencionado. (Com exceção dos casos de isenção ou de aplicação dos regimes aduaneiros especiais.) Os tributos são: o Imposto sobre Produtos Industrializados – IPI, Imposto sobre circulação de mercadorias – ICMS, PIS/PASEP-Importação, COFINS-Importação e o Adicional ao Frete para renovação da Marinha Mercante – AFRMM.

4.7.1. Imposto sobre Produtos Industrializados – IPI

O imposto incide na importação de produtos de procedência estrangeira, isto é, quando ocorrer (i) o desembaraço aduaneiro[14] – o que se dá mediante a liberação da mercadoria -, (ii) após a realização da conferência aduaneira[15], ou, ainda, (iii) quando houver extravio ou avaria do produto,

---

[13] A cláusula FOB é um tipo de *Incoterm* (*Internacional Commercial Terms*), sendo este organizado pela Câmara de Comércio Internacional, com o objetivo de estabelecer a responsabilidade pelo pagamento de frete e transporte, vigentes nas negociações comerciais internacionais entre empresas.

[14] Conforme Art. 238 do Decreto nº 6.759/2009 (Regulamento Aduaneiro).

[15] É o ato pelo qual a autoridade confronta a mercadoria com a documentação apresentada para viabilizar a respectiva liberação.

CURSO DE DIREITO TRIBUTÁRIO BRASILEIRO

devidamente apurado pela autoridade fiscal competente[16] (a esta situação, denomina-se *desembaraço aduaneiro presumido*).

Observa-se que o Decreto 7.212/2010 (Regulamento do IPI), em seu art. 27, atribui responsabilidade solidária, às seguintes pessoas, por se vincularem à importação e por também serem responsáveis solidários relativamente ao I.I.:

i) O adquirente ou cessionário de mercadoria importada beneficiada com isenlçao ou redução do imposto pelo seu pagamento e dos acréscimos legais;

ii) O adquirente de mercadoria de procedência estrangeira, no caso de importação realizada por sua conta e ordem, por intermédio de pessoa jurídica importadora, pelo pagamento do imposto e acréscimos legais;

iii) O encomendante predeterminado que adquire mercadoria de procedência estrangeira de pessoa jurídica importadora, na operação a que se refere o §3º do art. 9º, pelo pagamento do imposto e acréscimos legais;

iv) O beneficiário do regime aduaneiro suspensivo do imposto, destinado à industrialização para exportação, pelas obrigações tributárias decorrentes da admissão de mercadoria no regime por outro beneficiário, mediante sua anuência, com vistas na execução de etapa da cadeia industrial do produto a ser exportado;

A base de cálculo do imposto é a mesma utilizada no cálculo do I.I., por ocasião do despacho aduaneiro, acrescido do próprio I.I. e mais o montante dos encargos cambiais pagos pelo Importador ou dele exigíveis[17]. Os encargos cambiais eram utilizados no passado, como uma medida protecionista do governo, mas caiu em desuso nos últimos anos, apesar de a previsão expressa de inclusão na base de cálculo do IPI ainda permanecer.

A alíquota do IPI aplicável sobre a operação de importação também se encontra na TIPI (Tabela de Incidência do Imposto sobre Produtos Industrializados), com base na Nomenclatura Comum do Mercosul (NCM) e no Sistema Harmonizado, aprovada pelo Decreto nº 7.660/11.

---

[16] Vide Art. 238, §1º do Decreto nº 6.759/2009 (Regulamento Aduaneiro).

[17] Art. 239 do Regulamento Aduaneiro.

Por fim, há de se ressaltar, que ambas as Turmas do STF já reconheceram a não incidência do IPI na importação realizada por pessoa física[18] ou pessoa jurídica[19], não contribuinte do imposto, em atenção ao princípio da não cumulatividade previsto no Art. 153, §3º, II da Constituição Federal.

4.7.2. Imposto sobre a Circulação de Mercadorias e Serviços Interestaduais e Intermunicipais de Transportes e Comunicação – ICMS

Nos termos do art. 155, II, §2º, IX, "a", da CFRB, o ICMS incide sobre a entrada de bem ou mercadoria importados do exterior por pessoa física ou jurídica, ainda que não seja contribuinte habitual do imposto, qualquer que seja a sua finalidade[20], cabendo o imposto ao Estado onde estiver situado o domicílio ou o estabelecimento do destinatário do produto.

Assim como ocorre com os demais tributos incidentes sobre a operação de importação, o momento de sua apuração e pagamento é no desembaraço aduaneiro da mercadoria[21], sendo certo que a Receita Federal do Brasil repassa as informações para a Secretaria Estadual de Fazenda competente.

Contudo, o sujeito ativo competente não é a Secretaria Estadual de Fazenda do local de desembaraço da mercadoria, mas sim aquela em que se localiza o destinatário da mercadoria importada.

A base de cálculo do ICMS, conforme prevê o art. 13 da Lei Complementar nº 87/96, é a soma do valor da mercadoria importada ou da operação de importação, acrescido do I.I., Imposto sobre Produtos Industrializados, Impostos sobre Operações Financeiras, PIS-Importação, COFINS-Importação, bem como de outros impostos, taxas, contribuições e despesas aduaneiras, além do próprio ICMS.

---

[18] BRASIL. Supremo Tribunal Federal. Ag.Reg no RE nº 272.230-SP. Segunda Turma. Relator: Ministro Carlos Velloso. Julgado em 29 de novembro de 2005. *In:* DJe, de 10.02.2006 / Ag.Reg no RE nº 412.045-PE. Primeira Turma. Relator: Ministro Ayres Brito. Julgado em 29 de junho de 2006. *In:* DJe, de 17.11.2006.

[19] BRASIL. Supremo Tribunal Federal. Ag.Reg no RE nº 615.595-DF. Primeira Turma. Relator: Ministro Ricardo Lewandowski. Julgado em 13 de abril de 2011. *In:* DJe, de 19.06.2012 / Ag.Reg no RE nº 627.844-RJ. Segunda Turma. Relator: Ministro Celso de Mello. Julgado em 16 de outubro de 2012. *In:* DJe, de 12.11.2012.

[20] Diferentemente do IPI, há previsão constitucional expressa legitimando a cobrança do ICMS incidente sobre a importação, cujo beneficiário não seja contribuinte do imposto, afastando-se *in casu* a aplicação do princípio da não cumulatividade.

[21] Vide art. 12, IX da Lei Complementar nº 87/96.

Convém destacar que o STF já consolidou posicionamento, reconhecendo a constitucionalidade do "cálculo por dentro" do ICMS[22] (já que ele mesmo é incluído na base de cálculo), bem como a constitucionalidade da inclusão do IPI[23] na base de cálculo, notadamente em razão da previsão expressa no art. 13, V, "e" da LC 87/96.

O preço de importação expresso em moeda estrangeira será convertido em moeda nacional, com base na mesma taxa de câmbio utilizada para cálculo do I.I.

4.7.3. Adicional ao Frete para Renovação da Marinha Mercante – AFRMM

O AFRMM constitui um dos recursos do Fundo da Marinha Mercante, destinado a prover a renovação, ampliação e recuperação da frota mercante nacional, instituído pelo Decreto-Lei nº 2.404, de 23 de dezembro de 1987, atualmente revogado pela Lei 10.893, de 13 de julho de 2004, com atualizações posteriores.

O AFRMM tem como fato gerador o início do ato de descarga de mercadorias da embarcação no porto brasileiro.

A alíquota incidente[24] sobre a operação de importação corresponde a 25%, uma vez que a modalidade de transporte será a navegação de longo curso[25].

A base de cálculo é o valor do frete declarado no conhecimento de embarque respectivo e o contribuinte é o signatário constante no conhecimento de embarque, ou seja, trata-se da empresa de navegação marítima, sendo o proprietário da carga solidariamente responsável pelo pagamento do AFRMM.

---

[22] BRASIL. Supremo Tribunal Federal. RE 582.461/SP, Rel. Ministro Gilmar Mendes, PLENO, julgado em 18/05/2011, DJe 18/08/2011.

[23] BRASIL. Supremo Tribunal Federal. RE 602.899 Agr/RS, Rel. Ministro Luiz Fux, PRIMEIRA TURMA, julgado em 05/03/2013, DJe 20/03/2013.

[24] Art. 6º O AFRMM será calculado sobre a remuneração do transporte aquaviário, aplicando-se as seguintes alíquotas:

I – 25% (vinte e cinco por cento) na navegação de longo curso;

II – 10% (dez por cento) na navegação de cabotagem; e

III – 40% (quarenta por cento) na navegação fluvial e lacustre, quando do transporte de granéis líquidos nas regiões Norte e Nordeste. [g.n]

[25] Entende-se por navegação de longo curso aquela realizada entre portos brasileiros e estrangeiros, independentemente de serem marítimos, fluviais ou lacustres, a teor do art. 2º, II da Lei 10.893/04.

4.7.4. PIS/PASEP-Importação e COFINS-Importação

Por meio da Lei nº 10.865, de 30/04/2004, a Contribuição para os Programas de Integração Social e de Formação do Patrimônio do Servidor Público e a Contribuição Social para o Financiamento da Seguridade Social passaram a incidir sobre a importação de produtos estrangeiros ou serviços, originando o PIS/PASEP-Importação e a COFINS-Importação.

O fato gerador das contribuições é a entrada de bens estrangeiros no território nacional, assim como o pagamento, o crédito, a entrega, o emprego ou a remessa de valores a residentes ou domiciliados no exterior como contraprestação por serviços prestados.

Contribuinte é o importador ou a pessoa, física ou jurídica, que contrata serviços do exterior, enquanto que o adquirente dos bens estrangeiros, cuja importação tenha sido realizada por sua conta e ordem, é responsável tributário[26], assim como o transportador também o é.

A base de cálculo do PIS/PASEP e da COFINS incidentes sobre a importação de bens é o valor aduaneiro do produto importado, acrescido do ICMS e das próprias contribuições ("cálculo por dentro"). No caso de serviços importados, a base de cálculo é o valor pago, creditado, entregue, empregado ou remetido para o exterior, antes da retenção do imposto de renda, acrescido do ISS e do valor das próprias contribuições (igualmente, "cálculo por dentro").

Com efeito, destaca-se que o STF em sessão realizada no dia 20 de março de 2013, reconheceu a inconstitucionalidade da inclusão do ICMS na base de cálculo do PIS e COFINS incidentes sobre a importação, assim como as próprias contribuições incidentes sobre elas mesmas, conforme se observa do extrato do julgamento relativo ao RE 559.937[27], cujo acórdão foi publicado em 17/10/2013:

> Decisão: Prosseguindo no julgamento, o Tribunal negou provimento ao recurso extraordinário para reconhecer a inconstitucionalidade da expressão "acrescido do valor do Imposto sobre Operações Relativas à Circulação de Mercadorias e sobre Prestação de Serviços de Transporte Interestadual e Intermunicipal e de Comunicação – ICMS incidente no desembaraço adua-

---

[26] Todas as hipóteses de responsabilidade tributária no PIS/PASEP-Importação e COFINS-Importação estão previstas na Lei 10.865/04, em especial no art. 6º.
[27] BRASIL. Supremo Tribunal Federal. RE nº 559.937/RS. Pleno. Relatora: Ministra Ellen Gracie. Julgado em 20 de março de 2013. Dje 17/10/2013.

neiro e do valor das próprias contribuições", contida no inciso I do art. 7º da Lei nº 10.865/04, e, tendo em conta o reconhecimento da repercussão geral da questão constitucional no RE 559.607, determinou a aplicação do regime previsto no § 3º do art. 543-B do CPC, tudo nos termos do voto da Ministra Ellen Gracie (Relatora)[28]

A alíquota predominante é de 1,65% para o PIS/PASEP-Importação e de 7,6% para a COFINS-Importação, mas há exceções previstas no art. 8º, da Lei nº 10.865/2004.

O pagamento destas contribuições, assim como dos tributos anteriores, deve ser realizado na data do registro da Declaração de Importação (DI) ou na data de pagamento dos serviços prestados no exterior, de acordo com a hipótese ocorrida.

5. Imposto de Exportação

O regime aduaneiro comum de exportação é aquele que tem em vista permitir a saída do país de mercadoria nacional ou nacionalizada com destino ao exterior. Considera-se, para esse fim, como nacionalizada a mercadoria que tenha sido importada a título definitivo, incorporando-se, assim, à economia nacional.

O Imposto de Exportação, tributo de competência federal, exerce, quando incidente, função extrafiscal, razão por que constitui exceção aos princípios da legalidade e da anterioridade da lei. O referido imposto está previsto no artigo 153, inc. II, da Constituição da República, nos artigos 23 a 28 do Código Tributário Nacional e no Decreto-Lei nº 1.578, de 11 de outubro de 1977. Atualmente, a incidência do imposto está disciplinada no RA.

5.1. Fato Gerador

O fato gerador do I.E. é a saída da mercadoria nacional ou nacionalizada (mercadoria estrangeira importada a título definitivo) do território aduaneiro (art. 213, do RA). Para efeito de cálculo do imposto, considera-se ocorrido o fato gerador na data do registro de exportação no SISCOMEX (art. 213, parágrafo único, do RA).

---

[28] Disponível em: http://www.stf.jus.br/portal/diarioJustica/verDiarioProcesso.asp?numDj=206&dataPublicacaoDj=17/10/2013&incidente=2549049&codCapitulo=5&numMateria=156&codMateria=1. Acesso em 13.ago.2014

A Constituição da República de 1988 excluiu expressamente as exportações do campo de incidência do IPI (art. 153, § 3º, inc. III) e do ICMS (art. 155, § 2º, inc. X, al. a). Dessa forma, somente o I.E. incide sobre a exportação de mercadorias nacionais e nacionalizadas, mas, na prática, raras vezes esse imposto é cobrado.

5.2. Sujeito Passivo

É contribuinte do imposto o exportador, assim considerado qualquer pessoa que promova a saída de mercadoria do território aduaneiro (art. 217 do RA).

5.3. Cálculo do Imposto
5.3.1. Alíquotas

O imposto é calculado mediante a aplicação de uma alíquota sobre a base de cálculo. Tal como ocorre com o I.I., a redução ou o aumento das alíquotas do I.E. não estão sujeitas aos princípios da legalidade e da anterioridade, seja a normal ou a nonagesimal, criada com a Emenda Constitucional nº 42/2003.

Cabe à Câmara de Comércio Exterior (CAMEX), órgão colegiado vinculado à Presidência da República, a decisão sobre a imposição, ou não, de alíquota sobre as exportações. Quando fixada por aquele órgão colegiado, a alíquota básica é de 30%, podendo pelo mesmo ser elevada até 150% ou reduzida a zero, de modo a atender aos objetivos da política cambial e do comércio exterior.

5.3.2. Base de cálculo

A base de cálculo é o preço normal que a mercadoria, ou sua similar, alcançaria, ao tempo da exportação, em uma venda em condições de livre concorrência no mercado internacional, observadas as normas expedidas pela CAMEX. O preço, à vista, da mercadoria, FOB (*free on board*) ou colocado na fronteira, é indicativo do preço normal.

5.4. Despacho Aduaneiro de Exportação

Despacho aduaneiro de exportação é o procedimento pelo qual se processa, nas repartições alfandegárias, o desembaraço aduaneiro de mercadoria (nacional ou nacionalizada) para uso ou consumo no exterior, seja ela exportada a título definitivo ou não, após o pagamento de tributos, se devidos, e o cumprimento das formalidades legais e regulamentares exigidas.

Para processamento das exportações, está em vigor no Brasil o Sistema Integrado do Comércio Exterior (SISCOMEX), que simplifica os procedimentos, substituindo-os pelo registro no sistema, feito por meio de terminais instalados em agências do Banco do Brasil e demais bancos que operam com comércio exterior, que se habilitem a integrar o SISCOMEX, corretoras de câmbio, órgãos da Receita Federal do Brasil, despachantes aduaneiros e no próprio estabelecimento do exportador.

a) Início do Despacho Aduaneiro de Exportação

O despacho de exportação tem início na data em que a declaração de exportação recebe numeração específica. A declaração prestada pelo exportador ou seu representante legal é a base do despacho formulado junto à unidade da Receita Federal do Brasil com jurisdição sobre o estabelecimento do exportador ou o recinto alfandegado onde se encontre depositada a mercadoria, ou sobre o porto, aeroporto ou ponto de fronteira alfandegado por onde a mercadoria deixar o país via terminal do SISCOMEX.

O despacho de exportação poderá ser realizado em recinto Alfandegado de Zona Primária, em recinto Alfandegado de Zona Secundária ou em qualquer outro local não alfandegado de Zona Secundária, inclusive no estabelecimento do exportador, caso autorizado pela autoridade alfandegária.

b) Verificação Aduaneira

A verificação aduaneira, realizada na presença do exportador ou de seu representante legal, consiste na identificação e quantificação da mercadoria, à vista das informações constantes do despacho e dos documentos que o instruem.

c) Desembaraço Aduaneiro

É o ato pelo qual, concluída a verificação sem exigência fiscal de qualquer natureza, seja com relação a tributos ou às formalidades legais e regulamentares, a mercadoria é liberada pelas autoridades aduaneiras, podendo ser embarcada com destino ao exterior. Constatada divergência ou infração não impeditiva do embarque, o desembaraço é realizado, sem prejuízo da lavratura de auto de infração, quando for o caso.

d) Averbação de Embarque

Ato final do despacho de exportação consiste na confirmação, pela fiscalização aduaneira, do embarque da mercadoria ou da transposição de fronteira. Procedida a averbação, é entregue ao exportador o comprovante de exportação.

6. Regimes Aduaneiros

Entende-se por regime aduaneiro o tratamento jurídico-tributário dispensado a uma mercadoria objeto de controle de importação ou de exportação, segundo as leis e regulamentos aduaneiros vigentes no país. Os regimes aduaneiros podem ser comuns, especiais ou aplicados em áreas especiais.

Regimes aduaneiros gerais, ou comuns, são aqueles em que a mercadoria que chega ao país – ou dele sai – é submetida a todos os procedimentos normais de uma importação para consumo ou de uma exportação comum.

Entretanto, o legislador pátrio prevê situações que implicam a suspensão dos tributos. Tais hipóteses constituem os regimes aduaneiros especiais, também chamados de econômicos ou suspensivos, que se caracterizam pela suspensão do imposto incidente sobre a mercadoria, importada ou a ser exportada, por determinado período de tempo e sob condições estabelecidas na legislação.

É de se salientar, ainda, a existência de regimes aduaneiros aplicados em áreas especiais, criadas com a finalidade de favorecer o progresso e o desenvolvimento de zonas fronteiriças de determinadas regiões do País, além de permitir o estreitamento das relações bilaterais com os países vizinhos.

A seguir, será analisada cada espécie de regime aduaneiro.

6.1. Regimes Aduaneiros Gerais

Regimes aduaneiros gerais, ou comuns, são aqueles em que a operação de importação ou exportação é realizada normalmente, com a incidência de todos os tributos aplicáveis (IPI, ICMS, AFRMM, PIS/PASEP-Importação e COFINS-Importação), sem alteração no controle administrativo normalmente vigente para a operação.

6.2. Regimes Aduaneiros Especiais

São aqueles que ensejam a suspensão da exigibilidade do crédito tributário e possuem normas específicas, relativas ao controle administrativo da operação de Importação ou Exportação, com vistas a facilitar as exporta-

CURSO DE DIREITO TRIBUTÁRIO BRASILEIRO

ções e fomentar o desenvolvimento econômico de determinadas regiões do país ou setores de mercado, conforme o caso.

Atualmente estão em vigor 16 (dezesseis) regimes aduaneiros especiais, são eles: (i) Admissão Temporária; (ii) Áreas de Livre Comércio; (iii) Depósito Afiançado; (iv) Depósito Alfandegado Certificado; (v) Depósito Especial; (vi) Depósito Franco; (vii) Drawback; (viii); Entreposto Aduaneiro; (ix) Exportação Temporária; (x) Exportação Temporária para Aperfeiçoamento Passivo; (xi) Loja Franca; (xii) RECOF; (xiii) RECOM; (xiv) REPETRO; (xv) REPEX e (xvi) Trânsito Aduaneiro.

A seguir, serão abordadas apenas as especificidades mais relevantes para o comércio exterior, relativos a cada um dos regimes aduaneiros.

6.2.1. Trânsito Aduaneiro

É o regime aduaneiro especial que permite o transporte da mercadoria, sob controle fiscal, de um ponto a outro do território aduaneiro, com suspensão dos tributos devidos (art. 315, do RA).

As obrigações fiscais, cambiais e outras, suspensas pela aplicação do regime de trânsito aduaneiro são garantidas, na própria Declaração de Trânsito Aduaneiro (DTA), mediante termo de responsabilidade firmado pelo beneficiário e pelo transportador, dispensada, exceto em alguns casos excepcionais, a prestação de fiança, depósito ou caução.

6.2.2. Admissão Temporária

É o regime especial que permite a importação, com suspensão do pagamento de tributos, de bens que venham a permanecer no país durante prazo fixado e com um fim determinado, retornando ao exterior sem sofrer modificações que lhes confiram nova individualidade, ou seja, no mesmo estado em que entraram (art. 353, do RA). O depósito em dinheiro, a fiança bancária ou a caução de títulos da dívida pública garantem o valor dos impostos suspensos.

O regime beneficia bens destinados a exposições artísticas, culturais e científicas, ou modelo industrial, veículos de turistas estrangeiros, aparelhos para testes ou controles, bem como material didático ou pedagógico, além de outros.

A Lei Federal de nº 9.430, de 27 de dezembro de 1996, em seu art. 79, instituiu no Brasil a modalidade de admissão temporária para utilização econômica. Por sua vez, a Instrução Normativa RFB nº 1.361/2013 disciplina a aplicação do regime, estabelecendo:

O pagamento proporcional dos impostos de importação e sobre produtos industrializados diz respeito aos bens utilizados sem finalidade econômica, assim entendido o emprego do bem na prestação de serviços ou na produção de outros. A entrada e a permanência do bem no território nacional, portanto, não importam em nacionalização, permanecendo o exportador como proprietário do bem, como bem dispõe a citada norma.

Nesse regime, a mercadoria ingressa no país sem cobertura cambial e o tributo incidente é calculado na proporção do tempo de permanência da mercadoria no território nacional, aplicando-se o percentual de 1% relativamente a cada mês de concessão do regime, calculado sobre o total dos tributos originalmente devidos, conforme dispõe o § 2º, do art. 373, do RA.

6.2.3. Drawback

Drawback é um incentivo à exportação, previsto no art. 383 do RA[29], o qual apresenta impacto sobre a tributação incidente na importação de insumos (nacionais e estrangeiros) e cuja operação é vinculada a uma exportação, podendo ser aplicado nas seguintes modalidades: (i) *Suspensão*, (ii) *Isenção* e (iii) *Restituição*. As modalidades *suspensão* e *isenção* são reguladas pela Secretaria de Comércio Exterior, enquanto que a modalidade *restituição* é regulada pela Secretaria da Receita Federal do Brasil.

Sendo a mais utilizada, a primeira modalidade a ser explicada é a *(i) drawback suspensão*, permitindo-se, basicamente, a suspensão do pagamento de tributos exigíveis na importação da mercadoria: (a) a ser exportada, após beneficiamento; ou (b) destinada à fabricação, complementação ou acondicionamento de outra a ser exportada.

Esta modalidade também contempla o *drawback integrado suspensão*, previsto no art. 67, I, da Lei nº 12.350/10, aplicável à aquisição no mercado interno ou na importação, de forma combinada ou não, de mercadoria para emprego ou consumo na industrialização de produto a ser exportado, podendo haver a suspensão dos tributos exigíveis na importação e na aquisição no mercado interno.

O *(ii) drawback isenção* está previsto no art. 393 do RA e também é chamado de *reposição de estoque* e *exportação antecipada*. Consiste na importação, com isenção de tributos, de mercadoria idêntica e em quantidade sufi-

---

[29] Vide Decreto 8.010, de 16 de maio de 2013.

ciente para substituir outra utilizada no processo de fabricação de produto exportado anteriormente.

Esta modalidade também contempla o *drawback integrado isenção*, o qual se aplica à aquisição no mercado interno ou a importação, de forma combinada ou não, de mercadoria equivalente à empregada ou consumida na industrialização de produto a ser exportado, com isenção de I.I., redução a zero do IPI, PIS/PASEP, COFINS, PIS/PASEP-Importação e COFINS-Importação.

Por fim, a modalidade *(iii) drawback restituição*, prevista no artigo 397 do RA, poderá abranger, de forma total ou parcial, os tributos pagos na importação de mercadoria exportada após beneficiamento, ou utilizada na fabricação, complementação ou acondicionamento de outra exportada.

O importador recebe um *Certificado de Crédito Fiscal à Importação*, válido por determinado prazo, que lhe assegura o direito à restituição dos tributos pagos na importação.

Os benefícios do *drawback* na importação estendem-se aos impostos internos. Por conseguinte, tem-se, com a aplicação do regime de *drawback*, não só a dispensa do I.I., como também a IPI, do ICMS, do IOF, do AFRMM, das contribuições para o PIS/PASEP e da COFINS, além de outros encargos que correspondam à efetiva contraprestação de serviços.

Além dessas modalidades de *drawback*, há também outras operações especiais, como, por exemplo, o *drawback intermediário*, conhecido como *drawback verde/amarelo* ou *para fornecimento interno*, o *drawback solidário* e o *drawback industrialização sob encomenda*.

6.2.4. Entreposto Aduaneiro

Entreposto aduaneiro é o regime especial que permite o depósito de mercadorias, em local determinado, com suspensão do pagamento de tributos e sob controle fiscal, aplicável tanto na importação, quanto na exportação. Os entrepostos aduaneiros podem ser de uso público ou privativo.

6.2.4.1. Na Importação

É altamente vantajoso na prática do comércio internacional, visto permitir a admissão no regime de mercadoria importada, inclusive sem cobertura cambial, além de possibilitar o pagamento dos tributos incidentes sobre a importação, somente no momento do registro da Declaração de Importação de parte da carga ou a sua totalidade, quando despachada para consumo no mercado interno.

6.2.4.2. Na Exportação

O regime especial de entreposto aduaneiro na exportação é o que permite a armazenagem de mercadoria destinada à exportação (art. 410 do RA).

Na modalidade de regime extraordinário, permite-se a armazenagem em recinto privativo exclusivo das empresas comerciais exportadoras.

6.2.5. Exportação Temporária

É o regime aduaneiro especial disposto no art. 431 do RA c/c art. 33, da Instrução Normativa RFB nº 1.361/13, que permite a saída para o exterior de mercadoria nacional ou nacionalizada, assim entendida toda mercadoria importada a título definitivo, sob a condição de retornar ao país em prazo determinado, no mesmo estado em que foi exportada, com desoneração da carga tributária na importação.

Havendo interesse na exportação para industrialização ou realização de conserto, reparo ou restauração, com posterior retorno ao Brasil, é possível aderir ao regime aduaneiro especial de *Exportação Temporária para Aperfeiçoamento Passivo*, previsto no art. 449, *caput*, e § 1º, do RA, exigindo-se o pagamento apenas dos tributos sobre o valor agregado.

O STF já reconheceu a inconstitucionalidade do art. 93 do Decreto-Lei 37/66, através do RE 104.306[30], o qual exigia o pagamento do IPI em caso de importação de mercadoria nacionalizada, cuja exportação havia sido realizada ao amparo do regime especial de Exportação Temporária. Isto ensejou, inclusive, a publicação da Resolução do Senado Federal nº 436/87, em 18 de dezembro de 1987.

6.2.6. REPETRO

Como forma de incentivar as atividades de pesquisa e exploração de petróleo no território nacional foi criado o regime aduaneiro especial de exportação e de importação de bens destinados às atividades de pesquisa e de lavra das jazidas de petróleo e de gás natural, previstas na Lei nº 9.478, de 06/08/1997, denominado REPETRO.

---

[30] BRASIL. Supremo Tribunal Federal. RE 104.306. Relator Ministro Octavio Gallotti. PLENO. Julgado em 06.03.1986, DJ 18.04.1986.

6.3. Regimes Aduaneiros Aplicados em Áreas Especiais

6.3.1. Zona Franca de Manaus

A Zona Franca de Manaus (ZFM) é uma área de livre comércio de importação e de exportação e de incentivos fiscais especiais, estabelecida com a finalidade de criar no interior da Amazônia um centro industrial, comercial e agropecuário, dotado de condições econômicas que permitam seu desenvolvimento, em face dos fatores locais e da grande distância a que se encontram os centros consumidores de seus produtos (art. 504 do RA).

Os produtos importados ingressam na ZFM com isenção do I.I. e do IPI. Excluem-se dos benefícios fiscais as armas e munições, os perfumes e cosméticos, (salvo os classificados nas posições 3303 a 3307), além do fumo, as bebidas alcoólicas e os automóveis.

Os benefícios fiscais concedidos à Zona Franca de Manaus estendem-se às áreas pioneiras, às zonas de fronteira e outras localidades da Amazônia Ocidental, com vistas a estimular atividades econômicas, sociais e de consumo da região.

A remessa de mercadoria nacional para consumo ou industrialização na ZFM é considerada como exportação brasileira para o exterior (art. 506 do RA).

6.3.2. Área de Livre Comércio

Para fins de desenvolvimento das regiões fronteiriças, tem sido autorizada a instalação de Áreas de Livre Comércio (ALC), cujos incentivos fiscais assemelham-se aos da Zona Franca de Manaus. As ALC são criadas por lei, sob regime semelhante ao da Zona Franca de Manaus, com o objetivo de promover o desenvolvimento das regiões fronteiriças e incrementar as relações bilaterais com os países vizinhos (art. 524 do RA). Subsidiariamente, aplica-se às Áreas de Livre Comércio a legislação pertinente à Zona Franca de Manaus.

Imposto sobre a Propriedade Territorial Rural

POUL ERIK DYRLUND

O imposto sobre propriedade rural vem regulado no artigo 153, inciso VI, e respectivo § 4º, da Constituição Federal; a nível infraconstitucional, a legislação básica está adstrita aos artigos 29 a 31 do Código Tributário Nacional, e às Leis 4.504/64, 8.847/94 e 9.393/96, além do Decreto nº 4.382/02.

1. Classificação
O imposto sobre a Propriedade Territorial Rural pode ser classificado como real, na medida em que é cobrado em razão de considerações objetivas, *in casu* o patrimônio, apartadas da situação pessoal do devedor; de cunho direto, por incidir diretamente sobre o sujeito passivo da obrigação tributária principal, ausente qualquer repercussão jurídica; de caráter federal, por ser da competência tributária da União, na partilha federativa; e, sobre o patrimônio, a teor de sua estruturação econômica.

2. Competência
Nos termos do artigo 153, IV, do Texto Básico compete privativamente a União instituir o ITR, o que se justifica por ser de interesse nacional, e não local, a disciplina desta exação.

3. Função
Os impostos podem ter finalidades fiscais, quando visem apenas à obtenção de receitas públicas para fazer face às despesas do Estado. Trata-se da

finalidade predominante do imposto, caracterizando-o como neutro, porque não intervém na ordem social e econômica.

Os impostos com finalidades extrafiscais visam a fins imediatos diversos dos de obtenção de receitas públicas, possuindo funções político-sociais e econômicas, como regulador da distribuição da renda e do patrimônio nacional.

Hodiernamente, existem impostos que perseguem fins fiscais, e extrafiscais, ao mesmo tempo, como v.g., os que oneram o tabaco, a bebida alcoólica, etc.

Nos termos do inciso I do § 4º do artigo 153, do Texto Básico, o ITR "terá suas alíquotas fixadas de forma a desestimular a manutenção de propriedades improdutivas", o que lhe acentual o caráter extrafiscal, como instrumento de política fiscal para a reforma agrária (art. 184 CF/88), e de combate aos latifúndios improdutivos.

A aplicação do imposto, em escala progressiva, pode provocar o parcelamento dos latifúndios, gerando a democratização da terra, de molde a cumprir a função social da mesma (art. 5º, XXIII e art. 186 da Constituição Federal).

Retornaremos ao tema quando da análise da base de cálculo (art. 30 do CTN).

4. Fato Gerador

O artigo 29 do Código Tributário Nacional estabelece como hipótese de incidência do ITR a propriedade, o domínio útil, ou a posse de imóvel por natureza, como definido na lei civil, localizado fora da zona urbana do Município.

A propriedade, o domínio útil, e a posse são conceitos, em princípio, do Direito Civil, e se apresentam como sinais de exteriorização do designado domínio econômico, indicadores de quem retira benefício econômico da ocupação da propriedade. A propriedade indicada na Carta Magna deve ser, pois, apreendida em seu sentido mais amplo, e não meramente jurídico formal.

Noutro giro, imóvel por natureza, como definido na lei civil, hodiernamente se encontra no artigo 79 do Código Civil. No entanto, por força do artigo 30, do Código Tributário Nacional, e § 2º, do artigo 1º, da Lei nº 9.393/96, a definição civil resta circunscrita basicamente ao solo, não se considerando, eventuais acessões ou benfeitorias.

A parte final do dispositivo legal remete ao critério da localização, e não da destinação, para efeito de caracterização do imóvel como rural, extraindo-se aquele, por exclusão, dos §§ 1º e 2º, ambos do artigo 32 do Código Tributário Nacional.

"O Superior Tribunal de Justiça, adota, no entanto, como orientação o critério misto – localização e destinação – conforme se infere do acórdão no RESP No.738628, DJ 20/06/05, verbis:

"TRIBUTÁRIO. IPTU. ITR. IMÓVEL. EXPLORAÇÃO EXTRATIVA VEGETAL. ART. 32 DO CTN, 15 DO DECRETO-LEI Nº 57/66.

1. O artigo 15 do Decreto-Lei nº57/66 exclui da incidência do IPTU os imóveis cuja destinação seja, comprovadamente a de exploração agrícola, pecuária ou industrial, sobre os quais incide o Imposto Territorial Rural-ITR, de competência da União.

2. Tratando-se de imóvel cuja finalidade é a exploração extrativa vegetal, ilegítima é a cobrança, pelo município, do IPTU, cujo fato gerador se dá em razão da localização do imóvel e não da destinação econômica. Precedente.

3. Recurso especial improvido"

Colhendo-se do voto condutor:

"O EXMO. SR. MINISTRO CASTRO MEIRA (Relator): Cuida-se de ação declaratória de nulidade de exigibilidade de débito fiscal, na qual se objetiva a declaração de *inexigibilidade de cobrança de IPTU, por tratar-se de imóvel rural.*

Inicialmente, cabe reconhecer que os artigos 12 da Lei nº 5.868/72 e 1º da Lei nº 9.393/96 não foram objeto de análise na Instância *a quo*. Ausente assim o requisito essencial do prequestionamento, viabilizador do exame do recurso especial. Incidem, portanto, o teor das Súmulas 282 e 356 da Suprema Corte.

Assim, conheço do recurso especial somente quanto à suscitada ofensa ao artigo 32 do Código Tributário Nacional, objeto de análise pelo acórdão recorrido.

O artigo 32 § 1º, do Código Tributário Nacional conceitua os imóveis localizados em área urbana, passíveis da cobrança do Imposto Predial e Territorial Urbano – IPTU, cuja competência é dos Municípios, como se pode verificar:

"Art. 32. O imposto, de competência dos Municípios, sobre a propriedade predial e territorial urbana tem como fato gerador a propriedade, o domínio útil ou a posse de bem imóvel por natureza ou por acessão física, como definido na lei civil, localizado na zona urbana do Município.

§ 1º Para os efeitos deste imposto, entende-se como zona urbana a definida em lei municipal, observado o requisito mínimo da existência de melhoramentos indicados em pelo menos dois dos incisos seguintes, construídos ou mantidos pelo Poder Público:

I – meio-fio ou calçamento, com canalização de águas pluviais;
II – abastecimento de água;
III – sistema de esgotos sanitários;
IV – rede de iluminação pública com ou sem posteamento para distribuição domiciliar;
V – escola primária ou posto de saúde a uma distância máxima de 3 (três) quilômetros do imóvel considerado."

O Tribunal a quo, apoiado nos elementos constantes dos autos, negou provimento ao recurso de apelação, pelos seguintes fundamentos:

"Verificado o disposto nos arts. 29 e 32 do Cód. Tributário Nacional, como no art. 15 do Decreto-lei nº 57/66, recebido como lei de natureza complementar pela Constituição Federal de 1967 e pela Emenda Complementar nº. 1/69, tem-se que aos municípios se confere o direito de arrecadar o imposto de sua competência dos imóveis situados na zona urbana, definida em lei municipal, qualquer que seja sua destinação, ressalvados aqueles utilizados em exploração extrativa vegetal, agrícola, pecuária ou agro-industrial, sobre os quais incide o Imposto Territorial Rural.

É o caso dos autos, onde se verifica que o imóvel tributado é explorado economicamente como propriedade rural, pagando o Imposto Territorial Rural, conforme demonstrado pela documentação acostada pelas recorridas, sendo certo que esta condição não foi contrariada pela Municipalidade. Antes em requerimento administrativo chegou mesmo a admitir esse fato com relação aos anos de 1994 a 1996" (fls. 201-202).

Aquela Corte concluiu, o imóvel "é explorado economicamente como propriedade rural pagando o Imposto Territorial Urbano", fato não contestado pelo ora recorrente, ou seja, há nos autos provas concludentes de que o imóvel tem como finalidade a exploração extrativa vegetal.

O artigo 15 do Decreto-Lei nº 57/66 exclui da incidência do IPTU os imóveis cuja destinação seja, comprovadamente a de exploração agrícola, pecuária ou industrial, sobre os quais incide o Imposto Territorial Rural – ITR, de competência da União. Confira-se:

"Art 15. O disposto no art. 32 da Lei nº 5.172, de 25 de outubro de 1966, não abrange o imóvel de que, comprovadamente, seja utilizado em exploração extrativa vegetal, agrícola, pecuária ou agro-industrial, incidindo assim, sobre o mesmo, o ITR e demais tributos com o mesmo cobrados."

Da leitura do dispositivo legal, pode-se concluir que, tratando-se de imóvel cuja finalidade é a exploração extrativa vegetal, ilegítima é a cobrança, pelo Município, do IPTU, cujo fato gerador se dá em razão da localização do imóvel e não da destinação econômica.

Neste sentido, esta Corte tem precedentes, dos quais destaco[1]:

"TRIBUTÁRIO. IPTU E ITR. INCIDÊNCIA. IMÓVEL URBANO. IMÓVEL RURAL. CRITÉRIOS A SEREM OBSERVADOS. LOCALIZAÇÃO E DESTINAÇÃO. DECRETO-LEI Nº. 57/66. VIGÊNCIA.

1. Não se conhece do recurso especial quanto a questão federal não prequestionada no acórdão recorrido (Súmulas n. 282 e 356/STF).

2. Ao disciplinar o fato gerador do imposto sobre a propriedade imóvel e definir competências, optou o legislador federal, num primeiro momento, pelo estabelecimento de critério topográfico, de sorte que, localizado o imóvel na área urbana do município, incidiria o IPTU, imposto de competência municipal; estando fora dela, seria o caso do ITR, de competência da União.

3. O Decreto-Lei n. 57/66, recebido pela Constituição de 1967 como lei complementar, por versar normas gerais de direito tributário, particularmente sobre o ITR, abrandou o princípio da localização do imóvel, consolidando a prevalência do critério da destinação econômica. O referido diploma legal permanece em vigor, sobretudo porque, alçado à condição de lei complementar, não poderia ser atingido pela revogação prescrita na forma do art. 12 da Lei n. 5.868/72.

4. O ITR não incide somente sobre os imóveis localizados na zona rural do município, mas também sobre aqueles que, situados na área urbana, são comprovadamente utilizados em exploração extrativa, vegetal, pecuária ou agroindustrial.

5. Recurso especial a que se nega provimento" (RESP 472.628/RS, Rel. Min. João Otávio de Noronha, DJU de 27.09.04)

Ante o exposto, nego provimento ao recurso especial.

É como voto"

Este fato gerador considera-se realizado no dia 1º de janeiro de cada ano (art. 1º da Lei nº 9.393/96), sendo irrelevante, assim, que ao longo do ano o contribuinte venha mudar, pois a exação incide apenas uma vez a cada ano.

---

[1] Nesse sentido, foi julgado o REsp n. 1.112.646, submetido ao rito dos recursos repetitivos, e publicado no DJe em 28.08.2009. Jurisprudência posterior do STJ destacou o mesmo entendimento (STJ. AgRg no AREsp 259.607/SC, Primeira Turma, Ministro Relator Benedito Gonçalves, julg. em 11.06.2013, pub. em 17.06.2013.

O inciso II, do § 4º, do artigo 153, estabeleceu hipótese de imunidade tributária, que deve ser compreendida à luz do parágrafo único do art. 2º da Lei nº 9.393/96.

A imunidade, em epígrafe, teria se valido do critério da destinação econômica, sendo rural, o imóvel, ainda que localizado em zona urbana. O conceito de família deve ser haurido a partir do artigo 226 do Texto Maior, e da Lei nº 9.393/96; bem como a referência à figura do proprietário, deve ser captada, teleologicamente, abarcando o possuidor.

A imunidade objetiva excluir do campo da tributação o mínimo necessário à existência, homenageando o princípio fundamental constitucional da dignidade da pessoa humana.

5. Base de Cálculo

O Ministro Carlos Velloso esclareceu, em sede pretoriana, que "a base de cálculo, ou base imponível, segundo Aires Barreto, que cuidou do tema com rigor científico, na esteira da lição de Geraldo Ataliba ('Hipótese de Incidência Tributária', Editora RT, 1973, p. 113 e ss.), é o atributo dimensível do aspecto 'material de hipótese de incidência, ou padrão, critério ou referência para medir um fato tributário', ou, em palavras outras, é o padrão que possibilita a quantificação da grandeza financeira do fato tributário (BARRETO, Aires, *Base de Cálculo, Alíquota e princípios constitucionais*. Ed. Revista dos Tribunais, 1987, p. 38), bem como 'alíquota' que é, na lição de Aires Barreto, fator individual, não estável, 'ordem de grandeza ínsita à referibilidade de atuação', que em combinação com o 'dado numérico genérico', que é a base imponível, faz resultar o *'quantum debeatur'*", (op. cit., p. 71).(sem grifo no original). (STF, REsp nº 1065/SP, rel. Min. Carlos Velloso, julg. 14/03/1990).

O artigo 30 do Código Tributário Nacional enuncia como sendo o valor fundiário, ou seja, sendo imposto apenas territorial incide sobre a terra, excluídas as benfeitorias, os prédios e a renda produzida por sua exploração, tão somente sobre o solo nu, ou terra nua. A metodologia para a sua definição, em relação a cada imóvel vem definida na Lei 8.847/97, e Lei 9.393/96.

Afirma-se, outrossim, que do ponto de vista político é preferível assentar como o valor da terra, independentemente das acessões e benfeitorias, pois dado o caráter extrafiscal da exação, é meio de compelir à exploração efetiva dos proprietários relapsos.

6. Alíquotas

O comando constitucional (art. 153, § 4º, inciso I, CF) implica na adoção de alíquotas progressivas, dado o seu caráter extrafiscal, estando reguladas na Lei nº 9.393/96.

7. Contribuinte

O artigo 31 do Código Tributário Nacional indica em simetria com o artigo 29 quem poderá ostentar a qualidade de sujeito passivo da obrigação tributária principal.

Em princípio, fica à discrição do legislador ordinário; anotando-se, no entanto, que havendo enfiteuta este preferirá ao nu-proprietário, e que inobstante o CTN coloque como possuidor, a qualquer título, deve ser entendido apenas, em princípio, como *ad usucapionem*, a exteriorização da propriedade, sob pena de ofensa ao princípio da capacidade contributiva.

8. Lançamento

Realiza-se através de lançamento por homologação (art. 150 do CTN), de acordo com a Lei nº 9.393/96, através do Documento de Informação e Apuração do ITR-DIAT, quando próprio contribuinte calculará o valor do imposto, que deverá ser pago até o último dia útil do mês fixado para a entrega do DIAT.

Impõe-se a referência ao inciso III, do § 4º do artigo 153, do Texto Básico, que estabeleceu em favor dos Municípios, desde que efetuada opção pelos mesmos, do exercício da capacidade tributária — fiscalização e cobrança —, afastando o verbete nº 139, da Súmula do Superior Tribunal de Justiça, e a implicar a percepção integral, e não só cinqüenta por cento, deste tributo, na forma do artigo 158, inciso II, da Constituição Federal.

9. Jurisprudência[2]

"ITR – LEGITIMIDADE DA COBRANÇA – ÁREA OBJETO DE AÇÃO DISCRIMINATÓRIA – IRRELEVÂNCIA.

Além de não provadas, nos autos, as limitações ao pleno exercício da propriedade, tais restrições, se houvessem, não teriam o condão de obstar

---

[2] Destaque-se recente jurisprudência do STJ que analisou novamente a necessidade de averbação de área de reserva legal no registro de imóveis para que não incida o ITR. Veja-se o AgRg no REsp 1.243.685-PR, Rel. Min. Benedito Gonçalves, julgado em 5/12/2013 (Informativo nº 533).

a cobrança do ITR, cujo fato gerador, é 'a propriedade, o domínio útil ou a posse do imóvel'.

Recurso improvido".

(STJ-REsp nº 42584/PR, rel. Min. Garcia Vieira, DJ de 09/05/1994)

"TRIBUTÁRIO. ITR.

1 – A Instrução Normativa nº 59/95 não violou a Lei nº 8.847/94.

2 – Os elementos para apuração do valor da terra nua para fins de fixação do ITR, nos termos da Lei nº 8.847/94, são fixados pelo art. 3º, § 1º, da Lei nº 8.847/94, em combinação com a IN nº 59/95.

3 – Recurso especial improvido".

(STJ-REsp nº 286268/SP, rel. Min. José Delgado, DJ de 13/08/2001)

10. Doutrina

COÊLHO, Sacha Calmon Navarro, Curso de Direito Tributário Brasileiro, Forense, 1999.

BALEEIRO, Aliomar, Direito Tributário Brasileiro, 11ª ed., atualizada por Misabel Abreu Machado Derzi, Rio de Janeiro, Forense, 1999.

CARAZZA, Roque Antônio, Curso de Direito Constitucional Tributário, Malheiros, São Paulo, 1996.

Imposto sobre Operações de Crédito, Câmbio e Seguro, ou Relativas a Títulos ou Valores Mobiliários

POUL ERIK DYRLUND

O imposto sobre operações de crédito, câmbio e seguro, ou relativos a títulos ou valores mobiliários vem regulado no artigo 153, inciso V, e respectivo § 5º, e 62, § 2º, todos da Constituição Federal; e a nível infraconstitucional, basicamente, pelos artigos 63 a 67, do Código Tributário Nacional, pelo Decreto-lei nº 1783/80, Lei 5.143/66, Lei 8.894/94, Lei 8.981/95, Lei 9.532/97, Lei 9.718/98, Lei 9.779/99, Decreto-lei 2.471/88, Decreto 2.219/97, e Decreto 4.494/02.

1. Competência

A competência, na forma do artigo 153, do Texto Básico é da União.

A República Federativa do Brasil, ao adotar a forma federativa de Estado, optou por uma rigidez na distribuição das rendas entre os diversos entes federativos, de molde a preservar as suas autonomias, e evitar a superposição de imposições sobre a mesma matéria tributária, com evidente prejuízo para a economia nacional.

O Texto Básico de 1988 reservou, assim, à competência privativa da União os impostos de base mais larga, e que tivessem repercussão em toda a economia do País, sem reflexos regionais, ou locais estritamente, justificando-se, plenamente, o deferimento a esta pessoa jurídica de direito público do impostos sobre operações de crédito, câmbio e seguro, ou relativas a títulos ou valores mobiliários.

2. Função

Nos termos do artigo 153, § 1º, e § 1º do art. 150, ambos da Constituição Federal, tem-se que o IOF adquiriu nítido caráter extrafiscal, ora sendo usado como instrumento de estímulo ao desenvolvimento econômico, ora jungido aos objetivos da política monetária, ora desestimulando a atividade consumerista. As anteriores anotações quanto à extrafiscalidade quando exame do imposto sobre a propriedade territorial rural se enquadram neste item.

3. Fato Gerador

Do artigo 63 do Código Tributário Nacional extrai-se que o núcleo da materialidade da hipótese de incidência do IOF está no termo **"operações"**.

Operações, no contexto do sistema constitucional tributário, são atos regulados pelo Direito capazes de produzir efeitos jurídicos. A Constituição Federal está se reportando a negócios jurídicos, que criam ou transferem obrigações de crédito, câmbio, seguro, ou títulos ou valores mobiliários.

Daí a razão de ter sido editado o verbete nº 664, da Súmula do Supremo Tribunal Federal:

> *"É inconstitucional o inciso V do art. 1º da Lei 8.033/90, que instituiu a incidência do imposto nas operações de crédito, câmbio e seguros – IOF sobre saques efetuados em caderneta e poupança".[1]*

A exação não onera os títulos mobiliários, o câmbio, ou o seguro etc, recai, sim, sobre as operações que têm esses bens ou valores por objeto.

Em realidade, portanto, o artigo 63, do CTN, coloca em evidencia o momento temporal do fato gerador, apontando quando este se considera realizado juridicamente.

O inciso I, do artigo 63, do CTN, elenca como hipótese de incidência a realização de operações de crédito, a celebração de negócios jurídicos mercantis-financeiros que coloquem crédito de um Banco, ou instituição financeira, à disposição de outra pessoa, ou efetuem descontos de títulos (art. 1º, Decreto-lei nº 1.783/80). São os empréstimos, financiamentos e abertura de direito de saque sob qualquer forma.

---

[1] A Resolução do Senado Federal n. 28, de 29.11.2007, suspendeu a execução do referido inciso.

A seguir, se elencam as operações de câmbio (inciso II, art. 63 CTN), que são aquelas nas quais é trocada moeda nacional por moeda estrangeira, ou vice-versa. Considera-se ocorrido o fato gerador a efetivação, pela entrega da moeda, ou pela do documento que a represente (ex.: cheque), ou a colocação à sua disposição.

As operações de seguro (inciso III, do artigo 63 CTN), são, outrossim, configuradoras de IOF, podendo a lei optar pelo momento temporal ou de emissão da apólice, ou recebimento do prêmio (Dec-lei 1.783/80, art. 1º, III).

Por derradeiro, o inciso IV, do artigo 63 do CTN, indica as operações relativas a títulos e valores mobiliários, que podem compreender desde as promissórias e letras de câmbio até as debêntures e ações negociadas em Bolsa de Valores. São, pois, os documentos que expressam, e provam créditos.

O parágrafo único do artigo 63, do CTN, estabelece uma tributação alternativa, vez que se o IOF já foi exigido no inciso I, independentemente de título, ou se o título foi tributado, não se poderá cobrar, nessas hipóteses, novo imposto.

4. Base de Cálculo

O elenco quantitativo da exação vem discriminado no artigo 64, do Código Tributário Nacional, inexistindo, em princípio, nenhuma observação de monta a ser efetuada.

5. Alíquota

Este outro elemento de cálculo do imposto vinha referido no artigo 65, do Código Tributário Nacional, no entanto, a Suprema Corte (RE nº 97749-0/SP, DJ de 04/02/1983) entendeu que, à luz da Emenda Constitucional nº 1/69 à Constituição Federal de 1967, o dispositivo legal restou revogado.

A Constituição Federal, em seu artigo 153, § 1º, prevê, de qualquer sorte, que lei ordinária (STF, RE nº 225602) autoriza o Poder Executivo a alterar as alíquotas (Lei nº 8.894/94) mediante decreto, o que é exceção ao princípio da legalidade estrita, e no próprio exercício financeiro (art. 150, § 1º, CF).

As alíquotas vêm discriminadas, precipuamente, na Lei nº 8.894/94, e Decreto-lei nº 1.783/80.

6. Contribuinte

O artigo 66 do Código Tributário Nacional remete à lei ordinária a definição do sujeito passivo da obrigação tributária principal, o que é aperfeiçoado pelo artigo 2º, do Decreto-lei nº 1.783/80.

7. Lançamento

A modalidade de lançamento é por homologação (art. 150 CTN), conforme se infere do artigo 3º, do Decreto-Lei nº 1.783/80.

8. O IOF e o Ouro

A Constituição Federal, em seu artigo 153, § 5º, trouxe tratamento diferenciado para o ouro, ora considerado como mercadoria, para fins de incidência do ICMS (v.g. ouro como insumo industrial para joalheria, ou odontologia), ora considerando-o como ativo financeiro ou instrumento cambial, para sofrer a incidência do IOF (Lei nº 7.766/89).

Na hipótese de ser considerado ativo financeiro, o fato gerador do IOF ocorre na primeira aquisição do ouro efetuada por instituição autorizada, integrante do Sistema Financeiros Nacional, ou quando oriundo do exterior, o seu desembaraço aduaneiro, sendo vedada a cobrança sobre as operações subseqüentes[2].

9. Jurisprudência

"EMENTA: CONSTITUCIONAL. TRIBUTÁRIO. IMPOSTO SOBRE OPERAÇÕES FINANCEIRAS – IOF. Lei 8.033, de 12.04.90, artigo 1º, I. Medidas Provisórias 160, de 15.03.90 e 171, de 17.03.90.

I. – Legitimidade constitucional do inciso I do art. 1º da Lei 8.033, de 12.04.90, lei de conversão das Medidas Provisórias 160, de 15.03.90, e 171, de 17.03.90.

II. – R.E. conhecido e provido. Agravo não provido".

(STF, AgRg no RE nº 237658/SP, rel. Min. Carlos Velloso, DJ de 10/10/2003)

---

[2] Agravo regimental no recurso extraordinário. IOF. Operações com ouro. Lei nº 8.033/90. Inconstitucionalidade reconhecida pelo Plenário desta Corte. 1. No julgamento do RE nº 190.363/RS, o Plenário desta Corte assentou que, nas operações com ouro, como ativo financeiro ou instrumento cambial, incide IOF apenas na operação de origem. 2. Discussão travada nestes autos que se enquadra exclusivamente sobre tal operação. 3. Agravo regimental não provido. (STF. RE 181.849 AgR/RS, Primeira Turma, Relator Min. DIAS TOFFOLI, julgado em 08/05/2012, publicado no DJe em 28.05.2012)

"EMENTA: CONSTITUCIONAL. TRIBUTÁRIO. IOF. SAQUES EFE-TUADOS EM CADERNETAS DE POUPANÇA. LEI 8.033/90, art. 1º, V. TRANSMISSÃO DE AÇÕES DE COMPANHIAS ABERTAS E DAS CON-SEQÜENTES BONIFICAÇÕES EMITIDAS: LEI 8.033/90, art. 1º, IV.

I. – Inconstitucionalidade do inc. V do art. 1º da Lei 8.033/90, que insti-tuiu a incidência do IOF nos saques efetuados em cadernetas de poupança: RE 232.467-SP, Galvão, Plenário, 29.9.99, 'DJ' de 15.5.2000.

II. – Incidência do IOF sobre a transmissão de ações de companhias aber-tas e das conseqüentes bonificações emitidas: Lei nº 8.033/90, art. 1º, IV. No ponto, omitiu-se o acórdão embargado, dado que o Supremo Tribunal Fede-ral ainda não se pronunciou a respeito. Embargos de declaração acolhidos, nesta parte, a fim de ser o RE levado à apreciação do Plenário.

III. – Embargos de declaração acolhidos, em parte".
(STF-EDcl no RE nº 266207/SP, rel. Min. Carlos Velloso, DJ de 01/02/2002)

"EMENTA: IOF: incidência sobre operações de *factoring* (L. 9.532/97, art. 58): aparente constitucionalidade que desautoriza a medida cautelar.

O âmbito constitucional de incidência possível do IOF sobre operações de crédito não se restringe às praticadas por instituições financeiras, de tal modo que, à primeira vista, a lei questionada poderia estendê-la às opera-ções de *factoring*, quando impliquem financiamento (*factoring* com direito de regresso ou com adiantamento do valor do crédito vincendo — *conventional factoring*); quando, ao contrário, não contenha operação de crédito, o *facto-ring*, de qualquer modo, parece substantivar negócio relativo a títulos e valo-res mobiliários, igualmente susceptível de ser submetido por lei à incidência tributária questionada".
(STF-MC na ADIn nº 1763/DF, rel. Min. Sepúlveda Pertence, DJ de 26/09/2003)

"TRIBUTÁRIO. PRESCRIÇÃO. AÇÃO DE REPETIÇÃO DE INDÉBITO. IOF. RETENÇÃO NA FONTE. TERMO INICIAL.

1. O prazo para pleitear a restituição do IOF, por se tratar de tributo sujeito a lançamento por homologação, é de 5 (cinco) anos, contados a partir da reten-ção indevida na fonte, acrescidos de mais um qüinqüênio, computado desde o termo final do prazo atribuído ao Fisco para verificar o *quantum* devido a título de tributo. Jurisprudência consolidada pela Primeira Seção.

2. Recurso especial provido".
(STJ, REsp nº 479953/PE, rel. Min. Luiz Fux, DJ de 17/11/2003)

"EMENTA: – IOF/CÂMBIO. Art. 6º do Decreto-Lei nº 2.434/88.

– Ambas as Turmas desta Corte já firmaram o entendimento de que o termo inicial estabelecido no artigo 6º do Decreto-Lei nº 2.434/88 para a vigência da isenção aí prevista não ofende o princípio constitucional da isonomia (assim, a título exemplificativo, nos RREE 181.375, 181.618, 181.742, 181.741, bem como no s AGRAG 153.677, 151.855, 146.772), por não ser arbitrária a fixação desse termo inicial dada a finalidade da norma legal em causa.

– Dessa orientação divergiu o acórdão recorrido.

Recurso extraordinário conhecido e provido".

(STF-RE nº 174725/SP, rel. Min. Moreira Alves, DJ de 04/08/1995)

"TRIBUTÁRIO. IOF. ISENÇÃO. D.L. 2.434/88. SOBRESTAMENTO DO RECURSO ESPECIAL. DESCABIMENTO. PRECEDENTES.

1. Pacificou-se a jurisprudência da Eg. 1ª Seção deste STJ sobre a constitucionalidade do art. 6º do D.L. 2.434/88, acomodando-se à orientação traçada pela Corte Suprema.

2. Injustificável, pois, a reforma do acórdão embargado para sobrestar o julgamento do especial até decidir-se o extraordinário.

3. Não cabe ao Judiciário conceder ou ampliar isenção do imposto a quem a lei não beneficiou.

4. Embargos de divergência rejeitados".

(STJ-EREsp nº 16043/SP, rel. Min. Peçanha Martins, DJ de 14/08/1998)

"EMENTA – I.O.F. (impostos sobre operações financeiras)

– O Decreto-Lei 1783/80 – que instituiu o imposto sobre operações financeiras (I.O.F.) no que diz respeito a operações de câmbio e relativas a títulos e valores, e que alterou, aumentando-as, as alíquotas desse imposto sobre operações de crédito e seguro já instituído pela Lei 5.143/66 – está sujeito ao princípio constitucional da anualidade.

– É, portanto, inconstitucional sua cobrança, com base nesse Decreto-Lei, no exercício mesmo (1980) em que ele entrou em vigor.

– Dissídio de jurisprudência não demonstrado.

Recursos extraordinários não conhecidos".

(STF-RE nº 97749/SP, rel. Min. Moreira Alves, DJ de 04/02/1983)

TRIBUTÁRIO – IOF – INCIDÊNCIA SOBRE MÚTUO NÃO MERCANTIL – LEGALIDADE DA LEI 9.779/99.

1 – A lei 9.779/99, dentro do absoluto contexto do art. 66 CTN, estabeleceu, como hipótese de incidência do IOF, o resultado de mútuo.

2 – Inovação chancelada pelo STF na ADIN 1.763/DF (rel. Min. Pertence).

3 – A lei nova incide sobre os resultados de aplicações realizadas anteriormente.

4 – Recurso especial improvido".

(STJ-REsp nº 522294/RS, rel. Min. Eliana Calmon, DJ de 08/03/2004)

"Súmula nº 185 / STJ — Nos depósitos judiciais, não incide o imposto sobre Operações Financeiras".

"PROCESSUAL CIVIL E TRIBUTÁRIO. IMPOSTO SOBRE OPERAÇÕES FINANCEIRAS – IOF. QUESTIONADA INCIDÊNCIA SOBRE AS APLICAÇÕES FINANCEIRAS DE MUNICÍPIO. ILEGITIMIDADE PASSIVA DO BANCO CENTRAL DO BRASIL. DECRETO-LEI N. 2.471/88, ART. 3º. PRECEDENTES.

– Com o advento do Decreto-lei n. 2.471/88, a competência para as atividades de administração, arrecadação, tributação e fiscalização do IOF passou a ser da Secretaria da Receita Federal, donde a ilegitimidade do Banco Central do Brasil para figurar no pólo passivo da relação processual onde se discute a inconstitucionalidade da cobrança do referido imposto.

– Recurso provido.

(STJ-REsp nº 68362/MG, rel. Min. César Asfor Rocha, DJ de 04/03/1996)

"EMENTA: TRIBUTÁRIO. IOF. APLICAÇÃO DE RECURSOS DA PREFEITURA MUNICIPAL NO MERCADO FINANCEIRO. IMUNIDADE DO ART. 150, VI, A, DA CONSTITUIÇÃO.

À ausência de norma vedando as operações financeiras da espécie, é de reconhecer-se estarem elas protegidas pela imunidade do dispositivo constitucional indicado, posto tratar-se, no caso, de rendas produzidas por bens patrimoniais do ente público.

Recurso não conhecido.

(STF-RE nº 196415/PR, rel. Min. Ilmar Galvão, DJ de 09/08/1996)

"TRIBUTÁRIO. RESTITUIÇÃO DO INDÉBITO. IOF. CTN, ART. 166. No caso de pagamento indevido, o Imposto sobre Operações Financeiras deve ser restituído sem as restrições do artigo 166 do Código Tributário Nacional. Precedente do Supremo Tribunal Federal. Recurso especial não conhecido".

(STJ-45890/SP, rel. Min. Ari Pargendler, DJ de 26/02/1996)

10. Doutrina

BALEEIRO, Aliomar, Direito Tributário Brasileiro, 11ª ed., atualizada por Misabel Abreu Machado Derzi, Rio de Janeiro, Forense, 1999.

Zelmo Denari, Curso de Direito Tributário, Forense, São Paulo, 1995.

TORRES, Ricardo Lobo, "Curso de Direito Financeiro e Tributário", Renovar, Rio de Janeiro, 1996.

Imposto sobre Grandes Fortunas

POUL ERIK DYRLUND

1. Introdução

O artigo 153, VII, da Constituição Federal defere à União a instituição, mediante lei complementar, do imposto sobre grandes fortunas; e o artigo 80, III do ADCT da CF/88 (EC 31/00) determina que o produto arrecadado irá compor o Fundo de Combate e Erradicação da Pobreza.

Abstraindo-se as questões sócio-políticas da instituição, ou não, deste tributo, infere-se da norma constitucional que não é suficiente a descrição dos elementos de exação em lei complementar (art. 146, III, letra a, da Constituição Federal), e sim que todos estejam configurados em lei complementar, e não meramente em lei ordinária, como ocorre com os demais impostos federais analisados.

Noutro viés, face à norma constante das disposições transitórias constitucionais o imposto é impregnado de um forte caráter extrafiscal, tendo o escopo de eliminar o desequilíbrio das rendas existentes no país.

2. Doutrina

PAULSEN, Leandro, Direito Tributário, Constituição e Código Tributário à Luz da Doutrina e da Jurisprudência, 6ª ed., Livraria do Advogado, 2004.

BALEEIRO, Aliomar, Direito Tributário Brasileiro, 11ª ed., atualizada por Misabel Abreu Machado Derzi, Rio de Janeiro, Forense, 1999.

CARAZZA, Roque Antônio, Curso de Direito Constitucional Tributário, Malheiros, São Paulo, 1996.

ICMS

GUSTAVO BRIGAGÃO

1. Breve histórico

Sob a vigência da Constituição Federal de 1946, os Estados eram competentes para instituir o imposto sobre vendas e consignações (IVC). Tratava-se de imposto cumulativo, que incidia sobre toda a cadeia produtiva e cujas regras não previam qualquer mecanismo de compensação do imposto incidente em cada operação com o valor pago nas anteriores.

Com a aprovação da Reforma Tributária (Emenda Constitucional – EC nº 18, de 01.12.1965), o IVC foi substituído pelo Imposto sobre Operações relativas à Circulação de Mercadorias (ICM), imposto não-cumulativo, cujas regras determinavam que o devido em cada operação fosse compensado com o montante cobrado nas anteriores.

A adoção do ICM no lugar do IVC mostrou-se bastante eficiente sob o ponto de vista de arrecadação, na medida em que o campo de incidência do IVC estava restrito aos negócios jurídicos que tivessem por objeto as vendas e as consignações efetuadas por comerciantes e produtores, enquanto o ICM passou a compreender toda e qualquer operação (e não apenas as vendas e consignações) que tivesse por objeto a transferência da propriedade de mercadorias, ou seja, bens que fossem destinados à mercancia.

O Código Tributário Nacional (CTN), aprovado pela Lei nº 5.172, de 25.10.1966, estabeleceu, em seus arts. 52 a 58, as regras gerais do ICM. Em 1968, o Decreto-Lei (DL) nº 406, de 31.12.1968, revogou os arts. 52 a 58 do CTN e estabeleceu outras regras de incidência, que permaneceram em vigor até o advento da nova ordem constitucional, implementada pela Constituição Federal de 1988 (CF/88).

2. O ICMS na Constituição

A CF/88 manteve a competência dos Estados para instituir imposto sobre as operações relativas à circulação de mercadorias e a ampliou de forma que também passassem a ser oneradas as operações com energia elétrica, lubrificantes, combustíveis, minerais e as prestações de serviços de transportes e de comunicação não estritamente municipais, que antes estavam sujeitas a impostos únicos (IU), de competência exclusiva da União. Pelo fato de o ICM passar a também incidir sobre os serviços de transportes e de comunicação, a doutrina passou a denominá-lo ICMS.

O art. 34, § 8º, do Ato das Disposições Constitucionais Transitórias (ADCT) da CF/88, previu que, até que fosse editada a lei complementar necessária à instituição do ICMS nos termos do art. 155, § 2º, inciso XII, da CF/88, os Estados e o Distrito Federal poderiam celebrar convênio para regular provisoriamente a matéria.

Em 14.12.1988, com base nessa previsão, foi celebrado o Convênio ICM nº 66, que vigorou até 13.09.1996, data em que foi editada a Lei Complementar (LC) nº 87, que definiu as normas gerais que, até o presente momento, regem a incidência do imposto[1].

2.1. Princípio da Não-Cumulatividade

Foi na França, em 1954, que Maurice Lauré implementou um sistema de tributação que, pela primeira vez, proporcionou a incidência não cumulativa de tributos. Tratava-se de tributação sobre o valor que se adicionava em cada um dos diversos elos da cadeia de comercialização de mercadorias (*taxe sur la valeur ajoutée*).

Em 1967, a tributação sobre o valor adicionado foi instituída na Comunidade Econômica Europeia e adotada pelos seus membros a partir de então (a Alemanha a introduziu em 1968; a Dinamarca, em março de 1967; a Inglaterra, em abril de 1973; a Irlanda, em 1972; Luxemburgo e Bélgica, em 1969).

Atualmente, o IVA é largamente difundido e vigora em mais de 160 jurisdições (incluindo todos os estados membros da OCDE, exceto os EUA).

No Brasil, o sistema da não cumulatividade foi regulado, em um primeiro momento (1956), pela legislação infraconstitucional, quando ainda

---

[1] A LC nº 87/96 sofreu alterações promovidas pelas leis complementares nºs 92/97, 99/99, 102/00, 114/02, 115/02, 120/05, 122/06 e 138/10.

incidia o antigo Imposto sobre Consumo, antecessor do atual Imposto sobre Produtos Industrializados (IPI). Em nível constitucional, esse sistema foi originalmente instituído pela EC nº 18/65, relativamente ao próprio IPI e ao antigo ICM.

O objetivo da constitucionalização desse regime era claro: evitar que a cadeia de produtos industrializados e mercadorias fosse onerada por múltiplas incidências, gerando, com isso, efeitos maléficos na economia, entre os quais, o aumento de preços decorrentes da elevação da carga tributária e a verticalização da economia (de fato, se cada um dos vários elos da cadeia de comercialização gera uma incidência própria e cumulativa, passa a interessar a verticalização dos grupos econômicos, com a consequente diminuição do número de operações realizadas entre a indústria e o consumidor final).

Na Constituição Federal de 1988, o princípio da não cumulatividade foi regulado pelo art. 155, § 2º, inciso I, nos seguintes termos: o ICMS "será não cumulativo, compensando-se o que for devido em cada operação relativa à circulação de mercadorias ou prestação de serviços com o montante cobrado nas anteriores pelo mesmo ou outro Estado ou pelo Distrito Federal".

Por força de expressa delegação constitucional (art. 155, § 2º, inciso XII, alínea "c"), a LC nº 87/96 determinou, para fins da compensação acima referida, ser "assegurado ao sujeito passivo o direito de creditar-se do imposto anteriormente cobrado em operações de que tenha resultado a entrada de mercadoria, real ou simbólica, no estabelecimento, inclusive a destinada ao seu uso ou consumo ou ao ativo permanente, ou o recebimento de serviços de transporte interestadual e intermunicipal ou de comunicação."

Criou-se, portanto, sistema pelo qual, em oposição ao regime "base sobre base", admite-se que a compensação seja realizada sob a modalidade de "imposto sobre imposto".

O princípio da não-cumulatividade admite duas espécies de créditos, isolada ou conjuntamente: os créditos físicos e os créditos financeiros.

Créditos físicos são aqueles referentes à aquisição de bens efetivamente utilizados e diretamente relacionados à comercialização ou à industrialização das mercadorias objeto das saídas físicas promovidas pelo contribuinte adquirente. Seriam, portanto, créditos relacionados às próprias mercadorias destinadas à revenda, como também aos insumos, matérias-primas e produtos intermediários consumidos no processo de industrialização.

CURSO DE DIREITO TRIBUTÁRIO BRASILEIRO

Créditos financeiros, os relativos ao imposto pago na aquisição de bens que, apesar de não integrados fisicamente aos que sejam objeto de saídas tributadas promovidas pelo contribuinte adquirente, tenham sido adquiridos para integrar o ativo permanente, ou destinados a seu uso ou consumo.

Como costumava dizer o saudoso professor Geraldo Ataliba, o princípio da não cumulatividade, na forma em que concebido, deveria possibilitar a tomada dos créditos relativos a todas e quaisquer aquisições feitas pelo contribuinte que tivessem sido oneradas pelo respectivo tributo. Assim, independentemente da sua natureza, quaisquer bens adquiridos por estabelecimento industrial ou comerciante deveriam, por força da simples aplicação do referido princípio, gerar direito ao crédito do imposto (IPI ou ICMS) incidentente na respectiva aquisição. Somente assim, na opinião do ilustre professor, e na nossa também, restaria atendida a não-cumulatividade na sua real extensão.

Em outras palavras, independentemente da natureza do crédito, se físico ou financeiro, o contribuinte, em respeito ao princípio constitucional da não cumulatividade, teria o direito de tomá-lo e utilizá-lo sempre que fizesse aquisições tributadas. De fato, o que fundamenta o princípio da não cumulatividade é o propósito de evitar a tributação em cascata, bem como a transformação do imposto pago nas aquisições feitas pelo contribuinte em custo que venha a onerar as operações comerciais por ele realizadas. Sem que se permita o creditamento dos impostos anteriormente incidentes de forma ampla e irrestrita, essa finalidade não será alcançada.

Mas, esse não foi o entendimento que prevaleceu na jurisprudência até agora majoritária[2], no que diz respeito à aplicação das regras de não cumulatividade. De fato, desde os primórdios da implantação da não cumulatividade, o STF tem assegurado tão-somente o direito ao crédito físico[3].

---

[2] A matéria será reanalisada nos autos do RE nº 662.976, no qual foi reconhecida Repercussão Geral.

[3] Essa posição foi recentemente reafirmada no AgRg no AI nº 542.093: "AGRAVO REGIMENTAL NO AGRAVO DE INSTRUMENTO. IMPOSTO SOBRE CIRCULAÇÃO DE MERCADORIAS. AQUISIÇÃO DE BENS PARA O ATIVO FIXO. RESTRIÇÕES IMPOSTAS PELA LEI ESTADUAL Nº 3.188/1999. AUSÊNCIA DE REPERCUSSÃO CONSTITUCIONAL IMEDIATA. As controvérsias relativas à não cumulatividade sob a perspectiva do crédito financeiro não possuem repercussão constitucional. A concessão dos créditos em tal hipótese é uma liberalidade do legislador, de modo que as restrições previstas em legislação local devem ser consideradas eficazes até o advento de previsão específica na norma geral. Agravo

O crédito financeiro é tido como uma opção conferida ao legislador, sem consistir, todavia, em direito subjetivo do contribuinte.

No que tange ao IPI, essa opção conferida ao legislador (de atribuir ao contribuinte o direito de lançar créditos financeiros) ainda não foi exercida. Pela legislação em vigor, a aquisição de bens do ativo permanente e destinados a uso e consumo não confere ao adquirente o direito de se creditar do IPI nela incidente.

O mesmo não ocorre com o ICMS. Em 1996, com o advento da Lei Kandir (Lei Complementar nº 87/96), permitiu-se o aproveitamento do ICMS incidente na aquisição de bens destinados a integrar o ativo permanente, inicialmente de forma ampla, e, posteriormente, com as restrições promovidas pela LC nº 102/00 (fracionamento do crédito à razão de 1/48 por mês). Permitiram-se os créditos relativos aos bens de uso e consumo, mas somente a partir de data que vem sendo reiteradamente postergada desde a edição da referida lei (até o momento, houve seis postergações, sendo a última para 1º de janeiro 2020). E, também, créditos relativos à aquisição de energia elétrica e ao recebimento de serviços de comunicação.

A referida LC nº 87/96, em seu artigo 23, criou, ainda, as seguintes restrições ao direito de crédito:

> "Art. 23. O direito de crédito, para efeito de compensação com débito do imposto, reconhecido ao estabelecimento que tenha recebido as mercadorias ou para o qual tenham sido prestados os serviços, está condicionado à idoneidade da documentação e, se for o caso, à escrituração nos prazos e condições estabelecidos na legislação.
>
> Parágrafo único. O direito de utilizar o crédito extingue-se depois de decorridos cinco anos contados da data de emissão do documento."

Chamamos a atenção para a expressão "utilizar o crédito", contida no parágrafo único do artigo 23, acima transcrito. Devemos nós interpretá-la como se fizesse referência à escrituração do crédito, ou à sua compensação efetiva com débitos relativos a saídas promovidas pelo contribuinte? Em outras palavras, está o contribuinte obrigado ao estorno dos créditos que permaneçam em sua escrita fiscal por mais de cinco anos sem que tenham sido objeto de compensação?

regimental a que se nega provimento." (STF, 1ª Turma, AgRg no AI nº 542.093, Relator Ministro Roberto Barroso, Sessão de 05.08.2014, DJe em 22.08.2014)

Para respondermos a essas perguntas, faz-se necessário rememorarmos os fundamentos desse instituto: a decadência.

Como bem definido pelo Ministro Luiz Fux, nos autos do Recurso Especial nº 849.273/RS, "impende ressaltar que a decadência, assim como a prescrição, nasce em razão da realização do fato jurídico de omissão no exercício de um direito subjetivo". No mesmo sentido, posicionou-se Vittorio Cassone, afirmando que a decadência é "a perda de um direito em consequência de não tê-lo exercido durante determinado período de tempo".

De fato, a função do prazo decadencial é justamente punir a inércia da parte que não exerceu um direito que lhe cabia, objetivo eficientemente sintetizado no conhecido brocardo *dormientibus non sucurrit jus* ("o direito não socorre aos que dormem").

Aplicando-se essas premissas à questão em exame, temos que, caso o crédito corretamente escriturado permaneça na escrita fiscal sem ser compensado no prazo quinquenal, por não ter havido saídas tributáveis, não há como atribuir-se ao contribuinte qualquer inércia que justifique a extinção do seu direito. Do contrário, daí decorrerá a indesejada cumulatividade na cadeia de circulação de mercadorias, com todos os efeitos maléficos comentados acima.

De fato, nessas circunstâncias, o contribuinte terá tomado todas as medidas que estavam ao seu alcance para o exercício pleno do seu direito de compensar créditos relativos a operações anteriores com débitos decorrentes de saídas por ele promovidas. Logo, não pode ser penalizado pela regra de decadência em exame.

Assim, a determinação constante do parágrafo único do artigo 23 da LC nº 87/96 só pode ser interpretada como prazo para que o contribuinte faça o registro na sua escrita fiscal, e jamais para a efetiva utilização do crédito, o que, como visto, independe da sua vontade.

Embora ainda não haja jurisprudência definitiva dos tribunais superiores sobre o assunto, a conclusão acima vem se tornando uníssona na doutrina especializada. Sobre o tema, citamos breve trecho da obra "A Não Cumulatividade dos Tributos", de André Mendes Moreira, já na sua 2ª edição:

> "Apenas um reparo merece ser feito no dispositivo [art. 23, parágrafo único, da LC n. 87/96]: teria andado melhor o legislador complementar se tivesse estipulado o quinquênio decadencial para a "escrituração" do crédito pelo contribuinte e não para a "utilização" desse mesmo crédito, como constou

da norma. (...) Ora, não é facultado ao legislador vedar o transporte do saldo credor para as competências subseqüentes mediante a estipulação de um limite temporal (...). Por essa razão, pode-se dizer que o art. 23 possui uma falha redacional que, todavia, não impede a apreensão do seu verdadeiro sentido, dentro do qual a norma deve ser considerada válida".

No mesmo sentido, Aroldo Gomes de Matos:

"Faltava, pois, à LC fixar prazo de decadência para o exercício do direito do contribuinte de lançar o crédito escritural (que nada tem a ver com o crédito tributário, como explicado no item 21.1.6), o que foi feito pelo parágrafo único do art. 23 ora em comento, ao fixar idêntico prazo para 'utilizar o crédito'. Ora, tal vocábulo é, evidentemente, equivocado, e só pode ser entendido como 'lançar', ou seja, registrar o crédito na escrita contábil. Já o direito de 'utilizá-lo', no sentido de 'aproveitá-lo', é imprescindível, porque a sua vedação entraria em testilha com o princípio maior da não-cumulatividade do tributo, que é regra de eficácia plena, e refoge a quaisquer restrições temporais não previstas na CF".

Dormientibus non sucurrit jus. Tendo por base o princípio que flui desse brocardo, vemos que, no caso em exame, não terá "dormido" aquele que tiver, no prazo quinquenal, lançado regularmente os seus créditos nos livros fiscais. Se, por razões de mercado ou quaisquer outras, ele não tiver tido a oportunidade de compensá-los, o direito deve socorrê-lo, mediante a garantia de que os referidos créditos sejam mantidos na sua escrita até o momento em que possam ser compensados[4].

Um outro aspecto que merece registro é o de que, em virtude de expressa disposição constitucional, a isenção ou a não-incidência, salvo nos casos especificamente definidos na legislação tributária, não implicam crédito para compensação com o montante devido nas operações ou prestações seguintes, e acarretam a anulação do crédito relativo às operações ou prestações anteriores (art. 155, § 2º, inciso II, alíneas "a" e "b").

Tais restrições não existiam na redação original das regras constitucionais que regiam a matéria, ainda na vigência da Constituição Federal

---

[4] Cabe mencionar que tramita no Congresso Nacional o Projeto de Lei Complementar nº 382/14, de autoria do Deputado Carlos Bezerra, que visa extinguir o referido prazo para utilização dos créditos de ICMS.

de 1969. À época, o STF proferiu decisões que asseguravam o direito do contribuinte ao crédito mesmo nas aquisições isentas[5], mas por meio da Emenda Passos Porto (EC nº 23/83) e do próprio texto constitucional que passou a viger em 1988, aquela jurisprudência foi contrariada e tais restrições passaram a prevalecer com força de norma constitucional.

Parece-nos, contudo, que a aplicação dessas restrições ao creditamento deve se restringir ao valor agregado pelo elo da cadeia de circulação imediatamente anterior àquele beneficiado por isenção ou não incidência, e não ao valor que seja referente aos elos a ele anteriores. Do contrário, haveria incoerência, inconsistência, e até mesmo conflito, na aplicação das normas constitucionais que regem a não cumulatividade, pois as restrições gerariam o efeito que o princípio maior (da não cumulatividade) visa evitar.

Sobre a matéria, citamos lição de TÉRCIO SAMPAIO FERRAZ JR.:

> "Desta principiologia segue inelutável e claramente quais as situações objetivadas pelo Constituinte e quais as que ele exclui, quando excepciona a aplicação do princípio da não-cumulatividade nos casos de isenção e não incidência. Se, como dissemos, o principio da não-cumulatividade caracteriza uma técnica de política fiscal funcionalmente mais adequada e normativamente mais justa, e se as isenções e as não-incidências podem provocar, em não se compensando o crédito a elas referentes, perversos efeitos cumulativos em cascata, então as exceções contidas nas alíneas "a" e "b" do inciso II do § 2º do artigo 155 só cabem para aquelas situações em que o crédito de um imposto que não incidiu em operação anterior conduzisse a um efeito oposto ao da acumulação, pois levaria a uma incidência final inferior à que resultaria da aplicação da alíquota nominal do tributo ao preço do varejo. Isso criaria para o órgão arrecadador uma situação desigual em que, por causa da não-cumulatividade, ele seria prejudicado. Regra geral, estas situações aparecem quando a isenção ou não-incidência ocorrem no começo ou no fim do ciclo de circulação de mercadorias. Nesses casos e apenas neles da aplicação do princípio da não-cumulatividade haveria um prejuízo para o órgão arrecadador, configurando-se destarte uma situação excepcional que exige a aplicação da regra da especialidade e da qual decorre o estrito entendimento das referidas alíneas "a" e "b". Esse entendimento estrito, que preserva o sentido próprio e genérico da não-cumulatividade, exige, por outro lado, que

---

[5] 1ª Turma, RE nº 94.177/SP, Relator Ministro Firmino Paz, Sessão de 07.08.1981, DJ em 28.08.1981.

quando a isenção ou a não-incidência ocorra no meio do ciclo, **o crédito só deixará de ser compensado, devendo ser anulado, apenas no que diz respeito às operações imediatamente posteriores e anteriores, não valendo para as subseqüentes, sob pena de se provocarem extensos e perversos efeitos cumulativos. Fora desses casos, vale plenamente o principio da não-cumulatividade."** (Tércio Sampaio Ferraz Jr. *In* Revista de Direito Tributário, volume 48, p. 20) (grifamos)

No mesmo sentido, citamos a decisão proferida pelo Plenário do STF em relação ao Instituto Brasileiro do Café (IBC), na qual foi garantido que, nas aquisições não sujeitas ao antigo ICM feita pelos torrefadores, fosse preservado o direito ao crédito calculado com base no valor praticado nas operações anteriores àquela beneficiada pela regra de imunidade:

> "ICM – Crédito Fiscal. Café comprado ao IBC por torrefadora – Na revenda do café no mercado interno, as torrefadoras têm direito ao crédito do ICM recolhido ao fisco quando da aquisição do produto por aquela autarquia. Embargos de divergência conhecidos e recebidos." (ERE nº 92.766-RJ, Pleno, 16.09.1992, RTJ 100/1248)

2.2. Princípio da Seletividade e outros limites constitucionais

Na antiga Constituição, o ICM era calculado mediante a aplicação de alíquotas que eram uniformes para todas as mercadorias, variando apenas em razão da operação, se interna, interestadual ou de exportação.

Na atual Constituição, há previsão expressa no sentido de que as alíquotas do ICMS **podem** ser seletivas, em função da essencialidade das mercadorias e dos serviços (art. 155, § 2º, inciso III, da CF/88).

Há grande controvérsia sobre o exato alcance do termo "podem", especialmente considerando que, em relação ao IPI, há expressa determinação no sentido de que o referido imposto "será seletivo".

Não obstante a discrepância entre as expressões utilizadas, a doutrina majoritária vem se posicionando no sentido de que a seletividade é obrigatório também para o ICMS. Sobre a matéria, citamos lição de ROQUE ANTÔNIO CARRAZZA:

> "O atual ICMS, pelo contrário, deve ser um instrumento de extrafiscalidade porquanto, a teor do art. 155, § 2º, III, da CF, 'poderá ser seletivo, em função da essencialidade das mercadorias e dos serviços'.

Antes de avançarmos em nosso raciocínio, vamos logo consignando que este singelo "poderá" equivale juridicamente a um peremptório "deverá". Não se está, aqui, diante de mera faculdade do legislador, mas de norma cogente – de observância, pois, obrigatória.

Além disso, quando a Constituição confere a uma pessoa política um "poder", ela, *ipso facto*, está lhe impondo um "dever". É por isso que se costuma falar que as pessoas políticas têm *poderes-deveres* (ou, como mais apropriadamente proclama Celso Antônio Bandeira de Mello, *deveres-poderes*).

No mesmo sentido, Rui Barbosa pontificava: "Claro está que em todo poder se encerra um dever: o dever de não exercitar o poder, senão dadas as condições, que legitimem o seu uso, mas não deixar de o exercer, nas condições que o exijam".

Portanto, a seletividade no ICMS, tanto quanto no IPI, é obrigatória. Melhor elucidando, o ICMS, *deverá* ser seletivo em função da essencialidade das mercadorias e dos serviços."[6]

Já no âmbito dos tribunais, ainda não há um posicionamento claro sobre o alcance da expressão "podem". De fato, a única decisão de tribunal superior que tratou especificamente da matéria foi proferida pela 2ª Turma do STJ, em 24.03.2009, no sentido de que, embora o legislador não possa simplesmente desconsiderar a orientação constitucional de adoção da seletividade, a expressão utilizada ("podem") restringe a atuação do Judiciário a casos de inequívoca violação ao princípio da seletividade. Seguem abaixo alguns trechos da ementa do referido precedente:

> **"1. Hipótese em que a recorrente impetrou Mandado de Segurança preventivo contra a exigência de ICMS sobre serviços de comunicação e de fornecimento de energia elétrica. Argumenta que a alíquota fixada em 29% pela legislação goiana viola o Princípio da Seletividade, de fundo constitucional, conforme a essencialidade da mercadoria e do serviço.**
>
> (...)
>
> 7. A Constituição Federal dispõe que o ICMS "poderá ser seletivo, em função da essencialidade das mercadorias e dos serviços" (art. 155, § 2º, III – grifei). Diferentemente, no caso do IPI a CF determina que "será seletivo, em função da essencialidade do produto" (art. 153, § 3º, I, da CF – grifei).

---

[6] ICMS. Roque Antonio Carraza. Páginas 437/438. 13ª Edição.

8. Não há dúvida de que o legislador estadual não pode simplesmente desconsiderar a norma prevista no art. 155, § 2º, III, da CF, por conta da potestatividade inerente à expressão "poderá ser seletivo". No entanto, há que reconhecer que é determinação que dá ao legislador margem mais ampla de decisão que a expressão "deverá ser seletivo", reservada apenas ao IPI.

9. **Essa constatação restringe a atuação do Judiciário a hipóteses inequívocas de violação do Princípio da Seletividade, que não é o caso dos autos.**

10. Para que o pleito formulado pelo impetrante pudesse ser apreciado pelo Judiciário, seria necessário que, por algum meio de prova, o interessado demonstrasse peremptoriamente a incompatibilidade da norma estadual com a determinação constitucional. Mais: essa prova, no caso do Mandado de Segurança, deveria ser pré-constituída.

11. A seletividade conforme a essencialidade do bem somente poderia ser aferida pelo critério de comparação. Embora seja inequívoca a importância da energia elétrica e dos serviços de comunicação, a violação da seletividade não ficou demonstrada. (...)" (STJ, 2ª Turma, RMS nº 28.227/GO, Relator Ministro Herman Benjamin, Sessão de 24.03.2009, DJ em 20.04.2009)

A escassez de precedentes sobre a matéria é justificada pelo fato de que a maior parte das decisões proferidas pelo STJ até o momento deixou de aplicar o referido princípio ao caso concreto sob o fundamento de que caberia exclusivamente ao Poder Executivo (no caso do IPI) ou ao Poder Legislativo (no caso do ICMS) a análise dessa matéria. Sobre o tema, citamos:

"(...)

3. Finda a política nacional de unificação do preço do açúcar de cana, deixou de vigorar a alíquota zero, de forma que o Poder Executivo poderia fixar alíquotas distintas, de acordo com o interesse nacional, nos lindes da legislação vigente.

4. A isenção ou fixação de alíquotas diferenciadas para a promoção do equilíbrio sócio-econômico entre as regiões está prevista na própria Constituição Federal, a qual autoriza o tratamento desigual entre partes desiguais.

5. **Cabe ao Governo, de forma discricionária, escolher os rumos da política sucroalcooleira, utilizando-se, caso necessário, do IPI, tributo com função extrafiscal, não sendo possível ao Poder Judiciário imiscuir-se nesta seara sem a demonstração cabal de vícios de legalidade.**

CURSO DE DIREITO TRIBUTÁRIO BRASILEIRO

6. Recurso especial conhecido em parte, e, nessa, desprovido." (STJ, 1ª Turma, REsp nº 704.917/RS, Relator Ministro José Delgado, Sessão de 24.05.2005, DJ em 27.06.2005)

"3. Não compete ao Poder Judiciário adentrar nos motivos pelos quais a CAMEX, em sua Resolução n. 10/2005, limitou o benefício a equipamentos com determinada capacidade, sobretudo porque a redução de alíquota do Imposto de Importação, em razão de sua natureza extrafiscal, está afeta às políticas sociais e econômicas elaboradas pelo Poder Executivo, cujo mérito administrativo, conforme comezinha lição de direito administrativo, não se sujeita ao controle jurisdicional, salvo quanto à sua constitucionalidade e legalidade.

Por outro lado, as normas relativas à exclusão de crédito tributário devem ser interpretadas literalmente, na forma do art. 111, I, do Código Tributário Nacional.

4. Recurso especial parcialmente conhecido e, nessa parte, não provido." (STJ, 2ª Turma, REsp nº 1.145.540/SC, Relator Ministro Mauro Campbell Marques, Sessão de 19.10.2010, DJ em 28.10.2010)

"(...) 3. A recorrente também deduz pedido no sentido de que, além da inconstitucionalidade das alíquotas fixadas pelo referido Decreto estadual, seja, desde logo, fixada nova alíquota, no percentual de sete por cento (7%). No entanto, essa postulação é indevida, na medida em que é vedado ao Poder Judiciário, no julgamento da lide, atuar como legislador positivo, principalmente em sede de controle de constitucionalidade. (...)

7. Recurso ordinário parcialmente conhecido e, nessa parte, desprovido." (STJ, 1ª Turma, RMS 21.202/RJ, Relatora Ministra Denise Arruda, Sessão de 18.11.2008, DJ em 18.12.2008)

Não obstante essa indefinição, há indícios de que o STF adotará o posicionamento de que é possível a efetiva aplicação do Princípio da Seletividade pelo Poder Judiciário. De fato, embora ainda esteja pendente de julgamento RE sobre a matéria com repercussão geral reconhecida[7], recentemente foi proferida decisão pela 2ª Turma que rejeitou recurso fazendário contra decisão que havia reduzido o ICMS sobre energia elétrica de 25% para 18%:

---

[7] Repercussão geral reconhecida nos autos do nº RE 606.314, Relator Ministro Joaquim Barbosa, Sessão de 17.11.2011.

"(...)

II – No caso em exame, o órgão especial do Tribunal de origem declarou a inconstitucionalidade da legislação estadual que fixou em 25% a alíquota sobre os serviços de energia elétrica e de telecomunicações – serviços essenciais – porque o legislador ordinário não teria observado os princípios da essencialidade e da seletividade, haja vista que estipulou alíquotas menores para produtos supérfluos.

III – Estabelecida essa premissa, somente a partir do reexame do método comparativo adotado e da interpretação da legislação ordinária, poder-se-ia chegar à conclusão em sentido contrário àquela adotada pelo Tribunal a quo.

IV – Agravo regimental a que se nega provimento. (STF, 2ª Turma, RE nº 634.457, Relator Ministro Ricardo Lewandowski, Sessão de 05.08.2014, DJ em 14.08.2014)

3. Fato gerador

No decorrer das quase cinco décadas desde a criação do ICM, muito se discutiu sobre o significado e abrangência de cada um dos três elementos dessa incidência (que permanecem, até a presente data, com o ICMS): operações, circulação e mercadorias.

Por "operações" (primeiro elemento), após intensa discussão, prevaleceu o entendimento de que elas configuram todo e qualquer negócio jurídico do qual decorra a transferência da propriedade de mercadorias (e não somente vendas e consignações, como no antigo IVC). Foi exatamente pela ausência desse pressuposto que, por exemplo, a jurisprudência dos nossos tribunais superiores impediu a incidência do ICMS sobre bens importados ao amparo de contrato de arrendamento mercantil.

Nesse mesmo diapasão é que deve ser interpretado o termo "circulação" (segundo elemento de incidência). Apesar de a circulação física ser absolutamente necessária à incidência do tributo (exceto nas hipóteses em que a lei cria expressamente a ficção de saída), ela, por si só, não é suficiente para configurá-la. Do contrário, para lembrar o nosso eterno e saudoso mestre Aliomar Baleeiro, ter-se-ia que admitir a tributação de mercadorias que saíssem do estabelecimento em razão de furto ou roubo. Ou, até mesmo, em decorrência de uma enchente, por que não?

A circulação que se pretende tributar é aquela subjacente a um negócio jurídico pelo qual haja a transferência da propriedade de mercadorias (que configuram o terceiro elemento), ou seja, de bens destinados ao comércio, que constituam objeto das atividades comerciais do seu proprietário.

Lastreado em tais premissas, o STF já afastou pretensão dos fiscos estaduais de tributar transferências de mercadorias e de bens de ativo realizadas entre estabelecimentos da mesma empresa, sob o fundamento de que, nesses casos, não há negócio jurídico do qual resulte mudança de titularidade de mercadoria:

> "TRIBUTÁRIO. AGRAVO REGIMENTAL EM AGRAVO DE INSTRUMENTO. SAÍDA FÍSICA DE BENS DE UM ESTABELECIMENTO PARA OUTRO DE MESMA TITULARIDADE. NÃO INCIDÊNCIA DO ICMS. PRECEDENTES DA CORTE. AGRAVO IMPROVIDO. I – A jurisprudência da Corte é no sentido de que o mero deslocamento físico de bens entre estabelecimentos, sem que haja transferência efetiva de titularidade, não caracteriza operação de circulação de mercadorias sujeita à incidência do ICMS. II – Recurso protelatório. Aplicação de multa. III – Agravo regimental improvido." (STF, 1ª Turma, AgRg no AI nº 693.714, Relator Ministro Ricardo Lewandowski, Sessão de 30.06.2009, DJe em 20.08.2009)

> "(...) 1. O SIMPLES DESLOCAMENTO DA MERCADORIA DE UM ESTABELECIMENTO PARA OUTRO DA MESMA EMPRESA, SEM A TRANSFERÊNCIA DE PROPRIEDADE, NÃO CARACTERIZA A HIPÓTESE DE INCIDÊNCIA DO ICMS. PRECEDENTES. 2. CONTROVÉRSIA SOBRE O DIREITO AO CRÉDITO DO VALOR ADICIONADO FISCAL. IMPOSSIBILIDADE DA ANÁLISE DE NORMA INFRACONSTITUCIONAL (LEI COMPLEMENTAR N. 63/1990). OFENSA CONSTITUCIONAL INDIRETA. 3. AGRAVO REGIMENTAL AO QUAL SE NEGA PROVIMENTO." (STF, 2ª Turma, AgRg no RE nº 466.526, Relatora Ministra Cármen Lúcia, Sessão de 18.09.2012, DJe em 03.10.2012)

Em relação às importações, houve bastante controvérsia sobre a necessidade, ou não, da transferência da propriedade como condição para a incidência do imposto. Contudo, em 11.09.2014, nos autos do RE nº 540.829, com repercussão geral conhecida, o Plenário do STF definiu que "não incide o ICMS importação na operação de arrendamento internacional, salvo na antecipação da opção de compra, dado que a operação não implica a transferência da titularidade do bem"[8].

---

[8] Embora o acórdão ainda não esteja formalizado, a referida citação do Min. Luís Roberto Barroso foi retirada da gravação da sessão de julgamento.

Em relação aos demais fatos geradores do ICMS, "serviços de transporte interestadual e intermunicipal" e "serviços de comunicação" foram os conceitos constitucionalmente utilizados para definir e limitar a competência dos Estados.

Cumpre, primeiramente, verificar se as referidas expressões são definidas por algum outro ramo do direito, porque, em caso positivo, o Direito Tributário, como direito de superposição que é, deverá ater-se aos limites impostos por essa definição.

De fato, quando a Constituição Federal determina que os entes tributantes têm competência para tributar esses ou aqueles bens, direitos, ou atividades, ela está não só outorgando àqueles entes poder para tributar tais bens, direitos, ou atividades, como também limitando esse poder, na medida em que a respectiva tributação não poderá se dar sobre algo que extrapole aquilo que tenha sido objeto de expressa referência pelo dispositivo constitucional que atribui a competência tributária.

Assim, se a Constituição Federal determina que a União e os Estados têm competência para tributar as importações (CF/88, arts. 153 e 155, respectivamente), não poderá o legislador Federal ou o Estadual editar norma que permita a tributação sobre atividade que não configure, em sua essência, uma efetiva importação, ou determinar que o respectivo fato gerador deva considerar-se ocorrido em momento em que não haja ainda uma importação efetivada.

Com efeito, não poderiam, por exemplo, os referidos legisladores determinar que o imposto incidiria no momento em que o bem importado saísse do país de origem, pois, nessa ocasião não teria, ainda, ocorrido a efetiva importação no País de bem de procedência estrangeira. Tanto assim, que tais legisladores, em regra, buscam definir momentos sempre posteriores à importação para determinar o momento do nascimento da obrigação tributária (desembaraço aduaneiro, entrada no estabelecimento importador etc.).

Da mesma forma, se o conceito utilizado pela Constituição Federal estiver definido por outro ramo do Direito (v.g., propriedade, transmissão de propriedade, doação, mercadoria, serviços, etc.), os Estados não lhe podem ampliar os contornos para, com isso, tributar situações que não seriam objeto de incidência se adotado o conceito daquele outro ramo do Direito.

Nesse sentido, o art. 110 do Código Tributário Nacional determina que "a lei tributária não pode alterar a definição, o conteúdo e o alcance de

CURSO DE DIREITO TRIBUTÁRIO BRASILEIRO

institutos, conceitos e formas de direito privado, utilizados, expressa ou implicitamente, pela Constituição Federal, pelas Constituições dos Estados, ou pelas Leis Orgânicas do Direito Federal ou dos Municípios, para definir ou limitar competências tributárias".

Na verdade, esse dispositivo não inova; ele, simplesmente, declara o direito que todos os contribuintes têm de não serem onerados além dos limites impostos pela Constituição Federal relativamente à competência tributária atribuída aos entes tributantes. De fato, mesmo que esse dispositivo não existisse, ainda assim, a limitação ao poder de tributar nele contida seria aplicável com fundamento no princípio de que os Estados não podem extrapolar a competência tributária que lhes é atribuída constitucionalmente.

Logo, não se pode interpretar a referência que o dispositivo faz a "conceitos e formas do direito privado" como licença para que o Estado altere como queira os conceitos de direito público utilizados pela Constituição para determinar a respectiva competência tributária. Como dito, a impossibilidade de o Estado fazê-lo decorreria do fato de que tal atitude configuraria indiscutível extrapolação de competência.

Tanto assim, que o STF, ao julgar o RE nº 166.772/RS, em sessão plenária, por maioria de votos, firmou o princípio de que os vocábulos e expressões contidos na CF/88 devem ser sempre interpretados no seu sentido técnico, legal, conforme se verifica do seguinte trecho do voto do Ministro Relator MARCO AURÉLIO[9]:

> "(...) Analise-se, portanto, o real alcance do texto do inciso I do artigo 195, no que, repita-se, alude a "empregadores e a folha de salários". Sempre soube dedicada a expressão "empregadores" para qualificar aqueles que mantêm, com prestadores de serviços, relação jurídica regida pela Consolidação das Leis do Trabalho e este enfoque restou assentado por esta Corte quando, defrontando-se com a ação direita de inconstitucionalidade movida pelo Procurador-Geral da República contra preceitos da Lei nº 8.112, de 11 de dezembro de 1991, Lei do "Regime Único", afastou a pertinência do artigo 114 da Constituição Federal, que define a competência da Justiça do Trabalho para julgar controvérsias a envolver empregadores e trabalhadores. Na oportunidade declarou-se competir não a Justiça do Trabalho, mas à Justiça Federal,

---

[9] Note-se que, nesse julgamento, analisou-se o conceito de "folha de salário", que é conceito de Direito do Trabalho, cuja natureza de direito público é defendida por muitos.

julgar as lides que envolvam a União e os servidores públicos que a ela prestam serviços sob a égide daquele Regime. Teve-se presente que, não sendo o liame regido pela Consolidação das Leis do Trabalho, impossível é cuidar-se da figura do empregador. Refiro-me ao que decidido – na ocasião contra o meu voto, pelas razões que expus -, na ação direta de inconstitucionalidade nº 492, relatada pelo Ministro Carlos Velloso, cujo acórdão foi publicado no Diário de Justiça de 12 de março de 1993. Destarte, já no que o inciso I do artigo 195 revela contribuição devida pelos empregadores, procede a pretensão recursal. A teor do art. 2º da Consolidação das Leis do Trabalho, considera-se empregador a empresa individual ou coletiva que, assumindo riscos da atividade econômica, admite, assalaria e dirige a prestação pessoal de serviços. O vínculo empregatício pressupõe, em si, a dependência do prestador dos serviços. Se de um lado a econômica e a técnica não são indispensáveis à configuração do fenômeno, de outro há de se fazer presente a jurídica, a revelar a submissão do prestador dos serviços ao tomador, sem a qual não se pode dizer a existência de contrato de trabalho regido pela Consolidação das Leis do Trabalho e, portanto, de empregado e de empregador. (...)" (Tribunal Pleno, RE nº 166.772, Relator Ministro Marco Aurélio, Sessão de 12.05.1994, DJe em 16.12.1994)

Particularmente em relação aos serviços de telecomunicação, a Lei nº 9.472, de 16.07.1997 (Lei Geral de Telecomunicações – LGT) acerca dos serviços de telecomunicação:

"Art. 60. Serviço de telecomunicação é o conjunto de atividades que possibilita a oferta de telecomunicação.

§º 1º. Telecomunicação é a transmissão, emissão ou recepção, por fio, radioeletricidade, meios óticos ou qualquer outro processo eletromagnético, de símbolos, caracteres, sinais, escritos, imagens, sons ou informações de qualquer natureza."

"Art. 61. Serviço de valor adicionado é a atividade que acrescenta, a um serviço de telecomunicações que lhe dá suporte e com o qual não se confunde, novas utilidades relacionadas ao acesso, armazenamento, apresentação, movimentação ou recuperação de informações.

§ 1º. Serviço de valor adicionado não constitui serviço de telecomunicações, classificando-se seu provedor como usuário do serviço de telecomunicações que lhe dá suporte, com os direitos e deveres inerentes a essa condição.

CURSO DE DIREITO TRIBUTÁRIO BRASILEIRO

§ 2º. É assegurado aos interessados o uso das redes de serviços de teleco-municações para prestação de serviços de valor adicionado, cabendo à Agência, para assegurar esse direito, regular os condicionamentos, assim como o rela-cionamento entre aqueles e as prestações de serviços de telecomunicações."

Nos termos dos dispositivos acima, o serviço de telecomunicações cor-responde à oferta de meios (fio, radioeletricidade, meios óticos ou qual-quer outro processo eletromagnético) que tornam possível a atividade de comunicação (transmissão, emissão ou recepção à distância de símbolos, caracteres, sinais, escritos, imagens, sons ou informações de qualquer natu-reza), nada tendo a ver com o mero exercício da atividade comunicativa (que não envolva a prestação de serviço em si), ou com a mera elaboração e/ou produção do conteúdo da mensagem transmitida.

Portanto, para que haja atividade tributada pelo ICMS é necessário e suficiente que alguém, por meios próprios, ou sobre os quais tenha a posse ou o direito uso, preste a terceiros serviço oneroso cujo objeto con-sista na oferta de transmissão, emissão, geração, recepção, retransmissão, ou repetição de mensagens, dados, ou sinais que o beneficiário do serviço pretenda sejam transmitidos.

Daí resulta que o prestador do serviço de telecomunicação é aquele que mantém em funcionamento os meios de transmissão de imagem, som e sinais, enquanto seu cliente é aquele que se utiliza desses equipamen-tos com o objetivo de fazer chegar a outrem a imagem, o som, o sinal ou a informação que ele pretende emitir. A atividade de um não se confunde com a do outro.

É o que se dá na prestação do serviço de valor adicionado, que simples-mente acrescenta a um serviço de telecomunicações que lhe dá suporte e com o qual não se confunde (como frisou o art. 61 da LGT) novas utilidades relacionadas ao acesso, armazenamento, apresentação, movimentação ou recuperação de informações. A exclusão do serviço de valor adicionado do conceito de serviço de telecomunicação se justifica pelo fato de ele não con-figurar um novo meio pelo qual as informações são transmitidas/recebidas.

O serviço de valor adicionado é, portanto, um serviço distinto do de telecomunicações e que se utiliza dos meios de transmissão/recepção da informação ofertados (serviços de telecomunicação) como mero "insumo".

Os serviços de valor adicionado estarão sujeitos ao ISS se, em cada caso específico, estiverem expressamente previstos na lista de serviços anexa à

Lei Complementar nº 116/03. Caso eles não estejam previstos nessa lista de serviços, não serão tributados nem pelo ICMS nem pelo ISS.

Em determinados casos, a definição da natureza de serviços relacionados à atividade comunicativa não é tarefa das mais fáceis. Exemplo disso é o serviço de provimento de acesso à Internet, que suscitou inúmeras discussões acerca da sua natureza, apesar de o regulamento desses serviços expressamente o definir como de valor adicionado. De fato, dispõe a Norma nº 004/95, aprovada pela Portaria nº 148, de 31.05.1995:

> "Internet: nome genérico que designa o conjunto de redes, os meios de transmissão e comutação, roteadores, equipamentos e protocolos necessários à comunicação entre computadores, bem como o "software" e os dados contidos nestes computadores;"
>
> "Serviço de Valor Adicionado: serviço que acrescenta a uma rede preexistente de um serviço de telecomunicações, meios ou recursos que criam novas utilidades específicas, ou novas atividades produtivas, relacionadas com o acesso, armazenamento, movimentação, ou recuperação de informações;"
>
> "Serviço de conexão à Internet (SCI): nome genérico que designa Serviço de Valor Adicionado que possibilita o acesso à Internet a Usuários e Provedores de Serviços de Informações"

A questão da natureza dos serviços de provimento de acesso à Internet já foi analisada pelo Superior Tribunal de Justiça (STJ). Inicialmente, a 1ª Turma desse Tribunal, por unanimidade de votos, entendeu ter o referido serviço natureza de comunicação, estando, portanto, sujeito ao ICMS (REsp nº 323.358/PR, Relator Ministro José Delgado, Sessão de 21.06.2001, DJ em 03.09.2001, p. 158).

Pouco depois, a 1ª Turma do STJ, também por unanimidade de votos, entendeu de forma diversa, ou seja, no sentido de que o provimento de acesso à Internet não é serviço tributado pelo ICMS (REsp nº 456.650/PR, Relatora Ministra Eliana Calmon, Sessão de 24.06.2003, DJ em 08.09.2003, p. 291).

A divergência de entendimentos entre a 1ª e a 2ª Turmas do STJ foi dirimida, em 11.05.2005, pela 1ª Seção do referido Tribunal, que, por maioria de votos (5x4), concluiu que o provimento de acesso à Internet não é serviço de comunicação, e, portanto, não está sujeito ao ICMS (EREsp nº 456.650/PR, Relator para acórdão Ministro Franciulli Netto, DJ em 20.03.2006).

Os argumentos que embasaram o referido entendimento foram os seguintes:

a) o serviço prestado pelo provedor de acesso à Internet não tem a natureza de serviço de telecomunicação, por não necessitar de autorização, permissão ou concessão da União, conforme dispõe o art. 21, inciso XI, da CF/1988;

b) o serviço prestado não tem a natureza de serviço de telecomunicações porque, por ele, não são fornecidas as condições e meios para que a comunicação ocorra; o prestador desse serviço é mero usuário dos serviços prestados pelas empresas de telecomunicações;

c) o serviço prestado pelos provedores de acesso à Internet tem a natureza de serviço de valor adicionado, uma vez que o prestador se utiliza da rede de telecomunicações que lhe dá suporte para viabilizar o acesso do usuário final à Internet; e

d) nos termos do art. 110 do CTN, não podem os Estados ou o Distrito Federal alterar a definição, o conteúdo e o alcance do conceito de prestação de serviços de conexão à Internet, para, mediante Convênios Estaduais, tributá-la por meio do ICMS.

4. Não-incidência, isenção e outros benefícios fiscais

Além das imunidades gerais contidas no art. 146 da CF/88, há aquelas aplicáveis especificamente ao ICMS, das quais destacamos aquela cujo objetivo é o de incentivar as exportações (de fato, a CF/88 previu que o ICMS não incide sobre operações e prestações que destinem ao exterior mercadorias e serviços, assegurada a manutenção e o aproveitamento do montante do imposto cobrado nas operações e prestações anteriores); aquela pela qual se transferiu para o Estado de destino a competência para a cobrança do ICMS nas operações interestaduais que envolvessem energia elétrica, petróleo e os seus derivados; e a que impede a incidência do imposto nas prestações de serviço de comunicação nas modalidades de radiodifusão sonora de sons e imagens de recepção livre e gratuita (CF/88, art. 155, § 2º, inciso X).

No que concerne aos benefícios infraconstitucionais, com o objetivo de prevenir a chamada "Guerra Fiscal", em que Estados, através da concessão de incentivos fiscais, procuram atrair para os seus territórios empreendimentos dos quais decorram, pelo menos em tese, o desenvolvimento da respectiva região e a criação de novos empregos, a CF/88 dispõe que cabe à lei complementar regular a forma como, mediante deliberação dos

Estados e do Distrito Federal, isenções, incentivos e benefícios fiscais serão concedidos e revogados (art. 155, § 2º, inciso XII, alínea "g").

Havia dispositivo semelhante na Constituição anterior (art. 19, § 2º, da CF/69) e, com fundamento nele, foi editada a Lei Complementar nº 24, de 07.01.1975. Essa lei foi recepcionada pela atual Constituição, por ser com ela plenamente compatível, conforme jurisprudência pacífica do STF.

Nos termos da LC nº 24/75, "isenções, reduções de base de cálculo, devoluções totais ou parciais, diretas ou indiretas, condicionadas ou não, do tributo ao contribuinte, a responsável ou a terceiros, concessão de créditos presumidos ou quaisquer outros incentivos ou favores fiscais ou financeiro-fiscais, relativos ao ICMS, dos quais resulte redução ou eliminação, direta ou indireta, do respectivo ônus" são concedidos ou revogados nos termos de convênios celebrados e ratificados pelos Estados e pelo Distrito Federal.

Esses Convênios são celebrados em reuniões para as quais são convocados representantes de todos os Estados e do Distrito Federal, sob a presidência de representantes do Governo Federal, bastando para a sua instalação a presença de representantes da maioria das Unidades da Federação. O Conselho de Política Fazendária (CONFAZ) foi o órgão criado especificamente para esse fim e as deliberações relativas à concessão de benefícios fiscais dependem sempre da aprovação unânime dos Estados representados, e as relativas à sua revogação total ou parcial, da aprovação de quatro quintos, pelo menos, dos representantes presentes.

Não obstante as claras regras acima detalhadas, é prática comum entre os Estados a edição de benefícios fiscais (de diferentes espécies) sem fundamento em Convênio regularmente editado pelo CONFAZ.

Já se pretendeu eliminar essas práticas por diversas formas. A primeira delas ocorreu há décadas, com a edição de Portarias pelo estado de São Paulo (SP) que, supostamente com fundamento em dispositivos da LC nº 24/75, vedou créditos de mercadorias provenientes do estado do Espírito Santo (ES) porque "contaminadas" por benefícios fiscais não aprovados pelo CONFAZ. O Ministro Sepúlveda Pertence concedeu liminar em Mandado de Segurança impetrado pelo ES contra a referida restrição, mas, algumas décadas depois, ela foi cassada pela Ministra Cármen Lúcia (MS nº 21.863, Sessão de 29.05.2012, DJe em 01.06.2012).

Essa restrição aos créditos de ICMS nos casos de benefícios fiscais não previstos em convênio foi largamente adotada por diversos outros estados e considerada ilegal por jurisprudência pacífica do STJ nos casos em que aplicada anteriormente à declaração de inconstitucionalidade da respectiva norma pelo STF (1ª Turma, REsp nº 1.125.188/MT, Relator Ministro Benedito Gonçalves, Sessão de 18.05.2010, e 2ª Turma, RMS nº 32.453/MT, Relator Ministro Herman Benjamin, Sessão de 07.06.2011).

De fato, sempre que submetidas ao STF, essas normas são declaradas inconstitucionais, como demonstra o acórdão abaixo:

> "CONSTITUCIONAL. TRIBUTÁRIO. IMPOSTO SOBRE OPERAÇÃO DE CIRCULAÇÃO DE MERCADORIAS E SERVIÇOS. ICMS. BENEFÍCIOS FISCAIS. NECESSIDADE DE AMPARO EM CONVÊNIO INTERESTADUAL. ART. 155, XII, G DA CONSTITUIÇÃO. **Nos termos da orientação consolidada por esta Corte, a concessão de benefícios fiscais do ICMS depende de prévia aprovação em convênio interestadual, como forma de evitar o que se convencionou chamar de guerra fiscal. Interpretação do art. 155, XII, g da Constituição.** São inconstitucionais os arts. 6º, no que se refere a "benefícios fiscais" e "financeiros-fiscais", 7º e 8º da Lei Complementar estadual 93/2001, por permitirem a concessão de incentivos e benefícios atrelados ao ICMS sem amparo em convênio interestadual. Ação direta de inconstitucionalidade julgada parcialmente procedente." (Tribunal Pleno, ADI nº 3.794/PR, Relator Ministro Joaquim Barbosa, Sessão de 01.06.2011, DJe em 29.07.2011)

As decisões que declaram essa inconstitucionalidade, em sua absoluta maioria[10], foram proferidas com efeitos *ex tunc,* ou seja, sem qualquer limitação dos seus efeitos temporais.

Parece-nos, contudo, que, na cobrança dos valores devidos ao contribuinte (em decorrência da declaração de inconstitucionalidade dos benefícios fiscais por ele utilizados), não há como deixar de aplicar-se o disposto no art. 100, parágrafo único, do CTN, segundo o qual, a observância de normas tributárias positivadas exclui a imposição de penalidades, a cobrança de juros de mora e a atualização do valor monetário.

5. Base de cálculo e alíquota

A base de cálculo do ICMS incidente sobre operações com mercadorias é o valor da operação, que é conceito amplo e muito mais abrangente do que

---

[10] De fato, até a presente data, temos registro de uma única decisão em que houve modulação de efeitos (ADI nº 4.481, Tribunal Pleno, Relator Ministro Roberto Barroso, Sessão de 11.03.2015, DJe de 19.05.2015).

o mero preço pelo qual a operação foi realizada. Esse conceito (o de preço) foi utilizado para definir a base de cálculo do imposto quando incidente sobre as prestações de serviços de comunicação e de transporte interestadual e intermunicipal.

Em relação às importações, por expressa determinação da LC nº 87/96, a base de cálculo do ICMS incluí, além do valor aduaneiro do bem, o imposto de importação (II), o IPI, o IOF, e quaisquer outros impostos, taxas, contribuições e despesas aduaneiras.

A CF/88 determina, em seu art. 155, § 2º, inciso XI, que o ICMS não compreenderá, em sua base de cálculo, o montante do imposto sobre produtos industrializados, quando a operação, realizada entre contribuintes e relativa a produto destinado à industrialização ou à comercialização, configure fato gerador dos dois impostos.

As alíquotas aplicáveis às operações e prestações internas são fixadas pelo legislador estadual, mas não podem ser inferiores às alíquotas aplicáveis às operações interestaduais fixadas por resolução do Senado Federal (12%), exceto se houver deliberação em contrário celebrada em convênio pelos Estados e pelo Distrito Federal, nos termos da LC nº 24/75 (art. 155, § 2º, incisos IV e VI, da CF/88). Diz a Resolução do Senado Federal nº 22, de 19.05.1989:

> "Art. 1º A alíquota do Imposto sobre Operações Relativas à Circulação de Mercadorias e sobre Prestação de Serviços de Transporte Interestadual e Intermunicipal e de Comunicação, nas operações e prestações interestaduais, será de doze por cento.
>
> Parágrafo único. Nas operações e prestações realizadas nas Regiões Sul e Sudeste, destinadas às Regiões Norte, Nordeste e Centro-Oeste e ao Estado do Espírito Santo, as alíquotas serão:
>
> I – em 1989, oito por cento;
>
> II – a partir de 1990, sete por cento."

Nas operações internas, o Senado Federal pode estabelecer as alíquotas mínimas e máximas, estas últimas desde que para resolver conflito específico que envolva interesse de Estados (art. 155, § 2º, inciso V, da CF/88). Essa competência do Senado Federal ainda não foi exercida.

Nas operações e prestações que destinam bens e serviços a consumidor final localizado em outro Estado, adota-se a alíquota interestadual quando o destinatário é contribuinte do imposto e a alíquota interna quando o destinatário não é contribuinte. Quando o destinatário é contribuinte, cabe ao Estado da localização do destinatário o imposto correspondente à diferença entre a alíquota interna e a interestadual (art. 155, § 2º, incisos VII e VIII, da CF/88).

Em 25.04.2012, o Senado Federal editou a Resolução nº 13, que determinou a aplicação de uma alíquota de 4% para operações interestaduais realizadas com bens e mercadorias que, importados do exterior, não tenham sido submetidos a processo de industrialização após o desembaraço aduaneiro, ou, caso o tenham, apresentem "conteúdo de importação" superior a 40%.

Essa Resolução foi editada com a finalidade de eliminar uma das várias facetas com que a guerra fiscal se apresenta, que é aquela que ficou conhecida como "guerra dos portos", em que estados, sem a prévia aprovação do CONFAZ, concedem benefícios fiscais a quem realize importações pelo seu território, atraindo para si, dessa forma, a arrecadação do ICMS incidente na importação, que, não fora tais benefícios, seria recolhido a outro estado.

O estado do Espírito Santo propôs Ação Direta de Inconstitucionalidade contra as disposições da Resolução nº 13/12, com fundamento em argumento dos quais destacamos o de que essas normas teriam deixado de observar o princípio constitucional que veda a adoção de tratamento tributário desigual a bens ou mercadorias em razão da procedência ou destino.

De fato, ao estabelecer alíquota diferenciada para operações interestaduais com bens importados do exterior não industrializados no Brasil, ou com "conteúdo de importação" superior a 40%, a referida Resolução cria exatamente o que a Constituição Federal e os acordos internacionais celebrados pelo Brasil buscam evitar: a adoção de tratamento tributário desigual a bens ou mercadorias em razão da sua procedência ou destino.

Note-se que, apesar de o tratamento diferenciado ter sido previsto para operação que ocorre internamente no país (operação interestadual), o único elemento que propicia essa diferenciação é exatamente o fato de o produto ter sido importado, ou ter relevante conteúdo de importação, o que, a nosso ver, é mais do que suficiente para caracterizar a prática que a Constituição visa coibir.

Se o que se quer é alterar a partilha de receitas entre estados, que se unifique, de uma vez, a alíquota interestadual em 4% de forma a que ela seja aplicável indiscriminadamente a todo e qualquer bem ou mercadoria, independentemente da sua origem.

6. Contribuinte e substituto tributário

O art. 121 do Código Tributário Nacional prevê que, além do contribuinte, o sujeito passivo da obrigação tributária principal pode ser uma terceira pessoa, responsável pelo seu cumprimento em decorrência de disposição expressa de lei.

O art. 128 do CTN estabelece que o responsável tributário deve ser vinculado ao fato gerador da obrigação:

> "Art. 128. Sem prejuízo do disposto neste capítulo, a lei pode atribuir de modo expresso a responsabilidade pelo crédito tributário a terceira pessoa, vinculada ao fato gerador da respectiva obrigação, excluindo a responsabilidade do contribuinte ou atribuindo-a a este em caráter supletivo do cumprimento total ou parcial da referida obrigação."

Há duas formas de responsabilidade tributária: por transferência ou por substituição.

Diz-se que a responsabilidade tributária é por transferência quando a sua atribuição se dá em momento posterior ao da ocorrência do fato gerador, como, por exemplo, na sucessão por morte, em que os herdeiros passam a ser responsáveis pelos débitos tributários do *de cujus* (art. 131 do CTN).

Dá-se, por sua vez, a responsabilidade tributária por substituição quando ela é atribuída ao terceiro anteriormente ou concomitantemente à ocorrência do fato gerador, afastando-se, provisória ou definitivamente, a responsabilidade do contribuinte.

A substituição tributária é considerada regressiva ou "para trás" quando a responsabilidade atribuída a terceiro refere-se a débito cujo fato gerador já tenha efetivamente ocorrido. Se o referido débito vincula-se a fatos geradores presumidos, a serem verificados no futuro, diz-se que a substituição tributária será progressiva ou "para a frente".

A substituição tributária "para frente", diferentemente do modelo regressivo, não acarreta apenas a atribuição de responsabilidade a terceiro; ela também obriga o recolhimento do tributo antes da ocorrência do respectivo fato gerador. Ou seja, a aplicação do regime de substituição tributária "para frente" faz surgir para o substituto a obrigação de recolher antecipadamente o tributo incidente sobre "operações subsequentes".

A substituição tributária "para frente" surgiu ainda no âmbito do antigo ICM, no art. 58, § 2º, inciso II, do CTN, que assim dispunha:

"Art. 58. Contribuinte do imposto é o comerciante, industrial ou produtor que promova a saída da mercadoria. (...)

§2º. A lei pode atribuir a condição de responsável: (...)

II – ao industrial ou comerciante atacadista, quanto ao imposto devido por comerciante varejista, mediante acréscimo ao preço da mercadoria a ele remetida, de percentagem não excedente de 30% (trinta por cento) que a lei estadual fixar:

Esse dispositivo foi revogado pelo Decreto-lei nº 406, de 31.12.1968.

Em 07.12.1983, foi editada a LC nº 44, que introduziu os §§ 3º e 4º no art. 6º do próprio DL nº 406/68, novamente permitindo que os Estados aplicassem o regime de substituição tributária "para a frente" com relação a mercadorias definidas em suas respectivas legislações, ou em convênio.

A Constituição Federal de 1988, substituiu o ICM pelo ICMS, e de forma expressa, o art. 155, § 2º, inciso XII, alínea "b", atribuiu à lei complementar competência para dispor, entre outras matérias, sobre a substituição tributária aplicável ao novo imposto.

A LC nº 87, em seu art. 6º, a instituição da chamada substituição tributária "para frente" para o ICMS[11].

No seu art. 8º, a LC nº 87/96 disciplinou a forma de fixação da base de cálculo do ICMS relativo às operações realizadas sob o regime da substituição tributária "para frente"[12].

---

[11] Art. 6º. Lei estadual poderá atribuir a contribuinte do imposto ou a depositário a qualquer título a responsabilidade pelo seu pagamento, hipótese em que o contribuinte assumirá a condição de substituto tributário.

§ 1º. A responsabilidade poderá ser atribuída em relação ao imposto incidente sobre uma ou mais operações ou prestações, sejam antecedentes, concomitantes ou subseqüentes, inclusive ao valor decorrente da diferença entre alíquotas interna e interestadual nas operações e prestações que destinem bens e serviços a consumidor final localizado em outro Estado, que seja contribuinte do imposto.

§ 2º. A atribuição de responsabilidade dar-se-á em relação a mercadorias ou serviços previstos em lei de cada Estado.

[12] Art. 8º. A base de cálculo, para fins de substituição tributária, será: (...)

II – em relação às operações ou prestações subseqüentes, obtida pelo somatório das parcelas seguintes:

a) o valor da operação ou prestação própria realizada pelo substituto tributário ou pelo substituído intermediário;

b) o montante dos valores de seguro, de frete e de outros encargos cobrados ou transferíveis aos adquirentes ou tomadores de serviço;

Já em seu art. 10, a LC nº 87/96 assegurou ao contribuinte substituído o direito à restituição do valor do imposto pago, na hipótese de não-realização do fato gerador presumido[13].

Em 21.03.1997, foi editado o Convênio ICMS nº 13/97, prevendo, em sua Cláusula Segunda que, no regime de substituição tributária, não caberia restituição ou complemento de imposto quando a operação fosse realizada por valor diferente do presumido:

> "Cláusula segunda. Não caberá a restituição ou cobrança complementar do ICMS quando a operação ou prestação subsequente à cobrança do imposto, sob a modalidade da substituição tributária, se realizar com valor inferior ou superior àquele estabelecido com base no artigo 8º da Lei Complementar 87, de 13 de setembro de 1996."

O regime de substituição tributária "para frente" sempre foi alvo de críticas pela maior parte da doutrina, que o considerava inconstitucional, por ofensa aos seguintes princípios:

---

c) a margem de valor agregado, inclusive lucro, relativa às operações ou prestações subseqüentes. (...)

§ 2º. Tratando-se de mercadoria ou serviço cujo preço final a consumidor, único ou máximo, seja fixado por órgão público competente, a base de cálculo do imposto, para fins de substituição tributária, é o referido preço por ele estabelecido.

§ 3º. Existindo preço final a consumidor sugerido pelo fabricante ou importador, poderá a lei estabelecer como base de cálculo este preço.

§ 4º. A margem a que se refere a alínea c do inciso II do caput será estabelecida com base em preços usualmente praticados no mercado considerado, obtidos por levantamento, ainda que por amostragem ou através de informações e outros elementos fornecidos por entidades representativas dos respectivos setores, adotando-se a média ponderada dos preços coletados, devendo os critérios para sua fixação ser previstos em lei.

[13] Art. 10. É assegurado ao contribuinte substituído o direito à restituição do valor do imposto pago por força da substituição tributária, correspondente ao fato gerador presumido que não se realizar.

§ 1º. Formulado o pedido de restituição e não havendo deliberação no prazo de noventa dias, o contribuinte substituído poderá se creditar, em sua escrita fiscal, do valor objeto do pedido, devidamente atualizado segundo os mesmos critérios aplicáveis ao tributo.

§ 2º. Na hipótese do parágrafo anterior, sobrevindo decisão contrária irrecorrível, o contribuinte substituído, no prazo de quinze dias da respectiva notificação, procederá ao estorno dos créditos lançados, também devidamente atualizados, com o pagamento dos acréscimos legais cabíveis."

a) da tipicidade e, consequentemente, da segurança jurídica, pois o surgimento da obrigação tributária teria que estar inafastavelmente condicionado à materialização da hipótese de incidência, não podendo se fundamentar em presunção de ocorrência de fatos futuros;

b) da capacidade contributiva e da vedação ao confisco, pois somente após a ocorrência do fato gerador seria possível aferir riqueza tributável, não se admitindo a tributação de riqueza presumida;

c) da não-cumulatividade e da isonomia, pois se a operação fosse realizada por valor menor do que o estimado, a alíquota real incidente na operação seria maior do que a prevista em lei, o que também colocaria o contribuinte em situação de desigualdade em relação aos demais;

d) da competência exclusiva da União para a instituição de empréstimo compulsório, pois se a operação fosse realizada por um valor menor do que o estimado, haveria antecipação de valores à Fazenda Pública Estadual para posterior devolução.

Em 17.03.1993, foi promulgada a Emenda Constitucional nº 3, que acrescentou o § 7º ao art. 150 da CF/88, prevendo expressamente a possibilidade de instituição do regime de substituição tributária "para frente" em relação a impostos e contribuições:

> "§ 7º. A lei poderá atribuir a sujeito passivo de obrigação tributária a condição de responsável pelo pagamento de impostos ou contribuição, cujo fato gerador deva ocorrer posteriormente, assegurada a imediata e preferencial restituição da quantia paga, caso não se realize o fato gerador presumido."

Não obstante, antes mesmo da promulgação da EC nº 3/93, o STF, no julgamento do Recurso Extraordinário (RE) nº 213.396/SP, de que foi relator o Ministro ILMAR GALVÃO, decidiu pela constitucionalidade da substituição tributária "para frente". Eis a ementa do acórdão:

> "TRIBUTÁRIO. ICMS. ESTADO DE SÃO PAULO. COMÉRCIO DE VEÍCULOS NOVOS. ART. 155, § 2º, XII, B, DA CF/88. CONVÊNIOS ICM Nº 66/88 (ART. 25) E ICMS Nº 107/89. ART. 8º, INC. XIII E § 4º, DA LEI PAULISTA Nº 6.374/89. O regime de substituição tributária, referente ao ICM, já se achava previsto no Decreto-Lei nº 406/68 (art. 128 do CTN e art. 6º, §§

3º e 4º, do mencionado decreto-lei), normas recebidas pela Carta de 1988, não se podendo falar, nesse ponto, em omissão legislativa capaz de autorizar o exercício, pelos Estados, por meio do Convênio ICM nº 66/88, da competência prevista no art. 34, § 8º, do ADCT/88. Essa circunstância, entretanto, não inviabiliza o instituto que, relativamente a veículos novos, foi instituído pela Lei paulista nº 6.374/89 (dispositivos indicados) e pelo Convênio ICMS nº 107/89, destinado não a suprir omissão legislativa, mas a atender à exigência prevista no art. 6º, § 4º, do referido Decreto-Lei nº 406/68, em face da diversidade de estados aos quais o referido regime foi estendido, no que concerne aos mencionados bens. A responsabilidade, como substituto, no caso, foi imposta, por lei, como medida de política fiscal, autorizada pela Constituição, não havendo que se falar em exigência tributária despida de fato gerador. Acórdão que se afastou desse entendimento. Recurso conhecido e provido." (1ª Turma, Sessão de 02.08.1999, DJ em 01.12.2000, p. 97)

No voto proferido no referido julgamento, o Ministro ILMAR GALVÃO invoca a tese sustentada por MARCO AURÉLIO GRECO nas páginas 40 e seguintes da obra "Substituição Tributária (IOB, 1996), consignando, inclusive, que o instituto da substituição tributária "para a frente" já estaria previsto, para hipóteses específicas, no art. 34, § 9º, do ADCT, do seguinte teor[14]:

> "§ 9º Até que lei complementar disponha sobre a matéria, as empresas distribuidoras de energia elétrica, na condição de contribuintes ou de substitutos tributários, serão as responsáveis, por ocasião da saída do produto de seus estabelecimentos, ainda que destinado a outra unidade da Federação, pelo pagamento do imposto sobre operações relativas à circulação de mercadorias incidente sobre energia elétrica, desde a produção ou importação até a última operação, calculado o imposto sobre o preço então praticado na operação final e assegurado seu recolhimento ao Estado ou ao Distrito Federal, conforme o local onde deva ocorrer essa operação."

---

[14] Parece-nos que a responsabilidade atribuída por esse dispositivo constitucional às empresas distribuidoras de energia elétrica tem a natureza de substituição tributária "para trás", e não "para frente", tendo em vista que são as distribuidoras que realizam a última operação da cadeia produtiva (quando vendem a energia ao seu consumidor) que se responsabilizam pelo pagamento do imposto devido pelos elos anteriores dessa comercialização.

De acordo com esse julgamento, a cobrança do tributo sob o regime de substituição tributária pode ocorrer independentemente do surgimento da obrigação tributária. No entanto, a validade de tal cobrança fica condicionada à efetiva ocorrência do fato gerador, ou seja, à materialização do tipo tributário.

Sendo assim, a cobrança antecipada se justifica pela provável ocorrência futura do fato gerador, devendo o fato eleito como determinante para a cobrança do tributo revelar vinculação material com aquela provável ocorrência. Isto é, o evento escolhido pelo legislador para determinar o recolhimento antecipado deverá configurar etapa preliminar da realização futura do fato tributável.

Para que haja vinculação entre o evento definidor da cobrança antecipada e o fato gerador do tributo, o primeiro deve atender aos seguintes requisitos: a) necessidade, no sentido de que deve ser condição essencial à realização do fato tributável; b) adequação, que seria a possibilidade de se prever, com certo grau de certeza, a partir de seus elementos, a realização do evento final; e c) proporcionalidade, devendo o valor antecipado corresponder ao que se cobraria na ocorrência do fato gerador, com a possibilidade de o valor cobrado em excesso ser devolvido ao contribuinte.

Nesse contexto, exemplificativamente, a escolha da venda da mercadoria pelo fabricante ao vendedor atacadista e/ou varejista como evento determinante da cobrança antecipada se vincularia ao fato gerador do ICMS, que é a circulação da mercadoria, já que seria uma etapa necessária, adequada e proporcional à sua realização[15].

Em primeiro lugar, não seria possível ao comerciante atacadista e/ou varejista realizar operação de circulação de mercadoria se não a tivesse adquirido do fabricante. Daí a **necessidade** da venda inicial para a ocorrência do fato gerador futuro.

---

[15] A técnica de antecipação do pagamento não é exclusividade do ICMS; ela também é adotada em relação a outros tributos, tais como o Imposto sobre a Renda (IR) e as contribuições sociais para o PIS e COFINS. No caso do IR, a antecipação do pagamento se verifica pela retenção efetuada pela fonte sobre os rendimentos pagos a pessoas físicas antes que se verifique a existência da renda, assim entendida como acréscimo patrimonial, ou a quantificação da mesma. A base de cálculo da retenção é provisória, estando sujeita a ajuste ao final do ano-calendário, quando se apurará o imposto efetivamente devido, restituindo-se ao contribuinte, se for o caso, o valor por ele pago em excesso. Assim como no ICMS, nessa situação estão presentes os requisitos da necessidade, adequação e proporcionalidade necessários à cobrança antecipada, que, em tais casos, é admitida sem maiores questionamentos.

Em segundo lugar, sendo o comerciante, por definição, pessoa que realiza com habitualidade e em caráter profissional atos de comércio, poder-se--ia presumir que a mercadoria por ele adquirida será destinada a revenda a outro comerciante ou a consumidor final, conforme seja ele atacadista ou varejista. Portanto, seria adequado presumir que a venda realizada pelo fabricante ao comerciante conduzirá à realização futura do fato gerador do ICMS.

O requisito da **proporcionalidade**, por sua vez, se verificaria pela determinação da base de cálculo do fato gerador futuro com base em margens de lucro ou preços geralmente praticados no mercado, evitando-se, assim, distorções entre o valor cobrado antecipadamente e o devido quando da ocorrência do fato gerador presumido.

Além disso, no caso de o valor antecipado ser superior ao efetivamente devido, a proporcionalidade estaria garantida pela existência de previsão de devolução do excesso ao contribuinte.

Ocorre que, como visto, o Convênio ICMS nº 13/97 determinou, em sua Cláusula Segunda que, no regime de substituição tributária, não cabe restituição ou complemento de imposto quando a operação é realizada por valor diferente do presumido.

A adoção de base de cálculo conforme prevista nesse Convênio equivale à criação de pauta fiscal, na medida em que importa na tributação com abstração dos valores reais das operações praticadas. E essa forma de tributação foi repelida pelo STF sob o fundamento de que a base de cálculo do tributo deve corresponder ao respectivo fato gerador[16].

O Superior Tribunal de Justiça adotava essa mesma linha jurisprudencial[17], sob o fundamento de que o arbitramento do valor da operação

---

[16] 1ª Turma, RE nº 79.954/SP, Relator Ministro Aliomar Baleeiro, Sessão de 18.02.1975, DJ em 14.03.75, e 2ª Turma, RE nº 88.307/SC, Relator Ministro Cordeiro Guerra, Sessão de 15.12.1978, DJ em 23.02.1979.

[17] "Tributário. ICMS. Base de cálculo. Sua fixação através de pautas de preços ou valores. Inadmissibilidade. Em face do nosso direito (Decreto-lei 406-68, art. 2, I), é inadmissível a fixação da base de cálculo do ICMS com apoio em pautas de preços ou valores (pautas fiscais), porquanto aquela (base de cálculo do tributo) é o valor da operação de que decorrer a saída da mercadoria. A pauta de valores só se admite nos casos previstos no art. 148 do CTN, em que, mediante processo regular, seja arbitrada a base de cálculo, quando inidôneos os documentos e declarações prestadas pelo contribuinte. O direito tributário repugna a adoção de base de cálculo que esteja dissociada do efetivo valor econômico do fenômeno tributário. Embargos

CURSO DE DIREITO TRIBUTÁRIO BRASILEIRO

somente se legitimaria quando, em processo regular, não ficasse demonstrado o seu valor real, consoante determina o art. 148 do CTN[18].

Diante dos precedentes acima, em 01.07.1998, a Confederação Nacional do Comércio (CNC) propôs a ADI nº 1.851/AL para questionar especificamente a mencionada proibição de restituição prevista na Cláusula Segunda do Convênio ICMS nº 13/97 e reproduzida no Decreto do Governador do Estado de Alagoas nº 37.406, de 16.01.1998.

Embora tenha sido inicialmente deferido o pedido cautelar formulado pelo CNC, o STF, ao julgar o mérito da referida ADI, alterou o entendimento anteriormente firmado e, por maioria, com três votos vencidos, declarou a constitucionalidade da Cláusula Segunda do Convênio ICMS nº 13/97[19].

Não obstante o posicionamento acima, em dezembro de 2002 (poucos meses depois do julgamento da ADI nº 1.851/AL), o STF reiniciou a análise da matéria nos autos das ADIs nº 2.675/PE e 2.777/SP. Em 2010, antes que fosse proferida decisão final nos referidos casos, foi reconhecida a repercussão geral da matéria no RE Nº 593.849 (sendo sobrestados os julgamentos das duas ADIs), que ainda não foi julgado.

Parece-nos que a alternativa mais correta é, de fato, a revisão do entendimento firmado na ADI nº 1.851/AL. Entre os diversos argumentos que

---

de divergência recebidos." (STJ, 1ª Seção, EREsp nº 33.808/SP, Relator Ministro Demócrito Reinaldo, Sessão de 10.09.1997, DJ em 20.10.1997)

[18] "Art. 148. Quando o cálculo do tributo tenha por base, ou tem em consideração, o valor ou o preço de bens, direitos, serviços ou atos jurídicos, a autoridade lançadora, mediante processo regular, arbitrará aquele valor ou preço, sempre que sejam omissos ou não mereçam fé as declarações ou os esclarecimentos prestados, ou os documentos expedidos pelo sujeito passivo ou pelo terceiro legalmente obrigado, ressalvada, em caso de contestação, avaliação contraditória, administrativa ou judicial."

[19] "Ação direta de inconstitucionalidade. ICMS. Regime de substituição tributária. Cláusula segunda do convênio ICMS 13-97, de 21.03.97, e parágrafos 6 e 7 do art. 498 do decreto 35245-91, com a redação do art. 1 do decreto 37406-98, do estado de Alagoas. Pretendida afronta ao parágrafo 7 do artigo 150 da Constituição. Regulamento estadual que estaria, ainda, em choque com os princípios do direito de petição e do livre acesso ao Judiciário. Plausibilidade da alegação de ofensa, pelo primeiro dispositivo impugnado, à norma do parágrafo 7 do art. 150 da Constituição Federal, o mesmo efeito não se verificando relativamente aos dispositivos do regulamento alagoano, que se limitaram a instituir benefício fiscal condicionado, que o STF não pode transformar em incondicionado, como pretendido pelo autor, sob pena de agir indevidamente como legislador positivo. Cautelar deferida apenas em parte." (STF, Tribunal Pleno, ADI nº 1.851/AL, Relator Ministro Ilmar Galvão, Sessão de 08.05.2002, DJ em 22.11.2002)

podem fundamentar a alegação de inconstitucionalidade da vedação à restituição do ICMS (na hipótese de realização da operação por valor menor do que o presumido), parece-nos que o argumento mais forte é o que tem amparo no próprio § 7º do art. 150 da CF/88.

Como visto, o referido dispositivo constitucional assegura a restituição nas hipóteses em que "não se realize o fato gerador presumido".

Ora, o fato gerador compõe-se de quatro elementos: objetivo ou material, subjetivo ou pessoal, temporal e quantitativo ou valorativo.

A ausência de qualquer desses elementos impede a ocorrência do fato gerador e, consequentemente, a cobrança do tributo. Nesse sentido, vale citar a lição de José Eduardo Soares de Mello:

> "Dessa forma, a fiscalização somente poderá lançar o tributo, e os contribuintes responsáveis só estarão compelidos a efetuar o seu respectivo recolhimento, se a legislação [...] contiver a descrição clara das pessoas do credor e devedor (aspecto pessoal), a matéria sobre a qual poderá incidir o tributo (fato, estado, negócio, serviço público etc.), os valores pertinentes a tal materialidade (base de cálculo), e o percentual a ser aplicado sobre a referida base (exceto as peculiares situações de tributos fixos), bem como o momento e o local em que se poderá reputar acontecido o referido fato."[20]

Nesse passo, se a operação se realiza por valor menor do que o presumido pela legislação, é evidente que o "fato gerador presumido" não ocorre. Ocorre, sim, outro fato gerador, diferente por se referir a elemento valorativo diverso.

Assim, se o elemento valorativo do fato gerador presumido é diverso do elemento valorativo do fato gerador efetivamente ocorrido, parece-nos mandatória a conclusão de que o fato gerador presumido não se concretizou, tendo o contribuinte, consequentemente, direito à restituição do imposto pago a maior.

7. Questões relativas a conflitos de competência

Há, em regra, duas espécies de conflitos de competência que podem surgir em relação ao ICMS.

Primeiramente, há a possibilidade de conflito com o Imposto sobre Serviços (ISS), de competência municipal. De fato, há diversas atividades

---

[20] Curso de Direito Tributário. José Eduardo Soares de Melo. Página 191. 5ª ed.

CURSO DE DIREITO TRIBUTÁRIO BRASILEIRO

que, por envolverem cumulativamente fornecimentos de bens e prestações de serviços, poderiam, ao menos em tese, gerar dúvida sobre qual tributo deveria ser aplicado.

A própria Constituição já trata dessa questão, ao determinar que o fornecimento de mercadorias com serviços não inseridos na competência do ISS ficam sujeitos exclusivamente à incidência do ICMS (Art. 155, §2º, inciso IX, alínea "b", CF/88).

Por outro lado, cumprindo a função de dirimir conflitos de competência definida pelo art. 146, inciso I, da CF/88, a LC nº 116/03 e a LC nº 87/96 estabeleceram, em resumo, que, **ressalvadas as exceções expressas**, os serviços incluídos na lista de atividades tributáveis pelo ISS não ficariam sujeitos ao ICMS, ainda que a sua prestação envolvesse fornecimento de mercadorias.

Esclarecemos que, de acordo com o entendimento prevalecente no STF, a norma acima deve ser interpretada com a observância da "teoria da preponderância"[21], segundo a qual o tributo a ser cobrado na operação será definido, ainda que apenas em parte, de acordo com o principal interesse do cliente ao contratar a atividade (obter uma obrigação de dar ou de fazer). Alertamos que, no âmbito do STJ, embora as decisões mais antigas

---

[21] "Agravo regimental no recurso extraordinário. Serviço de composição gráfica com fornecimento de mercadoria. Conflito de incidências entre o ICMS e o ISSQN. Serviços de composição gráfica e customização de embalagens meramente acessórias à mercadoria. Obrigação de dar manifestamente preponderante sobre a obrigação de fazer, o que leva à conclusão de que o ICMS deve incidir na espécie. 1. Em precedente da Corte consubstanciado na ADI nº 4.389/DF-MC, restou definida a incidência de ICMS "sobre operações de industrialização por encomenda de embalagens, destinadas à integração ou utilização direta em processo subsequente de industrialização ou de circulação de mercadoria". 2. A verificação da incidência nas hipóteses de industrialização por encomenda deve obedecer dois critérios básicos: (i)verificar se a venda opera-se a quem promoverá nova circulação do bem e (ii) **caso o adquirente seja consumidor final, avaliar a preponderância entre o dar e o fazer mediante a averiguação de elementos de industrialização.** 4. À luz dos critérios propostos, só haverá incidência do ISS nas situações em que a resposta ao primeiro item for negativa e se no segundo item o fazer preponderar sobre o dar. 5. **A hipótese dos autos não revela a preponderância da obrigação de fazer em detrimento da obrigação de dar.** Pelo contrário. A fabricação de embalagens é a atividade econômica específica explorada pela agravante. Prepondera o fornecimento dos bens em face da composição gráfica, que afigura-se meramente acessória. Não há como conceber a prevalência da customização sobre a entrega do próprio bem. 6. Agravo regimental não provido." (STF, 1ª Turma, AgRg no AI nº 803.296/SP, Relator Ministro Dias Toffoli, Sessão de 09.04.2013, DJe em 06.06.2013)

prestigiassem a teoria da preponderância tratada acima[22], os precedentes mais recentes vem afastando a aplicação desse critério[23].

O segundo grupo de conflitos surge entre os próprios Estados.

É o caso, por exemplo, da disputa pelo ICMS incidente na importação de bens. Sobre o tema, o art. 155, § 2º, IX, "a", da CF/88, com a redação

[22] "TRIBUTÁRIO. PREPONDERÂNCIA DA ATIVIDADE COMERCIAL SOBRE A ATIVIDADE DE PRESTAÇÃO DE SERVIÇO. INCIDÊNCIA DO ICMS. PRECEDENTES. 1. Empresa que tem como atividade principal o exercício de comércio, representação, importação e exportação de materiais de construção, móveis e objetos de decoração, inclusive artesanatos, e secundária a prestação de serviços de construção civil. 2. Transação da empresa que envolveu a venda de piso de madeira a um cliente e contratou os serviços de sua aplicação. Emitiu duas faturas separadas, fazendo constar na primeira a venda da mercadoria e na segunda o preço do serviço. É, portanto, preponderante a atividade comercial da recorrida. 3. Ocorrência das chamadas operações mistas, aquelas que englobam tanto o fornecimento de mercadorias como a prestação de serviços. 4. Em uma atividade mista, em que ocorre tanto o fornecimento de mercadorias como a prestação de serviços, incidirá o ICMS ou o ISS conforme prepondere o fornecimento da mercadoria (ICMS) ou a prestação de serviço (ISS). 5. Incidência do ICMS sobre o valor total da circulação da mercadoria a título de compra e venda, por ser essa a atividade preponderante da empresa. 6. Precedentes desta Corte Superior. 7. Recurso provido." (STJ, 1ª Turma, REsp nº 139.921/PR, Relator Ministro Francisco Falcão, Sessão de 15.08.2000, DJ em 02.10.2000)

[23] "TRIBUTÁRIO. ISS. FARMÁCIAS DE MANIPULAÇÃO. PREPONDERÂNCIA DO SERVIÇO OU DA MERCADORIA. IRRELEVÂNCIA. LISTA DE SERVIÇOS. INCIDÊNCIA EXCLUSIVA DO TRIBUTO MUNICIPAL. 1. Hipótese em que o Tribunal de origem entendeu incidir exclusivamente o ICMS sobre o preparo, a manipulação e o fornecimento de medicamentos por farmácias de manipulação, pois haveria preponderância da mercadoria em relação ao serviço. 2. O critério da preponderância do serviço ou da mercadoria, adotado pela redação original do CTN de 1966 (art. 71, parágrafo único), foi logo abandonado pelo legislador. A CF/1967 (art. 25, II) previu a definição dos serviços pela legislação federal. O DL 406/1968 revogou o art. 71 do CTN e inaugurou a sistemática da listagem taxativa, adotada até a atualidade (LC 116/2003). 3. A partir do DL 406/1968 (art. 8º, § 1º), os serviços listados submetem-se exclusivamente ao ISS, ainda que envolvam o fornecimento de mercadorias. A regra é a mesma na vigência da LC 116/2003 (art. 1º, § 2º). A preponderância do serviço ou da mercadoria no preço final é irrelevante. 4. O Superior Tribunal de Justiça prestigia esse entendimento em hipóteses análogas (serviços gráficos, de construção civil, hospitalares etc.), conforme as Súmulas 156, 167 e 274/STJ. 5. Os serviços prestados por farmácias de manipulação, que preparam e fornecem medicamentos sob encomenda, submetem-se à exclusiva incidência do ISS (item 4.07 da lista anexa à LC 116/2003). Precedente da Primeira Turma. 6. Recurso Especial provido." (STJ, 2ª Turma, REsp nº 975.105/RS, Relator Ministro Herman Benjamin, Sessão de 16.10.2008, DJe em 09.03.2009)

dada pela EC nº 33, de 11.12.2001, estabelece que o ICMS incidirá "sobre a entrada de bem ou mercadoria importados do exterior por pessoa física ou jurídica, ainda que não seja contribuinte habitual do imposto, qualquer que seja a sua finalidade, assim como sobre o serviço prestado no exterior, **cabendo o imposto ao Estado onde estiver situado o domicílio ou o estabelecimento do destinatário da mercadoria, bem ou serviço**".

Durante muitos anos, houve disputa entre os estados quanto ao exato alcance da expressão acima, em particular, se o termo "destinatário" deveria ser entendido como a pessoa que fisicamente recebe o bem importado ou, alternativamente, como aquele que realizou o negócio jurídico que fundamentou a importação.

Essa discussão perdurou até 30.06.2004, data em que o STF estabeleceu que o ICMS devido na importação de bens dever ser recolhido ao Estado em que estivesse localizado o **destinatário jurídico** do bem (sendo irrelevante, portanto, a sua destinação física)[24].

Cabe esclarecer que, em caso julgado pouco tempo depois[25], o Egrégio Tribunal deixou claro que, para a identificação do "destinatário jurídico", não é suficiente a análise formal dos documentos de importação. De fato, nos termos da referida decisão, é necessário verificar quem efetivamente realizou o negócio jurídico que fundamentou a importação, de forma a evitar que estruturas meramente formais possam ser utilizadas para alterar o Estado competente para o recolhimento do ICMS.

Em relação a esse ponto, informamos que a jurisprudência ainda não definiu os exatos requisitos para a configuração do referido destinatário

---

[24] "RECURSO EXTRAORDINÁRIO. TRIBUTÁRIO. IMPOSTO SOBRE CIRCULAÇÃO DE MERCADORIAS E SERVIÇOS. ICMS. IMPORTAÇÃO. SUJEITO ATIVO. ALÍNEA "A" DO INCISO IX DO § 2O DO ART. 155 DA MAGNA CARTA. ESTABELECIMENTO JURÍDICO DO IMPORTADOR. O sujeito ativo da relação jurídico-tributária do ICMS é o Estado onde estiver situado o domicílio ou o estabelecimento do destinatário jurídico da mercadoria (alínea "a" do inciso IX do § 2o do art. 155 da Carta de Outubro) pouco importando se o desembaraço aduaneiro ocorreu por meio de ente federativo diverso. Recurso extraordinário desprovido." (STF, 1ª Turma, RE nº 299.079/RJ, Relator Ministro Carlos Britto, Sessão de 30.06.2004, DJ em 16.06.2006)

[25] "ICMS – MERCADORIA IMPORTADA – INTERMEDIAÇÃO – TITULARIDADE DO TRIBUTO. O Imposto sobre Circulação de Mercadorias e Serviços cabe ao Estado em que localizado o porto de desembarque e o destinatário da mercadoria, não prevalecendo a forma sobre o conteúdo, no que procedida a importação por terceiro consignatário situado em outro Estado e beneficiário de sistema tributário mais favorável" (STF, 1ª Turma, RE nº 268.586, Relator Ministro Marco Aurélio, Sessão de 24.05.2005, DJ em 18.11.2005)

jurídico, o que, em certos casos, continua gerando dúvida sobre a aplicação da norma constitucional (por exemplo, no caso em que o contrato que fundamentou a importação foi celebrado por um dos estabelecimentos da empresa enquanto a utilização econômica do bem se deu por outro, localizado em estado diverso).

Outro exemplo de conflito de competência entre os Estados se refere à tentativa de cobrança do ICMS sobre o transporte aéreo de passageiros. Ao analisar o caso, o STF declarou que seria inconstitucional a referida cobrança, entre outros motivos, porque faltava lei complementar que dispusesse sobre eventuais conflitos de competência[26].

8. Notas finais (jurisprudência e bibliografia)

(A) De Jurisprudência
STF, 1ª Turma, RE nº 94.177/SP, Relator Ministro Firmino Paz, Sessão de 07.08.1981, DJ em 28.08.1981.

STF, Tribunal Pleno, ERE nº 92.766/RJ, Sessão de 16.09.1992, RTJ 100/1248.

STF, Tribunal Pleno, RE nº 166.772, Relator Ministro Marco Aurélio, Sessão de 12.05.1994, DJe em 16.12.1994.

STF, 1ª Turma, RE nº 213.396/SP, Relator ministro Ilmar Galvão, Sessão de 02.08.1999, DJ em 01.12.2000.

STF, 1ª Turma, AgRg no AI nº 693.714, Relator Ministro Ricardo Lewandowski, Sessão de 30.06.2009, DJe em 20.08.2009.

STF, Tribunal Pleno, RE nº 540.829, Relator Ministro Gilmar Mendes, Sessão de 26.08.2010, DJ 14.10.2010.

STF, Tribunal Pleno, ADI nº 3.794/PR, Relator Ministro Joaquim Barbosa, Sessão de 01.06.2011, DJe em 29.07.2011.

---

[26] CONSTITUCIONAL. TRIBUTÁRIO. LEI COMPLEMENTAR 87/96. (...) OMISSÃO QUANTO A ELEMENTOS NECESSÁRIOS À INSTITUIÇÃO DO ICMS SOBRE NAVEGAÇÃO AÉREA. OPERAÇÕES DE TRÁFEGO AÉREO INTERNACIONAL. TRANSPORTE AÉREO INTERNACIONAL DE CARGAS. (...) AUSÊNCIA DE NORMAS DE SOLUÇÃO DE CONFLITOS DE COMPETÊNCIA ENTRE AS UNIDADES FEDERADAS. ÂMBITO DE APLICAÇÃO DO ART. 151, CF É O DAS RELAÇÕES DAS ENTIDADES FEDERADAS ENTRE SI. NÃO TEM POR OBJETO A UNIÃO QUANDO ESTA SE APRESENTA NA ORDEM EXTERNA. NÃO INCIDÊNCIA SOBRE A PRESTAÇÃO DE SERVIÇOS DE TRANSPORTE AÉREO, DE PASSAGEIROS – INTERMUNICIPAL, INTERESTADUAL E INTERNACIONAL." (STF, Tribunal Pleno, ADI nº 1.600, Relator para acórdão Ministro Nelson Jobim, Sessão de 26.11.2001, DJ em 20.06.2003)

STF, Tribunal Pleno, RE nº 606.314, Relator Ministro Joaquim Barbosa, Sessão de 17.11.2011, DJe em 09.02.2012.

STF, MS nº 21.863, Relatora Ministra Cármen Lúcia, Sessão de 29.05.2012, DJe em 01.06.2012.

STF, 2ª Turma, AgRg no RE nº 466.526, Relatora Ministra Cármen Lúcia, Sessão de 18.09.2012, DJe em 03.10.2012.

STF, Tribunal Pleno, RE nº 662.976, Relator Ministro Luiz Fux, Sessão de 22.11.2012, DJe em 30.11.2012.

STF, 2ª Turma, RE nº 634.457, Relator Ministro Ricardo Lewandowski, Sessão de 05.08.2014, DJ em 14.08.2014.

STF, 1ª Turma, AgRg no AI nº 542.093, Relator Ministro Roberto Barroso, Sessão de 05.08.2014, DJe em 22.08.2014.

STJ, 1ª Turma, REsp nº 323.358/PR, Relator Ministro José Delgado, Sessão de 21.06.2001, DJ em 03.09.2001.

STJ, 2ª Turma, REsp nº 456.650/PR, Relatora Ministra Eliana Calmon, Sessão de 24.06.2003, DJ em 08.09.2003.

STJ, 1ª Turma, REsp nº 704.917/RS, Relator Ministro José Delgado, Sessão de 24.05.2005, DJ em 27.06.2005.

STJ, 1ª Seção, EREsp nº 456.650/PR, Relator para acórdão Ministro Franciulli Netto, Sessão de 11.05.2005, DJ em 20.03.2006.

STJ, 1ª Turma, REsp nº 849.273/RS, Relator Ministro Luiz Fux, Sessão de 04.03.2008, DJe em 07.05.2008.

STJ, 1ª Turma, RMS 21.202/RJ, Relatora Ministra Denise Arruda, Sessão de 18.11.2008, DJ em 18.12.2008.

STJ, 2ª Turma, RMS nº 28.227/GO, Relator Ministro Herman Benjamin, Sessão de 24.03.2009, DJ em 20.04.2009.

STJ, 1ª Turma, REsp nº 1.125.188/MT, Relator Ministro Benedito Gonçalves, Sessão de 18.05.2010, DJe em 28.05.2010.

STJ, 2ª Turma, REsp nº 1.145.540/SC, Relator Ministro Mauro Campbell Marques, Sessão de 19.10.2010, DJ em 28.10.2010.

STJ, 2ª Turma, RMS nº 32.453/MT, Relator Ministro Herman Benjamin, Sessão de 07.06.2011, DJe em 10.06.2011.

(B) De bibliografia

BRASIL. Constituição (1946). Constituição da República Federativa do Brasil, promulgada em 18.09.1946.

BRASIL. Constituição (1988). Constituição da República Federativa do Brasil, promulgada em 05.10.1988.

BRASIL, Emenda Constitucional nº 18, editada em 01.12.1965.

BRASIL, Emenda Constitucional nº 01, editada em 17.10.1969.

BRASIL, Emenda Constitucional nº 23, editada em 01.12.1983.

BRASIL, Emenda Constitucional nº 03, editada em 17.03.1993.

BRASIL, Código Tributário Nacional, aprovado pela Lei nº 5.172, editada em 25.10.1966.

BRASIL, Lei nº 9.472, editada em 16.07.1997.

BRASIL, Lei Complementar nº 24, editada em 07.01.1975.

BRASIL, Lei Complementar nº 44, editada em 07.12.1983.

BRASIL, Lei Complementar nº 87, editada em 13.09.1996.

BRASIL, Lei Complementar nº 102, editada em 11.07.2000.

BRASIL, Lei Complementar nº 116, editada em 31.07.2003.

BRASIL, Decreto-Lei nº 406, editado em 31.12.1968.

BRASIL, Convênio ICM nº 66, celebrado em 14.12.1988.

BRASIL, Convênio ICMS nº 13, editado em 21.03.1997.

BRASIL, Resolução do Senado Federal nº 22, editada em 19.05.1989.

BRASIL, Resolução do Senado Federal nº 13, editada em 25.04.2012.

BRASIL, Norma nº 004, aprovada pela Portaria (ANATEL) nº 148, editada 31.05.1995.

BRASIL, Projeto de Lei Complementar nº 382/14, apresentado em 08.04.2014 pelo Deputado Carlos Bezerra – PMDB/MT.

BARRETO, Aires F. Crédito de ICMS – Limites da Lei Complementar, In O ICMS, a LC 87/96 e Questões Jurídicas Atuais, coord. ROCHA, Valdir de Oliveira. São Paulo: Dialética, 1997.

BORGES, José Cassiano. Reis, Maria Lucia Americo dos. O ICMS ao alcance de todos. 4ª ed. Florianópolis: Bookes, 2014.

CARRAZZA, Roque Antônio. ICMS. 13ª ed. São Paulo: Malheiros, 2009.

FERRAZ JR., Tércio Sampaio. ICMS: Não-cumulatividade e suas exceções constitucionais. In Revista de Direito Tributário, nº 48. São Paulo: Revista dos Tribunais, 1989.

GASPAR, Walter. ICMS Comentado. 5ª ed. Rio de Janeiro: Lumen Juris, 1997.

GRECO, Marco Aurélio. Substituição tributária: ICMS, IPI, PIS, COFINS. São Paulo: IOB, 1996.

MACHADO, Hugo de Brito. Aspectos Fundamentais do ICMS. São Paulo: Dialética, 1997.

MARTINS, Ives Gandra. CARVALHO, Paulo de Barros. Guerra Fiscal – Reflexões sobre a Concessão de Benefícios no Âmbito do ICMS. São Paulo: Noeses, 2012.

MATOS, Aroldo Gomes de. ICMS: Comentário à LC 87/96. São Paulo: Dialética, 1997.

MELO, José Eduardo Soares de. LIPPO, Luiz Francisco. A Não-cumulatividade Tributária. São Paulo: Dialética, 1998.

MELO, José Eduardo Soares de. Curso de Direito Tributário. 5ª ed. São Paulo: Dialética, 2006.

MOREIRA, André Mendes. A Não Cumulatividade dos Tributos. 2ª ed. São Paulo: Noeses, 2012.

PAULSEN, Leandro. Direito Tributário – Constituição e Código Tributário à Luz da Doutrina e da Jurisprudência. 11ª ed. Porto Alegre: Livraria do Advogado, 2009.

TORRES, Ricardo Lobo. Curso de Direito Financeiro e Tributário. 16ª ed. Rio de Janeiro. Renovar. 2009.

ITCD

INGRID WALTER DE SOUSA
NICHOLAS WALTER DE SOUSA

1. Breve Histórico

Na vigência da Constituição da República Federativa de 1967, com redação conferida pela Emenda n. 1 de 1969, outrora em vigor, os Estados e o Distrito Federal podiam instituir imposto sobre transmissão de bens imóveis a qualquer título, contudo, tal tributo não abrangia os bens móveis, cuja transmissão fora da atividade empresarial não ensejava tributação.

Com o advento da Constituição da República Federativa do Brasil de 1988 (CRFB), atualmente em vigor, os Estados e o Distrito Federal foram dotados de competência para instituir imposto sobre transmissão *causa mortis* e doação (ITCMD) de quaisquer bens ou direitos (artigo 155, inciso I, da CRFB), de modo que o âmbito do tributo ficou ampliado quanto ao objeto da transmissão – quaisquer bens (móveis ou imóveis) ou direitos –, embora as transmissões a título oneroso tenham ficado excluídas da incidência do referido tributo.[1]

Nessa esteira, compete aos Estados e ao Distrito Federal a instituição de imposto sobre transmissão *causa mortis* sobre bens móveis, semoventes e imóveis, além de direitos a eles referentes, bem como sobre a doação de quaisquer bens e direitos.

---

[1] As transmissões a título oneroso de bens imóveis sofrem incidência do Importo sobre a Transmissão de Bens Imóveis (ITBI), de competência dos municípios, nos termos do Artigo 156, II da CFRB e Artigos 35 a 42 do Código Tributário Nacional (CTN). Em virtude da ausência de previsão constitucional, não há incidência sobre a transmissão onerosa de bens móveis.

No que tange aos bens imóveis e respectivos direitos, o imposto é de competência do Estado em que esteja situado o bem, ou do Distrito Federal, na hipótese em que o bem esteja localizado no referente ente federativo.

Quanto aos bens móveis, títulos e créditos, o imposto é de competência do local onde estiver sendo processado o inventário ou arrolamento, se decorrer de sucessão *causa mortis*, ao passo em que se for oriundo de doação, o tributo sobre bens móveis, títulos e créditos é de competência do local – Estado ou Distrito Federal – onde o doador tiver seu domicílio.

Relativamente à transferência de ações, o imposto de transmissão *causa mortis* é devido ao Estado em que estiver fixada a sede da companhia, conforme estabelece a Súmula número 435 do Supremo Tribunal Federal (STF).

Vale trazer à tona a controvérsia doutrinária existente sobre as permutas,[2] ressaltando-se que, para alguns juristas, estas seriam consideradas atos onerosos, sendo, portanto, de competência dos municípios a sua tributação, não incidindo, desta forma, o ITCMD. Tais juristas utilizam-se, ainda, por analogia, da jurisprudência assentada pelo STF, no sentido de que não há incidência de imposto sobre a renda nas desapropriações, estendendo tal raciocínio às permutas.[3]

Há de se destacar que o campo de incidência do ITCMD restringe-se a atos gratuitos, sendo certo que a CRFB repartiu o tributo entre os Estados e o Distrito Federal e acrescentou competências novas ao imposto, de modo que os artigos 35 a 42 do CTN devem ser analisados em combinação com o artigo 155, inciso I, e parágrafo primeiro, incisos I a IV, bem como com o artigo 156, inciso II, e parágrafo segundo, incisos I e II, da CRFB.

Assim, os Estados e o Distrito Federal foram dotados de poder para instituir o imposto sobre a transmissão *causa mortis* e doação, de quaisquer bens ou direitos, sendo certo que, no regime da CRFB, todos os bens, móveis ou imóveis, assim como os direitos inerentes aos mesmos, transmitidos pela sucessão *causa mortis* ou por doação, a título gratuito, sujeitam-se ao ITCMD.

---

[2] Nos termos da Instrução Normativa nº 107/88 da Receita Federal, permuta é toda e qualquer operação que tenha por objeto a troca de um ou mais unidades imobiliárias por outra ou outras unidades, ainda que ocorra, por parte de um dos contratantes, o pagamento de parcela complementar em dinheiro, o que é denominado de "torna".

[3] STF, Plenário, Representação n. 1.260/DF, rel. Min. Néri da Silveira, j. 13.08.1987, DJ 18.11.1988.

2. Legislação

O CTN, como lei complementar, foi editado em 1966, sob a égide do sistema constitucional anterior, portanto – e, por este motivo –, somente regula o imposto sobre a transmissão de bens *imóveis* e direitos a eles relativos, de competência estadual (artigo 35, *caput*, do CTN), de modo que a transmissão de bens *móveis* ou direitos depende de lei complementar, conforme exige o artigo 146 da CRFB, porque, embora o CTN tenha *status* de lei complementar, à época em que foi editado, não existia previsão constitucional de incidência do ITCMD em relação aos bens *móveis* e direitos a estes inerentes.

Além da exigência genérica de lei complementar, prevista no artigo 146 da CRFB, em relação a todos os impostos, a Carta Magna faz exigência específica de lei complementar para a instituição do ITCMD, nas seguintes hipóteses, previstas no artigo 155, parágrafo primeiro, inciso III, alíneas "a" e "b":

- se o doador tiver domicílio ou residência no exterior;
- se o *de cujos* possuía bens, era residente ou domiciliado ou teve o seu inventário processado no exterior.

Com efeito, a exigência de lei complementar nas hipóteses acima fundamenta-se na necessidade de solucionar o conflito de competência que poderá surgir com a possibilidade de cada Estado reivindicar o imposto para si nestas situações.

Ressalte-se que, nas hipóteses em que o constituinte exigir lei complementar, além das situações mencionadas no artigo 146 da CRFB, será com a finalidade de aumentar o elenco de hipóteses que considera somente regulável por este tipo de veículo, em razão da relevância da matéria.

Com base nos princípios federativo e republicano, o STF já assentou posição no sentido de que, na ausência de lei complementar, os Estados e o Distrito Federal podem editar as leis necessárias à instituição do imposto em seu território, utilizando-se da competência legislativa excepcional recebida do constituinte de 1988, na forma do artigo 24, parágrafo terceiro, da CRFB, e do artigo 34, parágrafo terceiro, do Ato das Disposições Constitucionais Transitórias (ADCT), salvo quando se tratar da exigência específica de lei complementar prevista nas alíneas "a" e "b", do inciso III, do parágrafo primeiro, do artigo 155 da CRFB.[4]

---

[4] STF, Primeira Turma, Recurso Especial n. 236.931-8/SP, rel. Min. Ilmar Galvão, j. 10.08.1999, DJ 29.10.1999.

Ademais, deve ser destacada a necessidade de existência de normas reguladoras do recolhimento do ITCMD, como é o caso, no Estado do Rio de Janeiro, da Portaria da SUAR[5] número 40, de 06 de setembro de 2007, que estabelece normas de preenchimento de formulários do Imposto em estudo, bem como a Resolução da SEFAZ[6] número 48, de 04 de julho de 2007, que institui a Guia de Controle deste Imposto, a ser emitida pela Internet, dispondo sobre normas de cálculo e outras providências.

Em síntese, verifica-se que o imposto de transmissão *causa mortis* ou por doação encontra-se regulado, especialmente, pelo artigo 155, inciso I, e parágrafo primeiro, incisos I a IV, da CRFB, assim como pela Resolução número 9, de 09 de maio de 1992, do Senado Federal,[7] pela legislação dos Estados e do Distrito Federal, e, finalmente, por lei complementar, em determinadas hipóteses, como exposto acima.

3. Fato Gerador

O ITCMD é da competência dos Estados e do Distrito Federal e incide (i) sobre as *transmissões causa mortis* aos herdeiros e legatários, relativas a bens móveis, semoventes e imóveis, além de direitos a eles referentes, bem como (ii) sobre as *doações* de quaisquer bens e direitos.

Na medida em que, no direito brasileiro, somente a transmissão transfere juridicamente a propriedade, o imposto não incide diante da renúncia pura e simples da herança ou legado, tampouco sobre promessa particular de compra e venda, que somente transfere o domínio depois de registrada.

Outrossim, deve ser destacado que a atuação do imposto em questão restringe-se aos atos gratuitos, não incidindo, portanto, sobre os atos onerosos. Com efeito, tanto a transmissão *causa mortis* quanto a doação são formas gratuitas de transferência de bens ou direitos, na medida em que não envolvem a prática de conduta ativa por parte do receptor.

A doação, conforme conceitua o artigo 538 do Código Civil,[8] é o contrato pelo qual uma pessoa, sem contrapartida, transfere de seu patrimônio bens ou vantagens para outra pessoa.

---

[5] Superintendência de Arrecadação do Estado do Rio de Janeiro.
[6] Secretaria de Estado de Fazenda do Rio de Janeiro.
[7] Que dispõe, dentre outros, sobre a alíquota máxima do ITCMD, conforme destacado nos itens abaixo.
[8] Lei nº 10.406, de 10 de janeiro de 2002.

A transmissão *causa mortis*, por seu turno, se configura com a transferência de bens do *de cujus* aos seus herdeiros e legatários, que são conceituados, respectivamente, pelos artigos 1.845 e 1.912 e seguintes, do Código Civil.

O fato gerador do ITCMD é definido por lei estadual, respeitado o âmbito definido na CFRB, e se configura com a transmissão gratuita da propriedade ou de quaisquer bens e direitos.

Com efeito, no que se refere à transmissão *causa mortis*, o fato gerador é a transmissão do domínio e da posse dos bens do *de cujos* pela abertura da sucessão aos herdeiros legítimos e testamentários, nos termos do artigo 1572, do Código Civil, ocorrendo, portanto, no momento do óbito, devendo, consequentemente, ser afastada a aplicação do artigo 106 do CTN.

Em decorrência da norma contida no parágrafo único do artigo 36 do CTN, a tendência é considerar-se o imposto em questão como tributo de caráter direto e pessoal sobre o herdeiro, e não como um imposto real sobre o monte ou espólio.

Cumpre distinguir, no que tange à incidência do ITCMD na hipótese de falecimento, o momento da ocorrência do fato gerador com o momento do efetivo cálculo do imposto devido. O fato gerador do imposto de transmissão *causa mortis* surge na data do falecimento do autor da herança, sendo a alíquota a ser aplicada ao ITCMD aquela vigente ao tempo da abertura da sucessão,[9] embora a apuração do valor dos bens e o efetivo cálculo do imposto devido sejam realizados em ocasião futura, com o processo de inventário ou de arrolamento dos bens deixados pelo falecido, conforme dispõem as Súmulas números 113 e 114 do STF, surgindo tantos fatos geradores quantos sejam os herdeiros ou legatários, nos termos do artigo 35, parágrafo único, do CTN.

Torna-se imperioso enfatizar que, na hipótese de transmissão *causa mortis*, embora o fato gerador fique configurado desde o momento em que se opera a morte do autor da herança, a transferência efetiva dos bens ou direitos somente ocorrerá com a aceitação da herança, denotando-se, ainda, que a obrigação tributária, existente desde a data do óbito, somente terá o seu cumprimento exigível após a *homologação* do cálculo por sentença judicial transitada em julgado.

A necessidade de processo de inventário ou arrolamento justifica-se para que seja realizada a verificação do que foi deixado e do que foi transmitido, bem como para quem ocorreu a transmissão da herança.

---

[9] Súmula 112 do STF.

O processamento de inventário por morte presumida também torna legítima a exigência do imposto, conforme fixado pela Súmula número 331 do STF.

A legalização dos bens integrantes da meação, decorrente da separação judicial, não está sujeita à tributação, salvo se houver transferência que ultrapasse a meação, hipótese em que incidirá o ITCMD, por estar configurada a doação.

4. Isenção

Inicialmente, merece ser apontado que a isenção constitui-se como uma forma de exclusão do crédito tributário, encontrando-se prevista no artigo 175, inciso I, do CTN, sendo necessariamente decorrente de lei que especifique as condições e requisitos exigidos para a sua concessão, os tributos a que se aplica e, sendo o caso, o prazo de sua duração (artigo 176 do CTN).

A isenção relativa ao imposto de transmissão *causa mortis* pode ser reconhecida ao ser realizada a homologação dos cálculos, ao término do processo de inventário, competindo ao juiz do inventário julgar o cálculo do imposto, apreciando questões de direito e de fato, permitindo-se que, no momento do julgamento do cálculo, reconheça e declare a isenção, desde que comprovada a hipossuficiência econômica do sujeito passivo, diante da impossibilidade de pagamento do imposto sem prejuízo de seu próprio sustento ou de sua família.[10] Todavia, há entendimento de que, em observância ao princípio da separação dos poderes, incumbiria ao Poder Executivo estadual, e não ao juiz, verificar a adequação do caso concreto às hipóteses de isenção do ITCMD, o que, no entanto, se vislumbra seria de difícil aplicabilidade.

A respeito do cabimento do reconhecimento da isenção pelo magistrado, encontra-se a decisão do E. Tribunal de Justiça do Estado do Rio de Janeiro, abaixo destacada:

> *"Agravo. Inventário. Declaração de isenção de imposto de transmissão causa mortis e por doação ITD. Preenchimento das condições legais. Comprovação de que os herdeiros fazem jus à isenção do imposto de transmissão causa mortis e por doação – ITD concedida. A lei estadual nº 1385/88, em seu artigo 1º, dispõe que "fica isento do pagamento do imposto de transmissão de bens imóveis e de direitos a eles relativos – ITBI – bem como de suas respectivas custas processuais, o adquirente ou herdeiro de bem imóvel, des-*

---

[10] Para estas hipóteses, aplica-se o conceito de necessidade econômica previsto na Lei nº 1.060/50.

tinado a sua própria moradia não sendo proprietário, cuja renda mensal não exceda à importância de cinco salários mínimos." O único imóvel inventariado serve de moradia familiar, além de se tratar de pequena área de terras, de pequeno valor comercial. Patente a miserabilidade jurídica dos herdeiros, que juntos não percebem mensalmente a quantia equivalente a cinco salários mínimos. Desprovimento do recurso." – Agravo de Instrumento n. 0023395-41.2008.8.19.0000 (numeração antiga 2008.002.28330) – *Des. Jorge Luiz Habib – julgamento: 25/11/2008 – Décima Oitava Câmara Cível do Tribunal de Justiça do Estado do Rio de Janeiro.*

O Órgão Especial do Tribunal de Justiça do Estado do Rio de Janeiro aprovou, em 03 de junho de 2013, a Súmula da Jurisprudência Predominante do Tribunal de Justiça do Estado do Rio de Janeiro nº 297, com a seguinte redação: *"O beneficiário da gratuidade de justiça não tem direito à isenção do imposto de transmissão causa mortis ou doação, sem que se preencham os demais requisitos da lei específica."* Entende-se, portanto, que os magistrados de tal Tribunal devem avaliar a possibilidade de aplicação da isenção do ITCMD caso a caso, não cabendo a eles (bem assim a nenhum outro) criar hipóteses de isenção, mas apenas declará-las.

Ademais, quando não concedida em caráter geral, a isenção pode, ainda, ser efetivada, em cada caso, por decisão da autoridade administrativa, em requerimento com o qual o interessado faça prova do preenchimento das condições e do cumprimento dos requisitos previstos em lei ou contrato para sua concessão (artigo 179 do CTN).

5. Tempus Regit Actum

Na hipótese de separação entre casais, uma vez homologada a separação consensual, tendo se diferindo a partilha em razão de eventual irregularidade da documentação e um dos cônjuges vier a falecer durante o processo, a partilha torna-se impositiva, transmudando-se a incidência tributária, de ITBI para ITCMD, ou seja, o crédito tributário se transfere, do Município para o Estado ou ao Distrito Federal, conforme o caso, em razão do princípio *tempus regit actum.*

6. Inventários por Arrolamento

De acordo com o disposto no artigo 1.034 do Código de Processo Civil,[11] nos inventários processados sob a forma de arrolamento, não podem ser

---

[11] Lei nº 5.869, de 11 de janeiro de 1973.

CURSO DE DIREITO TRIBUTÁRIO BRASILEIRO

reconhecidas ou apreciadas questões relativas ao lançamento, ao pagamento ou à aquisição de taxas judiciárias e de tributos incidentes sobre a transmissão da propriedade dos bens do espólio, remetendo-se a Fazenda na forma do parágrafo segundo do mesmo dispositivo legal, à via administrativa, para satisfação de eventuais créditos.

7. Sujeição Ativa e Passiva

A sujeição ativa refere-se à competência para a instituição do imposto sobre a transmissão *causa mortis* e a doação, e foi concedida aos Estados e ao Distrito Federal, que podem exigir o imposto, conforme estabelece o artigo 155, *caput*, inciso I, da CRFB.

Como sujeitos passivos do ITCMD apresentam-se duas figuras: contribuintes e responsáveis.

São contribuintes do imposto:

- herdeiro ou legatário, na transmissão *causa mortis*;
- fiduciário, no fideicomisso;
- donatário, na doação, salvo se o donatário não residir nem for domiciliado no Estado onde se situa o bem, hipótese em que o contribuinte será o doador;
- cessionário, na cessão de herança, de bem ou direito a título não oneroso.

Diante da impossibilidade de cumprimento da obrigação pelo contribuinte, os responsáveis respondem solidariamente com este nos atos em que intervierem ou pelas omissões em que estiverem implicados como obrigados.[12]

Especificadamente, o contribuinte, em se tratando de transmissão *causa mortis*, é o beneficiário do bem ou direito transmitido (herdeiro, legatário

---

[12] Lei do Estado do Rio de Janeiro nº 1.427, de 13 de fevereiro de 1989:

"Art. 6º – Nas transmissões **causa mortis** *ou por doação que se efetuarem sem o pagamento do imposto devido,* **são solidariamente responsáveis por esse pagamento o inventariante ou o doador, conforme o caso.**

Art. 7º – Na cessão de direitos relativos às transmissões referidas no art. 1º, quer por instrumento público, ou particular, ou por mandato em causa própria, e desde que realizada a título não oneroso, **a pessoa em favor de quem for outorgada a escritura definitiva ou pronunciada a sentença de adjudicação é responsável pelo pagamento do imposto** *devido sobre anteriores atos de cessão ou substabelecimento, com correção monetária e acréscimos moratórios."*

etc.), ao passo em que, nas doações, o contribuinte pode ser o doador ou o donatário, dependendo do que estabelecer a lei específica, podendo ser tributado o doador, na hipótese de inadimplência do donatário, por exemplo, ressaltando-se que há jurisprudência no sentido de que o imposto possui incidência, ainda, na hipótese de inventário por morte presumida (Súmula 331 do STF) ou de doação onerosa (Agravo de Instrumento número 201.683-1, TJSP).

8. Base de Cálculo, Alíquota e Pagamento
8.1. Base de Cálculo
A base de cálculo é fixada por lei da entidade federativa competente para instituir o imposto, não podendo, porém, superar o *valor de mercado* dos bens ou direitos transmitidos, sendo representada pelo *valor venal* atualizado dos bens ou direitos transmitidos, como dispõe o artigo 38 do CTN, em moeda nacional, considerando-se o valor de mercado na data da abertura da sucessão, realização do ato, ou celebração do contrato de doação.

Diante da falta desse valor, pode o interessado declará-lo, resguardada a possibilidade de revisão do lançamento pela autoridade competente. Embora a base de cálculo possa ser inferior ao valor de mercado do objeto da transmissão, não pode ser maior, sob pena de atingir riqueza diversa do bem ou direito transmitido.

O valor da base de cálculo é considerado, portanto, na data da abertura da sucessão, do contrato de doação ou da avaliação, devendo ser atualizado monetariamente segundo a variação dos índices oficiais, até a data do efetivo pagamento do imposto.

8.2. Alíquota
Alíquota pode ser compreendida como a quota ou fração, sob forma percentual, que se deve aplicar à base de cálculo para obtenção da quantia que poderá ser exigida pelo sujeito ativo da relação e, portanto, deve ser paga pelo contribuinte em virtude da ocorrência de um fato gerador. Resumidamente, o ITCMD é calculado da seguinte maneira:

alíquota X base de cálculo = ITCMD a ser pago

Cumpre destacar que existe entendimento assentado pelo STF no sentido de que compete ao Senado Federal a fixação da alíquota máxima para a cobrança do ITCMD, cabendo aos Estados e ao Distrito Federal a defi-

CURSO DE DIREITO TRIBUTÁRIO BRASILEIRO

nição da alíquota interna exigível, mediante lei específica, observados os limites impostos pelo Senado Federal.[13]

A alíquota é imprescindível à cobrança do tributo, devendo ser enfatizada a *função fiscal* do imposto sob análise, pois visa ao abastecimento dos cofres dos entes federativos competentes, sendo suas alíquotas fixadas por cada um dos Estados e pelo Distrito Federal, devendo apenas ser respeitada a alíquota máxima fixada pelo Senado Federal, atualmente de 8% (oito por cento), conforme a Resolução do Senado Federal número 9/92.

Na hipótese em que o doador for domiciliado no Estado do Rio de Janeiro, aplica-se a alíquota no percentual de 4% (quatro por cento).[14]

De fato, a alíquota do imposto não poderá exceder os limites fixados em resolução pelo Senado Federal, que também terá a função de distinguir, para efeito de aplicação de alíquota mais baixa, as transmissões que atendam à política nacional de habitação, conforme anunciado pelo artigo 155, parágrafo primeiro, inciso IV, da CRFB, e pelo artigo 39 do CTN.

Dispondo o artigo 155 da CRFB que cabe ao Senado Federal estabelecer as alíquotas máximas do imposto de transmissão *causa mortis*, diante da eventual existência de resolução reguladora da matéria, fica o legislador impossibilitado de fixar a alíquota do tributo, ainda que sob a invocação do artigo 34, parágrafo terceiro, do ADCT.

Antes da promulgação da Emenda Constitucional número 18/65, em 1º de dezembro de 1965, além de os valores das alíquotas serem elevados, o seu espectro de incidência era mais amplo, na medida em que eram aplicáveis aos bens móveis e aos direitos a eles relativos, recebidos por doação ou por transmissão *causa mortis*, propiciando a sonegação.

Com o advento da Emenda Constitucional número 18/65, houve a redução do valor das alíquotas e estas foram restritas a transmissão de bens imóveis.

As alíquotas máximas são fixadas pelo Senado Federal, por força do artigo 155, parágrafo primeiro, inciso IV, da CRFB, sendo certo que a incidência do tributo prescinde da preexistência da alíquota.

Além disso, o STF já fixou entendimento no sentido de que a lei estadual não pode atrelar genericamente a sua alíquota à alíquota máxima

---

[13] STF, RE 224.786 – AgR, relator Ministro Maurício Corrêa, DJ, 04 de fevereiro de 2000.
[14] Artigo 17 da Lei nº 1.427, de 13 de fevereiro de 1989.

fixada pelo Senado Federal e variações posteriores, pois estaria violando os princípios da legalidade e da anterioridade.[15]

Aplica-se a alíquota em vigor no momento da abertura da sucessão, nos termos do que estabelece a Súmula número 112 do STF, mas o cálculo deve ser realizado de acordo com o valor efetivo existente na data da avaliação, conforme previsto pela Súmula número 113 do STF, fundamentada nos artigos 1.003 a 1.013 do Código de Processo Civil, bem como no artigo 38 do CTN, sendo certo, contudo, que a jurisprudência do STF, firmada posteriormente a esta súmula, considera como possível a realização do cálculo no momento da transmissão dos bens, a fim de aplicar-se o fator de correção monetária sobre o montante devido pelo sujeito passivo.[16]

Desta forma, mostra-se mais razoável que a alíquota seja fixada na data da abertura da sucessão (Súmula número 112 do STF) e a base de cálculo **não** seja apurada em fase posterior, com a avaliação dos bens, ao contrário do que determina a Súmula número 113 do STF.

A Súmula número 590 do STF corrobora esse entendimento, ao ditar que o ITCMD é calculado sobre o saldo credor da promessa de compra e venda de imóvel no momento da abertura da sucessão do promitente vendedor.

8.2.1. Progressividade da Alíquota

A Resolução do Senado nº 9/92 estabelece, ainda, em seu parágrafo segundo, a aplicação da progressividade da alíquota em função do quinhão que cada herdeiro efetivamente receber. Tal progressividade não possui amparo na CRFB e há, portanto, divergência na jurisprudência e na doutrina acerca de sua constitucionalidade.

Ressalte-se que a referida progressividade é uma manifestação do princípio da capacidade contributiva, que visa à adequação do tributo à capacidade econômica de cada sujeito passivo, com fundamento do Parágrafo Primeiro do Artigo 145 da CRFB.[17]

---

[15] STF, Primeira Turma, Agravo Regimental no Recurso Extraordinário n. 218.086/PE, rel. Min. Sydney Sanches, j. 08.02.2000, DJ 17.03.2000.

[16] STJ, Primeira Turma, Recurso Especial n. 2.263/RJ, rel. Min. Armando Rolemberg, j. 07.05.1990, DJU 18.06.1990, p. 5.681.

[17] Art. 145, § 1º da CRFB: "Sempre que possível, os impostos terão caráter pessoal e serão graduados segundo a capacidade econômica do contribuinte, facultado à administração tributária, especialmente para conferir efetividade a esses objetivos, identificar, respeitados

CURSO DE DIREITO TRIBUTÁRIO BRASILEIRO

Segundo parte da jurisprudência e da doutrina, a progressividade prevista na citada Resolução do Senado seria inconstitucional com base na aplicação, por analogia, do raciocínio disposto na Súmula 656 do STF que, embora referente ao ITBI, e não ao ITCMD, estabelece ser inconstitucional a lei que atribui alíquotas progressivas para o ITBI com base no valor venal do imóvel.

Ademais, a corrente que defende a inconstitucionalidade da alíquota progressiva fundamenta-se, também, no antigo posicionamento do STF, segundo o qual o princípio da capacidade contributiva, previsto no artigo 145, parágrafo primeiro, da CRFB, somente seria aplicável aos impostos de natureza pessoal ou subjetivos, de modo que estes, sim, comportariam a progressividade de alíquotas, enquanto os tributos de natureza real, que incidem sobre o objeto, como o ITCMD, não comportariam a progressividade.

No entanto, há posição doutrinária e jurisprudencial no sentido de que seria possível e constitucional a fixação da alíquota com base na progressividade, representada de acordo, por exemplo, com o valor do bem e posição na vocação hereditária. Amparado neste entendimento, o Estado do Ceará, por exemplo, fixou alíquota progressiva em razão do valor da base de cálculo, dispondo em função desse valor, fixado em unidades fiscais, alíquota equivalente a 50% (cinquenta por cento), 75% (setenta e cinco por cento) e 100% (cem por cento) da alíquota máxima fixada pelo Senado Federal.[18]

Em 06 de fevereiro de 2013, ao julgar o Recurso Extraordinário interposto pelo Estado do Rio Grande do Sul contra acórdão que julgou inconstitucional o Artigo 18 da Lei Estadual nº 8.821/89, que também instituiu um sistema progressivo de alíquotas para o ITCMD no Rio Grande do Sul, o STF se manifestou a cerca da constitucionalidade da progressividade do ITCMD instituída pelo referido Estado.[19]

8.3. Pagamento

A regra geral é que o pagamento do ITCMD é devido na ocorrência de transmissão não onerosa de quaisquer bens e direitos, seja por *causa mortis* ou ato entre vivos.

---

os direitos individuais e nos termos da lei, os rendimentos e as atividades econômicas do contribuinte."

[18] Artigo 10 da Lei do Estado do Ceará nº 13.417, de 30 de dezembro de 2003.

[19] STF, Plenário, Recurso Extraordinário n. 562.045/RS, rel. Min. Ricardo Lewandowski, j. 06.02.2013, DJ 27.11.2013.

Importante notar que é inadmissível o recolhimento do tributo somente após o registro do formal de partilha, diante da existência de preceitos legais que vedam a homologação da partilha sem o prévio recolhimento do imposto, de modo que a alegação de má condição financeira não é causa suficiente para isenção, sendo certo que o débito fiscal é devido em razão da transferência do domínio, devendo ser aplicado o artigo 192 do CTN, que estipula que nenhuma sentença de julgamento de partilha ou adjudicação será proferida sem prova da quitação de todos os tributos relativos aos bens do espólio, ou às suas rendas.

> *"Tributário. Agravo de instrumento. Inventário. Impostos de transmissão causa mortis e doação (ITD). Não incidência. Verbetes sumulares nº 113 e nº 114 do c. Supremo tribunal federal. Multa no valor de 50%. Não incidência. Está consolidado no c. Supremo tribunal federal, porque não revogada a súmula, o entendimento de que o pagamento da exação só pode ser exigido após a homologação judicial dos cálculos. Artigo 18, i, c/c 20, i, da lei estadual nº 1.427/89. Incidência de multa de 50% sobre o valor do imposto, em caso de não pagamento após 180 dias da avaliação. Incompatibilidade com a súmula. Prevalecimento desta. A multa só incide após 180 dias da homologação judicial. Código de processo civil, artigo 557, caput. Recurso a que se nega seguimento." – Agravo de Instrumento nº 0016244-24.2008.8.19.0000 (numeração antiga 2008.002.06385), Jds. Des. Gilberto Guarino – julgamento: 16/09/2008 – Décima Quinta Câmara Cível do Tribunal de Justiça do Estado do Rio de Janeiro.*

Na hipótese de doação de bens imóveis, o fato gerador somente ocorre no momento da efetiva transcrição realizada no Registro de Imóveis, momento em que é devido o pagamento do ITCMD, sendo vedada a cobrança antes da celebração da escritura pública.

No que pertine aos bens móveis ou direitos, a transmissão é materializada – sendo devido o ITCMD – pela tradição, física ou escritural.

9. Notas Finais

Neste item, valem ser destacadas as seguintes Súmulas do Supremo Tribunal Federal, sobre a matéria:

- Súmula 112, STF: "O Imposto de Transmissão *Causa Mortis* é devido pela alíquota vigente ao tempo da abertura da sucessão".
- Súmula 113, STF: "O Imposto de Transmissão *Causa Mortis* é calculado sobre o valor dos bens na data da avaliação".

- Súmula 114, STF: "O Imposto de Transmissão *Causa Mortis* não é exigível antes da homologação do cálculo".
- Súmula 115, STF: "Sobre os honorários do advogado contratado pelo inventariante, com a homologação do juiz, não incide o Imposto de Transmissão *Causa Mortis*".
- Súmula 331, STF: "É legítima a incidência do Imposto de Transmissão *Causa Mortis* no inventário por morte presumida".
- Súmula 435, STF: "O Imposto de Transmissão *Causa Mortis* pela transferência de ações é devido ao Estado em que tem sede a companhia".
- Súmula 590, STF: "Calcula-se o Imposto de Transmissão *Causa Mortis* sobre o saldo credor da promessa de compra e venda de imóvel, no momento da abertura da sucessão do promitente vendedor".
- Súmula 656, STF: "É inconstitucional a lei que estabelece alíquotas progressivas para o imposto de transmissão "inter vivos" de bens imóveis – ITBI com base no valor venal do imóvel".

Imposto sobre a Propriedade de Veículos Automotores – IPVA

ALEXANDRE ALFREDO CORDEIRO DE FRANÇA

1. Competência

A permissão constitucional para a criação do Imposto sobre a Propriedade de Veículos Automotores – IPVA foi inserida originariamente em nosso ordenamento jurídico pelo artigo 2º da Emenda Constitucional nº 27, de 28 de novembro de 1985, que acrescentou o inciso III ao artigo 23 da Constituição Federal de 1967, com redação dada pela Emenda Constitucional nº 01/1969.

Assim, a Carta Constitucional passou a contemplar a competência para os Estados e o Distrito Federal instituírem o IPVA, nos seguintes termos:

> *Art. 23. Compete aos Estados e ao Distrito Federal instituir impostos sobre:*
> *III – propriedade de veículos automotores, vedada a cobrança de impostos ou taxas incidentes sobre a utilização de veículos.*

Dessa forma, a antiga Taxa Rodoviária Única, criada pelo Decreto-Lei nº 999/1969, que era devida anualmente pelos proprietários de veículos automotores em todo o território nacional, foi substituída pelo atual IPVA, na medida em que cada ente da federação, utilizando esse permissivo constitucional, passou a legislar sobre esse tributo no âmbito de sua competência.

Cabe destacar que a Taxa Rodoviária Única possuía receita vinculada e destinada ao Departamento Nacional de Estradas de Rodagem, enquanto que o IPVA, por ser imposto, não possui vinculação de receitas, o que, como alguns defendem, justificaria a substituição da taxa pelo citado imposto.

Com a promulgação da Constituição Federal de 1988, manteve-se a competência dos Estados e do Distrito Federal para legislar sobre o IPVA, na forma do atual artigo 155, inciso III, suprimindo-se tão somente a vedação de cobrança conjunta de impostos e taxas:

> *Art. 155. Compete aos Estados e ao Distrito Federal instituir impostos sobre:*
> *III – propriedade de veículos automotores.*

Nesse aspecto, em razão do artigo 146, inciso III, da Constituição Federal de 1988 determinar que a caberá a Lei Complementar definir os tributos e seus elementos, surgiram diversos questionamentos na doutrina e no judiciário, tendo em vista que o IPVA foi instituído sob a égide da Carta pretérita, através de legislação ordinária local editada por cada ente da federação.

E como o Código Tributário Nacional, que possui status de Lei Complementar reconhecido pelo Supremo Tribunal Federal, foi editado em 1966, ou seja, muito anterior a criação do IPVA pela Emenda Constitucional nº 27/1985, também nada dispõe acerca dos elementos da relação obrigacional tributária do IPVA.

Indaga-se, então, como ficaria hoje a situação do IPVA, instituído pelos Estados através de lei ordinária, se a atual Constituição Federal exige que a Lei Complementar contemple todos os elementos da obrigação tributária, como base de cálculo, fato gerador e alíquota?

A resposta para essa indagação foi dada pelo Supremo Tribunal Federal, no azo do Recurso Extraordinário nº 236.931/SP, divulgado no Informativo STF nº 157, onde foi consignado entendimento que, na omissão da União em editar normas gerais, os Estados exercem a competência plena, não havendo vício de inconstitucionalidade:

IPVA e Competência Legislativa

Deixando a União de editar as normas gerais disciplinadoras do IPVA, os Estados exercem a competência legislativa plena (CF, art. 24, § 3º) e ficam autorizados a editarem as leis necessárias à aplicação do sistema tributário nacional previsto na CF (ADCT, art. 34, § 3º). Com esse entendimento, a Turma, por unanimidade, manteve acórdão do Tribunal de Justiça de São Paulo, que rejeitara a pretensão de contribuinte do Imposto sobre Propriedade de Veículos Automotores – IPVA de eximir-se do pagamento do tributo, sob a alegação de que o Estado de São Paulo não poderia instituí-lo, dado que não possui competência para suprir a ausência de lei complementar estabelecendo as normas gerais (CF, 146, III, a). Precedente citado: AG (AgRg) 167.777-DF (DJU 09.05.97).

RE 236.931-SP, rel. Min. Ilmar Galvão, 10.8.99.
Vide ainda: RE AgR 191.703/SP; AI AgR 279.645/MG.

Logo, em decorrência da conjugação do artigo 34, §3º do ADCT com o artigo 24, §3º, da CF/88, conclui-se que até que seja editada Lei Complementar pela União, caberá aos Estados e ao Distrito Federal exercer plenamente a competência para legislar sobre o IPVA. Vejam-se abaixo os dispositivos citados:

Art. 24. Compete à União, aos Estados e ao Distrito Federal legislar concorrentemente sobre:

§ 3º – Inexistindo lei federal sobre normas gerais, os Estados exercerão a competência legislativa plena, para atender a suas peculiaridades.

§ 4º – A superveniência de lei federal sobre normas gerais suspende a eficácia da lei estadual, no que lhe for contrário.

Art. 34. O sistema tributário nacional entrará em vigor a partir do primeiro dia do quinto mês seguinte ao da promulgação da Constituição, mantido, até então, o da Constituição de 1967, com a redação dada pela Emenda nº 1, de 1969, e pelas posteriores.

§ 3º – Promulgada a Constituição, a União, os Estados, o Distrito Federal e os Municípios poderão editar as leis necessárias à aplicação do sistema tributário nacional nela previsto.

§ 5º – Vigente o novo sistema tributário nacional, fica assegurada a aplicação da legislação anterior, no que não seja incompatível com ele e com a legislação referida nos §3º e § 4º.

Deve ser destacado, inclusive, que muitos doutrinadores defendem que a edição de Lei Complementar como norma geral para o IPVA, como é o caso da Lei Kandir do ICMS (Lei Complementar nº 87/1996), permitiria a resolução de muitos problemas hoje enfrentados pela ausência de regra matriz e pela diversidade de legislações estaduais existentes.

Já com relação à destinação da arrecadação do IPVA, na forma que dispõe o artigo 158, inciso III, da Constituição Federal de 1988, caberá ao respectivo Estado (ou Distrito Federal) onde o veículo automotor for licenciado o percentual de 50% do total arrecadado, sendo que os outros 50% são destinados ao respectivo Município, com repartição da receita pública.

No caso de atraso no repasse das receitas arrecadadas do Estado para o Município, o Superior Tribunal de Justiça têm diversos precedentes acolhendo a aplicação de correção monetária e juros de mora de 1% ao mês ou fração, na forma do artigo 10 da Lei Complementar nº 63/1990[1], em favor do Município prejudicado (Vide RESP nº 963.893/SP).

Cabe salientar também que a arrecadação do IPVA não é destinada e vinculada para nenhum fim específico. Como se trata de imposto, sua receita destina-se ao custeio geral da saúde, educação, habitação, segurança pública, saneamento básico etc.

Por fim, insta esclarecer que – até mesmo devido à supressão feita na redação original do artigo 23, inciso III da CF/1967 para o atual artigo 155, inciso III, da CF/88 – é perfeitamente cabível a instituição de outros tributos (v.g. pedágio – RE nº 181.475/RS) e afins pela utilização de veículos automotores em vias públicas e espaços privados (v.g. taxas do DETRAN, multas, seguro obrigatório, estacionamento rotativo).

Passa-se, então, para a análise dos elementos da obrigação tributária do IPVA, considerando a título exemplificativo a legislação do Estado do Rio de Janeiro, que instituiu esse tributo originalmente através da Lei Estadual nº 948, de 26, de dezembro de 1985, revogada pela atual Lei nº 2.877, de 22, de dezembro de 1997, com vigência a partir de 01.01.1998.

2. Fato gerador

O fato gerador do IPVA – evento definido na Constituição Federal como hipótese de incidência tributária – é a propriedade do veículo automotor.

A legislação do Estado do Rio de Janeiro, por sua vez, assim delimita o tema em seu artigo 1º:

> *Art. 1º O Imposto sobre a Propriedade de Veículos Automotores Terrestres, devido anualmente, tem como fato gerador a propriedade de veículo automotor terrestre por proprietário domiciliado ou residente no Estado do Rio de Janeiro.*
>
> *Parágrafo único – Considera-se ocorrido o fato gerador:*

---

[1] Art. 10. A falta de entrega, total ou parcial, aos Municípios, dos recursos que lhes pertencem na forma e nos prazos previstos nesta Lei Complementar, sujeita o Estado faltoso à intervenção, nos termos do disposto na alínea b do inciso V do art. 34 da Constituição Federal.
Parágrafo único. Independentemente da aplicação do disposto no caput deste artigo, o pagamento dos recursos pertencentes aos Municípios, fora dos prazos estabelecidos nesta Lei Complementar, ficará sujeito à atualização monetária de seu valor e a juros de mora de 1% (um por cento) por mês ou fração de atraso.

I – em 1º de janeiro de cada exercício ou quando o veículo for encontrado no território do Estado do Rio de Janeiro sem o comprovante do pagamento do imposto objeto desta Lei;

II – na data de sua primeira aquisição por consumidor final, no caso de veículo novo;

III – na data do desembaraço aduaneiro, em se tratando de veículo novo ou usado importado do exterior pelo consumidor final.

Nesse aspecto, pode-se entender a propriedade de veículo automotor terrestre de qualquer espécie como o nascimento da obrigação tributária do IPVA, que ocorre anualmente.

O momento do fato gerador do IPVA – com o surgimento da obrigação tributária – ocorre, como regra geral, no 1º dia de janeiro de cada exercício; No caso de veículo novo, na data de sua primeira aquisição; No caso de veículo importado, na data do desembaraço aduaneiro; E, no caso de veículo sem o comprovante de pagamento do IPVA, nessa data ou em 1º de janeiro, conforme a legislação estadual assim determinar.

Deve ser esclarecido, outrossim, que o momento da ocorrência do fato gerador do IPVA difere do momento do vencimento da obrigação tributária, que geralmente ocorre em datas pré-fixadas, organizadas de acordo com eventos (30 dias da aquisição, do desembaraço aduaneiro, da perda da isenção, da recuperação do veículo roubado etc.) ou ainda, no caso de veículos usados, costuma-se adotar datas relacionadas com o final das placas dos veículos.

Sendo assim, considerando-se que o fato gerador do IPVA é a propriedade, uma vez suprimida, seja pelo evento de roubo, furto ou destruição do veículo automotor, resta afastado o fundamento legal da obrigação tributária, de forma que alguns Estados passaram a contemplar recentemente em suas legislações o direito à restituição proporcional do imposto pago.

É o caso da Lei Estadual nº 6.570/2013, que introduziu o artigo 13-A na Lei Estadual nº 2.877/1997, passando a autorizar, a partir de 1º de Janeiro de 2014, a restituição proporcional do imposto nos casos de privação do direito de propriedade:

"Art. 13-A Na perda total por sinistro, roubo ou furto, apropriação indébita, estelionato, ou qualquer outro delito que resulte a privação do direito de propriedade, o imposto pago será restituído proporcionalmente, excluindo-se o mês da ocorrência, a critério do contribuinte, nos termos seguintes:

CURSO DE DIREITO TRIBUTÁRIO BRASILEIRO

I – mediante a compensação do crédito tributário no pagamento de novo IPVA, seja no mesmo exercício ou no seguinte, na aquisição de outro veículo pelo contribuinte; ou,

II – mediante a restituição do valor pago, no exercício seguinte à ocorrência do delito ou sinistro.

Parágrafo único. O contribuinte somente fará jus ao crédito tributário previsto no caput deste artigo se fizer o registro de ocorrência do sinistro perante à autoridade policial competente. (NR)"

Sobre o tema, segue a jurisprudência do Superior Tribunal de Justiça, firmada no RMS nº 27.326/MG:

TRIBUTÁRIO. IPVA. VEÍCULO APREENDIDO. PENA DE PERDIMENTO APLICADA EM 2006. TRIBUTO RELATIVO AO EXERCÍCIO DE 2007. INEXIGIBILIDADE.

1. Hipótese em que o impetrante argumenta ter sido apreendido seu veículo pela Receita Federal e aplicada a pena de perdimento em 2006, o que inviabiliza a cobrança do IPVA relativo ao exercício de 2007. O Tribunal de origem entendeu inexistir prova inequívoca do alegado.

2. A inicial foi instruída com cópia do Termo de Apreensão em que consta a aplicação da pena de perdimento no ano de 2006. A Receita Federal certificou que o documento representa a decisão final do Fisco.

3. É inviável a cobrança do IPVA relativo ao exercício de 2007 se há comprovação de que o veículo não pertencia ao impetrante nesse ano.

4. Recurso Ordinário provido.

(STJ – RMS nº 27.326/MG – Ministro HERMAN BENJAMIN – SEGUNDA TURMA – DJe 06/05/2009)

E, caso o veículo automotor seja porventura recuperado, surge novamente a propriedade e, consequentemente, a exigência tributária, sendo devido o IPVA em sua cota parte anual (duodécimos).

No que diz respeito ao conceito de veiculo automotor, a Lei Estadual do Rio de Janeiro – adequando-se ao recente posicionamento do Supremo Tribunal Federal – procedeu alteração no texto legal através da Lei Estadual nº 5.430/2009, revogando a incidência do IPVA sobre aeronaves e embarcações.

Isto porque, o Supremo Tribunal Federal, por seu plenário, manifestou entendimento favorável aos contribuintes no julgamento do Recurso Extraordinário nº 379.572, esclarecendo que o IPVA é sucedâneo da Taxa

Rodoviária Única e, por essa razão, somente inclui em seu campo de incidência veículos automotores terrestres.

Neste julgamento, os Ministros também consideraram outros fatores que corroboram a não incidência do IPVA sobre embarcações e aeronaves. São eles:

1) primeiramente, existem outras normas constitucionais que corroboram com este entendimento, como é o caso do art. 23, § 13, CF/88, que destina 50% da arrecadação do imposto ao Município onde estiver licenciado o veículo automotor, devendo este último ser interpretado como veículo terrestre, único que, em face da legislação em vigor, está sujeito a licenciamento no Município onde o proprietário tiver residência ou domicilio;

2) por outro lado, as embarcações estão sujeitas ao registro no Tribunal Marítimo ou Capitania dos Portos, e as aeronaves estão sujeitas ao Registro Aeronáutico Brasileiro, não havendo, portanto, vínculo algum com o Município em que reside o proprietário;

3) por fim, não há atribuição de competência, seja dos Estados, seja dos Municípios, para legislar sobre navegação marítima ou aérea, ou para disciplinar sobre tráfego aéreo ou marítimo.

Nesse sentido, veja-se a ementa do RE nº 379.572:

IPVA e Embarcações – 2

É inconstitucional a incidência do IPVA sobre embarcações. Com base nesse entendimento, o Tribunal, por maioria, proveu recurso extraordinário para declarar a não-recepção do inciso II do art. 5º da Lei 948/85, do Estado do Rio de Janeiro – v. Informativo 441. Adotou-se a orientação fixada pela Corte no julgamento do RE 134509/AM (DJU de 13.9.2002), no sentido de que o IPVA é sucedâneo da antiga Taxa Rodoviária Única – TRU, cujo campo de incidência não inclui embarcações e aeronaves. Vencidos os Ministros Joaquim Barbosa e Marco Aurélio que negavam provimento ao recurso por considerar que o IPVA incide também sobre embarcações.

RE 379572/RJ, rel. Min. Gilmar Mendes, 11.4.2007. (RE-379572)

Ainda nesse sentido:

IPVA: Incidência sobre Embarcações

Concluído o julgamento de recurso extraordinário em que se discutia a incidência do IPVA sobre a propriedade de embarcações (v. Informativos 22 e 103). O Tribunal, por maioria, manteve acórdão do Tribunal de Justiça do Estado do Amazonas que concedera mandado de segurança a fim de exonerar o impetrante do pagamento do IPVA sobre embarcações. Considerou-se que as embarcações a motor não estão compreendidas na competência dos Estados e do Distrito Federal para instituir impostos sobre a propriedade de veículos automotores, pois essa norma só autoriza a incidência do tributo sobre os veículos de circulação terrestre. Vencido o Min. Marco Aurélio, relator, que dava provimento ao recurso para cassar o acórdão recorrido ao fundamento de que a Constituição, ao prever o imposto sobre a propriedade de veículos automotores, não limita sua incidência aos veículos terrestres, abrangendo, inclusive, aqueles de natureza hídrica ou aérea.

RE 134.509-AM, rel. orig. Min. Marco Aurélio, red. p/ acórdão Min. Sepúlveda Pertence, 29.05.2002. (RE-134509)

IPVA: Incidência sobre Aeronaves

Com o mesmo entendimento acima mencionado, o Tribunal, por maioria, vencido o Min. Marco Aurélio, declarou a inconstitucionalidade do inciso III do artigo 6º da Lei 6.606/89, do Estado de São Paulo, que previa a incidência do IPVA sobre aeronaves.

RE 255.111-SP, rel. orig. Min. Marco Aurélio, red. p/ acórdão Min. Sepúlveda Pertence, 29.05.2002. (RE-255111)

Trata-se de jurisprudência firmada, que vem sendo aplicada atualmente pela Corte Constitucional:

PROCESSUAL CIVIL E TRIBUTÁRIO. IPVA. AERONAVES E EMBARCAÇÕES. NÃO INCIDÊNCIA. JURISPRUDÊNCIA DO SUPREMO TRIBUNAL FEDERAL. VÍCIO FORMAL. AUSÊNCIA DE INDICAÇÃO DA HIPÓTESE AUTORIZADORA DO RECURSO. SUPERAÇÃO DO VÍCIO, QUANDO DA LEITURA DAS RAZÕES FOR POSSÍVEL INFERI-LA. AGRAVO REGIMENTAL A QUE SE NEGA PROVIMENTO.

Relator: Min. Teori Zavascki, RE 525382 AgR/SP – SÃO PAULO, Órgão Julgador: Segunda Turma – Julgamento: 26/02/2013

Já com relação aos veículos automotores agrícolas (trator) e industriais (guindaste) tem-se adotado entendimento doutrinário que não se enquadram no conceito de veículo automotor, por faltar-lhes o atributo da locomoção de pessoas, em via terrestre. No caso, esses veículos foram idealizados para o trabalho, e em geral não se utilizam de ruas e estradas, sendo sua motorização mero facilitador da sua utilização, fugindo assim do alcance da incidência tributária, que se destina somente aos veículos automotores destinados a locomoção de pessoas, em vias terrestres.

Ocorre que, desde 2008, surgiram iniciativas do CONTRAN (Resoluções) que determinam o registro de tratores no RENAVAM. E, em recente edição, o Governo Federal alterou, através da Medida Provisória nº 646/2014, publicada em 27.05.2014, a redação do artigo 115 da Lei Federal nº 9.503/1997 (Código de Trânsito Brasileiro – CTB), passando a exigir o registro e licenciamento na repartição competente:

> *Art.1º A **Lei no 9.503, de 23 de setembro de 1997-Código de Trânsito Brasileiro**, passa a vigorar com as seguintes alterações:*
>
> *"Art.115*
>
> *§4º Os tratores e demais aparelhos automotores destinados a puxar ou a arrastar maquinário agrícola de qualquer natureza ou a executar trabalhos agrícolas e de construção ou de pavimentação são sujeitos, desde que transitem em vias públicas, ao registro e ao licenciamento na repartição competente.*
>
> *§8º Os tratores e demais aparelhos automotores destinados a puxar ou a arrastar maquinário agrícola de qualquer natureza ou a executar trabalhos agrícolas, licenciados na forma do § 4º, não estão sujeitos à renovação periódica do licenciamento." (NR)*
>
> *Art. 144*
>
> *Parágrafo único. O trator de roda e os equipamentos automotores destinados a executar trabalhos agrícolas poderão ser conduzidos em via pública também por condutor habilitado na categoria B." (NR)*
>
> *Art. 2º Não é obrigatório o registro e o licenciamento para o trânsito em via pública de tratores e demais aparelhos automotores destinados a executar trabalhos agrícolas, a puxar ou a arrastar maquinário agrícola de qualquer natureza fabricados antes de 1º de agosto de 2014.*

Em outras palavras, o Governo Federal, sob as escusas de normatizar a questão em âmbito nacional, acabou por instituir, a partir de 01/08/2014, a tributação do IPVA para tratores e demais veículos agrícolas, o que, segundo noticiam os jornais, alvoroçou a bancada ruralista, tendo em vista que o valor de custo de um trator pode chegar a R$ 1 milhão de reais, o que onerará ainda mais a produção nacional.

Já no campo da imunidade e da isenção, cabe salientar que – por ser o IPVA um tributo real, que incide sobre a propriedade de bem móvel (patrimônio) – é aplicável o artigo 150, inciso VI da Constituição Federal de 1988, bem como também o artigo 9º, inciso IV c/c artigo 14 do Código Tributário Nacional.

Logo, com base nesses dispositivos legais, podem-se considerar imunes da incidência do IPVA os veículos automotores da União, dos Estados, dos Municípios, dos Templos de qualquer culto, dos partidos políticos, dos sindicatos, das instituições de ensino e de assistência social sem fins lucrativos. Sobre o tema, confira-se:

PROCESSUAL CIVIL. TRIBUTÁRIO. AGRAVO REGIMENTAL. IPVA. SESC. ENTIDADE ASSISTENCIAL. IMUNIDADE TRIBUTÁRIA. PREVISÃO CONSTITUCIONAL (CF, ART. 150, VI, "C"). LEI Nº 2.613/55. DESVIRTUAMENTO DO USO. EXCEÇÃO À REGRA. ART. 333, INCISO II, DO CPC. ÔNUS DA PROVA.

1. O recorrente demonstra mero inconformismo em seu agravo regimental, que não se mostra capaz de alterar os fundamentos da decisão agravada.

2. Sendo o SESC – Serviço Social do Comércio entidade assistencial, de acordo com o art. 150, inciso VI, alínea "c", da Constituição Federal, decorre da própria sistemática legal (art. 13 da Lei nº 2.613/55) a conclusão da existência de presunção juris tantum (art. 334, IV, do CPC) quanto sua imunidade em relação ao IPVA.

3. Caberia ao Distrito Federal, nos termos do inciso II do art. 333 do CPC, apresentar prova impeditiva, modificativa e extintiva quanto à imunidade constitucional, por meio da comprovação de que os automóveis pertencentes ao SESC estão desvinculados da destinação institucional, o que não ocorreu no caso em comento, como se percebe do dirimido pelo acórdão a quo: "afere-se que efetivamente o embargado não produzira qualquer prova destinada a evidenciar que os automóveis que almejava eximir da incidência tributária estão destinados ao implemento das suas atividades assistencialistas. Contudo, usufruindo de imunidade tributária derivada da natureza jurídica que ostenta e de expressa previsão constitucional, compete à Fazenda elidir a presunção de que os bens que integram seu acervo patrimonial não estão destinados ao incremento das suas atividades essenciais de forma a eximi-los da imunidade que os acoberta como regra geral". (fl.222)

4. Agravo regimental não provido.

(STJ – AgRg no REsp 1.067.300/DF – Ministro MAURO CAMPBELL MARQUES – SEGUNDA TURMA – DJe 26/02/2010) (Vide também AgReg RESP nº 799.713/DF)

Além disso, a referida imunidade alcança também as empresas públicas prestadoras de serviço público, como é o caso da Empresa Brasileira de Correios de Telégrafos, como restou decidido pelo Supremo Tribunal Federal, na Ação Cível Originária nº 959/RN, julgada em 17.03.2008, por seu plenário:

> *EMENTA Tributário. Imunidade recíproca. Art. 150, VI, "a", da Constituição Federal. Extensão. Empresa pública prestadora de serviço público. Precedentes da Suprema Corte. 1. Já assentou a Suprema Corte que a norma do art. 150, VI, "a", da Constituição Federal alcança as empresas públicas prestadoras de serviço público, como é o caso da autora, que não se confunde com as empresas públicas que exercem atividade econômica em sentido estrito. Com isso, impõe-se o reconhecimento da imunidade tributária prevista no art. 150, VI, a da Constituição Federal. 2. Ação cível originária julgada procedente.*

Em sentido similar, o Supremo Tribunal Federal tem permitido a isenção do IPVA, em caráter extrafiscal pelos Estados, quando verificada a prevalência do interesse público em harmonizar normas locais. Por exemplo, é o caso da isenção do IPVA concedida para o motorista-contribuinte sem multas de trânsito, a isenção para taxista, a isenção para taxista arrendante de leasing, a isenção concedida para empresas que contratem profissionais de idade superior a 30 anos etc., sem isso significar violação a repartição das receitas e renúncia fiscal.

Vejam-se os julgados colacionados abaixo sobre o tema:

Isenção Parcial de IPVA e Multa de Trânsito

> *Indeferida medida liminar em ação direta ajuizada pelo Governador do Estado do Rio Grande do Sul contra a Lei 11.400/99, do mesmo Estado, que institui desconto no valor anual do Imposto sobre a Propriedade de Veículos Automotores – IPVA aos contribuintes que não tenham incorrido em infração de trânsito. O Tribunal, por maioria, entendeu não haver relevância na tese de inconstitucionalidade sustentada pelo autor da ação, tendo em vista que o Estado-membro pode implementar incentivo fiscal*

CURSO DE DIREITO TRIBUTÁRIO BRASILEIRO

de tributo de sua competência com a finalidade de estimular a observância das leis de trânsito. Vencido o Min. Nelson Jobim, que deferia a liminar.

ADInMC 2.301-RS, rel. Min. Marco Aurélio, 27.9.2000.(ADI-2301)

Isenção de IPVA e Leasing

Por ausência de plausibilidade jurídica da alegada ofensa ao art. 155, III, da CF – que prevê a incidência do IPVA sobre a propriedade de veículos automotores -, o Tribunal, por maioria, indeferiu o pedido de medida liminar em ação direta ajuizada pelo Governador do Estado do Rio Grande do Sul contra a Lei 11.461/2000, do referido Estado, que estende a isenção do IPVA concedida aos proprietários de táxi aos casos em que os taxistas adquirem veículos pelo sistema de leasing. Considerando razoável a finalidade social da norma impugnada, o Tribunal explicitou que a mesma visa a assegurar que o taxista, ao adquirir um novo veículo por leasing, possa gozar da isenção geral concedida aos taxistas proprietários de veículo, enquanto vigente o arrendamento, uma vez que o arrendador transfere ao arrendatário o ônus de tal imposto. Vencido o Min. Celso de Mello, relator, que deferia a suspensão cautelar da Lei atacada por entender que a condição de ser simples possuidor, e não proprietário do veículo, não configura aspecto passível de tributação nos termos do mencionado art. 155, III, da CF, e, conseqüentemente, não pode ser alcançada pela norma de isenção.

ADInMC 2.298-RS, rel. Min. Celso de Mello, 16.11.2000.(ADI-2298)

Contratação de Empregados e Incentivo Fiscal

Por ofensa ao art. 155, § 2º, XII, g, da CF – que exige, em se tratando de ICMS, a celebração de convênio entre os Estados para a concessão de isenções, incentivos e benefícios fiscais -, o Tribunal julgou procedente em parte o pedido formulado em ação direta ajuizada pelo Governador do Estado de São Paulo para declarar a inconstitucionalidade do item I, do § 2º, do art. 1º, da Lei estadual 9.085/95, que concedia incentivo fiscal de ICMS para pessoas jurídicas domiciliadas no referido Estado que possuíssem pelo menos 30% de seus empregados com idade superior a 40 anos. Quanto ao incentivo concedido pela Lei impugnada, nas mesmas condições, sobre o IPVA, em que se alegava ofensa ao princípio da isonomia, o Tribunal julgou improcedente o pedido, por considerar que a norma impugnada objetivou atenuar um quadro característico do mercado de trabalho brasileiro, compensando uma vantagem que os mais jovens possuem.

ADI 1.276-SP, rel. Ministra Ellen Gracie, 29.8.2002.(ADI-1276)

IMPOSTO SOBRE A PROPRIEDADE DE VEÍCULOS AUTOMOTORES - IPVA

Além disso, para os casos de isenção, que necessariamente devem ser tratados por lei, pode-se exemplificar que a legislação do Estado do Rio de Janeiro contempla inúmeras hipóteses, previstas no artigo 5º, ora reproduzido:

Art. 5º Estão isentos do pagamento do imposto:

I – os veículos automotores de propriedade das pessoas jurídicas de direito público externo, quando destinados ao uso de sua missão diplomática ou consulado;

II – os veículos automotores que ingressarem no país conduzidos por estrangeiros não residentes no Brasil, portadores de "certificados internacionais de circular e conduzir", pelo prazo estabelecido nesses documentos, mas nunca superior a 1 (um) ano, e desde que o país de origem conceda igual tratamento aos veículos daqui procedentes, conduzidos por residentes no Brasil;

III – tratores e máquinas agrícolas;

(...)

V – veículos terrestres especiais de propriedade de deficiente físico, desde que únicos em cada espécie e categoria, nos termos da classificação constante da legislação de trânsito e conforme a regulamentação disponha;

VI – embarcação pertencente a pescador, pessoa física, utilizada na atividade artesanal ou de subsistência, comprovada por entidade representativa da classe, limitada a um veículo por beneficiário;

VII – veículos automotores terrestres com mais de 15 (quinze) anos de fabricação;

(....)

IX – Táxis de propriedade de profissionais autônomos, bem como os veículos automotores terrestres que sejam objeto de contrato de arrendamento mercantil (leasing), que sejam efetivamente utilizados como táxi pelos mesmos profissionais;

X – ambulâncias pertencentes às instituições de saúde e assistência social sem fins lucrativos, observados os requisitos do § 2º do artigo 4º;

XI – veículos automotores de Associações representativas de pessoas portadoras de deficiência.

XII – Vans, Kombis, Topics ou veículos similares pertencentes às Cooperativas, devidamente regularizadas no órgão público estadual competente na forma da Lei a ser editada, destinadas exclusivamente ao transporte complementar de passageiros.

(.....)

§ 1º O disposto no inciso I deste artigo estende-se aos veículos de propriedade de funcionários de carreira das embaixadas, consulados e representações de organismos internacionais, desde que haja reciprocidade de tratamento tributário, em seus países de origem, declarada, anualmente, pelo Ministério das Relações Exteriores.

§ 2º O disposto no inciso III deste artigo aplica-se também aos veículos destinados ao transporte de produtos das propriedades rurais para as cooperativas e destas para as centrais, desde que devidamente registradas em órgão competente da Secretaria de Estado de Fazenda.

Vale ressaltar também que, nos casos de veículos automotores de propriedade de órgãos internacionais, prestigia-se a reciprocidade da isenção entre os países, bem como é certo que a isenção em cada caso específico deverá ser requerida e avaliada pela Administração Pública Estadual, que decidirá conforme dispõe a lei e sua discricionariedade.

3. Base de Cálculo

A base de cálculo do IPVA, que representa o conteúdo econômico que se pretende tributar, é o valor venal do veículo automotor, ou seja, o seu valor de venda no mercado.

Com isso, observando-se a capacidade contributiva como forma de justiça fiscal, a base de cálculo utilizada como patamar para a tributação do IPVA deve corresponder exatamente ao valor do bem, considerando a realidade do mercado, não podendo ser nem maior nem menor, sob pena de impugnação administrativa ou judicial pelo contribuinte.

Assim, para os veículos automotores novos, as legislações estaduais geralmente determinam seja utilizada como base de cálculo do imposto o valor da Tabela sugerida pelo Fabricante do Veículo adquirido ou o valor constante da Nota Fiscal de Compra e Venda.

Aqui é importante esclarecer que o valor venal utilizado para fins de tributação do IPVA pode ser diferente do valor real da operação de compra e venda, inclusive em razão de descontos oferecidos pelo vendedor, sendo importante reconhecer a diferença entre o IPVA e o ICMS.

O IPVA incide sobre o valor venal do veículo assim considerado seu valor de mercado. Já o ICMS incide sobre o valor real da operação de compra e venda, mesmo que a operação tenha se realizado por valores diferentes do usualmente praticados no mercado. Na grande maioria dos casos, o valor da base de cálculo do IPVA e do ICMS se assemelha, contudo, podem existir pequenas diferenças, cabendo ao fisco identificar o motivo, que poderá ser, por exemplo, em razão da má condição de conservação do veículo, que estará depreciado.

No caso dos veículos automotores importados, utiliza-se como base de cálculo o valor do desembaraço aduaneiro, que é um valor revisto pela

Autoridade Fiscal Aduaneira Federal, para a exigência de tributos federais, que serve também de parâmetro para a cobrança do IPVA por delegação de competência dos Estados, sem prejuízo de eventual revisão pela Autoridade Estadual local.

Para os veículos automotores usados, utiliza-se geralmente a pesquisa de mercado, sendo que a base de cálculo fixada é a média apurada dos valores de venda, considerando as características próprias de cada veículo, como marca, categoria, potência, ano de fabricação etc.

Neste caso, anualmente, a Secretaria da Receita Estadual edita uma Tabela de Valores do IPVA, contendo a média de valor venal apurada que informará a base de cálculo de cada veículo automotor sujeito a tributação.

Por sua vez, a Tabela de Valores do IPVA geralmente é confeccionada pela Fundação Instituto de Pesquisa Econômica FIPE, onde são constatadas as variações do mercado de veículos automotores. Essas variações podem ocorrer para menor ou até mesmo, eventualmente, para maior, o que acarretará consequentemente na redução ou na majoração do imposto.

Impende seja destacado que – para efeitos de apuração do valor venal – não são consideradas as condições próprias e particulares dos veículos, como o fato de existir roda de magnésio ou som potente ou ainda estar o veículo todo amassado e deteriorado. O que o Estado tributa é o valor venal do veículo automotor (fato jurídico abstrato), observadas suas condições normais de fábrica e de mercado.

Como já exposto, havendo discordância com o valor venal utilizado como base de cálculo do veículo automotor para a tributação do IPVA, tanto o Estado de ofício, quanto o contribuinte poderá requerer sua revisão junto a Secretaria da Receita Estadual, que analisará cada caso e suas particularidades.

Destaca-se que a base de cálculo do IPVA – sua expressão econômica e a forma de cálculo – deve obrigatoriamente vir fixada na lei que instituiu o tributo, em face ao princípio da estrita legalidade em matéria tributária (CF/88, art. 150, I).

Com isso, a Tabela de Valores do IPVA para os veículos usados, que geralmente é editada em veículo infra-legal (v.g. Resoluções das Secretarias de Estado), visa tão somente apurar e adequar a tributação à realidade do mercado, contemplando a correção monetária devida anualmente, com base na inflação. Trata-se de mera adequação da base de cálculo ao valor de mercado, logo, não representará majoração indevida do tributo.

Sobre o tema, segue a posição do Superior Tribunal de Justiça, manifestada no azo do Recurso Ordinário em Mandado de Segurança nº 3.733/RO:

> *Ementa: Tributário. IPVA. Base de Cálculo. Majoração.*
> *– De acordo com o principio da reserva legal, a majoração da base de calculo do IPVA depende de lei.*
> *– Ilegítimo o aumento do valor venal do veiculo, mediante Resolução, em montante superior aos índices de correção monetária.*

Neste aspecto, torna-se remansoso que os Estados podem editar a Tabela de Valores do IPVA anualmente, através de veículo infralegal, todavia, desde que os valores venais ali consignados representem à realidade praticada usualmente no mercado, e não haja majoração indevida do imposto, mas tão somente adequação, sob pena de questionamento junto ao Poder Judiciário.

Aliás, tal faculdade fiscal é prevista no artigo 97, §2º, do Código Tributário Nacional, ora transcrito abaixo:

> *Art. 97, §2º Não constitui majoração do tributo, para os fins do disposto no inciso II deste artigo, a atualização do valor monetário da respectiva base de cálculo.*

E, também neste aspecto, o princípio da anterioridade não se aplica para a correção da base de cálculo do IPVA, como dispõe expressamente o artigo 150, §1º, da Constituição Federal, posto que não há – a priori – instituição ou majoração do tributo. Veja-se o precedente abaixo do Supremo Tribunal Federal sobre o tema:

> *IPVA – TABELA DE VALORES – CORREÇÃO. A correção da tabela de valores no ano da cobrança do tributo não implica violência aos princípios insculpidos na Constituição Federal. Prevalecem o fato gerador, a base de calculo e as alíquotas previstas na legislação estadual editada com observância aqueles princípios. A simples correção da tabela não modifica quer o fato gerador, quer a base de calculo, no que se revelam como sendo a propriedade do veículo e o valor deste.*
> *(STF – AI-AgR 169370/SP – Relator Min. MARCO AURÉLIO – SEGUNDA TURMA – DJ 02-02-1996)*

Além disso, o Supremo Tribunal Federal também tem entendido que a revogação de isenção ou de descontos do IPVA da mesma forma não está sujeita ao princípio da anterioridade, conforme recente julgamento da ADI nº 4016:

Redução e Extinção de Imposto: Princípio da Anterioridade Tributária – 2

Considerou-se que, se até mesmo a revogação de isenção não tem sido equiparada pela Corte à instituição ou majoração de tributo, a redução ou extinção de um desconto para pagamento do tributo sob determinadas condições previstas em lei, como o pagamento antecipado em parcela única (à vista), também não o poderia. Afastou-se, também, a assertiva de que qualquer alteração na forma de pagamento do tributo equivaleria a sua majoração, ainda que de forma indireta, e reportou-se ao entendimento do Supremo de que a modificação do prazo de recolhimento da obrigação tributária não se sujeita ao princípio da anterioridade (Enunciado 669 da Súmula). Asseverou-se, ademais, que deveriam ser levados em conta os argumentos apresentados nas informações da Assembléia Legislativa e do Governador do Estado no sentido de que as alterações promovidas pela Lei 15.747/2007 visariam propiciar o ajustamento de descontos do IPVA paranaense com o de outros Estados, sem que tais mudanças importassem em aumento do valor total do tributo. Ressaltou-se, por fim, que, no caso do IPVA, o art. 150, § 1º, da CF expressamente excetua a aplicação da regra da anterioridade na hipótese da fixação da base de cálculo desse tributo, ou seja, do valor venal do veículo. Assim, se nem a fixação da base de cálculo do IPVA estaria sujeita à incidência da regra da anterioridade, a extinção ou redução de um desconto condicional para pagamento desse tributo poderia ter efeitos imediatos. Vencido o Min. Cezar Peluso que concedia a liminar ao fundamento de que a hipótese nada teria a ver com isenção, porque esta seria objeto específico de uma norma constitucional, e que a supressão ou redução de um desconto previsto em lei implicaria, automática e aritmeticamente, aumento do valor do tributo devido, razão pela qual se haveria de observar o princípio da anterioridade. Precedentes citados: RE 200844 AgR/PR (DJU de 16.8.2002); RE 204062/ES (DJU de 19.12.96). ADI 4016 MC/PR, rel. Min. Gilmar Mendes, 1º.8.2008. (ADI-4016)

Por fim, para os veículos automotores raros ou de valor inestimável, deve-se adotar como base de cálculo sempre o valor venal das condições usuais do mercado, ou o somatório das notas fiscais que foram utilizadas para sua construção ou ainda o valor venal de veículos similares, objetivando-se no fim tributar o conteúdo econômico mais fiel que represente o valor real do veículo automotor.

4. Alíquota

Como determina a Constituição Federal e o Código Tributário Nacional, as alíquotas do IPVA devem obrigatoriamente estar previstas em lei, sob pena de afronta ao princípio da estrita legalidade em matéria tributária.

Nesse sentido, como cada ente da federação editou sua legislação própria sobre o IPVA, existem inúmeras alíquotas do imposto do Norte ao Sul do país, em total discrepância, tributando-se de forma diversa a mesma classe de veículo, conforme entendimento fiscal da respectiva unidade da federação. Também por esta razão, os doutrinadores defendem que esse problema seria facilmente resolvido com a edição de norma geral pela União.

Mas, mesmo internamente, analisando a título de exemplo a legislação do Estado do Rio de Janeiro, pode-se verificar as variações de alíquotas do IPVA por classe de veículo, contidas no art. 10 da Lei Estadual nº 2.877/1997:

Art. 10. A alíquota do imposto é de:

I – REVOGADO.

II – 4% (quatro por cento) para automóveis de passeio e camionetas, exceto utilitários;

II-A – 3% (três por cento) para automóveis de passeio e camionetas bi-combustíveis, movidos a álcool e/ou gasolina;

III – 3% (três por cento) para utilitários;

IV – 2% (dois por cento) para ônibus, microônibus, motocicletas e ciclomotores;

V – 1% (um por cento) para caminhões, caminhões-tratores e veículos de transporte de passageiros a taxímetro pertencentes a pessoas jurídicas;

VI – 2% (dois por cento) para automóveis movidos a álcool;

VII – 1% (um por cento) para veículos que utilizem gás natural ou energia elétrica;

VIII – 0,5% (meio por cento) para veículos destinados exclusivamente à locação, de propriedade de pessoa jurídica com atividade de locação devidamente comprovada nos termos da legislação aplicável, ou na sua posse em virtude de contrato formal de arrendamento mercantil ou propriedade fiduciária.

IX – 4% (quatro por cento) para demais veículos não alcançados pelos incisos anteriores, inclusive os veículos de procedência estrangeira;

Com esse exemplo, podem-se imaginar quantos questionamentos não surgiram na doutrina e na jurisprudência acerca da correta instituição das alíquotas do IPVA. Se seriam ser progressivas ou seletivas, e se isso violaria o princípio da isonomia?

De início, questionou-se sobre a diferenciação de alíquotas quanto à origem, já que os veículos automotores nacionais e importados detinham tributação diferenciada, através de alíquotas diversas. O Supremo Tribunal Federal decidiu a questão manifestando entendimento pela inconstitucionalidade dessa diferenciação pela origem, com base no artigo 152 da Constituição Federal, no azo do RE nº 367.785, senão veja-se:

EMENTA: AGRAVO REGIMENTAL NO RECURSO EXTRAORDINÁRIO. TRIBUTÁRIO. IPVA. VEÍCULO IMPORTADO. ALÍQUOTA DIFERENCIADA.

1. Não se admite a alíquota diferenciada de IPVA para veículos importados e os de procedência nacional.

2. O tratamento desigual significaria uma nova tributação pelo fato gerador da importação. Precedentes. Agravo regimental a que se nega provimento.

Quanto à diferenciação de alíquotas com relação ao tipo, o Supremo Tribunal Federal entendeu pela sua constitucionalidade, tendo em vista que, ao contemplar coisas distintas (álcool e gasolina etc.), as alíquotas do IPVA não violam o princípio da isonomia e o da capacidade contributiva, não tendo caráter progressivo. Nesse sentido, vide abaixo o RE nº 414.259, dentre outros, tais como: RE nº 216.936, RE nº 236.931:

EMENTA: AGRAVO REGIMENTAL NO RECURSO EXTRAORDINÁRIO. IPVA. LEI ESTADUAL. ALÍQUOTAS DIFERENCIADAS EM RAZÃO DO TIPO DO VEÍCULO.

1. Os Estados-membros estão legitimados a editar normas gerais referentes ao IPVA, no exercício da competência concorrente prevista no artigo 24, § 3º, da Constituição do Brasil.

2. Não há tributo progressivo quando as alíquotas são diferenciadas segundo critérios que não levam em consideração a capacidade contributiva. Agravo Regimental a que se nega provimento.

Isto porque, não há autorização constitucional para a adoção de alíquotas progressivas para o IPVA, assim como existe para o IPTU. Logo, as variações de aumento de alíquotas do IPVA não podem ser instituídas conforme aumenta a respectiva base de cálculo do tributo, mas é plenamente possível a adoção de alíquotas diferenciadas para o IPVA em situações específicas, onde há interesse estatal e extrafiscal.

Como já exposto ao longo do texto, o Supremo Tribunal Federal por inúmeras vezes declarou constitucional a diferenciação de alíquotas no

IPVA, empregada em caráter de extrafiscalidade implícito, seja em razão do combustível empregado, seja em razão do tipo do veículo, seja ainda através de incentivos para motoristas sem multa, taxistas, deficientes, carros a gás natural, para empresas que contratam pessoas acima de 40 anos, etc.

Portanto, em que pese não ser explícita a seletividade, há notório grau de seletividade nas legislações estaduais que adotam alíquotas diferentes conforme a essencialidade e interesse fiscal na tributação do IPVA.

Aliás, tal tema já foi abordado por ilustres doutrinadores[2] com ênfase na adoção da seletividade para a concretização da justiça fiscal, em que pese o STF ter perdido uma boa oportunidade de aplicar a justiça fiscal validando a tributação de aeronaves e embarcações.

Afinal, é sabido que a maioria dos proprietários de aeronaves e embarcações (veículos que podem ser considerados supérfluos, e não essenciais para o contribuinte), são pessoas físicas e jurídicas que possuem notória capacidade contributiva para arcar com o IPVA, com raras exceções que fogem ao alcance do legislador abstrato.

Sobreveio, então, a Emenda Constitucional nº 42/2003 que inseriu o §6º, incisos I e II, no artigo 155, da Constituição Federal de 1988, contemplando expressamente a possibilidade da utilização do princípio da seletividade para o IPVA, em função do tipo e utilização do veículo, como por exemplo, a distinção feita entre os veículos de passeio e de transporte ou de propriedade de pessoa física ou jurídica. Veja-se:

> *Art. 155. Compete aos Estados e ao Distrito Federal instituir impostos sobre:*
>
> *III – propriedade de veículos automotores.*
>
> *§ 6º O imposto previsto no inciso III: (Incluído pela Emenda Constitucional nº 42, de 19.12.2003)*
>
> *I – terá alíquotas mínimas fixadas pelo Senado Federal; (Incluído pela Emenda Constitucional nº 42, de 19.12.2003)*
>
> *II – poderá ter alíquotas diferenciadas em função do tipo e utilização. (Incluído pela Emenda Constitucional nº 42, de 19.12.2003)*

Porém, mesmo diante autorização contida na EC nº 42/2003, o Supremo Tribunal Federal, como já exposto, antes já acolhia a possibilidade de ins-

---

[2] ANTONELLI, Leonardo Pietro. *IPVA – A seletividade de alíquotas instituída pela Emenda Constitucional 42/03 e o Imposto sobre a Propriedade de Veículos Automotores*, Reforma Tributária 2003/2004 – Seminário realizado em 1º de julho de 2004 na Escola da Magistratura do Estado do Rio de Janeiro – EMERJ, p. 37.

tituição de alíquotas diferenciadas, conforme se manifestou no RE nº 601.247/RS:

> *Ementa: AGRAVO REGIMENTAL NO RECURSO EXTRAORDINÁRIO. CONSTITUCIONAL. TRIBUTÁRIO. IMPOSTO SOBRE A PROPRIEDADE DE VEÍCULOS AUTOMOTORES. AUSÊNCIA DE LEI COMPLEMENTAR NACIONAL QUE DISPONHA SOBRE O TRIBUTO NOS TERMOS DO ART. 146, III, A, DA CONSTITUIÇÃO. EXERCÍCIO DA COMPETÊNCIA TRIBU-TÁRIA PLENA PELOS ESTADOS MEMBROS COM AMPARO NO ART. 24, § 3º, DA CONSTITUIÇÃO. PRECEDENTES. PREVISÃO DE ALÍQUOTAS DIFERENCIADAS EM RAZÃO DO TIPO DE VEÍCULO. POSSIBILIDADE. AGRAVO IMPROVIDO.*
>
> *I – Ante a omissão do legislador federal em estabelecer as normas gerais pertinentes ao imposto sobre a doação de bens móveis, os Estados-membros podem fazer uso de sua competência legislativa plena com fulcro no art. 24, § 3º, da Constituição.*
>
> *II – A jurisprudência do STF firmou orientação no sentido de que, mesmo antes da EC 42/03 – que incluiu o § 6º, II, ao art. 155 da CF –, já era permitida a instituição de alíquotas de IPVA diferenciadas segundo critérios que não levem em conta a capa-cidade contributiva do sujeito passivo, por não ensejar a progressividade do tributo. É o que se observa no caso dos autos, em que as alíquotas do imposto foram estabeleci-das em razão do tipo e da utilização do veículo.*
>
> *III – Agravo regimental improvido.*
>
> *(STF – RE 601247 AgR / RS – Min. RICARDO LEWANDOWSKI – Segunda Turma – PUBLIC 13-06-2012)*

Diante do quadro exposto, é opinião do autor que falhou o Congresso Nacional em não ter editado também Emenda Constitucional com a pos-sibilidade de se tributar a propriedade de aeronaves e das embarcações, o que resolveria em definitivo o impasse jurídico e superaria de vez o entendimento do STF, fazendo-se aos olhos de inúmeros doutrinadores a pretendida justiça fiscal, posto que atingido em seu potencial máximo a capacidade contributiva.

5. Sujeitos da Relação Jurídica Tributária

Conforme dispõe o artigo 158 da Constituição Federal, caberá ao Estado 50% do produto da arrecadação do IPVA sobre a propriedade de veículos automotores licenciados em seu território. Desta forma, a própria Consti-tuição Federal define o sujeito ativo da obrigação tributária, que é o Estado competente para a instituição, licenciamento do veículo e arrecadação do tributo.

Se ocorrer a transferência de registro do veículo automotor de um Estado para o outro, há alteração do sujeito ativo da relação jurídica obrigacional, cabendo a ele a receita vincenda da arrecadação do IPVA. Aqui cabe esclarecer que se a transferência ocorreu com débitos existentes, esses devem ser quitados em favor do Estado sucedido.

Nessa linha de pensar, os veículos automotores devem ser licenciados no Estado do domicílio do proprietário pessoa física ou jurídica do veículo automotor, que é o contribuinte ou o sujeito passivo do IPVA. Em caso de não haver necessidade de licenciamento para o veículo automotor, define-se que o sujeito ativo da arrecadação do IPVA é o Estado de domicílio de seu proprietário.

Ressalte-se que os Estados estão atentos para a prática adotada por alguns contribuintes com intuito de "reduzir / suprimir" o IPVA devido, quando registram seus veículos em unidade da federação diversa do seu domicílio declarado na DIPJ ou DIPF, buscando melhores alíquotas do imposto. O referido procedimento tem sido entendido como crime de sonegação fiscal, originando operações fiscais, tais como a denominada "de Olho na Placa", em São Paulo, para identificar veículos que se encontram nesta situação, com especial atenção para as empresas de locação. (Vide AgReg no ARESP nº 342.254/SP e AgReg no ARESP nº 304.877/SP)

Diante disso, o Supremo Tribunal Federal reconheceu a Repercussão Geral no tema, no azo do ARE nº 784.682, sob a relatoria do Ministro Marco Aurélio, que conduzirá ao Plenário a discussão acerca da possibilidade de registro de veículo em estado diverso daquele em que domiciliado o contribuinte.

No que tange a sujeição passiva, considerando que a Constituição Federal expressamente dispõe que o fato gerador da obrigação tributária do IPVA é a propriedade, alguns doutrinadores entendem que o sujeito passivo somente pode ser quem detenha a propriedade plena do veículo automotor.

Ocorre que, para alguns legisladores e doutrinadores, utilizando-se da definição de propriedade conferida pelo artigo 1.228 do Código Civil de 2002[3], o conceito de propriedade pode se estendido em sua concepção

---

[3] Art. 1.228. O proprietário tem a faculdade de usar, gozar e dispor da coisa, e o direito de reavê-la do poder de quem quer que injustamente a possua ou detenha.

mais ampla, igual ao que ocorre com o similar IPTU, que incide sobre a propriedade do bem imóvel, mas o Código Tributário Nacional estabelece, em seu artigo 34, a ampliação dessa sujeição passiva para o titular de seu domínio útil ou o seu possuidor a qualquer título.

Assim sendo, seguindo-se essa linha de pensar, tratando-se de imposto real que incide sobre a coisa, assim considerado o veículo automotor, é perfeitamente possível que o referido bem móvel não esteja na posse do real proprietário, sendo usufruído por outra pessoa que não é o sujeito passivo desse imposto. Daí surge o interesse da ampliação da sujeição passiva.

De toda a sorte, o Supremo Tribunal Federal, analisando alguns casos do IPTU (Vide o RE nº 451.152), já teve a oportunidade de limitar o alcance da expressão "possuidor a qualquer título e domínio útil", conforme a posse é exclusiva ou não. Se a posse for exclusiva, havendo-se intuito de assumir a propriedade, estará abrangida pelo alcance do artigo 34 do Código Tributário Nacional, logo, o detentor da posse poderá ser o sujeito passivo do IPTU.

Analogicamente para o IPVA, parece-me mais correto instituir a figura do responsável solidário pelo pagamento do tributo, desde que respeitada a vinculação ao fato gerador do imposto, como reza o artigo 128 do Código Tributário Nacional. Assim, ao invés de ampliar o rol de contribuintes, ao arrepio da Constituição Federal, o que seria de constitucionalidade duvidosa, bastar-se-ia editar lei prevendo hipóteses de responsabilidade solidária.

Ademais, qualquer disposição contratual particular não é instrumento adequado para modificar a sujeição passiva, não podendo ser oposta ao fisco, como reza o artigo 123 do Código Tributário Nacional.

Exatamente nessa linha de pensar, as legislações dos Estados têm definido o arrendante como responsável solidário do pagamento do IPVA, junto com o arrendatário, o que tem sido acolhido pelo Egrégio Superior Tribunal de Justiça:

> *PROCESSUAL CIVIL. OMISSÃO INEXISTENTE. DEVIDO ENFRENTAMENTO DAS QUESTÕES RECURSAIS. INCONFORMISMO COM A TESE ADOTADA. IPVA. VEÍCULO OBJETO DE LEASING. RESPONSABILIDADE SOLIDÁRIA. ARRENDANTE. PRECEDENTES.*
>
> *1. Inexiste violação do art. 535 do CPC quando a prestação jurisdicional é dada na medida da pretensão deduzida, com enfrentamento e resolução das questões abordadas no recurso.*

2. Omissão no julgado e entendimento contrário ao interesse da parte são conceitos que não se confundem.

3. Em arrendamento mercantil, a arrendante é responsável solidária para o adimplemento da obrigação tributária concernente ao IPVA, por ser ela possuidora indireta do bem arrendado e conservar a propriedade até o final do pacto. Precedentes. Embargos de declaração recebidos como agravo regimental, mas improvido.

(STJ – EDcl no AREsp 207349 / SP – Ministro HUMBERTO MARTINS – SEGUNDA TURMA – DJe 10/10/2012) (Vide também RESP nº 744.308/DF, RESP nº 897.205/DF)

Importante esclarecer também que – na forma que dispõe o artigo 130 do Código Tributário Nacional – os créditos tributários cujo fato gerador seja a propriedade, subrogam-se na pessoa do adquirente. Em outras palavras, considerando-se que o Código data de 1965, quando ainda não havia instituído o IPVA, entende-se que tal dispositivo, por tratar de imposto real (IPTU e ITR), também passou a se aplicar ao IPVA.

Com isso, o veículo adquirido com débitos tributários, onde o adquirente não tenha cautelosamente retirado à certidão de quitação no órgão competente, responderá integralmente por sucessão pelos créditos tributários inadimplidos. Todavia, tratando-se de aquisição originária, a responsabilidade do adquirente é excluída, senão veja-se:

TRIBUTÁRIO – ARREMATAÇÃO JUDICIAL DE VEÍCULO – DÉBITO DE IPVA – RESPONSABILIDADE TRIBUTÁRIA – CTN, ART. 130, PARÁGRAFO ÚNICO.

1. A arrematação de bem em hasta pública é considerada como aquisição originária, inexistindo relação jurídica entre o arrematante e o anterior proprietário do bem.

2. Os débitos anteriores à arrematação subrogam-se no preço da hasta. Aplicação do artigo 130, § único do CTN, em interpretação que se estende aos bens móveis e semoventes.

3. Por falta de prequestionamento, não se pode examinar a alegada violação ao disposto no art. 131, § 2º, da Lei nº 9.503/97 (Código de Trânsito Brasileiro).

4. Recurso especial conhecido em parte e, nessa parte, não provido.

(STJ – RESP 807.455/RS – Ministra ELIANA CALMON – Segunda Turma – DJ 21.11.2008)

IMPOSTO SOBRE A PROPRIEDADE DE VEÍCULOS AUTOMOTORES – IPVA

RECURSO ESPECIAL. TRIBUTÁRIO. IPVA. ARREMATAÇÃO. VEÍCULO AUTOMOTOR. SUBROGAÇÃO. PREÇO.

1. Na arrematação de bem móvel em hasta pública, os débitos de IPVA anteriores à venda subrogam-se no preço da hasta, quando há ruptura da relação jurídica entre o bem alienado e o antigo proprietário. Aplicação analógica do artigo 130, parágrafo único, do CTN. Precedentes.

2. Recurso especial não provido.

(STJ – REsp 1128903 / RS – Ministro CASTRO MEIRA – SEGUNDA TURMA – DJe 18/02/2011)

6. Lançamento e Pagamento

O IPVA é um tributo cujo lançamento se dá de ofício pela autoridade administrativa. Desta forma, ocorrendo o fato gerador, em geral, no dia 1º de janeiro anualmente (veículo usado), ou no ato da aquisição (veículo novo) ou no desembaraço aduaneiro (veículo importado), resta concretizada a obrigação tributária, cabendo ao fisco constituir o lançamento, o momento da expedição da guia, prazo de vencimento, eventuais parcelamentos, descontos para pagamento à vista e o usual escalonamento de datas, conforme o final da placa dos veículos.

Tributário. IPVA. Forma de Lançamento.

1. O crédito tributário do Imposto sobre a Propriedade de Veículos Automotores constitui-se de ofício, sujeitando-se às prescrições legais dessa modalidade de lançamento.

2. Recurso ordinário conhecido e provido.

(STJ – RMS 12970/RJ – Ministro FRANCISCO PEÇANHA MARTINS – SEGUNDA TURMA – DJ 22/09/2003)

Cabe salientar que o direito do fisco estadual constituir o crédito tributário do IPVA obedece ao prazo de decadência qüinqüenal previsto no artigo 173 do Código Tributário Nacional, que autoriza o lançamento pelo prazo de cinco anos a contar do exercício seguinte aquele em que poderia ter sido realizado, sob pena de não o fazendo ocorrer a extinção do crédito tributário (CTN, art. 156,V).

E, caso a obrigação tributária do IPVA decorra da aquisição de veículo novo, de desembaraço aduaneiro de veículo importado, ou haja perda temporária da propriedade (roubo ou furto) ou perda da não-incidência (isenção ou imunidade), o imposto será devido pela sua cota parte anual, ou seja, pelo duodécimo que falte para o término do exercício, desde o momento em que a condição de propriedade ou incidência retornar.

Com relação ao momento da notificação do lançamento ao contribuinte, as legislações estaduais costumam disciplinar que ela ocorre para os veículos novos e importados no ato de recebimento do Certificado de Licenciamento e Registro do Veículo. Já para os veículos usados, a notificação se dá por meio da publicação de Resolução / Edital no Diário Oficial do Estado pela Secretaria de Fazenda Estadual.

> *AGRAVO REGIMENTAL NO AGRAVO EM RECURSO ESPECIAL. TRIBUTÁRIO. IPVA. LANÇAMENTO DE OFÍCIO. CONSTITUIÇÃO DO CRÉDITO A PARTIR DA REMESSA, AO CONTRIBUINTE, DA NOTIFICAÇÃO PARA PAGAMENTO OU DO CARNÊ. PRECEDENTES: AGRG NO AG 1.399.575/RJ, REL. MIN. HUMBERTO MARTINS, DJE 04.11.2011; AGRG NO AG 1.251.793/SP, REL. MIN. HAMILTON CARVALHIDO, DJE 08.04.2010. AGRAVO REGIMENTAL DO ESTADO DO RIO DE JANEIRO DESPROVIDO.*
>
> *1. O Superior Tribunal de Justiça consolidou o entendimento firme de que, nos tributos sujeitos a lançamento de ofício, tal como o IPVA e o IPTU, a própria remessa, pelo Fisco, da notificação para pagamento ou carnê constitui o crédito tributário, momento em que se inicia o prazo prescricional quinquenal para sua cobrança judicial, nos termos do art. 174 do CTN. Precedentes: AgRg no Ag 1.399.575/RJ, Rel. Min. HUMBERTO MARTINS, DJe 04.11.2011; REsp. 1.197.713/RJ, Rel. Min. ELIANA CALMON, DJe 26.08.2010; AgRg no Ag 1.251.793/SP, Rel. Min. HAMILTON CARVALHIDO, DJe 08.04.2010; REsp. 1.069.657/PR, Rel. Min. BENEDITO GONÇALVES, DJe 30.03.2009.*
>
> *2. Agravo regimental do ESTADO DO RIO DE JANEIRO desprovido.*
>
> *(STJ – AgRg no AREsp 157610 / RJ – Ministro NAPOLEÃO NUNES MAIA FILHO – PRIMEIRA TURMA – DJe 14/06/2012)*

E, como se trata de ato complexo, a notificação do lançamento somente produzirá os efeitos legais na data em que for disponibilizada a guia de pagamento na rede arrecadadora autorizada, quando o contribuinte tomará ciência inequívoca dos elementos que configuram a obrigação do IPVA[4].

---

[4] Como exemplo, pode-se citar a Resolução SEFAZ nº 702, de 26 de dezembro de 2013: Art. 1º O Imposto sobre a Propriedade de Veículos Automotores – IPVA, instituído pela Lei nº 2.877, de 22 de dezembro de 1997, referente ao exercício de 2014, relativo a veículo automotor terrestre, será recolhido conforme o disposto nesta Resolução.

Havendo discordância pelos contribuintes (sujeito passivo) dos elementos que constituem a obrigação tributária do IPVA, poderá ser apresentada impugnação administrativa ao lançamento, geralmente por prazo legal a contar do vencimento da cota única do IPVA, sem prejuízo de eventual acesso ao Poder Judiciário.

O pagamento em atraso do IPVA sujeita o contribuinte à multa prevista na legislação estadual, acrescida de correção monetária e juros de mora. Persistindo a inadimplência, poderá o crédito tributário ser inscrito em dívida ativa e ajuizada Execução Fiscal, sujeita ao procedimento previsto na Lei Federal nº 6.830/1980, com todos os privilégios da Fazenda Pública na execução forçada para a cobrança do crédito tributário.

Contudo, para exercer o direito de ação executiva, a Fazenda Pública deve observar o prazo prescricional qüinqüenal para o ajuizamento da Execução Fiscal, a contar da constituição definitiva do crédito tributário, constante no artigo 174 do Código Tributário Nacional, também sob pena de extinção do crédito tributário do IPVA nos moldes do artigo 156, inciso V, do CTN.

PROCESSUAL CIVIL E TRIBUTÁRIO. RECURSO ESPECIAL. EXECUÇÃO FISCAL. IPVA. PRESUNÇÃO DE EXIGIBILIDADE DA CDA. AFASTAMENTO. PRESCRIÇÃO. TERMO INICIAL.

1. A presunção de certeza e exigibilidade da CDA é relativa, e pode ser afastada pelo reconhecimento da prescrição, que é causa de extinção da pretensão pela inércia de seu titular, de modo que, uma vez transcorrido o prazo legal para a busca da realização do direito, este (ainda que esteja estampado em certidão da dívida ativa) passa a carecer de certeza e de exigibilidade, que são condições da ação executiva.

2. Na esteira da jurisprudência dessa Corte, o IPVA é tributo sujeito a lançamento de ofício. E, como tal, o termo a quo para a contagem do prazo prescricional para sua cobrança é a data da notificação para o pagamento. Precedentes.

Art. 21. Independentemente de aviso ou notificação, o proprietário de veículo automotor deve verificar, até a data do vencimento do imposto, se a GRD encontra-se regularmente disponibilizada e se os valores constantes da mesma estão em concordância com esta Resolução. Art. 22. O contribuinte que discordar do valor venal estabelecido na tabela constante do Anexo desta Resolução poderá apresentar impugnação dirigida ao titular da Inspetoria de Fiscalização Especializada de IPVA – IFE 09, localizada na Rua Visconde do Rio Branco, nº 22, Centro, no Município do Rio de Janeiro, observando o disposto no Decreto nº 2.473, de 6 de março de 1979, em especial o que consta dos seus artigos 11, 12 e 104.

3. Na hipótese, o Tribunal a quo assentou que os créditos tributários cuja prescrição se reconheceu foram definitivamente constituídos respectivamente em junho de 1.996 e 1.997, porquanto a lei local prevê épocas diferenciadas para o pagamento do IPVA, conforme final da placa do veículo. Ainda segundo o acórdão recorrido, o veículo (Monza 87) tem placa com final 4 (ACB-5194), de sorte que o vencimento do IPVA dá-se até o final do mês de junho de cada ano, data a partir da qual começa a fluir o prazo prescricional de 5 (cinco) anos para a propositura da ação de cobrança.

4. Dessa forma, se a execução fiscal foi proposta em maio de 2003, ressoa inequívoca a ocorrência da prescrição em relação aos créditos tributários constituídos julho de 1.996 e 1.997, porquanto decorrido, entre um e outro evento, o prazo prescricional qüinqüenal.

5. Recurso especial não provido.

(REsp 1069657/PR, Rel. Ministro BENEDITO GONÇALVES, PRIMEIRA TURMA, julgado em 19/03/2009, DJe 30/03/2009)

Outro ponto que deve ser destacado – com relação à inadimplência do IPVA – é a usual prática da Administração Pública em praticar a "autotutela" ou "autoexecutoriedade", através do confisco (retenção e/ou apreensão) de veículos automotores, para forçar o contribuinte ao pagamento do imposto, das multas e das taxas inerentes.

Trata-se de procedimento adotado com base nos artigos 130 e 131 da Lei Federal nº 9.053/1997 (Código de Trânsito Brasileiro) que, em síntese, destacam ser o Certificado de Licenciamento Anual obrigatório, ter natureza jurídica de licença e somente poder ser expedido em caso de quitação de tributos, multas e demais encargos:

Art. 130. Todo veículo automotor, elétrico, articulado, reboque ou semi-reboque, para transitar na via, deverá ser licenciado anualmente pelo órgão executivo de trânsito do Estado, ou do Distrito Federal, onde estiver registrado o veículo.

§ 1º O disposto neste artigo não se aplica a veículo de uso bélico.

§ 2º No caso de transferência de residência ou domicílio, é válido, durante o exercício, o licenciamento de origem.

Art. 131. O Certificado de Licenciamento Anual será expedido ao veículo licenciado, vinculado ao Certificado de Registro, no modelo e especificações estabelecidos pelo CONTRAN.

§ 1º O primeiro licenciamento será feito simultaneamente ao registro.

§ 2º O veículo somente será considerado licenciado estando quitados os débitos relativos a tributos, encargos e multas de trânsito e ambientais, vinculados ao veículo, independentemente da responsabilidade pelas infrações cometidas.

IMPOSTO SOBRE A PROPRIEDADE DE VEÍCULOS AUTOMOTORES – IPVA

§ 3º Ao licenciar o veículo, o proprietário deverá comprovar sua aprovação nas inspeções de segurança veicular e de controle de emissões de gases poluentes e de ruído, conforme disposto no art. 104.

Ato contínuo, em caso de retenção ou apreensão, é praxe da Administração Pública "confiscar" o veículo automotor até que sejam devidamente quitados todos os débitos em aberto, conforme dispõe os artigos 262 e 271(CTB), do mesmo diploma legal:

Art. 262. O veículo apreendido em decorrência de penalidade aplicada será recolhido ao depósito e nele permanecerá sob custódia e responsabilidade do órgão ou entidade apreendedora, com ônus para o seu proprietário, pelo prazo de até trinta dias, conforme critério a ser estabelecido pelo CONTRAN.

§ 1º No caso de infração em que seja aplicável a penalidade de apreensão do veículo, o agente de trânsito deverá, desde logo, adotar a medida administrativa de recolhimento do Certificado de Licenciamento Anual.

§ 2º A restituição dos veículos apreendidos só ocorrerá mediante o prévio pagamento das multas impostas, taxas e despesas com remoção e estada, além de outros encargos previstos na legislação específica.

§ 3º A retirada dos veículos apreendidos é condicionada, ainda, ao reparo de qualquer componente ou equipamento obrigatório que não esteja em perfeito estado de funcionamento.

§ 4º Se o reparo referido no parágrafo anterior demandar providência que não possa ser tomada no depósito, a autoridade responsável pela apreensão liberará o veículo para reparo, mediante autorização, assinando prazo para a sua reapresentação e vistoria.

Art. 271. O veículo será removido, nos casos previstos neste Código, para o depósito fixado pelo órgão ou entidade competente, com circunscrição sobre a via.

Parágrafo único. A restituição dos veículos removidos só ocorrerá mediante o pagamento das multas, taxas e despesas com remoção e estada, além de outros encargos previstos na legislação específica.

Tais diretrizes, a título de exemplo, são também reproduzidas na Legislação Estadual do Rio de Janeiro, em especial artigo 27, senão veja-se:

Art. 27. O não pagamento do imposto, até as datas limites fixadas, sujeita o veículo a recolhimento ao órgão de trânsito do local da constatação do fato, para efeito de lavratura do competente auto de infração, por servidor Fiscal de Rendas.

Ocorre que, sob a ótica da doutrina e da jurisprudência, mormente a do Supremo Tribunal Federal, as disposições supracitadas podem ser consideradas inconstitucionais por violarem os artigos 5º, LIV, da Constituição Federal de 1988, na medida em que permitem ao Estado exercer a denominada "autotutela", cobrando forçadamente tributos e multas sem o devido processo legal, que se entende seria exercido através da inscrição em dívida ativa e ajuizamento da competente Execução Fiscal. (LEF – Lei nº 6.830/1980)

Nessa linha de pensar, o Supremo Tribunal Federal já se manifestou por diversas vezes declarando inconstitucional a iniciativa Estatal de cobrança forçada de tributos, mediante a limitação de direitos e as avessas do devido processo legal, editando, para tanto, as Súmulas nºs 70, 323 e 547.

Todavia, em que pese à clara orientação do Supremo Tribunal Federal sobre o tema, o Superior Tribunal de Justiça tem manifestado entendimento que o Certificado de Registro e Licenciamento tem natureza de licença, logo, é ato administrativo unilateral e vinculado aos requisitos legais, logo, sua expedição é condicionada ao pagamento de tributos, taxas e multas.

Sendo assim, aos olhos do Superior Tribunal de Justiça, não haveria ilegalidade no cumprimento das disposições do CTB, mantendo-se a legalidade da exigência do pagamento prévio das multas, taxas e tributos (IPVA) para a liberação do veículo e/ou entrega do Certificado de Licenciamento Anual. Veja-se:

> *RECURSO ESPECIAL. DIREITO ADMINISTRATIVO. EMISSÃO DO CERTIFICADO DE LICENCIAMENTO DO VEÍCULO. EXISTÊNCIA DE DÉBITOS REFERENTES AO IPVA. IMPOSSIBILIDADE.*
>
> *1. É cediço em sede doutrinária que "na licença, cabe à autoridade tão-somente verificar em cada caso concreto, se foram preenchidos os requisitos legais exigidos para determinada outorga administrativa e, em caso afirmativo, expedir o ato, sem possibilidade de recusa; é o que se verifica na licença para construir e para dirigir veículos"(Maria Sylvia Zanella di Pietro in Direito Administrativo, 13ª Ed., p.212)*
>
> *2. A licença é ato administrativo unilateral e vinculado pelo qual a Administração faculta àquele que preencha os requisitos legais o exercício de uma atividade.*
>
> *3. Havendo prévia notificação da infração, não há como exonerar-se do pagamento das multas para obter o licenciamento, posto que o § 2º do art. 131 da Lei 9.503/97 condiciona a renovação da licença de veículo ao pagamento de tributos, encargos e multas de trânsito a ele vinculados.*
>
> *4. Nesse sentido, dispõe o art. 131, § 2º do CTB:*
>
> *Art; 131 – O Certificado de Licenciamento anual será expedido ao veículo licenciado, vinculado ao Certificado de Registro, no modelo e especificações estabelecidos pelo CONTRAN.*

IMPOSTO SOBRE A PROPRIEDADE DE VEÍCULOS AUTOMOTORES – IPVA

(...)

§ 2º – O veículo somente será considerado licenciado estando quitados os débitos relativos a tributos, encargos e multas de trânsito e ambientais, vinculados ao veículo, independentemente da responsabilidade pelas infrações cometidas."
5. *Recurso especial provido.*
(STJ – RESP 664689/RJ – Ministro LUIZ FUX – PRIMEIRA TURMA – DJ 20/06/2005)

Cabe salientar, outrossim, exceção ao posicionamento acima na Súmula 127 do STJ, que assegura a renovação do Certificado de Licenciamento Anual no caso do contribuinte não ter sido devidamente notificado das multas, que impedem a renovação da licença:

Súmula 127 É ilegal condicionar a renovação da licença de veiculo ao pagamento de multa, da qual o infrator não foi notificado.

Sobre o tema, na opinião do autor, o posicionamento emanado do Supremo Tribunal Federal traduz maior justiça, haja vista a vedação constitucional, no Estado democrático de Direito, da Administração Pública praticar a "autotutela", confiscando bens e limitando o direito de propriedade, sob a justificativa de "licenciar" o veículo. Trata-se de cobrança coercitiva de tributos, sem o devido processo legal, sendo essa prática temerária sob o ponto de vista de que a Administração Pública detém todos os privilégios inerentes ao processo executivo fiscal.

No que tange a restituição de eventuais pagamentos a maior ou indevidos do IPVA, poderá ser pleiteada pelo contribuinte que efetivamente arcou com o ônus da tributação, ou o por ele devidamente autorizado, sendo cabível a restituição dos pagamentos efetuados nos últimos 5 anos, a contar do pagamento indevido (CTN, art. 168), acrescido de correção monetária e juros de mora.

Com isso, o proprietário do veículo automotor terrestre, que geralmente é quem suporta o ônus tributário, é o legitimado para requerer a restituição. No caso de transferência da propriedade, o novo proprietário somente terá legitimidade para a restituição dos pagamentos indevidos que efetivamente arcou, salvo quando há expressa autorização do antigo proprietário "cedendo" o direito de requerer a restituição. (CTN, art. 166)

Nessa linha de pensar, veja-se o posicionamento unânime firmado nos Embargos de Divergência no RESP nº 708.237/RJ, pela 1ª Seção do Superior

Tribunal de Justiça, sob a relatoria do Ministro Luiz Fux, publicado no DJ 27/08/2007, contendo a ressalva para a cessão de crédito convencionada:

PROCESSUAL CIVIL. TRIBUTÁRIO. EMBARGOS DE DIVERGÊNCIA. RECURSO ESPECIAL. IMPOSTO SOBRE PROPRIEDADE TERRITORIAL URBANA – IPTU. REPETIÇÃO DE INDÉBITO. ILEGITIMIDADE ATIVA DO ADQUIRENTE DO IMÓVEL.

1. O direito à repetição de indébito de IPTU cabe ao sujeito passivo que efetuou o pagamento indevido, ex vi do artigo 165, do Codex Tributário. "Ocorrendo transferência de titularidade do imóvel, não se transfere tacitamente ao novo proprietário o crédito referente ao pagamento indevido. Sistema que veda o locupletamento daquele que, mesmo tendo efetivado o recolhimento do tributo, não arcou com o seu ônus financeiro (CTN, art. 166). Com mais razão, vedada é a repetição em favor do novo proprietário que não pagou o tributo e nem suportou, direta ou indiretamente, o ônus financeiro correspondente" (REsp 593356/RJ, Relator p/ acórdão Ministro Teori Albino Zavascki, publicado no DJ de 12.09.2005).

2. O artigo 123, do CTN, prescreve que, "salvo disposições de lei em contrário, as convenções particulares, relativas à responsabilidade pelo pagamento de tributos, não podem ser opostas à Fazenda Pública, para modificar a definição legal do sujeito passivo das obrigações tributárias correspondentes".

3. Outrossim, na seção atinente ao pagamento indevido, o Código Tributário sobreleva o princípio de que, em se tratando de restituição de tributos, é de ser observado sobre quem recaiu o ônus financeiro, no afã de se evitar enriquecimento ilícito, salvo na hipótese em que existente autorização expressa do contribuinte que efetivou o recolhimento indevido, o que abrange a figura da cessão de crédito convencionada, inocorrente in casu.

4. Embargos de divergência providos.

Como exemplo, pode-se citar os contribuintes que arcaram indevidamente com o pagamento do IPVA sobre embarcações ou aeronaves, que possuem o direito a restituição dos pagamentos indevidos ocorridos nos últimos 5 anos, sendo importante destacar que o Certificado de Registro e Licenciamento Anual não faz prova da quitação do IPVA, nem confere direito à restituição, conforme posicionamento pacífico do Superior Tribunal de Justiça, que ora se transcreve:

A expedição de Certificado de Registro de Licenciamento de Veículo (CRLV), embora condicionada à quitação de tributos incidentes sobre a propriedade de veículo automotor, não serve como comprovação de quitação do IPVA e tampouco a sua emissão rela-

tiva a exercícios posteriores gera presunção do pagamento de valores anteriores. Apenas a apresentação da GA (Guia de Arrecadação), RPV (recibo de Pagamento do Veículo) ou recibo de alguma modalidade de auto-atendimento está apto a demonstrar a quitação do IPVA.
(STJ – RESP nº 525.600/RS, Rel. Min. José Delgado – 1ª turma – DJU 17.11.03)
(Vide também AgRg no RESP nº 1.257.967/SP, DJ 12/09/2012)

Por fim, é importante destacar a jurisprudência do Superior Tribunal de Justiça a qual acolhe pedido de condenação em dano moral em face do fisco estadual por constranger o contribuinte ao pagamento de débito de IPVA indevido e, ainda, negar a restituição, senão veja-se:

TRIBUTÁRIO. AGRAVO REGIMENTAL NO RECURSO ESPECIAL. EXECUÇÃO FISCAL. COBRANÇA INDEVIDA DE PARCELA REFERENTE AO IPVA. RESTITUIÇÃO NEGADA PELA ADMINISTRAÇÃO. DANO MORAL. CABIMENTO. ALEGAÇÃO DE QUE O RECURSO FOI INTERPOSTO COM BASE EM DISSÍDIO JURISPRUDENCIAL, O QUE NÃO FOI ANALISADO NA DECISÃO MONOCRÁTICA. RECURSO NÃO CONHECIDO. AUSÊNCIA DE SIMILITUDE FÁTICA ENTRE A DECISÃO RECORRIDA E O PARADIGMA. AGRAVO REGIMENTAL A QUE SE NEGA PROVIMENTO.

1. Não se trata de exigir um tributo devido, como pretende o recorrente, mas sim de exigir um tributo indevido e, após a constatação da cobrança irregular, a recusa em devolver ao contribuinte o que lhe era de direito.

2. A jurisprudência desta Corte já se posicionou no sentido de que o ajuizamento arbitrário de execução fiscal poderá justificar o pedido de ressarcimento de danos morais, quando ficar provado ter ocorrido abalo moral, o que se aplica por analogia ao presente caso.

3. No tocante a interposição do recurso pela alínea c, deve-se registrar que o recorrente não logrou demonstrar o dissídio jurisprudencial nos moldes exigidos pelos arts. 541, parág. único do CPC e 255 do RISTJ, uma vez que não realizou o necessário cotejo analítico entre o acórdão recorrido e o paradigma, a fim de demonstrar a similitude fática e jurídica entre eles.

4. Agravo Regimental a que se nega provimento.

(STJ – AgRg no REsp 1355390 / MA – Ministro NAPOLEÃO NUNES MAIA FILHO – PRIMEIRA TURMA – DJe 02/04/2014)

CURSO DE DIREITO TRIBUTÁRIO BRASILEIRO

7. Jurisprudência

- "Recurso extraordinário com repercussão geral. 2. Imunidade recíproca. Empresa Brasileira de Correios e Telégrafos. 3. Distinção, para fins de tratamento normativo, entre empresas públicas prestadoras de serviço público e empresas públicas exploradoras de atividade. Precedentes. 4. Exercício simultâneo de atividades em regime de exclusividade e em concorrência com a iniciativa privada. Irrelevância. Existência de peculiaridades no serviço postal. Incidência da imunidade prevista no art. 150, VI, "a", da Constituição Federal. 5. Recurso extraordinário conhecido e provido". (STF – RE nº 601.392/PR – Min. Joaquim Barbosa – Tribunal Pleno – DJ 05.06.2013)
- "EMENTA: CONSTITUCIONAL. TRIBUTÁRIO. RECURSO EXTRAORDINÁRIO. REPERCUSSÃO GERAL. IMUNIDADE TRIBUTÁRIA RECÍPROCA. SOCIEDADE DE ECONOMIA MISTA. SERVIÇOS DE SAÚDE. 1. A saúde é direito fundamental de todos e dever do Estado (arts. 6º e 196 da Constituição Federal). Dever que é cumprido por meio de ações e serviços que, em face de sua prestação pelo Estado mesmo, se definem como de natureza pública (art. 197 da Lei das leis). 2 . A prestação de ações e serviços de saúde por sociedades de economia mista corresponde à própria atuação do Estado, desde que a empresa estatal não tenha por finalidade a obtenção de lucro. 3. As sociedades de economia mista prestadoras de ações e serviços de saúde, cujo capital social seja majoritariamente estatal, gozam da imunidade tributária prevista na alínea "a" do inciso VI do art. 150 da Constituição Federal. 3. Recurso extraordinário a que se dá provimento, com repercussão geral". (STF – RE nº 580.264/RS – Min. Joqium Barbosa –Tribunal Pleno – DJ 06.10.2011)
- "REPERCUSSÃO GERAL – IPVA – LOCAL DE RECOLHIMENTO – ARTIGOS 146, INCISOS I E III, E 155, INCISO III, DA CARTA DA REPÚBLICA. Possui repercussão geral a controvérsia acerca do local a ser pago o Imposto sobre a Propriedade de Veículos Automotores – IPVA, se em favor do estado no qual se encontra sediado ou domiciliado o contribuinte ou onde registrado e licenciado o veículo automotor cuja propriedade constitui fato gerador do tributo". (STF – ARE nº 784.682/MG – Min. Marco Aurélio – Afetação ao Tribunal Pleno – DJ 25.04.2014)
- "IPVA – AUTOMÓVEL – ALIENAÇÃO FIDUCIÁRIA – RELAÇÃO JURÍDICA A ENVOLVER O ESTABELECIMENTO FINANCEIRO E O MUNICÍPIO – IMUNIDADE RECÍPROCA ADMITIDA NA ORIGEM

IMPOSTO SOBRE A PROPRIEDADE DE VEÍCULOS AUTOMOTORES – IPVA

– RECURSO EXTRAORDINÁRIO – REPERCUSSÃO GERAL CONFIGURADA. Possui repercussão geral a controvérsia relativa à incidência da imunidade recíproca, prevista no artigo 150, inciso VI, alínea "a", da Carta da República, no tocante ao Imposto sobre a Propriedade de Veículos Automotores – IPVA a recair em automóvel alienado fiduciariamente por instituição financeira a município". (STF – RE nº 727.851/MG – Min. Marco Aurélio – Afetação ao Tribunal Pleno – DJ 29.10.2013)

- "EMENTA: Recurso Extraordinário. Tributário. 2. Não incide Imposto de Propriedade de Veículos Automotores (IPVA) sobre embarcações (Art. 155, III, CF/88 e Art. 23, III e § 13, CF/67 conforme EC 01/69 e EC 27/85). Precedentes. 3. Recurso extraordinário conhecido e provido." (RE nº 379.572/RJ, STF, Tribunal Pleno, Relator Ministro Gilmar Mendes, DJ 01.02.2008)

- "AERONAVE – IPVA – IMPOSTO SOBRE PROPRIEDADE DE VEÍCULOS AUTOMOTORES – INCONSTITUCIONALIDADE DA INCIDÊNCIA – INADMISSIBILIDADE. Não incidência de IPVA sobre propriedade de embarcações e aeronaves, na esteira de declaração no sentido de ser inconstitucional a exigência pelo STF. Decisão reformada. Recurso da embargante provido, prejudicado o apelo da exeqüente." (Apelação Cível nº 402.647.51-0/0, TJSP, 1ª C Dir Públ, Rel Des Danilo Panizza, DJ 28.11.2008)

- "Tratando-se de camioneta de cabine dupla, 'transformada' para uso exclusivo de passageiros, deixa o veículo de gozar da alíquota incentivada, que é aplicável apenas aos veículos utilitários, assim entendidos aqueles que se prestam ao transporte geralmente comercial de bens. Ao invés de tributado à alíquota de 2 %, pois, tal qual recolhido do imposto, certa seria a tributação à ordem de 4 %." (Proc. DRT-1 nº 18.977/92. TIT SP, 4ª C, Rel. Juiz Sérgio Mazzoni. 'TIT Ementário/1996', p. 120).

- "DIREITO CONSTITUCIONAL E TRIBUTÁRIO. Os Apelantes propuseram, em face do ESTADO DO RIO DE JANEIRO, ação declaratória cumulada com repetição de indébito, ao argumento de que deles, com proprietários dos veículos importados elencados na inicial, foi exigido pelo Apelado IPVA calculado com base na alíquota de 5% (cinco por cento), enquanto para os veículos nacionais de igual categoria, a alíquota adotada é de 3% (três por cento).O pedido foi julgado improcedente e, interposta a respectiva apelação, esta Egrégia Câmara, por maioria, a ela negou provimento.Interposto Recurso Extraordinário, o mesmo foi provido pelo

Colendo Supremo Tribunal Federal, para reconhecer a procedência do pedido principal e determinar o retorno doa autos a esta Egrégia Câmara para, em complemento ao julgamento, fixar a correção monetária, os juros moratórios e os ônus sucumbenciais. Cumprindo o decidido pelo Supremo Tribunal Federal, estabelece-se a obrigação de o Estado do Rio de Janeiro devolver aos Apelantes, devidamente corrigidos monetariamente, desde cada um dos respectivos desembolsos, 2/5 (dois quintos) dos valores exigidos a título de IPVA em relação aos veículos elencados na petição inicial, acrescidos de juros moratórios mensais de 0,5 % (meio por cento) ao mês, até o advento do Código Civil de 2002 e, a partir daí, de 1% (um por cento) ao mês, tudo a ser apurado em liquidação de sentença, além da devolução, igualmente corrigida monetariamente, das custas processuais e o pagamento de honorários sucumbenciais de 10% (dez por cento) sobre o valor da condenação." (Apelação Cível nº 2003.001.29414, TJRJ, 3ª CC, Desembargador Maurílio Passos Braga, DJ 22.11.2007).

- "Representação por Inconstitucionalidade. Leis nº. 3.651 e 4.819 do Estado do Rio de Janeiro. Autorização para o Poder Executivo isentar de tributos estaduais a aquisição de veículos por determinadas categorias profissionais. Inconstitucionalidade formal. Indelegabilidade da iniciativa legislativa. Iniciativa reservada ao Poder Legislativo. Princípio da legalidade absoluta em âmbito tributário. Precedentes do STF. Inconstitucionalidade material. Princípio da isonomia tributária. Vedação expressa na Constituição Federal ao tratamento tributário diferenciado em razão da categoria profissional. Infração ao princípio da capacidade contributiva. Veículos populares e nacionais. Impossibilidade da análise subjetiva do contribuinte. Sub-princípio da essencialidade. O tipo do veículo não importa, necessariamente, em análise da capacidade contributiva. Impossibilidade de proteção ao produto nacional. Inexistência de caráter extra-fiscal nos IPVA e ICMS. Matéria reservada aos impostos sobre produtos industrializados e importações (IPI e II). Falta de convênio para a concessão de isenção. Inconstitucionalidade reconhecida." (Representação por Inconstitucionalidade nº 2006.007.00148, TJRJ, Órgão Especial, Desembargador Marcus Faver, DJ 06.08.2007)

- "Tributário. Entidades religiosas e filantrópicas. Imunidade tributária. IPVA. Incidência sobre utilitários usados para o transporte de menores pobres. Atividade benemérita que jamais foi questionada pela Fazenda Estadual. Presunção de que as Kombis sejam usadas para o cumprimento dos fins estatutários. Precedentes do Supremo Tribunal Federal. Isenção reconhecida. Embargos infringentes providos. Obs: Apelação Cível 2007.001.13710." (Embargos Infringentes nº 2007.005.00501, TJRJ, 10ª CC, Desembargador Bernardo Moreira Garcez Neto, DJ 19.03.2008)

- "CONSTITUCIONAL E TRIBUTÁRIO. IPVA. ISENÇÃO PARA VEÍCULOS ADAPTADOS DE PROPRIEDADE DE PORTADORES DE NECESSIDADES ESPECIAIS. Lei Estadual nº 2.877/97. Método de interpretação. Art. 111, inciso II, do CTN. Critério literal. Princípio da Justiça que funda o instituto da isenção. Interpretação que, embora literal por imposição legal, não pode sobrepujar a idéia de justiça que o antecede e o inspira. Interpretação principiológica. Isenção concedida com caráter de fomentar a inclusão social de portadores de necessidades especiais. Regras de experiência que indicam que apenas pequena parcela da população pode adquirir veículo automotor mediante pagamento à vista. Considerar que a isenção pretendia beneficiar somente os portadores de necessidades especiais abastados configuraria interpretação para o absurdo e grave violação ao princípio informador da justiça e da isonomia. Necessidade de se estender a isenção também àqueles que adquirem veículos mediante financiamento, irrelevante se sob a forma de arrendamento mercantil ou alienação fiduciária. Dano moral. Inocorrência. Hipótese que, embora tenha causado transtornos ao administrado, configura mero aborrecimento. Recursos desprovidos." (Apelação Cível nº 2007.001.67871, TJRJ, 2ª CC, Desembargador Carlos Eduardo Passos, DJ 16.01.2008)

- "AGRAVO LEGAL – EXECUÇÃO FISCAL – IPVA EXCEÇÃO DE PRÉ-EXECUTIVIDADE – PRESCRIÇÃO – A prescrição, hipótese de extinção do crédito tributário (art. 156, V, do CTN), tem como causa a inércia da Fazenda Pública na cobrança do crédito de natureza tributária. A prescrição do crédito tributário referente ao IPVA tem como termo inicial a data de sua constituição definitiva, sendo o lançamento feito de ofício no primeiro dia do exercício em que pode ser cobrado. As execuções fiscais foram todas ajuizadas quando já extintos os créditos pela inércia do apelante. Improvimento ao recurso." (AC nº 2008.001.39338, TJRJ, 17ª CC, Rel. Desembargador Edson Vasconcelos, DJ 12.11.2008).

- "TRIBUTÁRIO – ARREMATAÇÃO JUDICIAL DE VEÍCULO – DÉBITO DE IPVA – RESPONSABILIDADE TRIBUTÁRIA – CTN, ART. 130, PARÁGRAFO ÚNICO. 1. A arrematação de bem em hasta pública é considerada como aquisição originária, inexistindo relação jurídica entre o arrematante e o anterior proprietário do bem. 2. Os débitos anteriores à arrematação subrogam-se no preço da hasta. Aplicação do artigo 130, § único do CTN, em interpretação que se estende aos bens móveis e semoventes. 3. Por falta de préquestionamento, não se pode examinar a alegada violação ao disposto no art. 131, § 2º, da Lei nº 9.503/97 (Código de Trânsito Brasileiro). 4. Recurso especial conhecido em parte e, nessa parte, não provido." (RESP 807.455/RS, STJ, 2ª T, Rel. Ministra Eliana Calmon, DJ 21.11.2008)

8. Doutrina de Leitura obrigatória

MAMEDE, Gladston. IPVA. São Paulo: Revista dos Tribunais, 2001.

MARTINS, Sérgio Pinto. Inconstitucionalidade e Ilegalidades da Exigência do IPVA. São Paulo: Rep. IOB Jurispr/99, n. 1, p. 39, 1/13.039.

SILVA MARTINS, Rogério L. V. Gandra. O Perfil do Imposto sobre a Propriedade de Veículos Automotores – IPVA. São Paulo: Saraiva, Curso de Direito Tributário, 2000, p. 623.

Impostos Municipais – Imposto sobre a Propriedade Predial e Territorial Urbana (IPTU)

ANDREA VELOSO CORREIA

A Constituição Federal prevê a competência privativa dos Municípios para instituição dos impostos elencados no artigo 156, quais sejam: o IPTU (inciso I), o ITBI- imposto de transmissão *inter vivos* a título oneroso de bens imóveis (inciso II) e o ISS (inciso III).

Como bem destacado por LUIZ EMYGDIO F. DA ROSA JR.[1], competência privativa significa "a atribuição pela Constituição do poder impositivo à União, Estados, Distrito Federal e Municípios para instituírem os tributos nela mencionados. Tal atribuição privativa significa que somente a entidade favorecida poderá exercer o referido poder impositivo, ainda que não edite a lei necessária à criação do tributo. Disso resulta que é também *excludente*, uma vez que constitui uma obrigação negativa para as outras entidades, que não podem invadir aquela área própria e privativa do ente político beneficiado. O desrespeito a este princípio de exclusividade de competência tributária acarreta a inconstitucionalidade do ato praticado pela entidade infratora por invasão da esfera de competência exclusiva do ente beneficiado pela Constituição."

Dentre os impostos de competência privativa dos Municípios destacam--se os impostos sobre o patrimônio. Essa é uma classificação dos impostos, feita pelo CTN, de acordo com a sua categoria econômica, ou seja,

---

[1] Manual de Direito Financeiro e Direito Tributário, 12ª Edição, Editora Renovar, pág. 257

"levando-se em conta a natureza da situação sobre a qual incidem"[2]. São impostos sobre o patrimônio, o IPTU e o ITBI; os dois primeiros impostos a serem examinados nesse trabalho.

O IPTU está previsto nos artigos 156, I e parágrafo primeiro c/c 182, parágrafo quarto, II da Constituição Federal e regulamentado pelo Código Tributário Nacional nos artigos 32 a 34.

No Município do Rio de Janeiro, ele foi instituído pelos artigos 52 a 86 da Lei Municipal nº 691/84 – Código Tributário Municipal, com suas alterações posteriores.

1. Fato gerador

É a propriedade, o domínio útil ou a posse de bem imóvel por natureza ou por acessão física, localizado na zona urbana do Município (**Art. 32 do CTN**). **Imóvel por natureza** era definido pelo artigo 43, I, do Código Civil de 1916, atual art. 79 do novo Código Civil (o solo com a superfície, os seus acessórios e adjacências naturais, compreendendo as árvores e frutos pendentes, o espaço aéreo e o subsolo). **Imóvel por acessão física** é tudo quanto o homem incorpora de forma permanente ao solo, como os edifícios e as construções (art. 43, II, do CC de 1916 e atual art. 79 do CC de 2002).

A primeira observação relevante, decorrente dessa definição legal, é que a Constituição Federal deferiu aos Municípios competência para a instituição de um Imposto sobre a **propriedade** e o Código Tributário Nacional ampliou esse conceito para alcançar a **posse e o domínio útil**.

AIRES F. BARRETO[3] não vislumbra qualquer impropriedade nessa extensão. Esclarece o autor que "o vocábulo "propriedade" não foi utilizado pela Constituição em sentido técnico", mas " na sua acepção corrente, comum, vulgar", permitindo, assim, a previsão da posse e do domínio útil como fatos geradores do IPTU.

Desse posicionamento não se afasta ALIOMAR BALEEIRO[4] que defende a plena compatibilidade do tratamento dado pelo CTN em face da Constituição Federal.

---

[2] Luiz Emygdio F. da Rosa Jr., obra citada, pág. 354.
[3] Curso de Direito Tributário, coordenador Ives Gandra da Silva Martins, Editora Saraiva, 7ª edição, 2000, pág. 702
[4] Direito Tributário Brasileiro, 11ª Edição, Editora Forense, 2008,atualizadora Misabel Derzi, pág. 244

No entanto, na interpretação a ser dada ao citado dispositivo legal, não há como se ignorar a intenção do legislador constituinte de tributar tão somente a propriedade ou situações que exteriorizem a propriedade. MISABEL ABREU MACHADO DERZI[5] enfrentou com maestria a questão:

> **"Não se deve entender que o CTN tenha instituído impostos autônomos sobre o domínio útil e a posse. Ao contrário, o núcleo único e central, em torno do qual giram os demais, como manda a Constituição, é a propriedade. O domínio útil somente é tributável por ser uma quase-propriedade, e a posse, apenas quando é exteriorização da propriedade, que pode vir a se converter em propriedade. "** (grifos nossos)

Como será visto mais adiante de forma detalhada, não é qualquer posse que é capaz de atrair a incidência do IPTU, mas tão somente a posse *ad usucapionen*, ou seja, aquela apta a gerar a aquisição da propriedade do bem imóvel por usucapião.

Um segundo ponto a ser destacado é que o IPTU pode ser cobrado tanto em função da propriedade predial (imóvel por acessão física) como da territorial (imóvel por natureza).

Ou seja, o legislador Municipal pode optar pela criação de um único imposto ou pela instituição de dois impostos (um incidindo sobre os imóveis edificados e outro sobre os não edificados). Nesse último caso, como bem lembrado por AIRES F. BARRETO[6], pode-se adotar "a) uma só alíquota para os dois impostos como b) definir alíquotas diferenciadas para um e outro."

Um outro aspecto fundamental para a incidência do Imposto Municipal é que o imóvel esteja situado na **Zona urbana**; em contrapartida ao Imposto sobre a propriedade Territorial Rural (ITR), de competência da União, que é cobrado em relação aos imóveis situados na zona rural (artigo 153, VI, da CF/88 c/c artigos 29 a 31 do CTN).

Segundo o **artigo 32, parágrafo primeiro do CTN**, a zona Urbana é definida pela lei municipal (o Plano Diretor- art. 182, parágrafo primeiro da CF/88), observado o requisito mínimo da existência de dois melhoramentos, construídos ou mantidos pelo poder público municipal, entre os

---

[5] Direito Tributário Brasileiro, 11ª Edição, Editora Forense, 2008, Aliomar Baleeiro, atualizadora Misabel Derzi, pág.245
[6] obra citada, pág. 702

cinco elencados no citado dispositivo legal (calçamento, abastecimento de água, sistema de esgotos sanitários, rede de iluminação pública, escola primária ou posto de saúde).

A lei municipal também pode considerar como zona urbana as áreas urbanizáveis ou de expansão urbana, constantes de loteamentos aprovados pelos órgãos competentes, como dispõe o **artigo 32, parágrafo segundo do CTN**. Trata-se da chamada zona urbana por equiparação.

De acordo como o Código Tributário Nacional, para efeito de diferenciação entre a incidência do IPTU e do ITR, leva-se em conta o critério da **localização do imóvel**. São tributados pelo IPTU os imóveis localizados na zona urbana e pelo ITR, os imóveis situados na zona rural.

O **Superior Tribunal de Justiça**, no entanto, vem entendendo que o critério da localização não é suficiente para que se decida sobre a incidência do IPTU ou ITR, sendo necessário observar-se, também, a destinação econômica do imóvel.

O STJ aplica o disposto no **artigo 15 do Decreto Lei 57/66** que estabelece estarem sujeitos à incidência do ITR os imóveis situados na zona rural e os situados na zona urbana, quando utilizados em exploração vegetal, agrícola, pecuária ou agro- industrial.

De fato, antes mesmo que o CTN entrasse em vigor, o que ocorreu em 1º de janeiro de 1967, seu artigo 32 foi alterado pelo art. 15 do Decreto Lei nº 57, de 18/11/1996, *in verbis*:

> "Art. 15 – O disposto no artigo 32 da Lei nº 5172, de 25 de outubro de 1966, não abrange o imóvel que, comprovadamente, seja utilizado em exploração, extrativa vegetal, agrícola, pecuária ou agro- industrial, incidindo, assim, sobre o mesmo, o ITR e demais tributos com o mesmo cobrados."

O **Supremo Tribunal Federal** considerou este Decreto Lei recepcionado pela Constituição Federal de 1967 e pela Emenda Constitucional nº 1/69 com *status* de Lei Complementar; razão pela qual declarou a inconstitucionalidade do artigo 12 da Lei Ordinária Federal nº 5868, de 12/12/1972, no ponto em que pretendeu revogar o art. 15 do Decreto Lei 57/66 [7]

Com base neste precedente, o STJ passou a combinar os dois critérios: localização + destinação econômica. Em outras palavras, são tributados pelo ITR os imóveis situados na zona rural e os situados na zona urbana,

---

[7] RE 140.773-5, Pleno, Rel. Min. Sydney Sanches, DJ 04/06/99.

com destinação econômica rural. Por sua vez, são tributados pelo IPTU, os imóveis situados na zona urbana, que não tenham uma destinação econômica rural.

Hoje a questão se encontra pacificada no âmbito do Superior Tribunal de Justiça, em função do acórdão, sujeito ao regime do art. 543- C do CPC (recurso repetitivo)[8] , assim ementado:

> "Tributário. Imóvel na área urbana. Destinação Rural. IPTU. Não incidência. Art. 15 do DL 57/1966. Recurso Repetitivo. Art. 543-C do CPC.
>
> 1. Não incide IPTU, mas ITR, sobre imóvel localizado na área urbana do Município, desde que comprovadamente utilizado em exploração extrativa, vegetal, agrícola, pecuária ou agroindustrial (art. 15 do DL 57/1966)
>
> 2. Recurso Especial provido. Acórdão sujeito ao regime do art. 543-C do CPC e da Resolução 8/2008 do STJ."

Neste julgamento, o imóvel objeto da discussão era utilizado para o cultivo de hortaliças e eucalipto, mas estava inserido em zona qualificada como urbana pelo Município.

Destaque-se, que segundo o STJ, o ônus da prova da comprovação de que o imóvel é destinado à atividade rural é do sujeito passivo[9]. Na dúvida ou ausente esta prova, deve incidir o IPTU. Este entendimento se baseia no próprio artigo 15 do DL 57/66 que deixa claro que o ITR só incidirá sobre o imóvel que, *comprovadamente*, seja utilizado em exploração rural.

Uma parte da doutrina, no entanto, critica o posicionamento do STJ, por entender que o único critério válido é o da localização do imóvel[10]. De fato, a meu ver, *o critério topográfico está implícito na Constituição Federal de 1988* que define os imóveis rurais como sendo próprios do campo (art. 184 a 191) em oposição aos urbanos (próprios da cidade- art. 182/183), utilizando claramente o critério da localização. Desta forma, entendo que o Decreto Lei 57/66 não foi recepcionado pela atual Carta Magna[11].

---

[8] RESP 1112646/SP, 1ª Seção, Rel. Min. Herman Benjamin, DJ 28/08/2009

[9] AgRg no Ag 993224/SP, 1ª Turma, DJ 04/06/2008

[10] Misabel Derzi, Direito Tributário Brasileiro, Aliomar Baleeiro, pág. 247, 2008, Ed. Forense; Cíntia Estefania,, in IPTU texto e Contexto, Ed. Quartier Latin,2005, pág 319

[11] Já tive a oportunidade de defender este entendimento no artigo intitulado "IPTU. Conflito de competência com o ITR. Critério da Localização x Critério da destinação econômica. " Revista Carioca de Direito, 1 edição, 2010, p. 73/78

Merece destaque a opinião de LEANDRO PAULSEN[12] sobre o tema:

"(...) **a Constituição Federal traz, de forma implícita, a definição de imóveis rurais e urbanos, utilizando-se, para tanto, do critério da localização.** De fato, da leitura dos capítulos Da Política Urbana e da Política Agrícola e Fundiária e da Reforma Agrária, ambos do título da Ordem Econômica e Financeira, é o que se tira. **A constituição vinculou a expressão propriedade urbana à cidade,** prevendo que deve atender às exigências fundamentais de ordenação da cidade **expressas no plano diretor aprovado pela Câmara Municipal. Quando a Constituição se Refere a imóvel rural, por sua vez, o faz em contraposição a imóvel urbano."** (grifos nossos)

Ressalte-se que não cabe ao Superior Tribunal de Justiça a palavra final em matéria de ordem constitucional (e, não há dúvida que competência tributária enquadra-se como tal) e o Supremo Tribunal Federal ainda não analisou a recepção ou não do citado Decreto Lei pela Constituição Federal de 88; tendo se pronunciado, tão somente, em relação às Constituições Anteriores.

Um último ponto a ser enfrentado, quanto ao fato gerador desse imposto, diz respeito a seu **aspecto temporal**. A lei municipal é que irá definir o momento da ocorrência do fato gerador (artigo 144, parágrafo segundo do CTN). No Rio de Janeiro, como na maioria dos Municípios brasileiros, a data escolhida foi o dia primeiro de janeiro de cada ano (**artigo 52, parágrafo único da Lei 691/84**).

2. Base de Cálculo

É o valor venal do imóvel (**art. 33 do CTN**), ou seja, o seu valor de mercado. Corresponde ao preço à vista que o imóvel alcançaria se colocado à venda em determinado momento.

Como destacado por ODMIR FERNANDES[13], "é comum nos grandes centros urbanos a adoção de Planta de Valores para determinação da Base de Cálculo e lançamento anual do imposto, no lugar da apuração do valor individual de cada imóvel. Cabe ao contribuinte o direito de aferir e impugnar o lançamento, se realizado por preço superior ao do mercado".

---

[12] Desapropriação e Reforma Agrária, Porto Alegre, Liv. Do Advogado, 1997, p. 95 e Impostos Federais, Estaduais e Municipais, 2ª Edição, Liv. Do Advogado, 2006, pág. 176/177

[13] Código Tributário Nacional Comentado, Editora Revista dos Tribunais, coordenador: Vladmir Passos de Freitas, 1999, pág. 90/911

Na verdade, nos grandes Municípios, como é o caso do Rio de Janeiro, seria impossível avaliar, anualmente, os mais de dois milhões de imóveis situados na zona urbana; razão pela qual o valor de mercado é estimado, pela adoção das plantas de valores.

Qualquer majoração da base de cálculo deve ser feita por lei (**art. 97, II, do CTN e art. 150, I, da CF/88**), em função do princípio da legalidade. Entretanto, a atualização monetária da Base de Cálculo não constitui majoração do IPTU, razão pela qual pode ser feita por decreto (**art. 97, parágrafo segundo do CTN**). Nesse sentido é a **Súmula nº 160 do STJ**: "É defeso ao Município atualizar o IPTU, mediante decreto, em percentual superior ao índice oficial de correção monetária."

Deste entendimento, não se afastou o Supremo Tribunal Federal ao julgar o RE 648.245/MG, com repercussão geral.

3. Contribuinte

Contribuinte do IPTU é o proprietário do imóvel, o titular do domínio útil ou o possuidor a qualquer título (**art. 34 do CTN**). Como destacado por AIRES F. Barreto[14], "titulares desses direitos são pois o proprietário pleno, seja de domínio exclusivo, seja na condição de co- proprietário ou condômino, inclusive nas hipóteses de condomínio especial. Também o é o fiduciário que tem a propriedade, embora sob condição resolutiva."

Ressalte-se que, no que se refere ao condomínio formado por duas ou mais pessoas que adquirem em conjunto um imóvel, todos os co-proprietários são devedores solidários (artigo 124, I, do CTN).

Domínio útil é o direito real de fruição ou gozo de coisa alheia, consistente na atribuição da enfiteuse (artigos 678 a 694 do CC de 1916 e artigo 2038 do Código Civil de 2002). O enfiteuta é o titular do domínio útil e o contribuinte do Imposto. A enfiteuse foi expressamente mencionada pelo citado artigo pois, tradicionalmente, ela é considerada como uma "quase propriedade", sendo o mais amplo dos direitos reais sobre coisa alheia[15].

O **Possuidor** que é contribuinte do IPTU é o possuidor com *animus domini*, isto é, aquele que tem a possibilidade de adquirir o domínio ou a propriedade do imóvel pelo usucapião. O **locatário e o comodatário** não

---

[14] Obra citada, pág. 725

[15] Sacha Calmon Navarro Coelho, Do Imposto sobre a propriedade Predial e Territorial Urbana, Saraiva, 1982, pág. 122.

CURSO DE DIREITO TRIBUTÁRIO BRASILEIRO

são contribuintes do imposto por não exercerem a posse com ânimo de dono; possuindo o imóvel como simples detentores de coisa alheia. Portanto, eles não são legitimados passivos em uma execução fiscal; nem tem legitimação ativa para a ação em que se impugna os lançamentos do IPTU ou se pleiteia a restituição de tributos pagos.

Note-se que a jurisprudência do SUPERIOR TRIBUNAL DE JUSTIÇA é **pacífica** no sentido de reconhecer a **ilegitimidade do locatário para questionar o IPTU e as taxas fundiárias**[16].

A mera previsão da transferência para o locatário do ônus relativo à tributação que recai sobre o imóvel, em cláusula de contrato de locação, não cria relação tributária entre o locatário e o Município. A estipulação contratual, segundo o **artigo 123 do CTN**, é contrato particular não oponível à Fazenda Pública, só valendo entre as partes.

A lei de locação não se encontra na exceção prevista na parte inicial desse artigo (salvo disposição de lei em contrário) pois lei, nesse caso, deve ser a tributária.

Outra discussão relevante diz respeito ao **usufrutuário**. A doutrina e a jurisprudência divergem sobre o seu enquadramento como contribuinte do IPTU e, consequentemente, sobre a sua legitimidade para impugnar lançamentos desse tributo ou pleitear repetição de indébito.

Uma parte da doutrina[17], a qual me filio, entende que o usufrutuário não se enquadra em qualquer das hipóteses mencionadas no artigo 34 do CTN, pois ele não é proprietário -- possuindo direito real sobre coisa alheia-- e não é possuidor, para os fins deste artigo, pois não tem ânimo de proprietário. Além disso, ele não é titular do domínio útil, já que o usufruto não se confunde com a enfiteuse.

Por outro lado, existem aqueles[18] que defendem a inclusão do usufrutuário como sujeito passivo do Imposto Municipal com base no disposto no artigo 733, II, do CC de 1916 (atual art. 1043 do CC de 2002) e em uma interpretação extensiva do conceito de "domínio útil" ou de "possuidor" previsto no artigo 34 do CTN.

---

[16] AgRg no RESP 836089/SP, 1ª Seção, DJ 26/04/11

[17] Valeria Cristina Pereira Furlan, "IPTU", Ed. Malheiros, SP, 2000, pág. 84/85 e Misabel Derzi, obra citada, pág. 245/246 e Do Imposto Sobre a Propriedade Predial e territorial Urbana, Saraiva, 1982, pp. 228 e 229

[18] Aires F. Barreto, obra citada, pág. 725

Esse ponto de vista, *data venia*, não se sustenta, já que o Código Civil regulamenta a relação de natureza civil (usufrutuário- proprietário), que não se confunde com a de direito tributário (fisco- contribuinte), que tem regras próprias. Além disso, o direito tributário é regido pelo princípio da legalidade estrita e tipicidade fechada, não se admitindo interpretação ampliativa ou extensiva da lei complementar que define os contribuintes dos impostos (**artigo 146, III, "a" c/c artigos 150, I e 97, III do CTN**).

O **Superior Tribunal de Justiça**, no entanto, acabou por acolher a tese de que o usufrutuário é contribuinte do IPTU, como demonstram os seguintes precedentes: RESP 606103/RJ, 2ª Turma, **DJ 21/02/05**; RESP 667938/RJ, 1ª Turma, **DJ 19/12/05**; Edcl no AgRg no RESP 698041/RJ, 1ª Turma, **DJ 04/05/06**; AgRg no RESP 698041/RJ, 1ª Turma, **DJ 06/03/06**.

Um outro questionamento que vem surgindo diz respeito ao **superficiário**. O artigo 21, parágrafo terceiro do Estatuto da Cidade (Lei10257/2001) prevê a sua responsabilidade integral pelos tributos que incidam sobre a propriedade superficiária, arcando, ainda, proporcionalmente com os tributos sobre a área objeto da concessão do direito de superfície, salvo disposição em contrário do contrato respectivo.

Seria ele contribuinte do IPTU? A meu ver a resposta a essa pergunta deve ser negativa, pois o artigo 146, III, "a", da CF/88 estabelece que cabe à lei complementar definir os contribuintes dos Impostos e a Lei 10.257/2001 é uma lei ordinária. Portanto, não pode alterar o estabelecido no artigo 34 do CTN. A regra do artigo 21, parágrafo terceiro tem caráter supletivo da vontade das partes; só prevalecendo em relação aos particulares contratantes.

Note-se que, tecnicamente, o superficiário não é proprietário, nem possuidor com ânimo de dono, nem titular do domínio útil, já que, a meu ver, este último é tão somente o enfiteuta.

Deve-se, no entanto, destacar que o Superior Tribunal de Justiça vem distinguindo, para efeitos de IPTU, a posse decorrente de contratos que geram meros direitos obrigacionais (ex. locação, comodato), dos contratos que geram direitos reais (enfiteuse; usufruto). No primeiro caso, como visto acima, o locatário e o comodatário não são contribuintes do IPTU; mas o enfiteuta e o usufrutuário, para o STJ, o são.

Apesar de o Superior Tribunal de Justiça não ter enfrentado a questão do superficiário, poder-se-ia defender a sua inclusão como contribuinte dentro de uma interpretação extensiva de titular do domínio útil (art. 34

CURSO DE DIREITO TRIBUTÁRIO BRASILEIRO

do CTN), já que o direito de superfície é um direito real à semelhança do usufruto.

Um outro questionamento que vem sendo enfrentado pelos Tribunais Pátrios diz respeito aos imóveis de propriedade da União que são **cedidos ao particular que o explora economicamente mediante contrato de concessão de uso**, que só gera direito pessoal (ex. lojas dos aeroportos). A mesma discussão engloba os imóveis que são utilizados por concessionárias de serviços públicos (ex. leitos ferroviários).

O **Superior Tribunal de Justiça** já firmou o seu posicionamento no sentido de que o ocupante do imóvel não é contribuinte do IPTU, razão pela qual os lançamentos tributários não podem ser efetuados em relação a ele.

Vale à pena trazer à colação a seguinte ementa:

> "PROCESSUAL CIVIL E TRIBUTÁRIO. AGRAVO REGIMENTAL NO RECURSO ESPECIAL. IPTU. CONTRATO DE CONCESSÃO DE USO DE IMÓVEL PERTENCENTE À UNIÃO. RESPONSABILIDADE TRIBUTÁRIA.
>
> I – O IPTU deve ser cobrado do proprietário ou de quem detém o domínio útil ou a posse por direito real do bem, no caso, a recorrida, **cessionária do direito de uso, possui relação de direito pessoal com o imóvel,** razão pela qual não pode ser contribuinte do IPTU.
>
> II – (...)" grifos nossos

Para permitir a correta compreensão do posicionamento do STJ, passo a transcrever parte do voto proferido pelo Ministro Castro Meira[19], que vem sendo reproduzido por outras decisões:

> "(...) Apesar da fórmula genérica utilizada pelo legislador, a correta intelecção do referido artigo passa, necessariamente, pela **distinção entre a posse oriunda de um direito real e a posse que tem por fundamento o direito pessoal, sendo certo que somente no primeiro caso há a possibilidade de se considerar contribuinte do imposto o possuidor.**
>
> Isso porque, na posse fundada em direito real, o possuidor a exerce *ad usucapionem*, ou seja, com *animus* de dono, exteriorizando comportamento típico de proprietário, e é a propriedade do bem imóvel o fato gerador do IPTU. Já na posse oriunda de direito pessoal, o possuidor atua destituído de

---

[19] RESP 723.975-RJ, DJ 01/08/2005

qualquer exteriorização de domínio, não podendo ser considerado sujeito passivo do imposto.

Ao se tratar de posse fundada em direito pessoal, nem mesmo se pode falar em exercício do domínio útil do bem, também eleito pelo CTN como fato gerador do tributo, visto que não é dado ao mero possuidor dispor do bem, apenas com o dever de respeitar a preferência do titular da nua propriedade.

A única posse, portanto, apta a gerar para o possuidor a obrigação tributária é aquela qualificada pelo *animus domini*. (...)" grifos nossos.

O **Supremo Tribunal Federal**, no julgamento do Recurso Extraordinário nº 451.152-5, DJ 27/04/07 (acórdão ainda não transitado em julgado)[20], entendeu que o concessionário de uso não seria contribuinte do IPTU por não ter posse com ânimo de dono; nem posse decorrente de um direito real. Neste julgamento, no entanto, o Exmo. Ministro Joaquim Barbosa, além de entender que os imóveis de propriedade da União explorados economicamente por terceiros não estariam alcançados pela imunidade recíproca (art. 150, parágrafo terceiro da CF/88), também se posicionou favoravelmente a sujeição passiva do terceiro na qualidade de responsável tributário; não de contribuinte.

Esta questão encontra-se com repercussão geral reconhecida no Supremo Tribunal Federal, no RE 601720/RJ, cujo julgamento ainda não se iniciou[21].

Uma outra questão que merece ser enfrentada se refere à legitimidade – ou não – do **adquirente do imóvel para pleitear a repetição do IPTU pago pelo antigo proprietário**. Em outras palavras, o novo proprietário pode pleitear a repetição do indébito, considerando que o IPTU foi pago pelo alienante do imóvel?

A **Primeira Seção do STJ**, no julgamento do **ERESP 708.237/RJ**, de Relatoria do Exmo. Ministro Luiz Fux, **DJ de 27/08/07** firmou o entendimento no sentido de que o novo proprietário não tem legitimidade para repetir valores indevidamente pagos anteriormente à compra do imóvel. Tal posicionamento foi reiterado no julgamento do **ERESP 761525/RJ**, de Relatoria do Exmo. Ministro Humberto Martins, **DJ 07/04/2008**.

---

[20] Segundo andamento retirado do site do STF em 20/10/14
[21] Segundo andamento retirado do site do STF em 20/10/14

CURSO DE DIREITO TRIBUTÁRIO BRASILEIRO

Merece destaque o seguinte trecho do voto do Exmº Ministro José Delgado no julgamento do RESP 594.339/SP, DJ 30/08/04 que bem resume o posicionamento do STJ:

> "O fato de serem transmitidos ao novo proprietário todos os direitos e ações relativos ao imóvel não se aplica às relações jurídico- tributárias.
>
> **Na verdade, o credor (antigo proprietário) não cedeu, expressamente, ao novo, os direitos relativos aos tributos ditos como pagos irregularmente. Aliás, essa cessão só podia ser formalizada se lei autorizasse, em face da natureza personalíssima da obrigação tributária.**
>
> (...) Não há nenhuma ação do Município reivindicando a posse, a propriedade ou qualquer outro direito sobre o imóvel. **Os direitos transmitidos são para proteger o imóvel, em nada se assemelhando ao vínculo tributário entre o vendedor e o fisco.**
>
> **O novo proprietário não pagou, de modo indevido, qualquer quantia ao Município. Consequentemente, nada tem a receber. O seu patrimônio não foi desfalcado por exigência tributária ilegal.**
>
> A pretensão nesse sentido configura possibilidade de enriquecimento sem causa." (grifos nossos).

Além dos argumentos trazidos por essa decisão, poderíamos citar outros: a) as convenções particulares que visem alterar o sujeito passivo da obrigação tributária não são oponíveis ao Fisco (**artigo 123 do CTN**); b) o **artigo 130 do CTN** prevê uma hipótese de responsabilidade tributária que só será aplicável se existirem débitos em aberto. Como o tributo foi pago, o novo adquirente do imóvel não mantém nenhuma relação jurídico-tributária com o Fisco, relativa ao período anterior à aquisição. A responsabilidade tributária é uma garantia do crédito tributário, estabelecida no interesse do Fisco, para permitir a satisfação do seu crédito. Não há como interpretá-la ao inverso; c) o **artigo 165 do CTN** confere legitimidade ao **sujeito passivo** da obrigação tributária para pleitear repetição de indébito. O novo adquirente não é sujeito passivo, pois ele não era proprietário do imóvel à época da ocorrência do fato gerador, nem é responsável tributário, pois todos os tributos já estavam pagos (parte final do artigo 130 do CTN).

Finalmente, o último ponto a ser analisado diz respeito à **existência ou não de uma ordem entre os três contribuintes indicados no artigo 34 do CTN**. A doutrina e a jurisprudência divergem quanto à solução a ser dada quando coexistem, no mundo fático, o titular do domínio e o possuidor do imóvel (exemplo: promessa de compra e venda). O Fisco tem uma ordem de prioridade para cobrança do IPTU? Ou ele pode optar?

HUGO DE BRITO MACHADO entende existir uma ordem excludente de sujeitos passivos. Segundo ele, " havendo proprietário, não se cogitará de titular de domínio útil, nem de possuidor. Não havendo proprietário, seja porque a propriedade está fracionada, ou porque não está formalizada no registro competente, passa-se a cogitar da segunda figura indicada, vale dizer, do titular do domínio útil. Se for caso de imóvel sem propriedade formalizada, contribuinte será o possuidor a qualquer título."[22]

Por outro lado, AIRES F. BARRETO[23], ALIOMAR BALEEIRO[24] e IVES GANDRA MARTINS[25] defendem que o legislador tributário municipal pode optar entre os diversos contribuintes relacionados. E, caso a lei municipal repita o disposto no artigo 34 do CTN, caberá à autoridade fazendária **escolher qualquer um deles, visando facilitar a arrecadação**.

O Superior Tribunal de Justiça acolheu o posicionamento desses últimos três autores em acórdão assim ementado[26], julgado sob o rito do artigo 543-C do CPC :

> **TRIBUTÁRIO. EXECUÇÃO FISCAL. IPTU. CONTRATO DE PROMESSA DE COMPRA E VENDA DE IMÓVEL. LEGITIMIDADE PASSIVA DO POSSUIDOR (PROMITENTE COMPRADOR) E DO PROPRIETÁRIO (PROMITENTE VENDEDOR).**
>
> 1. Segundo o art. 34 do CTN, consideram-se contribuintes do IPTU o proprietário do imóvel, o titular do seu domínio útil ou o seu possuidor a qualquer título.
>
> 2. A jurisprudência desta Corte Superior é no sentido de que tanto o promitente comprador (possuidor a qualquer título) do imóvel quanto seu proprietário/promitente vendedor (aquele que tem a propriedade registrada no Registro de Imóveis) são contribuintes responsáveis pelo pagamento do IPTU. Precedentes: RESP nº 979.970/SP, Rel. Min. Luiz Fux, Primeira Turma, DJ de 18.6.2008; AgRg no REsp 1022614 / SP, Rel. Min. Humberto Martins,

---

[22] Comentários ao Código Tributário Nacional, vol. I, Atlas, 2003, p. 354)

[23] obra citada, pag. 724 e Comentários ao Código Tributário Nacional, Ives Gandra Martins, coordenador, Ed. Saraiva, 1998, p. 251

[24] Direito Tributário Brasileiro, Forense, 2003, p. 238

[25] Curso de Direito Tributário, Forense, 2001, p. 738

[26] RESP 1110551/SP, DJ 18/06/2009

Segunda Turma, DJ de 17.4.2008; REsp 712.998/RJ, Rel. Min. Herman Benjamin, Segunda Turma, DJ 8.2.2008 ; REsp 759.279/RJ, Rel. Min. João Otávio de Noronha, Segunda Turma, DJ de 11.9.2007; REsp 868.826/RJ, Rel. Min. Castro Meira, Segunda Turma, DJ 1º.8.2007; REsp 793073/RS, Rel. Min. Castro Meira, Segunda Turma, DJ 20.2.2006. 3. "Ao legislador municipal cabe eleger o sujeito passivo do tributo, contemplando qualquer das situações previstas no CTN. Definindo a lei como contribuinte o proprietário, o titular do domínio útil, ou o possuidor a qualquer título, pode a autoridade administrativa optar por um ou por outro visando a facilitar o procedimento de arrecadação" (REsp 475.078/SP, Rel. Min. Teori Albino Zavascki, DJ 27.9.2004). 4. Recurso especial provido. Acórdão sujeito ao regime do art. 543-C do CPC e da Resolução STJ 08/08.

O Superior Tribunal de Justiça, nesse julgamento, concluiu que o proprietário do imóvel não fica afastado da relação jurídico – tributária – e em conseqüência do pólo passivo da execução fiscal-- pela simples existência de possuidor.

No mesmo sentido, é a **Súmula 399 do STJ**.

4. Alíquotas

As alíquotas do IPTU são fixadas pela lei municipal, sem limitação máxima ou mínima estabelecida no CTN ou na Constituição Federal. No entanto, como qualquer tributo, deve observar o princípio constitucional da proibição de confisco (art. 150, IV, da CF/88).

5. Progressividade

Como destacado por RICARDO LOBO TORRES[27], a progressividade fiscal é um subprincípio da capacidade contributiva, que significa "que o imposto deve ser cobrado por alíquotas maiores na medida em que se alargar a base de cálculo". Em outras palavras: quanto maior for a base de cálculo maior será a alíquota. O Imposto de Renda é o exemplo típico do Imposto que se submete a este subprincípio (artigo 153, parágrafo segundo, I, da CF/88).

Na redação original da Constituição Federal, a progressividade do IPTU foi tratada, expressamente, em dois dispositivos: no **parágrafo primeiro do art. 156 e no parágrafo quarto, inciso II, do art. 182** (este último

---

[27] Curso de Direito Financeiro e Tributário, 11ª Edição, E. Renovar, 2004, pág. 92

trata da progressividade no tempo ou progressividade sanção, com finalidade extrafiscal).

A doutrina e a jurisprudência divergiram sobre a existência de duas ou de apenas uma espécie de progressividade: se seria possível uma progressividade com base na capacidade contributiva do contribuinte (artigo 145, parágrafo primeiro da CF/88) e outra com base numa finalidade extrafiscal ou se só a última seria admissível[28].

O Supremo Tribunal Federal, pelo seu pleno[29], acabou por entender que a progressividade do IPTU, **só era cabível para o fim extrafiscal de assegurar o cumprimento da função social da propriedade.** O IPTU, por se tratar de um imposto real, não poderia se fundar em considerações subjetivas, vinculadas à capacidade contributiva ou à pessoa do contribuinte. O princípio da capacidade contributiva só se aplicaria aos impostos pessoais.

Em conseqüência, o STF considerou inconstitucionais diversas leis municipais, cujas alíquotas variavam em função do **valor venal, da área do imóvel e da sua localização**; critérios que, segundo ele, denotariam capacidade contributiva.

Visando colocar um ponto final nessa controvérsia, foi promulgada a **Emenda Constitucional nº 29/2000** que alterou a redação do artigo 156, parágrafo primeiro, autorizando, de forma expressa, a progressividade em função do valor do imóvel (inciso I), bem como a diferenciação de alíquotas em razão da localização e do uso do imóvel (inciso II). Esta Emenda foi considerada constitucional pelo Supremo Tribunal Federal, por ocasião do julgamento do RE 423.768/SP.

A questão hoje se encontra Sumulada (**Súmula 668 do STF**).

Sempre ousei discordar do posicionamento do STF, por entender que a progressividade fiscal (baseada na capacidade contributiva) visa atender a justiça fiscal; sendo certo que a interpretação dada ao artigo 145, parágrafo primeiro da CF/88 pela Corte Suprema, por ocasião do julgamento do IPTU progressivo, acabou por limitá-lo de forma excessiva, já que o único Imposto que todos os doutrinadores concordam que se enquadra no conceito de Imposto pessoal é o Imposto de Renda e este já se submete à progressividade fiscal por força de disposição constitucional expressa.

---

[28] Misabel Derzi, Direito Tributário Brasileiro, obra citada, pág.254/255
[29] RE 206777/SP, Rel. Min. Ilmar Galvão, DJ 30/04/99; RE 194.036, Rel. Min. Ilmar Galvão

CURSO DE DIREITO TRIBUTÁRIO BRASILEIRO

Ressalte-se que o próprio Supremo veio a modificar o seu entendimento, quanto à possibilidade ou não de um Imposto Real ser progressivo, se submetendo ao princípio da capacidade contributiva, por ocasião do julgamento do RE 562045/RS, referente ao ITCD, com repercussão geral. Quanto ao Imposto estadual, que também é um imposto real, a Corte Superior, mesmo sem a necessidade de qualquer emenda constitucional, admitiu a progressividade, acolhendo a tese que os Municípios sempre defenderam em relação ao IPTU.

Acrescente-se que a progressividade no tempo, indicada no artigo 182 da CF/88, só pôde ser implementada pelos Municípios a partir da promulgação do Estatuto da Cidade (Lei 10.257, de 10/07/2001), que, no seu artigo 7º, regulamentou este dispositivo.

No Município do Rio de Janeiro, o **art. 67 da Lei 691/84, com a redação dada pela Lei 2080/93,** foi considerado parcialmente inconstitucional pelas duas Turmas do Supremo Tribunal Federal, com base no entendimento acima esposado[30], já que as alíquotas variavam em função da **área e da localização.** O órgão especial do Tribunal de Justiça do Rio de Janeiro também reconheceu, incidentalmente, a inconstitucionalidade da citada lei municipal[31]. Entretanto, o Supremo Tribunal Federal, ainda com base na redação original da Carta Magna, entendeu que **simples duplicidade de alíquotas, em razão de se encontrar, ou não, edificado o imóvel urbano, não se confunde com a progressividade do tributo[32]**, motivo pelo qual **não existe qualquer inconstitucionalidade na fixação de uma alíquota para os imóveis edificados e outra para os imóveis não edificados (territoriais).**

Vale a pena trazer à colação a seguinte ementa[33]:

> "(...) **A mera distinção de alíquotas para imóveis não edificados, comerciais e residenciais não viola os dispositivos constitucionais suscitados na petição do recurso extraordinário, pois, como se observa, a municipalidade atendeu o preceito insculpido na Carta Federal, que assegura o cumprimento da "função social da propriedade".**

---

[30] RE 248892/RJ, Rel. Min. Maurício Corrêa, DJ 31/03/00, 2ª Turma; RE 65907/RJ, DJ 07/12/00, 1ª Turma

[31] Arguição de Inconstitucionalidade nº 7/00, DJ 30/03/01

[32] RE229.233-7-SP, DJ 25/06/99; Agravo de Instrumento nº 513.740-4/RJ, DJ 06/10/04, pág.43

[33] Agravo de Instrumento 491.088-7-RJ, j. 02/08/2004, Rel. Ministro Eros Grau

3. Ademais, conforme se verifica, não houve diferenciação com referência a natureza do comércio ou localização do imóvel. **A distinção se deu, apenas, quanto à destinação do imóvel – comercial ou residencial.**

4. Observo, que até mesmo o princípio da isonomia, embora não prequestionado, mas importante notar, foi assegurado, ao tratar os iguais de forma equivalente." (grifos nossos)[34]

O Tribunal de Justiça do Estado do Rio de Janeiro, ao julgar a arguição de inconstitucionalidade nº 2002.017.00005, em 31/03/2003, por unanimidade, entendeu ser constitucional a **Lei Municipal nº 2955/99 do Rio de Janeiro,** que produziu efeitos a partir do exercício de 2000 e que fixou três alíquotas únicas: uma para o residencial (1,2%), uma para o não residencial (2,8%) e uma para o territorial (3,5%). Esta é a lei ainda em vigor nesta Municipalidade.

Note-se que, em relação à seletividade de alíquotas em função do uso do imóvel, a Emenda Constitucional nº 29/00 não trouxe nada de novo, vindo a confirmar o entendimento prevalente tanto no Superior Tribunal de Justiça, quanto no Supremo Tribunal Federal.

Encontram-se pendentes de julgamento, no Supremo Tribunal Federal, dois recursos extraordinários, com repercussão geral reconhecida, relativos à possibilidade de diferenciação de alíquotas em razão do uso do imóvel (RE 602347 e RE 666156)[35].

6. Doutrina

BALEEIRO, Aliomar. Atualizadora: Misabel Abreu Machado Derzi. Direito Tributário Brasileiro, 11ª Edição, 2008. Editora Forense

MARTINS, Ives Gandra da Silva. Coordenador. Curso de Direito Tributário. São Paulo: Ed. Saraiva.

FREITAS, Vladimir Passos de. Coordenador. Código Tributário Nacional Comentado. São Paulo: Ed. Revista dos Tribunais. RT

DERZI, Misabel de Abreu Machado e COÊLHO, Sacha Calmon Navarro. Do Imposto sobre a Propriedade Predial e Territorial Urbana, coautoria, São Paulo, Editora Saraiva, 1982

---

[34] No mesmo sentido são os seguintes precedentes recentes: RR 404234/RS, **DJ 06/06/08**; RE- AgR 469360/RJ, **DJ 21/09/07**; RE- AgR 432989/MG, **DJ 05/05/06**.
[35] Segundo andamento retirado do site do STF em 20/10/14

PAULSEN, Leandro e SOARES DE MELO, José Eduardo. Impostos Federais, Estaduais e Municipais, Porto Alegre, Ed. Livraria do Advogado

FURLAN, Valéria Cristina Pereira. Imposto Predial e Territorial Urbano, Ed. Malheiros.

FERNANDES, Cíntia Estefania. IPTU. Texto e Contexto. São Paulo. Ed. Quartier Latin.

Impostos Municipais – Imposto sobre Transmissão *Inter Vivos* de Bens Imóveis – ITBI – Municipal

ANDREA VELOSO CORREIA

A Constituição de 1988 alterou substancialmente o sistema anterior do Imposto sobre a Transmissão de Bens Imóveis- ITBI, que pertencia apenas a competência dos Estados e do Distrito Federal, dividindo-o entre estes e os Municípios.

Os Municípios ficaram com a competência para instituir o Imposto sobre a transmissão *inter vivos*, a qualquer título, por ato oneroso, de bens imóveis e os Estados ficaram com o poder para instituir imposto sobre a transmissão *causa mortis* e doação de quaisquer bens ou direitos. O Distrito Federal tem uma competência híbrida, pois pode criar os Impostos Estaduais e Municipais (artigo 32, parágrafo primeiro c/c art. 147, *in fine* c/c art. 155, *caput*, da Carta Magna).

Note-se que as Municipalidades só podem instituir o tributo em relação à transmissão onerosa envolvendo bens imóveis; enquanto a competência dos Estados engloba a transmissão gratuita de todos os bens ou direitos, móveis ou imóveis. Em outras palavras, a transmissão de bens móveis, a título oneroso, não está alcançada por nenhum dos dois impostos de transmissão.

O ITBI- Municipal encontra-se previsto na CF/88 nos artigos 156, II e parágrafo segundo e regulamentado pelos artigos 35 a 42 do CTN. No Município do Rio de Janeiro, ele foi instituído pela Lei nº 1364/88, que sofreu uma alteração recente pela Lei 5470, de 19/05/14..

Em função da nova ordem constitucional, os artigos 35 a 42 do CTN devem ser analisados em conjunto com os dispositivos que tratam do Imposto *causa mortis* e doação (artigo 155, I, parágrafo primeiro, I a IV da CF/88) e dos que se referem ao Imposto Municipal (artigo 156, II e parágrafo segundo da CF/88).

1. Fato Gerador

A Carta Magna prevê como hipóteses de incidência do imposto municipal a transmissão *inter vivos*, a qualquer título, por ato oneroso, de bens imóveis, por natureza ou acessão física e de direitos reais sobre imóveis, exceto os de garantia, bem como cessão de direitos a sua aquisição.

Pela leitura do arquétipo constitucional, percebe-se que o legislador ordinário municipal poderá criar o imposto sobre três hipóteses de incidência distintas: a) transmissão *inter vivos*, por ato oneroso, de bens imóveis; b) transmissão de direitos reais sobre imóveis, exceto os de garantia; c) cessão de direitos aquisitivos.

Como exemplo da primeira hipótese, temos a compra e venda, a dação em pagamento e a permuta[1]; que nada mais é do que um duplo contrato de compra e venda. Logo, quando efetivada uma permuta de dois bens imóveis, o Imposto Municipal incidirá nas duas transmissões de propriedade.

Como destacado por AYRES F. BARRETO[2], "ao lado da transmissão da propriedade, que configura o traspasse a terceiro do domínio pleno, também constitui hipótese de incidência do ITBI a transmissão de certos direitos, designados direitos reais limitados. Quando o proprietário se despe de algum dos poderes que detém sobre a propriedade, transmitindo- o a terceiros, diz –se que transmitiu direitos reais sobre a coisa. No pertinente ao ITBI, só interessa a transmissão, por ato oneroso, *inter vivos*, de direitos reais sobre imóveis.

Os direitos reais alcançados por essa segunda hipótese de incidência são a enfiteuse (quando ainda for admitida- artigo 2038 do novo CC), as servidões, a superfície, a habitação, o usufruto e o uso[3].

Ressalte-se que, como mencionado acima, somente a transmissão onerosa desses direitos reais fica sujeita ao imposto Municipal. A transmissão

---

[1] Artigo 5º, I, II e III da Lei 1364/88

[2] Curso de Direito Tributário, Editora Saraiva, Coordenado por Ives Gandra da Silva Martins, pág. 744/745

[3] artigo 5º, incisos IV, V e XIV da Lei 1364/88 e artigo 1225, II a VI do novo Código Civil

gratuita dos mesmos direitos está dentro do campo da competência tributária estadual. Nem sempre é fácil, diante de um caso concreto, diferenciar as duas situações. Em geral, entende-se que quando a constituição do direito real se dá dentro de um contrato unilateral, consensual e gratuito (exemplo: doação), a transmissão do direito real também é gratuita. Somente a análise da situação fática concreta permitirá solucionar eventuais conflitos de competência.

Dentro da terceira variável de hipótese de incidência do ITBI, temos as cessões onerosas de direitos hereditários, as cessões de compromisso de compra e venda, as cessões da promessa de cessão e as cessões onerosas de direitos de posse.

AYRES F. BARRETO destaca que essas "cessões, juridicamente, não configuram transmissão da propriedade. Bem por isso, foram destacadas pela Constituição como variável para a criação do ITBI. Com essa atribuição de competência, previne a Magna Carta a possibilidade de sucessivas cessões de compromisso ficarem à ilharga do campo impositivo."[4]

Em relação ao fato gerador, discute-se se a doação com encargo estaria sujeita ao pagamento do ITBI- Municipal. Alguns autores defendem que, nessa hipótese, o contrato de doação se transformaria em um contrato bilateral e oneroso. Entretanto, comungo dos ensinamentos de ARNALDO WALD: "A desproporção existente normalmente entre o encargo e a doação não permite, todavia, tal interpretação. Evidentemente, se o encargo tiver valor à doação, já não estaremos nos domínios das liberdades e nos encontraremos perante um outro contrato que, conforme o caso poderá ser uma locação de serviços ou uma compra e venda." [5]

Logo, salvo o caso excepcional mencionado pelo Ilustre Mestre (que se assemelha a uma simulação), não será cabível a incidência do Imposto Municipal, mas sim do Imposto Estadual.[6]

Outra questão extremamente controvertida diz respeito à incidência do ITBI Municipal nas transmissões de bens imóveis realizadas nas separações ou divórcios ou nos inventários, quando o esboço de partilha não confere às partes envolvidas quinhões equivalentes.

---

[4] Obra citada, pág. 745

[5] Curso de Direito Civil Brasileiro, obrigações e contratos. 2ª edição. São Paulo, sugestões literárias, 1969, p. 282.

[6] Esse é também o posicionamento de Ayres F. Barreto, obra citada, pág. 744 e de Odmir Fernandes, in Código Tributário Nacional Comentado, Ed. RT, 1999, pág. 102

Cito como exemplo dessa hipótese, uma partilha em que o cônjuge varão fica com a integralidade do bem imóvel situado no Rio de Janeiro, que vale R$ 30.000,00 e o cônjuge mulher fica com o bem imóvel situado em Teresópolis, no valor de R$ 50.000,00. O patrimônio total do casal monta em R$ 80.000,00. No entanto, um dos cônjuges recebeu a mais do que o quinhão que lhe cabia.

Se tivesse constado do esboço de partilha a menção a um valor em dinheiro a título de **reposição**, visando equiparar os quinhões, não haveria dúvida de que o tributo devido seria o Imposto Municipal, pois estaria claro o **caráter oneroso da transação** (artigos 156, II, da CF/88 e artigo 5º, X, da Lei Municipal nº 1364/88).

Entretanto, como no exemplo dado não há um valor em dinheiro, o Estado e o Município, interpretando a Constituição Federal e a legislação aplicável, pleiteiam os impostos de sua competência.

Alega o Estado que só existe uma situação em que o Imposto seria devido ao Município: quando houvesse, de forma clara, reposição ou torna. Em todas as outras hipóteses, estaríamos diante de uma transmissão a título gratuito (doação).

Por sua vez, o Município entende ser devido o ITBI, em função da permuta realizada, no que se refere às cotas partes que cada cônjuge teria nos imóveis objeto da partilha. Em outras palavras, os cônjuges, visando extinguir o condomínio existente, permutam entre si as suas cotas partes, de forma que cada um deles fique com a propriedade integral de um bem imóvel. A permuta não pressupõe que os bens tenham o mesmo valor.

Para a Municipalidade, não pode prevalecer a tese estadual, porque: a) os atos gratuitos não se presumem, devendo ser expressos, por envolverem liberalidade. A presunção é de que os atos sejam onerosos; b) não há que se falar em doação, uma vez que o bem já pertencia ao casal.

O Tribunal de Justiça, depois de uma longa discussão, uniformizou a sua jurisprudência no sentido de ser devido o Imposto Estadual, face à ausência de reposição[7]. Nem o Superior Tribunal de Justiça, nem o Supremo Tribunal Federal enfrentaram a questão.

No entanto, os dois Tribunais Superiores possuem decisões no sentido de que na extinção de condomínio, ocorre o fato gerador do ITBI- Municipal, em razão da permuta de cotas partes[8] O grande problema é que

---

[7] uniformização de jurisprudência nº 2002.018.00003, j. 18/11/2002

[8] RESP 4810/PR, 4ª Turma, Rel. Min. Ruy Rosado, DJ 07/10/96 e RE 53.638/SP.

muitos entendem que, no caso concreto, não existe condomínio, mas sim uma comunhão de bens. Logo, para se verificar a incidência ou não dos impostos supracitados, deveria se considerar a integralidade do patrimônio e não cada bem imóvel de *per si*.

Esse é um outro ponto de discórdia na doutrina, já que há autores que defendem que a partilha deve processar-se considerando cada bem imóvel e não o patrimônio como um todo. Segundo esse posicionamento, " pode até ocorrer que, mantida absoluta equivalência econômico- financeira na partilha, um dos cônjuges fique com os bens imóveis e o outro com todos os bens móveis (p. ex. quadros do mais alto valor). Apesar desse equilíbrio patrimonial, o cônjuge ao qual coube a metade dos bens imobiliários do casal ficará sujeito ao imposto estadual ou municipal, conforme tenha sido oneroso ou não o ato"[9].

2. Aspecto Temporal do Fato Gerador

O momento da ocorrência do fato gerador tem se revelado contraditório na doutrina. Discute-se se o fato gerador ocorre com o registro do título translatício de propriedade[10] ou com o negócio jurídico hábil a promover tal transferência (ex. lavratura da escritura de compra e venda).

A jurisprudência do Superior Tribunal de Justiça[11] se firmou no sentido de que o fato gerador ocorre com o registro do título, pois ao utilizar o termo transmissão a Constituição indica que o fato sobre o qual os Municípios terão aptidão para instituir imposto é o fato da transferência, da translação do direito de propriedade do imóvel. E segundo o Código Civil, a transferência da propriedade só ocorre com o registro (art. 1245 do CC). Aplica-se o artigo 110 do CTN.

No entanto, diversos autores[12] entendem que o fato gerador ocorre no momento da **celebração do negócio jurídico**, que é **o fato econômico**, base para a incidência do gravame tributário. Os atos posteriores de regis-

---

[9] Ayres F. Barreto, obra citada, pág. 745/746

[10] Ayres F. Barreto, obra citada, pág.747

[11] RESP 771781/SP, DJ 29/06/07; AgRg no ARESP 215273/SP, DJ 15/10/12

[12] Misabel Derzi e Aliomar Baleeiro, Direito Tributário Brasileiro, Forense, 11ª edição, 2002, pág. 259 e 270; Ricardo Lobo Torres, Curso de Direito Financeiro e Tributário, 11ª Edição, Renovar, 2004, pág. 396; Hugo de Brito Machado, Curso de Direito Tributário, 10ª Edição, Malheiros, pág. 296; Sampaio Dória, Da lei tributária no tempo, Lael, 1968; Odmir Fernandes, Código Tributário Nacional Comentado, Revista dos Tribunais, 1999, pág. 108

tro são meros atos complementares que irão apenas formalizar a transmissão do domínio.

Esse posicionamento se fundamenta em dois pontos básicos: a) o vocábulo transmissão empregado na CF/88 não tem o mesmo conteúdo disciplinado no Código Civil. Consequentemente não se há de invocar o disposto no artigo 110 do CTN, para se sustentar que o fato gerador seja o registro; b) o tributo é uma obrigação que decorre diretamente da lei, não podendo a ocorrência do fato gerador ficar condicionada à vontade das partes. E se os contratantes não quiserem levar a registro o contrato de compra e venda? O ITBI não será devido?

Uma outra controvérsia de grande relevância para o estudo do Imposto Municipal diz respeito à incidência ou não do ITBI na promessa de compra e venda. Sobre o tema existem duas correntes.

O primeiro posicionamento é no sentido de que o fato gerador do ITBI ocorre com a promessa de compra e venda irretratável e irrevogável, com quitação de preço. Esse é o posicionamento defendido por diversas Fazendas Municipais, já que tal promessa dá ensejo, inclusive, à adjudicação compulsória do bem imóvel na via judicial; além de o direito do promitente comprador ser considerado pelo novo Código Civil como direito real (art. 1225,VII) .

RICARDO LOBO TORRES[13] defende a incidência do ITBI sobre a promessa de compra e venda sem cláusula de arrependimento, celebrada por instrumento público ou particular e registrada no Cartório de Registro de Imóveis, por gerar a transmissão de um direito real (art. 1417 do Código Civil).

Uma segunda corrente defende a não ocorrência do fato gerador do tributo na promessa de compra e venda, ainda que irretratável e irrevogável com quitação de preço, por se tratar de contrato preliminar; sendo certo que o fato gerador só ocorreria com o registro do contrato definitivo.

Nesse sentido é o posicionamento do Superior Tribunal de Justiça[14] e do Supremo Tribunal Federal[15].

Um desdobramento desta discussão ganhou força nos últimos anos. Em alguns Municípios, a lei Municipal prevê o pagamento antecipado do Imposto.

---

[13] Obra citada, pág. 396

[14] AgRg no RESP 798794/SP, DJ 06/03/06; AgRg no RESP 982625, DJ 16/06/08; AIAgR 603309/MG, DJ 23/02/07

[15] RP 1211/RJ, 1ª Turma, DJ 05/06/87 e RE 43171, Ementário, vol. 455

A lei do Município do Rio de Janeiro estabelece que, em alguns casos, o Imposto deve ser pago antes da realização do ato ou da lavratura do instrumento público ou particular, que configura a obrigação de pagá-lo[16]. Na promessa, por exemplo, a lei municipal previa que o Imposto deveria ser pago no prazo de 30 dias contados da data prevista no instrumento para a quitação total do preço[17].

Não se trata de previsão do momento da ocorrência do fato gerador, mas sim de antecipação do pagamento, referente a um fato gerador que só irá ocorrer no futuro. Ou seja, mesmo que se entenda que o fato gerador só ocorre com o registro do contrato definitivo, a lei municipal prevê o pagamento antecipado. A cobrança, neste caso, se fundamenta no artigo 150, parágrafo sétimo da Constituição Federal.

ROGÉRIO LEITE LOBO[18] admite tal aplicação, como melhor forma de se atender à realidade econômica dos fatos, sem fugir da interpretação dominante nos Tribunais Superiores quanto ao momento da ocorrência do fato gerador:

> "O texto constitucional se abre, e em expresso, para utilização em qualquer "imposto ou contribuição", *e não obriga haja substituição tributária* (isto é: alteração no pólo passivo) quando da elaboração da norma de imposição nele fundamentada.
>
> Na realidade, o preceito constitucional autoriza que o legislador ordinário dos entes tributantes, diante de hipóteses que justifiquem a adoção dessa política fiscal (seja para impedir fraudes ou prevenir elisões, seja com o objetivo de facilitar a fiscalização do tributo), ao produzir a regra de incidência tributária se utilize de presunções (...)
>
> Então, **a "antecipação" do fato gerador do ITBI- inter vivos para o momento da realização do negócio de alienação do bem, formulada pelo legislador ordinário mediante o estabelecimento da *presunção* de que àquele ato negocial (o fato conhecido) sobrevirá a sua formalização através do registro do título aquisitivo (o fato presumido), não apenas serviria às autoridades fazendária na prevenção da recorrente evasão causada**

---

[16] Artigo 20, caput, da Lei 1364/88. ,

[17] Art. 20, inciso VII da Lei 1364/88. A legislação Municipal do Rio de Janeiro foi alterada, pela Lei 5470/14. Atualmente, na promessa de compra e venda, o imposto será pago antes da lavratura do instrumento definitivo de compra e venda.

[18] Revista Dialética de Direito Tributário nº 85, págs. 106/116

pelo "não registro" do título, mas também, e muito além, serviria para *encaixar* o conceito jurídico plasmado na norma impositiva do imposto ao *timing* de sua efetiva expressão exterior: serviria, enfim, para harmonizar conceitualmente o fenômeno da incidência do tributo, *justapondo o momento de sua exigibilidade àquele em que a manifestação da capacidade contributiva se expressa em concreto.*

Por isso que será perfeitamente utilizável a matriz normativa do parágrafo sétimo do art. 150 da Constituição Federal, para que **o legislador ordinário municipal formule a exigência "antecipada" do fato gerador do ITBI – *inter vivos* desde a conclusão dos atos negociais de alienação de bens imóveis (seja a escritura definitiva pública ou privada, sejam as promessas, cessões, etc., *desde que quitadas*), visto que tais atos negociais consubstanciam seguros indícios de que a alienação se consumará mediante o registro do título aquisitivo."** grifos nossos

Não há dúvida de que a lei municipal deverá prever a imediata e preferencial restituição do imposto pago, caso não se realize o fato gerador presumido, como exigido pela norma constitucional.

Recentemente, o Supremo Tribunal Federal se manifestou especificamente sobre este tema, analisando a legislação do Município do Rio de Janeiro, tendo admitido a cobrança antecipada do tributo, com fulcro no dispositivo constitucional supracitado:

> **RECURSO EXTRAORDINÁRIO COM AGRAVO 759.964 RIO DE JANEIRO**
>
> **RELATOR :MIN. RICARDO LEWANDOWSKI**
>
> **RECTE.(S) :MUNICÍPIO DO RIO DE JANEIRO**
>
> **RECDO.(A/S) :ROBERTA DO AMARAL MARINHO**
>
> Trata-se de recurso extraordinário interposto contra acórdão que entendeu pela inconstitucionalidade do art. 20, VII, da Lei 1.364/88, com a redação dada pela Lei 2.277/94, ambas do Município do Rio de Janeiro, no que prevê o recolhimento do ITBI após trinta dias contados da lavratura do instrumento de promessa de compra e venda de imóveis e de promessa de cessão de direitos relativos a imóveis.
>
> **Concluiu-se na decisão atacada que a lei em questão não poderia alterar o momento em que se evidencia o fato gerador do ITBI, que só ocorre com o registro do título translativo no Registro de Imóveis, nos termos do art. 1.245 do Código Civil e do art. 156, II, da CF.**

Neste RE, fundado no art. 102, III, a, da Constituição, alegou-se, em suma, ofensa aos arts. 93, X, 146, III, a, 150, § 7º, e 156, II, da mesma Carta. A pretensão recursal merece acolhida.

É certo que este Tribunal possui jurisprudência no sentido de que a celebração de contrato de promessa ou de compromisso, seja de compra e venda de imóvel ou de cessão dos direitos relativos a imóvel, não constitui fato gerador para incidência do ITBI, conforme se depreende, por exemplo, dos julgamentos do AI 603.309-AgR/MG, Rel. Min. Eros Grau, e do RE 666.096-AgR/DF, Rel. Min. Cármen Lúcia.

Ocorre que o dispositivo tido como inconstitucional trata, em verdade, do momento em que o imposto deverá ser recolhido e não de seu fato gerador, que é disciplinado em outros artigos da mesma norma municipal.

Nesse contexto, observo que essa Corte já concluiu pela constitucionalidade da cobrança antecipada de tributo, por encontrar apoio no art. 150, § 7º, da CF, desde que esteja prevista em lei ordinária.

Com essa orientação, destaco os seguintes precedentes, entre outros: ADI 2.044-MC/RS, Rel. Min. Octávio Gallotti; RE 194.382/SP, rel. Min. Maurício Corrêa; RE 213.396/SP e ADI 1.851/AL, Rel. Min. Ilmar Galvão; RE 598.070/RS, Rel. Min. Celso de Mello; RE 499.608-AgR/PI, de minha relatoria.

Isso posto, com base no art. 544, § 4º, II, c , do CPC, dou provimento ao agravo para conhecer do recurso extraordinário e dar-lhe provimento.Sem honorários (Súmula 512 do STF). Publique-se.

No mesmo sentido, foi a decisão proferida no ARE 793919-RJ, publicada no DJE 07/02/14.

3. Aspecto Espacial do Fato Gerador

O Imposto compete ao Município da situação do bem (art. 156, parágrafo segundo, II, da CF/88). Como lembra ODMIR FERNANDES[19], tratando-se de imóveis situados no território de um único Município não há problema em definir o aspecto espacial da hipótese de incidência. O problema surge quando o imóvel está situado em dois ou mais Municípios. O critério mais razoável é o da tributação proporcional à área e acessão[20].

---

[19] Obra citada, pág. 119
[20] Mesmo sentido: Ayres F. Barreto, obra citada, pág. 748/749; Aliomar Baleeiro, obra citada, pág. 277/278; Ricardo Lobo Torres, ob. Citada, pág. 397

Base de Cálculo

É o valor venal dos bens ou direitos transmitidos ou cedidos (art. 38 do CTN). Hugo de Brito Machado adverte que o valor venal não se confunde com o preço. "A diferença entre *preço* e *valor* é relevante. O preço é fixado pelas partes, que em princípio são livres para contratar. O valor dos bens é determinado pelas condições de mercado.[21]"

O preço pode ser ou não aceito pelo Fisco. Caso esse entenda que o valor dado pelas partes está abaixo do valor de mercado, poderá efetuar um lançamento por arbitramento, nos termos do **artigo 148 do CTN**.

No caso de arrematação, a base de cálculo será o valor da arrematação, segundo a jurisprudência do Superior Tribunal de Justiça[22].

Questão relevante é se saber se **o Município, para fins de cálculo do ITBI, fica vinculado ao valor de mercado, utilizado como base de cálculo para o IPTU**. Tal questionamento se prende ao fato de que os dois impostos têm como base de cálculo o valor venal do bem imóvel.

A jurisprudência tem se firmado no sentido de que não há essa vinculação. Esse é o posicionamento prevalente no Tribunal de Justiça do Estado do Rio de Janeiro[23] e no Superior Tribunal de Justiça[24]. Esse entendimento se baseia no fato de que o valor venal para fins de IPTU é fixado com base em uma planta de valores, que nem sempre é atualizada anualmente e que corresponde a um valor de mercado estimado, presumido. O ITBI, por outro lado, leva em conta um valor venal mais próximo da realidade, já que decorre de transações imobiliárias feitas ao longo do ano.

Nada impede, no entanto, que o contribuinte questione o valor de mercado fixado pelo Fisco Municipal como base de cálculo do Imposto de transmissão. Tal impugnação poderá ser feita tanto na esfera administrativa quanto judicial. Entretanto, caberá a ele o ônus da prova de que a base de cálculo não corresponde à realidade, já que o lançamento goza de presunção de legitimidade e legalidade e a inscrição em dívida ativa gera uma presunção de liquidez e certeza (artigo 204 do CTN c/c artigo 3º da Lei 6830/80). Não bastará a apresentação do carnê do IPTU como prova. Em Juízo, certamente haverá a necessidade de realização de perícia.

---

[21] Obra citada, pág. 295

[22] AgRg no ARESP 437720/MG, DJ 24/09/14; RESP 1188655/RS, DJ 08/06/10

[23] AC 2007.001.00064, j. 14/03/07; AC 2004.001.35175

[24] Edcl no ARESP 424.555/SP, DJ 20/02/14; AgRg nos Edcl no ARESP 346.220/RS, DJ 17/06/14; AgRg no ARESP 547755/PG, DJ 30/10/14

5. Alíquotas

As Alíquotas do imposto municipal serão definidas pela lei ordinária do Município. Não há previsão, seja na Constituição Federal, seja no Código Tributário Nacional, de alíquotas máximas ou mínimas. No Município do Rio de Janeiro, a alíquota é de 2%[25].

AYRES F. BARRETO defende que o ITBI não comporta a progressividade das alíquotas, a mingua de autorização constitucional expressa[26].

O Supremo Tribunal Federal, na linha do que já havia decidido quanto ao IPTU, declarou a inconstitucionalidade de lei do Município de São Paulo que estabelecia a progressividade de alíquotas do ITBI, com base no valor venal do imóvel, visto se tratar de imposto real, não sujeito à aplicação do princípio da capacidade contributiva. Os Ministros Carlos Velloso, relator e Marco Aurélio declararam a inconstitucionalidade com base em outro fundamento: a CF não autoriza de forma explícita a adoção do sistema de alíquotas progressivas para a cobrança do ITBI[27].

Deve, ser, no entanto, mencionado que, após o julgamento do RE 562045/ RG, em que o Supremo Tribunal Federal, alterando a sua jurisprudência anterior, passou a admitir que um imposto real pudesse ser progressivo (ITCD- imposto *causa mortis* e doação), sem qualquer previsão constitucional originária ou emenda constitucional, ganha força a tese de que o Imposto Municipal também poderia ser progressivo.

Note-se que a Constituição Federal não prevê de forma explícita a aplicação da progressividade a qualquer um dos dois impostos de transmissão; sendo os dois considerados, dentro de uma classificação clássica, como impostos reais. A única diferença entre o ITBI e o ITCD é o fato de que o último tem alíquotas máximas fixadas pelo senado federal (art. 155, parágrafo primeiro, inciso IV da Carta Magna); o que visa evitar que o imposto seja confiscatório. No entanto, tal característica não impede que a lei municipal fixe alíquotas progressivas para o ITBI, dentro de limites razoáveis, observando-se o disposto no artigo 150, IV da CF/88.

---

[25] Art. 19, II, da Lei 1364/88. Existe uma única alíquota diferenciada prevista no inciso III do mesmo dispositivo legal: cinco décimos por cento sobre a parte financiada pelo Sistema Financeiro de Habitação dos empreendimentos de cooperativas e assemelhados até o valor máximo de três mil e seiscentas Unidades-Padrão de Financiamento-UPF ou índice que as substitua
[26] obra citada, pág. 750/752
[27] RE 234.105-SP, j. 08/04/99, Informativo do STF n. 144

6. Sujeito Passivo

Segundo o disposto no **artigo 42 do CTN**, contribuinte do Imposto pode ser qualquer das partes na operação tributada, como dispuser a lei do ente tributante.

O legislador Municipal tem, em geral, eleito como contribuinte do imposto o adquirente ou cessionário do imóvel ou dos direitos transmitidos. O Rio de Janeiro não se afastou dessa orientação (art. 9º da Lei 1364/88). A única exceção prevista na legislação Municipal diz respeito à cessão de direito decorrente de promessa de compra e venda em que o contribuinte será o cedente[28].

7. Não incidência e Imunidade

O ITBI não incide sobre os direitos reais de garantia (penhor, hipoteca, anticrese, alienação fiduciária), por expressa determinação constitucional **(artigo 156, II, da CF/88)** .

Estabelece, ainda, o **parágrafo quinto do art. 184 da CF/88** que as operações de transferência de imóveis desapropriados para fins de reforma agrária são isentas de impostos. Trata-se de verdadeira imunidade, apesar de a Constituição Federal empregar a expressão isenção. As isenções, propriamente ditas, encontram-se previstas na legislação infraconstitucional e não no texto da Constituição.

O parágrafo segundo do artigo 156 da CF/88, estabelece que o Imposto não incide sobre a transmissão de bens ou direitos incorporados ao patrimônio de pessoa jurídica em realização de capital, nem sobre transmissão de bens ou direitos decorrentes de fusão, incorporação, cisão ou extinção de pessoa jurídica, salvo se, nesses casos, a atividade preponderante do adquirente for a compra e venda desses bens ou direitos, locação de bens imóveis ou arrendamento mercantil. Tal artigo é regulamentado pelos artigos 36 e 37 do CTN.

8. Desapropriação e Usucapião

O Supremo Tribunal Federal decidiu que, na transmissão do imóvel desapropriado e na usucapião, por se tratarem de modo de aquisição originária da propriedade, não cabe a incidência do Imposto[29].

---

[28] Art. 9º, II da Lei 1364/88
[29] RDA 73/156 e 73/160; RE 94.580-6/RS, j. 30/08/84, Pleno e 103.434-3/MG, DJ 14/02/86; RTJ 117/652, RT 439/214, 623/206

9. Doutrina

MARTINS, Ives Gandra da Silva. Coordenador. Curso de Direito Tributário. São Paulo: Ed. Saraiva.

FREITAS, Vladimir Passos de. Coordenador. Código Tributário Nacional Comentado. Doutrina e Jurisprudência, artigo por artigo, inclusive ICMS (LC 87/96)- ISS (DL 406/68)- IPVA. São Paulo: Ed. Revista dos Tribunais. RT

TORRES, Ricardo Lobo. Curso de Direito Financeiro e Tributário. Editora Renovar, 11ª Edição, 2004

MACHADO, Hugo de Brito. Curso de Direito Tributário. Editora Malheiros.

Impostos Municipais – Imposto sobre Serviços de Qualquer Natureza – ISSQN

ANDREA VELOSO CORREIA

O ISS tem sido alvo, nos últimos anos, de diversos questionamentos tanto na doutrina quanto na jurisprudência.

Ele se encontra previsto no artigo 156, III e parágrafo terceiro da CF/88 e as normas gerais estão na Lei Complementar nº 116/2003. No Município do Rio de Janeiro, ele está regulamentado pelos artigos 8º a 51-A da Lei 691/84 (Código Tributário Municipal)

1. Análise da Lista de Serviços

Conforme determina o arquétipo constitucional, os serviços, para serem objeto de tributação pelos Municípios, devem constar da lista de serviços definida em lei complementar e não podem estar previstos na competência tributária dos Estados. Em outras palavras, o ISS não pode incidir sobre os serviços de transporte interestadual e intermunicipal e os de comunicação, sujeitos ao ICMS (artigo 155, II, da CF/88).

Segundo a doutrina dominante, cabe à lei municipal, instituidora do imposto, listar os serviços sujeitos ao ISS, com estrita observância da norma complementar. Como lembrado por ODMIR FERNANDES[1], "os Municípios podem restringir os serviços sujeitos ao imposto, mas não podem expandir a lista para tributar serviços não previstos na lei complementar."

---

[1] Código Tributário Nacional, coordenador Vladmir Passos de Freitas, Editora Revista dos Tribunais, 1999, pág. 324.

A exigência de lei complementar, como limitadora da competência tributária do Município, é, no entanto, bastante questionada e combatida pela doutrina. ROQUE ANTÔNIO CARRAZA já se pronunciou no sentido de que " a lei complementar prevista no artigo 156, III, da Constituição não pode lanhar o princípio da autonomia municipal. Deste modo, só tem cabida no campo dos possíveis conflitos de competência entre o ISS e outros tributos federais e estaduais e nos conflitos que podem advir do exercício da competência tributária de um Município em relação a outro (ou a outros)."[2] Segundo o Ilustre mestre, a lista de serviços seria meramente sugestiva.

Prevaleceu, no entanto, na jurisprudência de nossos Tribunais Superiores, o entendimento mais restritivo, qual seja, da taxatividade da lista de serviços. Segundo o Supremo Tribunal Federal a **lista de serviços é taxativa, mas comporta interpretação extensiva em relação a cada um dos seus itens**[3]. Desde posicionamento, não se afastou o Superior Tribunal de Justiça ao julgar o RESP 1111234/PR, sob o regime dos recursos repetitivos.

Note-se que a interpretação extensiva não deve se limitar exclusivamente aos itens em que o legislador utilizou a expressão "congêneres" (verdadeiro conceito indeterminado- ex. itens 1, 3 e 4 da lista). A taxatividade se refere à globalidade da listagem constante da lei complementar[4].

Como esclarece KIYOSHI HARADA:

> "O Supremo Tribunal Federal inclinou-se pela tese majoritária, isto é, pela taxatividade da lista, mitigada, posteriormente, pelo entendimento de que a sua taxatividade não exclui a interpretação de que cada um de seus itens alcance maior ou menor compreensão, atingindo serviços que, se não individualizados, devam considerar-se abrangidos." [5]

---

[2] Curso de Direito Constitucional Tributário, 11ª Edição, Ed. Malheiros, pág.544. Esse também é o entendimento de Misabel Derzi, Geraldo Ataliba, Souto Maior Borges, Sacha Calmon, como mencionado no livro Direito Tributário Brasileiro, 11ª edição, Ed. Forense, págs.493 e 502 e de José Eduardo Soares de Melo, in ISS- aspectos teóricos e práticos, 3ª edição, Dialética, pág. 50/53

[3] RE 75.952-SP, RTJ 68/198; RE 87.931, RTJ 89/281; RE 105.477-PE, RTJ 115/925; RE 89.066, RTJ 102/179; RE 103.909-MG, RTJ 114/363; RTJ 106/1101; RE 77. 183-SP, RTJ73/490.

[4] Neste sentido é a opinião de Aliomar Baleeiro, in Direito Tributário Brasileiro, 11ª Edição, 2008. Editora Forense, fls. 500/501, de Ricardo Lobo Torres, Curso de Direito Financeiro e Tributário, 11ª edição, Ed. Renovar, 2004, fls. 397 e de Bernardo Ribeiro de Moraes, in Doutrina e Prática do Imposto sobre Serviços, Editora RT, pág. 111.

[5] ISS na Constituição de 1988, Editora Resenha tributária, São Paulo, p. 49.

Não se admite, no entanto, a aplicação da analogia. A interpretação extensiva respeita os marcos normativos. A última acrescenta fatos novos[6].

A analogia gravosa não é admitida no nosso sistema tributário, sob pena de violação ao princípio da legalidade (artigo 150, I, da CF/88 e artigo 108, parágrafo primeiro do CTN).

Uma das grandes dificuldades na análise da lista de serviços é se diferenciar a interpretação extensiva, admitida pela jurisprudência, da analogia gravosa, que é vedada. Um dos critérios mais citados é de que a tributação de um **gênero** de serviço não previsto na lista constitui **analogia**; enquanto a inclusão de uma **espécie** de serviço seria um caso de **interpretação extensiva**.

ALIOMAR BALEEIRO[7] leciona que não "se pode incluir na lista categoria que nela inexiste. Mas o que existe pode ser interpretado amplamente." Em outras palavras, "a lei complementar pode ser mais ou menos compreensiva e pode designar *gêneros*, dos quais o intérprete extrai as *espécies*."

Vejamos o seguinte exemplo: se a lista não contivesse a categoria de serviços médicos, a tributação desses serviços caracterizaria analogia gravosa. No entanto, haveria mera interpretação extensiva da lista se fosse incluído o oncologista ao lado do ginecologista; já que são dois ramos da medicina; duas espécies do gênero "serviços médicos".

A atual lista de serviços, introduzida pela Lei Complementar 116/2003, possui 40 (quarenta) itens. Ela traz, no entanto, uma novidade em relação à lista anexa ao Decreto- Lei 406/68, com a redação dada pela Lei Complementar 56/87: a divisão dos itens em subitens. Os itens trazem os gêneros de serviços; enquanto os subitens tratam das espécies.

Não seria possível, no presente trabalho, analisar todos os serviços previstos como hipóteses de incidência tributária, razão pela qual se passa a tecer considerações acerca de alguns dos itens mais controvertidos.

2. Principais itens da lista

a) Locação de bens móveis

Toda a controvérsia acerca da tributação da locação de bens móveis (ex: fitas de vídeo, automóveis, guindastes) passa pelo próprio conceito de serviços, para o fim de incidência do Imposto Municipal.

---

[6] AgRg no RESP 1093747/PR, DJ 17/11/08; RESP 1045191/RJ, DJ 12/11/08
[7] obra citada, pág. 501

Como ensina BERNARDO RIBEIRO DE MORAES[8], o ISS "apresenta--se, acima de tudo, como um imposto " sobre circulação". O objeto do imposto municipal acha-se dentro dessa denominação econômica, que diz ser este imposto um tributo que recai sobre " serviços de qualquer natureza", isto é, sobre a circulação (prestação) de serviços (bens imateriais ou incorpóreos)."

A doutrina e a jurisprudência dominante, inclusive do STF[9], **durante mais de trinta anos[10]**, sempre foram no sentido de que o conceito de "serviço", como o de mercadoria ou de produto, seria **eminentemente econômico.**

Como lembra o mestre Bernardo Ribeiro de Moraes[11], a Economia classifica os bens suscetíveis de utilidade econômica em duas classes distintas, a saber: **bens materiais, ou corpóreos**, que têm extensão corpórea no espaço, **como o produto e a mercadoria; bens imateriais ou incorpóreos, que carecem de extensão corpórea, como o serviço.** Estes últimos podem abranger o **fornecimento de trabalho a terceiros**, v.g. de advocacia, de médico, de datilógrafo, etc,; a **locação de bens móveis**, como a locação de máquinas, de veículos, etc.; e a **cessão de direitos**, v.g. serviços de venda de bilhetes de loteria, serviços de diversões públicas, etc."

A circulação de bens corpóreos é tributada pelo ICMS, enquanto que a circulação de bens incorpóreos seria tributada pelo ISS.

Pela leitura das diversas listas de serviço, aprovadas ao longo do tempo, percebe-se que o legislador complementar sempre partiu desse conceito econômico de serviço, englobando em seus diversos itens, os três grandes grupos mencionados acima: fornecimento de trabalho, envolvendo esforço humano; locação de bens móveis e cessão de direitos.

Na verdade, a adoção do conceito econômico permite diferenciar as competências tributárias, evitando-se conflitos entre os entes federativos, atendendo ao disposto no artigo 146, inciso I da CF/88.

O Supremo Tribunal Federal, no entanto, ao julgar o RE 116.121-3- SP[12], pelo seu pleno, em decisão, a meu ver equivocada, por maioria apertada

---

[8] Curso de Direito Tributário, Editora Saraiva, 2000, coordenador Ives Gandra da Silva Martins, pág. 687
[9] RE 112.947-SP; RE 113.383-SP; RE 107.363-SP; RE 100. 779-SP; AI 119.117
[10] Ricardo Lobo Torres, obra citada, pág. 399
[11] Obra citada, pág. 689
[12] Julgamento 11/10/2000, DJU 25/05/2001.

(6x5), modificou o seu posicionamento anterior, para definir que o conceito de serviços deve ser jurídico e não econômico[13].

Como conseqüência, considerou não recepcionado o item 79 da lista, anexada ao Decreto Lei 406/68, com a redação dada pela Lei Complementar 56/87, que tratava de locação de bens móveis, por entender que locação difere de prestação de serviços. O STF se fundamentou na aplicação do artigo 110 do CTN. Para a maioria dos Ministros, os conceitos de locação de bens móveis e locação de serviços estão previstos no Código Civil, nos artigos 1188 e 1216 (Código Civil de 1916), vigentes à época do julgamento. Somente as prestações de serviços, que envolvam na via direta o esforço humano, seriam fatos geradores do ISS.

O novo Código Civil continua a fazer tal diferenciação nos artigos 565 (locação de bem móvel) e 594 (locação de serviços).

Segundo esse posicionamento, a locação de bem móvel envolveria uma **obrigação de dar** e a prestação do serviço, uma **obrigação de fazer**. Somente as obrigações de fazer poderiam ser tributadas pelo ISS.

A Lei Complementar 116/2003, que traz a atual lista de serviços, trata dos "serviços prestados mediante locação, cessão de direito de uso e congêneres" no seu **item 3**. O subitem 3.1, que tratava especificamente da locação de bem móvel, foi vetado pelo Presidente da República à época, com base no precedente do STF acima citado (RE 116.121-3), como se pode perceber da leitura da mensagem com as razões do veto.

O Supremo Tribunal Federal acabou por editar a **Súmula Vinculante de nº 31**, que estabelece a não incidência do ISS sobre as locações de bens móveis.

Com base neste precedente, uma parte da doutrina[14] vem questionando a constitucionalidade do item 3 e de outros subitens, já que conteriam hipóteses de locação e de cessão de direitos (ex. cessão de andaimes, palcos, exploração de salões de festas); que não se confundiriam, segundo estes autores, com o conceito jurídico de serviços.

---

[13] Histórico dos julgamentos do STF no artigo de Hugo de Brito Machado, em " O ISS e a LC 116", Editora Dialética, 2003, pág. 126/129

[14] José Eduardo Soares de Mello, obra citada, pág. 61; Aires Barreto, ISS, na Constituição e na Lei, Dialética, 2003, p. 123 e 131/133; Gabriel Troianelli e Juliana Gueiros, artigo publicado em "o ISS e a LC 116", Editora Dialética, pág. 115/117; Hugo de Brito Machado, obra citada, pág. 134/135. .

Foram propostas, inclusive, duas Ações Diretas de Inconstitucionalidade referentes aos subitens 3.4 (**ADIN 3142-2/600**, Requerente: Confederação Nacional do Comércio) e 3.5 (**ADIN 3287-9/600**, Requerente: Associação dos locadores de equipamentos a construção civil); ainda não julgadas pelo STF[15].

A meu ver, no entanto, estas duas hipóteses não tratam de meras locações de bens móveis. O item 3.5, por exemplo, prevê como hipótese de incidência a cessão de andaimes, palcos, coberturas e outras estruturas de uso temporário. Alguém que contrata este serviço não está interessado na entrega do bem em si, mas na estrutura devidamente montada, que, envolve, sem sombra de dúvida, uma obrigação de fazer (um esforço humano).

Deve ser destacado, ainda, que a Corte Constitucional só tem aplicado a Súmula Vinculante às chamadas locações puras, que envolvem, tão somente, uma obrigação de dar e não às **locações mistas**, que envolvem ao mesmo tempo a entrega de um bem e uma obrigação de fazer (ex: locação de máquina com assistência técnica, locação de veículo com motorista, locação de máquina com operador)[16].

De acordo com o posicionamento mais recente da Corte Constitucional, só seria possível a aplicação da referida Súmula em relações contratuais complexas, se a locação de bens móveis estiver claramente segmentada da prestação de serviços, seja no que diz com o seu objeto, seja no que concerne ao valor específico da contrapartida financeira.

Nos casos em que contratada a locação, por exemplo, de maquinário e equipamentos conjuntamente com a disponibilização de mão de obra qualificada, especializada para operá-los, sem haver, contudo, previsão de remuneração específica da mão de obra disponibilizada à contratante, haverá a incidência do ISS, pois estariam embaralhadas a obrigação de dar e a prestação de serviços[17]. Nestes casos, o bem objeto da locação seria apenas utilizado pelo prestador do serviço como instrumento de trabalho.

[15] De acordo com andamento obtido no site do STF em 31.10.14
[16] Neste sentido: ARE 656709, DJ 08/03/12, Recl 14290, j. 20/05/14, ARE 666.545 ED, j. 05/06/12, Recl 13644, j. 20/06/12, Recl 10568, 10/11/11, Recl 8623AgR/RJ, 22/2/11
[17] Recl 14290, j. 22/05/14.

b) *Arrendamento mercantil- leasing*

A partir do novo conceito de serviço, outros itens da lista estão sendo questionados, quanto à sua constitucionalidade, pela doutrina e nos Tribunais. Um destes itens é o de n. **15.09**, que trata do arrendamento mercantil (leasing) de quaisquer bens.

O Supremo Tribunal Federal analisou a questão por ocasião do julgamento do RE 547245, DJ 04/03/10, com repercussão geral reconhecida. Segundo a Suprema Corte, o arrendamento compreende três modalidades: o *leasing* operacional, o *leasing* financeiro e o *lease- back*. No primeiro tipo, o arrendante é o fabricante, que entrega o bem a um terceiro. Neste caso, a atividade preponderante seria a locação (entrega do bem), não se sujeitando a incidência do Imposto Municipal. No outros dois tipos, haveria uma obrigação de fazer preponderante, razão pela qual incidiria o ISS. No leasing financeiro, que é a hipótese mais comum no Brasil, o núcleo do contrato é o financiamento e não uma prestação de dar.

c) *Franquia*

Na vigência da lista de serviços anexa ao Decreto Lei 406/68, com a redação dada pela Lei Complementar 56/87, o entendimento que prevaleceu no Superior Tribunal de Justiça[18] foi no sentido de que não caberia a cobrança desse tributo, pois a franquia seria um **contrato complexo**, sendo inviável divisar a conjugação de uma pluralidade de contratos autônomos. Seria impossível definir quem presta serviços a quem, no âmbito do contrato de franquia, tal como é inviável apontar remuneração correspondente à prática de um dever específico. Além disso, a franquia não constava, de modo identificado, do rol das atividades previstas para fins de tributação do ISS. A lista anterior não tinha um item prevendo a incidência do Imposto sobre esse tipo de negócio jurídico.

A Lei Complementar 116/2003 passou a prever, expressamente, a tributação do serviço de franquia no seu **item 17.08**.

Entretanto, uma parte da doutrina[19] continuou a questionar a incidência do Imposto sobre esse tipo de contrato, em função das decisões anteriores do STJ e da complexidade negocial, que impediria que o *franchising* fosse alcançado pelo conceito de serviço.

---

[18] RESP 222246, DJ 4/09/00, RESP 221577/MG, DJ 3/04/00 e RESP 189225, DJ 03/06/2002

[19] Aires Barreto, " ISS- Não incidência sobre a Franquia", Revista de Direito Tributário, vol. 64, pp. 223 e 224 e José Eduardo Soares, obra citada, pág. 99/100

A meu ver, apesar de complexo, a característica primordial do contrato de franquia é encerrar uma relação em que prepondera jurídica e economicamente a prestação de serviços (treinamento para os franqueados e empregados -- inclusive quanto aos métodos de marketing e merchandising; fiscalização --controle dos padrões associados à marca--; suporte técnico operacional; assistência técnica permanente, entre outros).

A atual fase dos contratos de franquia (os chamados *business format contract* – ou franquias de terceira geração) não mais se restringe a um simples licenciamento de marca.

A franquia ou *franchising* demonstra a contínua prestação de serviços, por parte do franqueador, para que sua marca, sua tecnologia de administração, de divulgação, de vendas etc, sejam absorvidas, aprimoradas e constantemente respeitadas pelos franqueados que integram a cadeia de serviços.

A questão encontra-se com repercussão geral reconhecida no Supremo Tribunal Federal, no RE 603136/RJ, cujo julgamento ainda não se iniciou[20].

Discussão diversa envolve a incidência do ISS sobre os **serviços postais e telemáticos** prestados por empresas franqueadas dos Correios. Para o Superior Tribunal de Justiça, antes da edição da LC 116/2003, não incidiria o Imposto Municipal por falta de tipicidade, pois a lista antiga não trazia previsão para este tipo de serviço. No entanto, após a novel lei complementar, que, segundo o STJ, entrou em vigor a partir de 01/01/2004, é possível a cobrança do ISS, face à previsão da atividade no **item 26.01 da lista**[21].

d) Serviços bancários

A atual lista tratou dos serviços relacionados com o setor bancário ou financeiro no **item 15**, com seus 18 subitens.

Em relação a todas as listas anteriores, sempre existiu um grande questionamento dos Bancos quanto a alguns serviços tributados pelas Municipalidades e que não estariam previstos, de forma expressa, na lei complementar.

Como as rubricas dos serviços prestados pelos Bancos mudavam com uma velocidade muito maior do que as listas aprovadas por lei complementar e todos os serviços eram rigidamente remunerados pelos usuários, as Municipalidades, com fundamento em uma interpretação extensiva das

---

[20] De acordo com andamento obtido no site do STF em 31.10.14
[21] RESP 1131872/SC- repetitivo

listas, cobrava o ISS de serviços congêneres. As instituições bancárias, por sua vez, se prendiam à alegação de taxatividade da lista e acusavam o ente tributante de estar praticando analogia gravosa.

O Superior Tribunal de Justiça acabou por pacificar o seu entendimento no sentido de ser legítima a incidência do ISS sobre os serviços bancários congêneres da lista.[22]

Uma outra controvérsia ganhou força após a edição da Lei Complementar 116/2003: a possibilidade de tributação pelo ISS de supostas atividades meio, ligadas a atividades fins (operações financeiras), que são tributadas pelo IOF, de competência federal (art. 153, VI, da CF/88).

Alguns doutrinadores[23] têm sustentado que alguns subitens da lista (v.g. 15.1, 15.2, 15.11, 15.13 e 15.14 a 15.18) seriam inconstitucionais, pois a tributação dessas atividades, pelo Imposto Municipal, acabaria por invadir a competência federal, pois tais serviços não gozariam de autonomia suficiente para estarem sujeitas à incidência do ISS.

Ouso divergir desse entendimento. O ISS não incide sobre a operação financeira, tributável pelo IOF, mas sim sobre serviços prestados pelos Bancos e remunerados pelos usuários, de forma autônoma. Não se trata, na verdade, de atividade meio, pois o serviço existe independente da atividade financeira. Vejamos o seguinte exemplo: um indivíduo solicita um financiamento e para que possa ser processado o pedido, tem de pagar uma tarifa pela análise do seu crédito. Mesmo que o empréstimo seja negado, não haverá a restituição da tarifa paga, pois o serviço foi prestado, independente do resultado final.

De todo modo, a Lei Complementar 116/2003 estabelece, em seu **artigo 1º**, que constitui fato gerador do ISS a prestação de serviços, ainda que esse não se constitua como atividade preponderante do prestador, dando a entender que o imposto poderia incidir sobre atividades meio, que denotem capacidade contributiva.

e) Cooperativas/ Serviços de Saúde

Os serviços de saúde estão tratados no item 4 da lista; sendo que os planos de saúde estão previstos especificamente nos subitens 4.22. e 4.23. Ques-

---

[22] Súmula 424 do STJ e RESP 1111234/PR- repetitivo
[23] Gabriel Troianelli e Juliana Gueiros, obra citada, pág. 118/121; José Eduardo Soares de Melo, obra citada, pág. 95/96

tão relevante envolvendo esses serviços diz respeito às cooperativas, que possuem planos de saúde, como é o caso da UNIMED.

As cooperativas praticam, com características diferentes, dois tipos de atos: a) **atos cooperados, internos,** consistentes no exercício de suas atividades em benefício dos seus associados que prestam serviços médicos a terceiros; b) **atos não cooperados, externos,** de serviços de administração a terceiros que adquiram seus planos de saúde.

Os primeiros atos, por serem típicos atos cooperados, na expressão do art. 79 da Lei 5764/71, estão isentos de tributação. Os segundos, por não serem atos cooperados, mas simplesmente serviços remunerados prestados a terceiros, sujeitam-se a pagamento de tributos, conforme determinação do art. 87 da lei 5764/71.

Não há que se falar em bitributação, pois não se pode confundir os serviços prestados pelos médicos cooperados, com o prestado pela sociedade. Os médicos, atuando como profissionais liberais, recolhem o imposto como pessoa física e a sociedade na qualidade de entidade prestadora de serviços, como pessoa jurídica.

A **Súmula 81 do STF** estabelece que "as cooperativas não gozam de isenção a impostos locais, com fundamento na Constituição e nas leis federais." O **artigo 146, III, c,** da Constituição Federal depende de regulamentação. O adequado tratamento tributário a que se refere o citado diploma legal terá de ser delineado por norma complementar, o que até o momento não ocorreu, com o fito de que possam os entes tributantes editar as leis específicas que concretizem, no âmbito de suas competências, o tal tratamento adequado, seja sob a forma de isenções, gratuitas ou onerosas, incentivos, etc.

O raciocínio exposto acima é válido para qualquer tipo de cooperativa que preste serviço elencado na lista da Lei Complementar 116/2003; como pode ser utilizado para outros tipos de tributos, como é o caso da CPMF[24], do COFINS[25] e do Imposto de Renda[26].

A incidência do ISS sobre os atos não cooperados corresponde ao posicionamento pacífico do STJ[27].

---

[24] RESP 328775, DJ 22/10/01 e Edcl no AgRg no RESP 324045/RS, DJ 04/2/02

[25] RESP 645459/MG, DJ 29/11/04

[26] Súmula 262 do STJ

[27] RESP 254.549/CE , 1ª Turma, DJ 18.09.00; RESP 215.311/MA, 2ª Turma, DJ 11/12/00; RESP 418352, 1ª Turma, DJ 23/09/02; RESP 487854/SP, DJ 23/08/04; AgRg no AG 497328/MG, DJ 13/09/04

O Superior Tribunal de Justiça vem entendendo que os atos não coope-rados, decorrentes de relação jurídica negocial advinda da venda de planos de saúde a terceiros, sujeitam-se à incidência do ISS, tendo como base de cálculo a receita advinda da cobrança da taxa de administração; excluindo--se os valores pagos ou reembolsados aos associados.[28]

f) Provedores de acesso à internet

Existem três correntes principais no que se refere ao serviço de conexão à internet, prestado pelos provedores de acesso.

A **primeira corrente** defende a **incidência do ICMS**, por se tratar de serviço de comunicação. Para eles, não se deve aplicar o disposto no artigo 110 do CTN, pois o conceito da CF é de fato e não de direito. Portanto, o conceito de telecomunicação não é aquele previsto na Lei 9472/97, que é a lei geral de Telecomunicações. O serviço de comunicação deve ser anali-sado de uma forma objetiva e não subjetiva. Deve ser analisada a atividade desenvolvida. Existem empresas que não são de telecomunicação prestando serviços de comunicação. Da mesma forma, nem tudo que a empresa de telecomunicação presta pode ser considerado serviço de comunicação.

Esse é o posicionamento defendido pelos Estados e já foi acolhido pela 1ª Turma do STJ, ao julgar o Recurso Especial nº 323358/PR, em voto de lavra do Ministro José Delgado (j. 21/06/2001; DJ 3/09/2001, p. 158).

Em função dessa decisão, os Estados, por convênio (Convênio ICMS 78/01) concederam remissão dos supostos débitos passados dos provedores e exigiram o ICMS de 5% para as operações futuras. Era uma tentativa de forçar os provedores a pagar o imposto estadual, sem maiores discussões.

A **segunda corrente** entende que não se trata de serviço de comunica-ção, mas sim de serviços previstos na lista e sujeitos à **incidência do ISS**. Não podem ser considerados serviços de comunicação, face ao que consta do artigo 61, da Lei 9472/97, que o define como **serviço de valor adicio-nado** (Portaria 148/95 do Ministério das Comunicações).

Serviço de valor adicionado é aquele prestado por empresas do setor de telecomunicações, mas que não se referem à comunicação em si. São serviços acrescidos a uma rede de comunicação pré-existente. Podería-mos citar como exemplo, o serviço de despertador prestado pelas compa-nhias telefônicas.

---

[28] RESP 875.388-SP,DJ 2/10/07; RESP 1002704/DF, DJ 15/09/08

Na realidade, o provedor não realiza transporte de sinais de telecomunicações, mas tão somente utiliza a base de comunicação já existente. Os serviços prestados pelos provedores de acesso estariam incluídos nos itens 22, **24**, 50, 60, 79, 86 da lista com a redação dada pela Lei Complementar 56/87 (lista antiga) e no **item 1.3** da atual lista.

IVES GANDRA DA SILVA MARTINS[29] destaca que a nova lei complementar, ao incluir na lista as atividades de informática **e congêneres** (item 1 e subitens 1.01 a 1.08), " parece que pôs fim à discussão entre o conflito de competência entre Estados e Municípios".

De fato, nem a lista anterior nem a atual prevêem expressamente o serviço de acesso à internet. O enquadramento nas duas listas, pelos Municípios, se fundamenta em interpretação extensiva da lista.

A **terceira corrente** defende a **não incidência de qualquer tipo de tributação**, pois não seria serviço de comunicação, mas de valor adicionado; não estando previsto o serviço de acesso à internet expressamente na lista de serviços.

De acordo com esse posicionamento, para cobrança do Imposto Municipal seria necessária a edição de uma nova lei complementar que viesse a incluir esse serviço na lista.

IVES GANDRA DA SILVA MARTINS[30] lembra que, antes da edição da atual lista, " a questão foi amplamente discutida no *XXVI Simpósio Nacional de Direito Tributário*, realizado em outubro de 2001, em que a maioria dos autores do livro *Tributação na Internet* (pesquisas tributárias, Nova Séria, 8, RT)" acolheu a terceira corrente.

O Superior Tribunal de Justiça, por sua primeira Seção, no julgamento dos **Embargos de Divergência em RESP 456650, DJ 20/03/2006**, uniformizou a sua jurisprudência no sentido de que o ICMS não incide no serviço dos provedores de acesso à internet. A questão encontra-se atualmente sumulada (**Súmula 334 do STJ**) .

Posteriormente, o STJ, em precedentes de suas duas Turmas[31], entendeu também não incidir o ISS, por falta de previsão expressa no Decreto Lei 406/68 e na Lei Complementar 116/2003.

---

[29] em co-autoria com Marilene Talarico Martins Rodrigues, artigo publicado em " o ISS e a LC 116", Ed. Dialética, 2003, pág. 200/201

[30] obra citada, pág. 200. Acolhendo esse posicionamento, mesmo depois da nova lista, temos Hugo de Brito Machado Segundo e Raquel Cavalcanti Ramos Machado, artigo em " o ISS e a LC 116", pág. 162

[31] RESP 674.188-PR, DJ 04/08/08; RESP 658626/MG, DJ 22/09/08, RESP 1183611, DJ 22/06/10

g) Programas de computador

Outra discussão envolvendo os serviços de informática diz respeito à elaboração de programas de computador e licença ou cessão de direito de uso de programas de computação (**itens 1.04 e 1.05 da atual lista**).

A jurisprudência do Supremo Tribunal Federal[32], do Superior Tribunal de Justiça[33] e do Tribunal de Justiça do Rio de Janeiro[34] se firmaram no seguinte sentido:

a) Se as operações envolvendo a exploração econômica de programa de computador são realizadas mediante a outorga de contratos de cessão ou licença de uso de determinado " software" fornecido pelo autor ou detentor dos direitos sobre o mesmo, **com fim específico e para atender a determinada necessidade do usuário, tem- se caracterizado o fenômeno tributário denominado prestação de serviços, portanto, sujeito ao pagamento do ISS** (item 24 da lista de Serviços, anexo ao DL 406/68, com a redação dada pela Lei Complementar 56/87, vigente à época das decisões).

b) Se, porém, tais **programas de computação são feitos em larga escala e de maneira uniforme, isto é, não se destinando ao atendimento de determinadas necessidades do usuário** a que para tanto foram criados, **sendo colocados no mercado para aquisição por qualquer um do povo, passam a ser considerados mercadorias** que circulam, gerando vários tipos de negócio jurídico (compra e venda, troca, cessão, empréstimo, locação, etc), **sujeitando-se, portanto, ao ICMS.**

Exemplo da primeira hipótese seria o " programa Imagem" do STJ que foi criado especificamente para aquele órgão por uma determinada empresa, tem as suas peculiaridades e essa empresa presta serviço e dá constante assistência ao programa durante a sua execução. Trata-se de um programa específico do STJ, não sendo passível de comercializado pois é um serviço contratado.

---

[32] RE 199.464-9/ SP, DJ 30/04/99, 1ª Turma e RE 176.626-3/SP, DJ 11/12/98
[33] RESP 1070404/SP, DJ 22/09/08; RESP 123022/RS, DJ 27/10/97, RESP 39457/SP, DJ 05/09/94
[34] AC 19087/99, 16ª CC, j. 13/04/00

Exemplo da Segunda hipótese seriam programas de computação uniformes, a exemplo do "word Windows", colocados à disposição do mercado, podendo ser adquiridos por qualquer pessoa. São os chamados **"software" de prateleira.**

Note-se que os itens da nova lista não fazem as distinções apontadas acima; eles tratam da elaboração ou da cessão de direito de uso de qualquer programa de computação. No entanto, para que não se possa alegar violação de competência alheia e inconstitucionalidade desses itens, eles devem ser interpretados conforme a jurisprudência majoritária apontada acima. Em outras palavras, só quando se referirem a elaboração de programas sob encomenda e para atender à necessidade dos usuários é que haverá a incidência do ISS.

A interpretação a ser dada aos itens da lista nova encontra-se com repercussão geral no STF, no RE 688.223, cujo julgamento ainda não se iniciou[35].

h) Serviços de registros públicos, cartorários e notariais

Trata- se de uma novidade trazida pela Lei Complementar 116/2003, no **item 21 da lista** e que foi objeto de grandes debates.

A Associação de Notários e registradores do Brasil- ANOREG/BR propôs uma Ação Direta de Inconstitucionalidade (**ADIN**), relativa a esse item, que recebeu o **nº 3089/DF** e cujo relator foi o Exmo. Ministro Carlos Ayres Britto.

Diversas Inconstitucionalidades e ilegalidades foram apontadas por parte da doutrina[36] e pela ANOREG, a saber:

a) os serviços notariais e de registro têm **natureza pública** e a **contraprestação** paga aos **serventuários tem natureza tributária de taxa** (artigo 236 da CF/88; ROMS 7730/RS, DO 27/10/97 e ADIN 1378-5/ES, Rel. Min. Celso de Mello, DJ 30/05/97); b) os valores pagos a título de taxa não podem integrar a base de cálculo de um imposto, sob pena de se configurar **bitributação**; c) esses serviços

---

[35] De acordo com andamento obtido no site do STF em 31.10.14

[36] Clélio Chiesa, artigo publicado no livro " o ISS e a LC 116", obra citada, p. 73/76; Fernando Neto Botelho, artigo " Inconstitucionalidade do ISS sobre serviços Notariais e Registrais" Fonte: site anoregbr.org.br e Roque Antônio Carraza, " Inconstitucionalidade dos itens 21 e 21.1 da lista de serviços anexa à LC 116/2003, In Imposto sobre serviços- ISS na Lei complementar 116/03, São Paulo, Manoel, 2004, v. 02, p. 364

por serem públicos estariam alcançados pela **imunidade** prevista no artigo 150, VI, "a" e parágrafo segundo da CF/88; d) **artigo 150, parágrafo terceiro da CF/88**- a imunidade não alcança serviços remunerados por preços ou tarifas pelo usuário. Não há menção a serviço remunerado por taxa; e) O **artigo 1º, parágrafo terceiro da LC 116/2003** assegura a cobrança do ISS sobre serviços públicos exercidos mediante concessão, autorização ou permissão, com o pagamento de tarifa, preço ou pedágio pelo usuário final do serviço. Os cartórios são serviços públicos delegados e os serviços são remunerados por taxas, não estando, portanto, previstos na Lei complementar.

A principal defesa dos Fiscos Municipais é de que os serviços notariais e de registro são exercidos em caráter privado (artigo 236 da CF/88), com intuito de lucro e a imunidade recíproca só alcança pessoas de direito público (entes da federação, autarquias e fundações públicas) e não pessoas de direito privado.

Em 13/02/08, foi julgada improcedente a Ação Direta de Inconstitucionalidade, por maioria, considerando-se constitucional o item 21 da lista, na linha do defendido pelas Municipalidades.

3. Doutrina

ROCHA, Valdir de Oliveira, coordenador. Diversos autores. O ISS e a LC 116. Editora Dialética.

MELO, José Eduardo Soares de. ISS- Aspectos Práticos e Teóricos. Editora Dialética. 3ª edição, 2003

MORAES, Bernardo Ribeiro. Doutrina e Prática do Imposto sobre serviços. São Paulo, RT, 1984. Revista de Direito Tributário nº 54, 57 e 62 e Curso de Direito Tributário, coordenador Ives Gandra da Silva Martins, Ed. Saraiva. Edição 2000, pág.683/700

Taxas e Preços Públicos

GUSTAVO DA GAMA VITAL DE OLIVEIRA

1. Taxas
1.1. Justificação

O principal fundamento de justiça da taxa consiste em impedir que atividades estatais que são relacionadas a grupos limitados de pessoas sejam financiadas por toda sociedade através da receita dos impostos.

Assim, a existência da taxa no sistema tributário é fundamental para evitar a figura do *free rider*, que a filosofia política utiliza com frequência nas formulações em torno da justiça tributária.[1] O *free rider* seria o beneficiado por alguma atividade estatal específica sem que tenha participado do custeio de tal atividade, mesmo possuindo recursos para tal.

O elemento de distinção entre a taxa e o imposto consiste na referibilidade, visto que o imposto tem por fato gerador situação independente de qualquer atividade estatal específica relativa ao contribuinte (art. 16 do CTN).

A correta distinção entre a taxa e o imposto possui ampla relevância no sistema tributário federal brasileiro, que adota a repartição rígida de competências tributárias para a instituição de impostos. Em relação às taxas, não pode haver tal discriminação, pois a validade de sua criação está vinculada à competência do ente federado para prestar o serviço público específico e divisível ou exercer o poder de polícia. Desta forma, a correta

---

[1] Buchanan, James. *The demand and suply of public goods.* Chicago: Rand McNally e Co., 1968, p. 87.

delimitação do campo de criação das taxas impede que Estados e Municípios instituam, com o nome de taxa, tributos que são em essência impostos e que não estariam abrangidos em sua competência impositiva pela repartição constitucional.[2]

1.2. Conceito

Taxa é espécie tributária vinculada exigida em razão do exercício do poder de polícia ou pela utilização, efetiva ou potencial, de serviços públicos específicos e divisíveis, prestados ao contribuinte ou postos a sua disposição (art. 145, II, da CF).

1.3. Espécies

O sistema tributário brasileiro comporta a existência de duas espécies de taxas: 1) a taxa de serviço público exigida em função da prestação, efetiva ou potencial, de serviço público específico e divisível, prestado ao contribuinte ou posto à sua disposição; 2) a taxa pelo exercício efetivo do poder de polícia.

1.3.1. Taxa de serviço público

A taxa de serviço público é exigida do contribuinte em função da prestação, efetiva ou potencial, de serviço público específico e divisível, ou ainda pelo serviço de mesma natureza posto à sua disposição mediante atividade administrativa em efetivo funcionamento (art. 79 do CTN).

Nos termos do art. 79 do CTN, são específicos os serviços que possam ser destacados em unidades autônomas de intervenção, de unidade, ou de necessidades públicas e divisíveis quando suscetíveis de utilização, separadamente, por parte de cada um dos seus usuários.

O Supremo Tribunal Federal invalidou a cobrança de taxas pela inexistência de serviço público específico e divisível, como na taxa de iluminação pública,[3] taxa de limpeza pública[4] e taxa de segurança pública.[5] No que

---

[2] FALCÃO, Amílcar de Araújo. *Introdução ao Direito Tributário*. Rio de Janeiro: Forense, 1994, p. 55.

[3] Súmula 670 do STF: "O serviço de iluminação pública não pode ser remunerado mediante taxa." (2003)

[4] RE 576321 QO-Repercussão Geral, Relator: Min. RICARDO LEWANDOWSKI, julgado em 04/12/2008, DJe-030 DIVULG 12-02-2009 PUBLIC 13-02-2009.

[5] RE 535085 AgR, Relator: Min. GILMAR MENDES, Segunda Turma, julgado em 09/04/2013, ACÓRDÃO ELETRÔNICO DJe-075 DIVULG 22-04-2013 PUBLIC 23-04-2013.

se refere ao serviço público de coleta, remoção, tratamento e destinação de lixo ou resíduos provenientes de imóveis, considerou válida a exação e editou a súmula vinculante 19 sobre o tema.[6]

Em relação à taxa exigida por vários Estados em função do serviço de extinção de incêndios, há julgados recentes do Supremo Tribunal Federal pela constitucionalidade[7] e a questão aguarda apreciação definitiva do Tribunal em sede de repercussão geral.[8]

Na repercussão geral no RE 789218, o STF invalidou a cobrança de taxa de expediente para emissão de guia para pagamento de tributo, pois considerou que a emissão de guia de recolhimento de tributos constitui interesse exclusivo da Administração, sendo mero instrumento de arrecadação, não envolvendo a prestação de serviço público ao contribuinte apta a ensejar a cobrança de taxa.[9]

1.3.2. Taxa de polícia

A taxa de polícia é devida pela pelo exercício de poder de polícia (art. 78 do CTN) efetivo dirigido de forma específica ao contribuinte. Trata-se de elemento de distinção importante em relação à taxa de serviço público, que a própria CF admite ser devida pelo uso potencial do serviço.

O Supremo Tribunal Federal, no julgamento da Repercussão Geral 588322,[10] delimitou o entendimento do que se considera exercício efetivo do poder de polícia apto a ensejar a cobrança de taxa. O ente tributante precisa demonstrar a existência de órgão e estrutura competentes para o respectivo exercício. Na ausência de demonstração de órgão administrativo, haveria presunção em favor do Poder Público de que a atividade seria exercida, cabendo ao contribuinte o ônus da prova em contrário. Com a

---

[6] Súmula vinculante 19: "A taxa cobrada exclusivamente em razão dos serviços públicos de coleta, remoção e tratamento ou destinação de lixo ou resíduos provenientes de imóveis, não viola o artigo 145, II, da Constituição Federal." (2009)

[7] AI 677891 AgR, Relator: Min. RICARDO LEWANDOWSKI, Primeira Turma, julgado em 17/03/2009, DJe-071 DIVULG 16-04-2009 PUBLIC 17-04-2009.

[8] RE 561158 RG, Relator: Min. MARCO AURÉLIO, julgado em 10/11/2007, DJe-018 DIVULG 31-01-2008 PUBLIC 01-02-2008.

[9] RE 789218 RG, Relator: Min. DIAS TOFFOLI, julgado em 17/04/2014, REPERCUSSÃO GERAL – MÉRITO DJe-148 DIVULG 31-07-2014 PUBLIC 01-08-2014.

[10] RE 588322, Relator: Min. GILMAR MENDES, Tribunal Pleno, julgado em 16/06/2010, REPERCUSSÃO GERAL – MÉRITO DJe-164 DIVULG 02-09-2010 PUBLIC 03-09-2010.

CURSO DE DIREITO TRIBUTÁRIO BRASILEIRO

consolidação do entendimento, o Superior Tribunal de Justiça cancelou a Súmula 157.[11]

1.4. Competência

A competência tributária para a instituição de taxas é considerada comum – podem ser instituídas pela União, Estados, Distrito Federal e Municípios. A validade da instituição dependerá da verificação da competência administrativa do ente público para o exercício do poder de polícia ou para a prestação dos serviços públicos específicos e divisíveis, segundo as regras constitucionais de repartição de competências (art. 21 e seguintes da CF).

Questão mais complexa consiste na definição da possibilidade de cobrança de taxas por entes federativos diversos nas hipóteses de competência comum mencionadas pela Constituição (art. 23). A Segunda Turma do STF, analisando questão relativa à proteção ambiental, manifestou-se no sentido de que se as atividades de fiscalização ambiental exercidas pela União e pelo Estado não se sobrepõem e não são mutuamente exclusivas não ocorreria a bitributação.[12]

1.5. Base de cálculo

Considerando que o imposto procura mensurar a capacidade contributiva do contribuinte, e o cálculo da taxa deve mensurar o custo da atividade estatal dirigida especificamente ao contribuinte (custo-benefício), afigura-se lógica a conclusão explicitada na regra do art. 145, §1º da CF, de que as taxas não poderão ter base de cálculo própria de impostos. A regra busca impedir o abuso na criação de taxas fora da moldura constitucional, de modo a contornar a rígida distribuição de competência tributária em matéria de impostos.

O Decreto Federal 4176/02, que estabelece normas para redação de projetos do Executivo, em seu art. 14 consagra a noção ao estabelecer que *"no projeto de lei ou de medida provisória que institua ou majore taxa, o valor do tributo deverá ser proporcional ao custo do serviço público prestado ao contribuinte ou posto à sua disposição."*

---

[11] Súmula 157 do STJ. "É ilegítima a cobrança de taxa, pelo município, na renovação de licença para localização de estabelecimento comercial ou industrial."

[12] RE 602089 AgR, Relator: Min. JOAQUIM BARBOSA, Segunda Turma, julgado em 24/04/2012, ACÓRDÃO ELETRÔNICO DJe-099 DIVULG 21-05-2012 PUBLIC 22-05-2012.

TAXAS E PREÇOS PÚBLICOS

Segundo precedentes do Supremo Tribunal Federal, há necessidade de relação de razoável equivalência entre o custo da atividade estatal e o valor da taxa, sob pena de violação do princípio da proporcionalidade e da vedação do tributo com efeito de confisco. Nesta linha, o Tribunal invalidou algumas taxas por considerar rompida tal relação.[13]

O pressuposto da razoável equivalência entre custo da atividade estatal e base de cálculo da taxa também fundamentou a edição da Súmula 667 do STF, que consagrou a tese da necessidade de limite máximo para cálculo da taxa judiciária.[14]

O STF consolidou o entendimento de que não torna inconstitucional a taxa se for utilizada na formação de sua base de cálculo algum elemento que também seja informador da base de cálculo de imposto, desde que tal elemento signifique um dos componentes considerados para a formação do valor da taxa e não ocorra identidade integral entre eles. O raciocínio justificou o reconhecimento da constitucionalidade da taxa de fiscalização dos mercados de títulos e valores mobiliários instituída pela Lei 7.940/89,[15] que determinava a variação do custo da taxa em razão de faixas de patrimônio líquido das empresas fiscalizadas. Tal entendimento foi posteriormente cristalizado com a edição da Súmula Vinculante 29.[16]

1.6. Limitações constitucionais

Como espécie tributária, a taxa encontra-se submetida a todas as limitações constitucionais ao poder de tributar previstas especialmente no art. 150 da CF (legalidade, igualdade, anterioridade, vedação de tributo com efeito confiscatório, etc.).

Nesta linha, o Supremo Tribunal Federal considerou ferir o princípio da isonomia tributária lei estadual que concedeu aos membros e servido-

---

[13] ADI 2551 MC-QO, Relator: Min. CELSO DE MELLO, Tribunal Pleno, julgado em 02/04/2003, DJ 20-04-2006.

[14] Súmula 667 do STF: "Viola a garantia constitucional de acesso à jurisdição a taxa judiciária calculada sem limite sobre o valor da causa." (2003)

[15] Súmula 665 do STF: "É constitucional a Taxa de Fiscalização dos Mercados de Títulos e Valores Mobiliários instituída pela Lei 7.940/89." (2003)

[16] Súmula vinculante 29: "É constitucional a adoção, no cálculo do valor de taxa, de um ou mais elementos da base de cálculo própria de determinado imposto, desde que não haja integral identidade entre uma base e outra."(2010)

CURSO DE DIREITO TRIBUTÁRIO BRASILEIRO

res do Poder Judiciário isenção de pagamento de custas e emolumentos pelos serviços judiciais e extrajudiciais.[17]

Na Repercussão Geral no RE 748445, o Supremo Tribunal Federal reafirmou a jurisprudência no sentido de que a Anotação de Responsabilidade Técnica, instituída pela Lei 6.496/1977, cobrada pelos Conselhos Regionais de Engenharia, Arquitetura e Agronomia, tem natureza jurídica de taxa, sendo, portanto, necessária a observância do princípio da legalidade tributária previsto no art. 150, I, da CF.[18]

Embora a capacidade contributiva seja princípio aplicável especialmente aos impostos (art. 145, §1º da CF), ele também informa a instituição das taxas, especialmente para assegurar o acesso a alguns serviços públicos essenciais a todos os cidadãos independentemente da renda, conforme previsto pela própria Constituição Federal (art. 5º, incisos XXXIV, LXXIV, LXXVI, LXXVII e art. 206, IV)[19], em situações que revelam a manifestação no campo tributário da teoria do mínimo existencial.[20]

1.7. Doutrina de leitura obrigatória

TORRES, Ricardo Lobo. *Tratado de direito constitucional financeiro e tributário*, vol. IV. Rio de Janeiro: Renovar, 2005, p. 379-464.

RIBEIRO, Ricardo Lodi. *Tributos* (teoria geral e espécies). Niterói: Impetus, 2013, p. 32-45.

2. Preço público
2.1. Natureza jurídica

Preço público ou tarifa consiste em receita originária do Estado, exigida em razão da prestação de serviço público ou em retribuição pelo uso de bem estatal, sem o exercício do poder de soberania estatal.

---

[17] ADI 3334, Relator: Min. RICARDO LEWANDOWSKI, Tribunal Pleno, julgado em 17/03/2011, DJe-064 DIVULG 04-04-2011 PUBLIC 05-04-2011.

[18] ARE 748445 RG, Relator: Min. RICARDO LEWANDOWSKI, julgado em 31/10/2013, PROCESSO ELETRÔNICO REPERCUSSÃO GERAL – MÉRITO DJe-029 DIVULG 11-02-2014 PUBLIC 12-02-2014.

[19] Súmula vinculante no. 12: "A cobrança de taxa de matrícula nas universidades públicas viola o disposto no art. 206, IV, da Constituição Federal." (2008)

[20] TORRES, Ricardo Lobo. *O direito ao mínimo existencial*. Rio de Janeiro: Renovar, 2009.

2.2. Diferenciação entre preço público e taxa

A principal semelhança entre taxa e preço público está no fato de que ambos são valores pecuniários devidos pelo beneficiário de um serviço público divisível.

Ocorre que a taxa é espécie tributária exigida por serviço público que o Estado estabelece de forma compulsória, não deixando para o particular a possibilidade de satisfação da mesma utilidade por instrumento diverso daquele ofertado pelo poder público, em típico exercício da soberania estatal, própria para caracterizar a receita derivada.

O critério de distinção entre taxa e preço público consiste, portanto, no elemento compulsoriedade, visto que os serviços públicos remunerados por preços públicos ou tarifas (receita originária) não são compulsórios, de forma que o particular pode obter a utilidade pretendida por via diversa do serviço público.

O critério da compulsoriedade para distinção entre taxa e preço público sempre foi adotado pelo STF e encontra-se consagrado na Súmula 545.[21] Mais recentemente, em sede de Repercussão Geral, o STF afirmou novamente o critério ao decidir que o valor cobrado a título de encargos de energia elétrica (conhecido como "seguro-apagão") não eram tributos, pois haveria a possibilidade de obtenção da energia elétrica por outros meios.[22]

A compulsoriedade como elemento fundamental da caracterização da espécie tributária taxa também se encontra previsto no art. 79, inciso I, alínea "b" do CTN, ao estabelecer que os serviços consideram-se utilizados potencialmente pelos contribuintes quando "sendo de utilização compulsória" sejam postos à sua disposição mediante atividade administrativa em efetivo funcionamento.

O critério da compulsoriedade também foi admitido pelo Superior Tribunal de Justiça para decidir que o serviço de água e esgoto seria remunerado por preço público.[23]

---

[21] Súmula 545 do STF: "Preços de serviços públicos e taxas não se confundem, porque estas, diferentemente daqueles, são compulsórias e tem sua cobrança condicionada a prévia autorização orçamentária, em relação a lei que as instituiu." (1969)

[22] RE 576189, Relator: Min. Ricardo Lewandowski, Tribunal Pleno, julgado em 22/04/2009, REPERCUSSÃO GERAL – MÉRITO DJe-118 DIVULG 25-06-2009 PUBLIC 26-06-2009.

[23] Súmula 412 do STJ: "A ação de repetição de indébito de tarifas de água e esgoto sujeita-se ao prazo prescricional estabelecido no Código Civil." (2009)

A definição da natureza de taxa ou preço público é fundamental, visto que sendo tributo, a cobrança de taxa atrai para si todo o regime de proteção ao poder de tributar previsto na CF (submissão à legalidade, anterioridade, regras e prazos de prescrição e decadência previstas no CTN).

A compulsoriedade como elemento de distinção entre a taxa e o preço público também foi adotada expressamente pela Portaria da Secretaria do Tesouro Nacional 437/2012 (item 01.03.00), que estabeleceu o manual de contabilidade aplicada ao setor público, com regras de padronização dos procedimentos contábeis da União, Estados e Municípios – tarefa atribuída expressamente pela Lei de Responsabilidade Fiscal (art. 50, §2º) à União Federal enquanto não for criado o Conselho de Gestão Fiscal.

A natureza jurídica da figura do pedágio prevista no art. 150, V, da CF é controvertida, havendo doutrina no sentido de caracterizá-lo como taxa (receita derivada) ou preço público (receita originária). O Supremo Tribunal Federal possuía precedentes nos dois sentidos, afirmando a natureza de preço público[24] e de taxa.[25] Em 2014, o Plenário do Supremo Tribunal Federal, no julgamento da ADI 800, afirmou a natureza jurídica de preço público do pedágio, não estando a sua instituição, portanto, sujeita ao princípio da legalidade tributária.[26]

2.3. Doutrina de leitura obrigatória

BALEEIRO, Aliomar. *Uma introdução à ciência das finanças*. Rio de Janeiro: Forense, 2010, p. 147-174.

TORRES, Ricardo Lobo. *Curso de direito financeiro e tributário*. Rio de Janeiro: Renovar, 2009, p. 185-193.

---

[24] ADI 800 MC, Relator: Min. ILMAR GALVÃO, Tribunal Pleno, julgado em 26/11/1992, DJ 18-12-1992.

[25] RE 181475, Relator: Min. CARLOS VELLOSO, Segunda Turma, julgado em 04/05/1999, DJ 25-06-1999.

[26] ADI 800, Relator: Min. TEORI ZAVASCKI, Tribunal Pleno, julgado em 11/06/2014, ACÓRDÃO ELETRÔNICO DJe-125 DIVULG 27-06-2014 PUBLIC 01-07-2014.

Contribuição de Melhoria

BERNARDO ANASTASIA CARDOSO DE OLIVEIRA

1. Conceito[1]

A Contribuição de Melhoria surgiu na Carta Magna de 1934, tendo se silenciado a Constituição de 1937, somente retornando ao Texto Constitucional de 1946. A Carta delimitou sua hipótese de incidência quando da ocorrência da valorização do imóvel em consequência de obras públicas, ressalvando que não poderia ser exigida em limites superiores à despesa realizada, nem ao acréscimo de valor que da obra decorresse para o imóvel beneficiado. A Carta de 1988 reduziu ainda mais a redação, autorizando a instituição de *"contribuição de melhoria, decorrente de obra pública"*[2].

A contribuição de melhoria constitui modalidade de tributo pela qual se exige dos contribuintes determinado pagamento em razão de valorização produzida em seu imóvel por obra pública realizada mediante processamento especial, em que há prévia audiência dos interessados e cálculo do valor do beneficiado a ser cobrado[3].

Segundo o saudoso tributarista Bernardo Ribeiro de Moraes, a contribuição de melhoria, à luz da Constituição de 1988, é a prestação pecuniária, compulsória, exigida pelo Estado em razão de obra pública, relacionada ao imóvel do contribuinte que recebe melhoria. Assim como a utilização,

---

[1] Em consulta a jurisprudência e doutrina, não identificamos alteração da orientação delineada nesta obra.

[2] Lobo Torres, Ricardo; Curso de Direito Financeiro e Tributário, 9ª edição, Renovar, p. 366.

[3] Gomes de Souza, Rubens; Estudos de Direito Tributário, São Paulo, Saraiva, 1ª edição, 1950, p. 13.

efetiva ou potencial, de serviço público dá lugar a taxas, a execução de obra pública, dá lugar a contribuições de melhoria, desde que ligada ao imóvel do contribuinte, que recebe melhoria[4].

Já Roque Antonio Carrazza definiu a contribuição de melhoria como um tipo de tributo que tem por hipótese de incidência uma atuação estatal indiretamente referida ao contribuinte (Geraldo Ataliba). Essa atuação estatal – porque assim o exige o art. 145, III, da CF/88 – só pode consistir numa obra pública que causa valorização imobiliária, isto é, que aumenta o valor de mercado dos imóveis localizados em suas imediações[5].

De certa forma, a conceituação da contribuição é motivo de controvérsia doutrinaria. Isso porque, a primeira corrente leva em consideração somente o custo da obra enquanto a segunda, somente o benefício decorrente da valorização do imóvel. Uma terceira hipótese surgiu como a melhor solução, pois trata de conjugar os dois fundamentos[6], ou seja, há que se considerar o custo e o benefício de forma a respeitar os princípios constitucionais, tais como proporcionalidade e razoabilidade, dentre outros.

A primeira corrente leva em conta a realização da obra pela Administração e o seu custo, independentemente de qualquer valorização do imóvel. Teria origem no direito germânico. Conduz a se confundir a contribuição de melhoria com a taxa, pois a valorização fica em segundo plano, a nosso sentir, a CF não a recepcionou.

Já a Segunda corrente, defendida dentre outros, por Valdir de Oliveira Rocha, Aires Barretto e Roque Carrazza sustenta estar extinto o limite total – custo da obra – permanecendo na Constituição atual, apenas o limite individual – o acréscimo de valor que da obra resultar para o imóvel beneficiado – partilhando, destarte, da mesma conclusão prática preconizada por Geraldo Ataliba[7]. A CF não acolheu essa teoria, pois a contribuição em questão figuraria como verdadeiro imposto.

Finalmente, para Hugo de Brito Machado e Ives Gandra Martins, ambos os limites persistem implícitos, e a cobrança acima deles representam

---

[4] Moraes, Bernardo Ribeiro, "Compêndio de Direito Tributário", Forense, Rio de Janeiro, 5ª edição, 1996.

[5] Curso de Direito Constitucional Tributário, Malheiros, 9ª edição, p. 327.

[6] Torres, Ricardo Lobo; Curso de Direito Financeiro e Tributário, 9ª edição, Renovar, Rio de Janeiro, p. 366.

[7] Rocha, Valdir de Oliveira; Determinação do Montante do Tributo, 2ª edição, Dialética, São Paulo, 1995, pp. 144/145.

imposto da competência residual, que se resumiria a *"cobrar mais do que o custo da obra, a título de contribuição de melhoria, tendo-se como limite apenas a valorização imobiliária, é cobrar imposto sobre aquela valorização, sem previsão constitucional. Só a União poderia fazê-lo, atendidos os requisitos constitucionais para o exercício de sua competência residual...a modificação do texto constitucional operou-se apenas para excluir o que era desnecessário, porque implícito, em virtude da própria especificidade da exação em tela..."*[8]

Para esta última corrente, não faz sentido o poder público arrecadar valor que seja superior ao custo da obra. O poder tributante agiria ultrapassando os limites da razoabilidade e o excesso pago pelos contribuintes estaria além de contribuição de melhoria. Seria recebido a outro título, diverso desse tributo.[9]

Assim, entendo que a contribuição de melhoria, por ser uma espécie destacada de tributo, deve sempre levar em consideração o custo e o benefício de forma a respeitar os princípios constitucionais, tais como proporcionalidade e razoabilidade, doutrina que teria como seguidor o Supremo Tribunal Federal.

2. Natureza Jurídica

Cumpre afastar de plano qualquer relação da contribuição de melhoria com as demais espécies previstas em nosso Ordenamento Jurídico Tributário, tais como taxas e os impostos.

Não seria imposto porque o benefício eventualmente existente é acidental, o imposto se baseia na capacidade contributiva, independente de qualquer contraprestação estatal e a sua destinação serve para o uso geral, não podendo haver arrecadação relacionada a nenhuma finalidade.

Nem se diga que seria a hipótese de taxa, eis que as mesmas se destinam ao ressarcimento do erário na prestação efetiva ou potencial de serviço específico e divisível (art. 77, CTN), enquanto que as contribuições de melhoria são cobradas em razão de melhoramentos locais específicos (obras); na taxa haveria cobrança sobre o indivíduo com tal, já nas contribuições seriam sobre o indivíduo como membro da classe dos proprietários, devendo para esta, ser proprietário de imóvel.

---

[8] Machado, Hugo de Brito; Os limites da Contribuição de Melhoria, Revista Dialética de Direito Tributário, vol. 21, 1997, p. 2.

[9] Inchihara, Yoshiaki, Perfil da Contribuição de Melhoria, Cadernos de Direito Tributário e Finanças Públicas, ano 2, n. 8, RT, 1994, p. 98.

A contribuição de melhoria, guarda equivalência entre a prestação (obra pública) e o benefício percebido pelo contribuinte (valorização do imóvel), havendo necessariamente benefício, a capacidade contributiva é apenas a medida do valor devido, e, por fim a destinação é para cobrir os gastos da obra que beneficiou somente os contribuintes envolvidos.

Tal posição foi defendida pelo Supremo Tribunal Federal, no julgamento do Recurso Extraordinário nº 100.366, no sentido de que quando o poder público instituir a contribuição de melhoria, não pode ele, ao seu arbítrio, instituir, alternativamente, uma taxa, valendo a transcrição do voto do Exmo. Sr. Ministro Relator Néri da Silveira, invocando julgado anterior do Supremo Tribunal Federal, extrai-se o seguinte trecho:

> *"Em face dessas normas constitucionais, o Supremo Tribunal tem declarado a inconstitucionalidade de taxas de pavimentação que, em verdade, não constituem esse tributo por faltar-lhes os requisitos concernentes a utilização efetiva ou potencial de serviços públicos específicos e divisíveis prestados ao contribuinte. E, de outro lado, não podem tais ônus ser considerados como se fossem contribuição de melhoria, porque, além de cobrados sob aquela denominação, não reúnem as prescrições legais da contribuição de melhoria (...)."* [10]

A hipótese de incidência da contribuição de melhoria é a conjugação de dois fatores, ocorrência de obra pública, atrelada a valorização de um determinado imóvel. Apenas por amor ao debate, admite-se que, se fosse apenas a realização da obra pública, como forma de reposição dos gastos públicos, estaríamos diante de típica taxa.

O Superior Tribunal de Justiça distingue as hipóteses de incidência concernente à Contribuição de Melhoria, que não permite a utilização da taxa como instrumento de recuperação do custo de obra pública, senão vejamos:

> "Tributário. Cobrança de taxa de pavimentação e calçamento para recuperação de custo de obra pública.
>
> Ilegalidade, porquanto a exigência fiscal tem como fato gerador hipótese concernente a contribuição de melhoria, que não permite a utilização da taxa como instrumento para recuperação do custo de obra publica.
>
> Recurso provido" [11]

[10] STF, RE nº 100.366-SP, Rel. Min. Néri da Silveira, ac. pub. em 18.05.1984. No mesmo sentido: STF, RE 140.779/SP, Rel. Min. Ilmar Galvão, j. em 02.08.1995, ac. pub. em 08.09.1995, Pleno.

[11] STJ, Resp nº 1.609-SP, 2ª Turma, Rel. Min. Américo Luz, pub. em 17.12.1990. Sobre o tema: STF, AI 694.836 AgR/SP, 2ª Turma, Rel. Min. Ellen Gracie, pub. em 18/12/2009.

Destarte, a contribuição de melhoria é uma espécie destacada de tributo, tendo suas características próprias e inconfundíveis.

3. Elementos estruturais

O Superior Tribunal de Justiça em reiterados julgados, com a devida fundamentação , asseverou que o fato gerador, a alíquota e a base de cálculo da contribuição de melhoria estão previstos no Decreto-lei 195/67, mas deverão ser especificamente definidos em cada caso através de edital a ser publicado pelo ente instituidor, *in verbis*:

"TRIBUTÁRIO. CONTRIBUIÇÃO DE MELHORIA. FATO GERADOR. VALORIZAÇÃO DO IMÓVEL. ARTS. 81 E 82, DO CTN. DL Nº 195/67. PRECEDENTES DO STJ E DO STF.

1. A entidade tributante, ao exigir o pagamento de contribuição de melhoria, tem de demonstrar o amparo das seguintes circunstâncias: a) a exigência fiscal decorre de despesas decorrentes de obra pública realizada; b) a obra pública provocou a valorização do imóvel; c) a base de cálculo é a diferença entre dois momentos: o primeiro, o valor do imóvel antes da obra ser iniciada; o segundo, o valor do imóvel após a conclusão da obra.

2. "É da natureza da contribuição de melhoria a valorização imobiliária" (Geraldo Ataliba).

3. Diversidade de precedentes jurisprudenciais do STJ e do STF.

4. Adoção, também, da corrente doutrinária que, no trato da contribuição da melhoria, adota o critério de mais valia para definir o seu fato gerador ou hipótese de incidência (no ensinamento de Geraldo Ataliba, de saudosa memória).

5. Recurso provido."[12]

Conforme destacado acima, com amparo nos mesmos julgados, os elementos necessários à cobrança da mencionada contribuição devem estar previstos em edital, nos termos do Decreto-lei 195/67.

A jurisprudência acerca do tema demonstra que sem a prova inequívoca pelo sujeito ativo tributário de que ocorreu real "valorização" do imóvel, não se consolida o fato gerador da contribuição de melhoria[13].

---

[12] STJ, Resp n. 615.495/RS, 1ªTurma, Rel. Min. José Delgado, pub. Em 17.05.2004, ainda nesse sentido Resp n. 280.248/SP, Resp n. 362.788/RS, Resp n. 160.030/SP, Resp. n. 143.996/SP, Resp n. 200.283/SP, Resp. n. 169.131/SP, Resp n. 351.332/SC e Resp n. 634/SP.

[13] STF, RE n. 116.148/SP, 1ª Turma, Rel. Min. Octávio Gallotti, pub. 21.05.1993, RE n. 115.863/SP, RE n. 116.147/SP. RESP 539.760/PR, RESP 406.324/PR.

CURSO DE DIREITO TRIBUTÁRIO BRASILEIRO

A contribuição de melhoria é da competência comum, conforme disposto no artigo 145, inciso III, da CF. Pode ser instituída pela pessoa jurídica que realizar a obra de que decorra a valorização imobiliária.

Nada obsta a que seja cobrada concomitantemente pela União, Estado e Município, se os três participarem da execução da obra pública, cada qual no campo de sua competência material específica[14].

O fato gerador da contribuição de melhoria é posterior à valorização imobiliária, sem a qual não há a sua subsistência, **porque a hipótese de incidência desta é a valorização e a sua base a diferença entre dois momentos: a anterior e o posterior à obra, vale dizer, o *quantum* da valorização imobiliária**[15].

Conforme aduzido no tópico que versa sobre a competência, o sujeito ativo da contribuição de melhoria será a União, os Estados e os Municípios.

Apurada a diferença entre os dois momentos: o primeiro, o valor do imóvel antes da obra ser iniciada; o segundo, o valor da obra do imóvel após a conclusão da obra, a autoridade competente, procederá ao lançamento do valor devido, atendendo aos requisitos do artigo 10, DL 195/67, notificando o contribuinte para que efetue o seu pagamento. Contra este lançamento, caberá sempre impugnação, em observância aos princípios constitucionais da ampla defesa e contraditório.

A administração pública, dentro de sua discricionariedade, poderá estabelecer o pagamento em diversas parcelas, a exemplo do ocorrido com o IPTU.

4. Estrutura legal. CTN. CF/88. Decreto Lei 195/67

Estabelece o artigo 145, inciso III, da Constituição Federal de 1988:

> "Art.145. A União, os Estados, o Distrito Federal e os Municípios poderão instituir os seguintes tributos:
> III – contribuição de melhoria, decorrente de obras públicas."

Não obstante o texto constitucional não fazer menção expressa a valorização do imóvel, o que gerou certa controvérsia na doutrina, a jurisprudência[16] tem decidido de forma tranqila no sentido de que a hipótese de incidên-

---

[14] Torres, Ricardo Lobo; Curso de Direito Financeiro e Tributário, 9ª edição Editora Renovar, p. 367.

[15] STJ, Resp n. 615.495/RS, 1ª Turma, Rel. Min. José Delgado, pub. Em 17.05.2004.

[16] STF, RE n. 116.148/SP, 1ª Turma, Rel. Min. Octávio Gallotti, pub. 21.05.1993, RE n. 115.863/SP, RE n. 116.147/SP

cia seria a valorização do imóvel, que se daria entre o valor do imóvel antes da obra ser iniciada, mediante comparação com o valor do imóvel após a conclusão da obra pública.

A jurisprudência mencionada mostrou-se respeitadora do disposto no artigo 81, do Código Tributário Nacional, senão vejamos:

*"Art. 81 – A contribuição de melhoria cobrada pela União, pelos Estados, pelo Distrito Federal ou pelos Municípios, no âmbito de suas respectivas atribuições, é instituída para fazer face ao custo de obras públicas de que decorra valorização imobiliária, **tendo como limite total a despesa realizada e como limite individual o acréscimo de valor que da obra resultar para cada imóvel beneficiado**".*

A par de algumas vozes no sentido de que, o artigo teria sido revogado pelo Decreto-Lei nº 195/67, o Superior Tribunal de Justiça apreciando a questão específica reafirmou o entendimento anterior, a coexistência dos dois diplomas:

"TRIBUTÁRIO – CONTRIBUIÇÃO DE MELHORIA – CTN ARTS. 81 E 82.

1. A contribuição de melhoria tem como limite geral o custo da obra, e como limite individual a valorização do imóvel beneficiado.

2. Prevalece o entendimento no STF e no STJ de que não houve alteração do CTN pelo DL 195/67.

3. É ilegal a contribuição de melhoria instituída sem observância do limite individual de cada contribuinte.

4. Recurso especial conhecido e provido"[17]

Já o art. 82 do CTN, teria sido revogado em parte, haja vista que o Decreto-Lei 195/67, teria traçado alterações aos elementos necessários à sua instituição, principalmente sobre a necessidade de publicação prévia de todos os elementos necessários à cobrança da referida contribuição.

Nesse particular também se posicionou o Superior Tribunal de Justiça:

"TRIBUTÁRIO – CONTRIBUIÇÃO DE MELHORIA – EDITAL – BASE DE CÁLCULO – VALORIZAÇÃO IMOBILIÁRIA – D.L. 195/67, ART. 5º – LEI 5.172/66, ART. 82 – EC 01/69, ART. 18, § 1º – PRECEDENTES STF E STJ.

– O D.L. 195, de 24 de fevereiro de 1967 teve o condão de revogar o art. 82 CTN que, à época não possuía a força de lei complementar, o que só ocorreu após a promulgação da EC nº 01, de 1969 (art. 18, §1º).

---

[17] STJ, Resp n. 362.788/RS, 2a Turma, Rel. Min. Eliana Calmon, pub. 05.08.2002.

– A partir do D.L. 195/67, a publicação do edital é necessária para cobrança da contribuição de melhoria, mas não para realização da obra pública.

– A base de cálculo da contribuição de melhoria é a valorização imobiliária, ou seja, a diferença entre o valor do imóvel antes do início da obra e o valor do mesmo após a conclusão da obra.

– Não havendo aumento do valor do imóvel, impossível a cobrança do tributo.

– Violação de lei federal e divergência jurisprudencial não configuradas.

– Recurso não conhecido."[18]

Não obstante tal decisão constata-se que algumas determinações contidas no art. 82 do CTN permanecem em vigor, já que não são contrárias ao disposto no Decreto-lei nº 195/67.

Colhendo o atual entendimento do Superior Tribunal de Justiça, verifica-se que a contribuição de melhoria é regulada atualmente pela CF/88, art. 145, III; CTN, arts. 81 e 82 em parte; e o Decreto-Lei n. 195/67.

5. Limites de imposição

Os limites de imposição da contribuição de melhoria seriam dois, o primeiro: o limite individual seria o valor do benefício; o segundo: o limite total seria o custo total da obra.

Oportunamente o STJ posicionou-se sobre o *thema*, tendo proferido entendimento no sentido de que "*é ilegal a contribuição de melhoria instituída sem observância do limite individual de cada contribuinte.*" [19]

Destarte, conclui-se que a contribuição de melhoria tem por hipótese de incidência não apenas a realização da obra pública, mas um fator intermediário e determinante, que decorre da valorização do imóvel de uma pessoa.

6. Doutrina de leitura obrigatória

CARRAZZA, Roque Antonio, "Curso de Direito Constitucional Tributário", Malheiros, São Paulo, 16ª edição, 2001.

MORAES, Bernardo Ribeiro, "Compêndio de Direito Tributário", Forense, Rio de Janeiro, 5ª edição, 1996.

MACHADO, Hugo de Brito; Os limites da Contribuição de Melhoria, Revista Dialética de Direito Tributário, vol. 21, 1997.

---

[18] STJ, Resp. n. 143.996/SP, 2a Turma, Rel. Min. Francisco Peçanha Martins, pub. 06.12.1999.

[19] STJ, REsp nº 362788/RS, 2ª Turma, Rel. Min. Eliana Calmon, pub. em 05.08.2002.

Empréstimos Compulsórios

ADOLPHO CORREA DE ANDRADE MELLO JUNIOR

1. Histórico

O primeiro momento em que a doutrina reconhece ter-se no Brasil lançado mão do empréstimo compulsório foi no início da década de 1940, logo após a entrada do País na Segunda Guerra Mundial. Declarada guerra ao Eixo fascista, fez-se necessário angariar recursos para arcar com as despesas extraordinárias decorrentes da participação no conflito, editando-se para tanto o Decreto-Lei nº 4.789/42, que autorizou a emissão de obrigações de guerra.

Por meio do referido Decreto-Lei, impôs-se aos contribuintes o recolhimento de importância equivalente ao do imposto de renda a que estivessem sujeitos, para subscrição compulsória de obrigações de guerra.

Às obrigações de guerra seguiram-se os Decretos-Leis nºs 6.224 e 6.225, ambos de 24 de janeiro de 1944. Um instituiu o imposto sobre lucros extraordinários, a ser exigido, enquanto perdurassem as condições decorrentes do conflito, das pessoas jurídicas que se encontrassem sujeitas à incidência do imposto de renda, inclusive das cooperativas de agricultores. O outro criou os certificados de equipamento e os depósitos de garantia.

Facultava-se aos contribuintes a não pagar o imposto sobre lucros extraordinários, desde que aplicassem importância igual ao dobro, na aquisição de certificados de equipamento ou na constituição de depósitos de garantia.

Os certificados de equipamento seriam resgatáveis, quando cessadas as dificuldades geradas pela guerra, fosse possível aos portadores adquirirem máquinas e utensílios no estrangeiro para o reaparelhamento de suas empresas. Já os depósitos de garantia, cujo levantamento antes do prazo pré-estabelecido só poderia realizar-se mediante o pagamento do imposto sobre lucros extraordinários, constituíam espécie de poupança forçada para fazer face aos prejuízos que porventura viessem a sofrer as sociedades depositantes, desde que comprovassem situação de profundo comprometimento.

Com esta política intervencionista pretendia o Governo, por um lado, forçar a modernização da então obsoleta indústria nacional, a fim de torná-la competitiva no plano internacional, com vistas ao mercado que certamente se abriria devido à necessidade de reconstrução do Antigo Continente, e, por outro, limitar o poder aquisitivo como medida de combate à inflação.

Em um segundo momento, fruto de uma política desenvolvimentista que visava à melhoria da infra-estrutura e estímulo à economia nacional, sobreveio a Lei nº 1.474/51, que institui adicional ao imposto de renda para os exercícios de 1952 a 1956, com a finalidade de constituir um fundo especial a ser aplicado na execução de programas de reaparelhamento de portos e ferrovias, aumento de capacidade de armazenamento, elevação do potencial de energia elétrica e desenvolvimento de indústrias básicas e de agricultura, plano este ampliado e prorrogado pelo prazo de dez anos pela Lei nº 2.973/56.

Também como adicional ao imposto de renda, objetivando fazer frente a despesas com planos de desenvolvimento econômico, foram editadas as Leis nos 4.069/62, 4.242/63 e 4.621/65, por meio das quais foram instituídos empréstimos públicos de emergência para financiamento de casas a serem distribuídas aos trabalhadores mediante o fornecimento de títulos resgatáveis a prazo certo pelos subscritores, constituído fundo nacional para assegurar investimentos previstos em plano de desenvolvimento, por meio de incentivo à poupança popular, redirecionando-a para a participação em empresas controladas pela União, como aplicações destinadas ao fortalecimento da economia rural e industrial.

Como decorrência do pensamento desenvolvimentista que amparou o surgimento dos empréstimos forçados, teve origem a Política Nacional do Petróleo instituída pela Lei nº 2.004/53, que determinou a capitalização compulsória mediante a subscrição de ações da Petrobrás, como contrapartida de contribuição anual de proprietários de veículos automotores,

EMPRÉSTIMOS COMPULSÓRIOS

fossem terrestres, aquáticos ou aéreos, até o exercício de 1957. Já a Lei nº 4.156/62 adotou medida similar em benefício da Eletrobrás, tomando os consumidores de energia elétrica, até 30 de junho de 1965, obrigações correspondentes a vinte por cento do valor de suas contas, resgatáveis em dez anos. Posteriormente, com a Lei Complementar nº 13/72, veio a Eletrobrás a ser novamente contemplada, ficando a União autorizada a instituir em seu benefício, novo empréstimo compulsório.

Não só a União se utilizava do empréstimo compulsório como instrumento de arrecadação, como também o faziam os Estados-membros. Enquanto aquela o instituía como adicional ao Imposto de Renda, estes, da mesma maneira, incluíam-no em tributo de sua competência, como a Lei estadual nº 4.529/62, que criou fundo de desenvolvimento econômico a ser revertido em favor da Companhia para o Desenvolvimento do Paraná – CODEPAR, mediante acréscimo restituível ao Imposto sobre Vendas e Consignações – IVC.

Essa prática, seja por parte da União ou pelas demais entidades tributantes, anárquica em aparência, não encontrava empecilho constitucional, vez que a Carta então vigente (1946), bem como as que a precederam, eram silentes em autorizar, proibir ou limitar o uso dos empréstimos forçados. Os tribunais partiam da premissa de que se os entes federados detinham poder para instituir ou majorar tributos, nenhum impedimento haveria em lhe agregar adicional, sujeito à restituição, como forma de intervenção no domínio econômico autorizada pela competência suplementar que detinham os Estados na matéria.

A jurisprudência também discrepava quanto ao caráter dos empréstimos compulsórios, se tributos, e assim, portanto, submetidos aos princípios da legalidade e anualidade que então vigoravam na forma do que disciplinava o artigo 144, § 34, da Constituição da República de 1946, ou contribuição parafiscal, escapando às limitações referenciadas.

Após sucessivos julgamentos o Supremo Tribunal Federal consolidou orientação editando o Enunciado nº 418, *verbis*: "O empréstimo compulsório não é tributo, e sua arrecadação não está sujeita à exigência constitucional da prévia autorização orçamentária.". Contudo, o legislador constitucional não abraçou o entendimento do Pretório Excelso, pois ao promulgar a Emenda Constitucional nº 18/65, inseriu os empréstimos forçados no Sistema Tributário Nacional, atribuindo, inclusive, competência exclusiva à União para instituí-los (art. 4º), vindo posteriormente a Emenda nº 1 à Constituição de 1967, que em sua redação original limitou-se a reproduzir o previsto na Emenda nº 18/65 (art. 19, § 4º), a determinar fossem a eles aplicadas as disposições constitucionais relativas aos tributos e as normas gerais de Direito Tributário (art. 21, § 2º, II).

Sob a égide da nova ordem constitucional, afora o já citado em favor da Eletrobrás, autorizado pela Lei Complementar nº 13/73, outros empréstimos compulsórios foram instituídos com lastro nos permissivos do artigo 15 do Código Tributário Nacional, que então vigorava com eficácia passiva de lei complementar.

No início da década de 1980, objetivando custear auxílio que se fez necessário em decorrência de calamidade pública, institui-se empréstimo compulsório a ser exigido das pessoas física que tivessem obtido importância que superasse determinado patamar a título de ingressos isentos, não tributáveis ou tributados exclusivamente na fonte, pela legislação do imposto de renda no exercício financeiro de 1983, ano-base de 1982 (Decreto-Lei nº 2.047/83). A exação, no entanto, foi declarada inconstitucional pelo Supremo Tribunal Federal, isto por se haver reconhecido ofensa ao princípio da irretroatividade, vez que atingia acontecimentos pretéritos, retroação a ganhos de exercício anterior, já encerrado (RE 111.954/PR).

Três anos após, como medida complementar ao Programa de Estabilização Econômica estabelecido pelo Decreto-Lei nº 2.284/86, o Decreto-Lei nº 2.288/86 institui empréstimo compulsório para absorção temporária de excesso de poder aquisitivo, a ser exigido dos consumidores de gasolina ou álcool para veículos automotores, bem como dos adquirentes de automóveis de passeio e utilitários. Este também não passou incólume pela Suprema Corte que declarou inconstitucionalidade de sua incidência na aquisição de automóveis de passeio e do resgate por meio de quotas do Fundo Nacional de Desenvolvimento, assentando que ao utilizar o termo empréstimo a Constituição vinculou o legislador à essencialidade da restituição na mesma espécie (RE 121.336/CE).

2. Conceito

"Empréstimo compulsório é o tributo exigido sob promessa de restituição a prazo certo ou indeterminado e, eventualmente, de pagamento de juros."[1]

---

[1] Amilcar de Araújo Falcão. Natureza Jurídica do Empréstimo Compulsório. Tese: Direito Financeiro e Finanças. Concurso para a Cátedra da Faculdade Nacional de Direito. Rio de Janeiro, 1964, p. 40.

3. Natureza Jurídica

Hoje não mais pende a discussão de outrora quanto à natureza jurídica do empréstimo compulsório, sendo atualmente amplamente majoritário o entendimento de se tratar de tributo. No entanto, o tema guarda relevância acadêmica razão pela qual exporemos, em resumo, as teorias que procuraram identificar em qual categoria se enquadraria.

Dentre as teses que procuraram identificar a natureza jurídica dos empréstimos compulsórios, destacam-se três. A primeira afirma possuírem natureza contratual (San Tiago Dantas), outra, tratar-se de requisição de dinheiro (Gaton Jèze), e uma terceira, tributo (Amilcar de Araújo Falcão).

Autores há que atribuem independência a uma quarta teoria, a que sustenta possuírem os empréstimos compulsórios natureza mista, tributo, quanto ao aspecto da coercibilidade, e empréstimo, devido à cláusula de restituição (Maurice Duverger e H. Laufenburger). Não obstante, entendemos que a referida tese não constitui corrente autônoma, já que ao assentar, mesmo apenas em parte, terem os empréstimos forçados natureza tributária, não lhes nega a aplicação do regime jurídico dos tributos, enquadrando-se, portanto, como subespécie da terceira.

Os que afirmam possuir o empréstimo compulsório natureza contratual, sustentam tratar-se de contrato coativo, espécie do gênero empréstimo público, e aduzem que o aspecto da coercibilidade não o desqualificaria como negócio jurídico, vindo apenas a lhe atribuir singularidade, apontando a circunstância de serem restituíveis como determinante para caracterizá-los como contrato.

Em oposição à tese contratualista, argumenta-se que o só fato da previsão de restituição é insuficiente para se identificar a existência de contrato, já que, mesmo em direito privado, não é dado fundamental capaz de individualizar institutos, pois, a título de exemplo, seja no mútuo ou na doação sob condição resolutiva ou a termo, há expectativa de restituição, sem que se discuta possuírem natureza jurídica distinta.

Sustenta-se, outrossim, que mesmo nos contratos coativos ou impostos, ainda que no mais arraigado dirigismo contratual, a coercibilidade jamais foi tanta, a ponto de excluir por completo a vontade negocial, facultando-se ao menos às partes deliberar em contratar ou não, o que não se permite em se tratando de empréstimo compulsório, já que todas as relações dele originadas, decorrem da lei, ato unilateral do Estado a vincular os personagem da relação.

A segunda posição que aqui aludimos sustenta enquadrarem-se os empréstimos compulsórios no conceito de requisição de dinheiro. Argumentam os seus partidários que de tributo não há se cogitar devido à promessa de restituição, e contrato também não haveria já que ausente a vontade a caracterizá-lo. De notar que mesmo entre os defensores desta tese, há os que afirmam não se confundir a espécie com a requisição propriamente dita, tratando-se de modalidade de imposto sobre o patrimônio.

Também não imune a críticas, esta corrente malogra em dois aspectos primordiais. Primeiro deve-se salientar que a requisição decorre de ato administrativo, enquanto o empréstimo compulsório só por lei pode ser instituído. Segundo, historicamente a requisição nunca foi meio para o Estado auferir receita, sempre voltada para bens diversos do dinheiro, mormente com a finalidade de autorizar o uso temporário da propriedade particular para fazer frente a situações de iminente perigo público, sendo a tributação o instrumento próprio de que se lança mão quando se faz necessário haver recursos *in pecunia*.

Por fim, os que sustentam a natureza tributária dos empréstimos compulsórios, argumentam, como referenciado acima, que não se deve falar em contrato, ante a coercibilidade a não deixar margem à manifestação de vontade. Também não descaracteriza o aspecto tributário da exigência, a vinculação à restituição ulterior, pois, assim como o destino que se dá ao produto da arrecadação, é fato que se verifica após a extinção da obrigação tributária pelo pagamento.

Por derradeiro, mesmo não estivessem os empréstimos compulsórios incluídos no Sistema Tributário Nacional, nenhuma dificuldade haveria em concluir pelo caráter tributário da exação, pois bem se enquadra no conceito de tributo, já que prestação pecuniária, compulsória, que não constitui sanção de ato ilícito, instituída em lei e cobrada mediante atividade administrativa vinculada.

4. Regramento constitucional pretérito e atual

Com a Emenda nº 18/65 pela primeira vez uma norma constitucional veio a tratar do empréstimo compulsório, dispondo em seu artigo 4º: "Somente a União, em casos excepcionais definidos em lei complementar, poderá instituir empréstimo compulsório". Comando singelo, porém, como já dito, pôs termo a prática então freqüente da instituição de empréstimos forçados pelos Estados-membros, passando-os à competência exclusiva da

EMPRÉSTIMOS COMPULSÓRIOS

União. E o Código Tributário Nacional, aprovado sem a exigência de *quorum* qualificado devido a revogação da Emenda nº 4/61, que o exigia em seu artigo 22, pela de nº 6/63, definiu as hipóteses nas quais seria admissível a sua instituição:

> Art. 15. Somente a União, nos seguintes casos excepcionais, pode instituir empréstimos compulsórios:
> I – guerra externa, ou sua iminência;
> II – calamidade pública que exija auxílio federal impossível de atender com os recursos orçamentários disponíveis;
> III – conjuntura que exija a absorção temporária de poder aquisitivo.

A Constituição de 1967 em sua redação original não inovou quanto à disciplina dos empréstimos compulsórios, limitando-se a reproduzir em seu artigo 19, § 4º, o já previsto no artigo 4º da Emenda nº 18/65. E foi com a Emenda nº 1/69, que se pôs termo a qualquer controvérsia que ainda pudesse haver quanto ao caráter tributário dos empréstimos forçados, mandando o artigo 21, § 2º, II, que a eles se aplicassem as disposições constitucionais relativas aos tributos e às normas gerais de Direito Tributário.

Ficava, pois, sob a égide da Constituição de 1967, inclusive após a edição da Emenda nº 1/69, a instituição dos empréstimos compulsórios, a cargo da lei ordinária, ou mesmo do decreto-lei, quando em caso de urgência ou de interesse público relevante, já que assim o admitia o artigo 55, II, mas sempre dentro das hipóteses previstas em lei complementar, fossem as enumeradas no artigo 15 do CTN, que então já ostentava eficácia passiva de lei complementar desde sua recepção pela Constituição de 1967, ou outra que tramitando nas duas Casas do Congresso Nacional obtivesse maioria absoluta dos votos dos seus membros, assim como o foi a Lei Complementar nº 13/72 que autorizou a instituição de empréstimo compulsório em favor da ELETROBRÁS, sobre o qual dispôs a Lei nº 5.824/72.

Ainda sob a vigência da Constituição de 1967, discutia-se se os empréstimos compulsórios estariam submetidos ou não ao princípio da anterioridade. Quanto aos lançados por motivo de guerra, dúvida não havia, pois o artigo 153, § 29, expressamente os excluía desta limitação, já com relação às demais hipóteses, à míngua de disposição constitucional expressa, a doutrina se inclinava no sentido de que não poderiam ser exigidos sem que a lei os houvesse instituído estivesse em vigor antes do início do exercício financeiro no qual deveriam ser cobrados. Não obstante, o Supremo

Tribunal Federal, quando do julgamento do RE 111.954/PR, no qual se acoimava de inconstitucional o empréstimo compulsório instituído pelo Decreto-Lei nº 2.047/83, que visava custear auxílio exigido em decorrência de calamidade pública, concluiu que por sua natureza emergencial, escapava à imposição da anterioridade, amoldando-se ao previsto na parte final artigo 153, § 29, "demais casos previstos nesta Constituição". Contudo, o referido Decreto-Lei foi declarado inconstitucional, por motivo outro, ofensa ao princípio da irretroatividade, conforme já aludimos acima.

Outra foi a sistemática adota pelo constituinte de 1988, que mantendo a competência exclusiva da União para instituir os empréstimos forçados, elencou no artigo 148 as hipóteses nas quais seria admissível sua instituição.

> Art. 148. A União, mediante lei complementar, poderá instituir empréstimos compulsórios:
>
> I – para atender a despesas extraordinárias, decorrentes de calamidade pública, de guerra externa ou sua iminência;
>
> II – no caso de investimento público de caráter urgente e de relevante interesse nacional, observado o disposto no art. 150, III, "b".

Agora os casos são os enumerados no texto constitucional, ficando a cargo da lei complementar a criação dos empréstimos compulsórios, definindo seu fato gerador, âmbito de incidência, isenções, base de cálculo, alíquota e contribuinte, sendo vedada sua instituição por qualquer outra espécie normativa, seja a lei ordinária, como o era no sistema anterior, ou por medida provisória, mesmo em casos de relevância ou urgência, ante o comando proibitivo insculpido no artigo 62, § 1º, III.

De notar, outrossim, que a Constituição de 1988 não contemplou a possibilidade de utilização de vetusto mecanismo de combate à inflação fundado na hoje desacreditada teoria *keynesiana*, instrumento largamente utilizado em diversos países em um período imediatamente posterior ao término da segunda guerra mundial. Referimo-nos à hipótese definida no artigo 15, III, do Código Tributário Nacional, que autorizava a instituição de empréstimos compulsórios com a finalidade de absorção temporária de poder aquisitivo, situação, portanto, não recepcionada, ante a ausência de previsão constitucional.

Disposição em aparência inovadora, por não possuir correspondente no Código Tributário Nacional, foi a introduzida pelo artigo 148, II, da Constituição de 1988, autorizando a instituição de empréstimo compulsório em caso de investimento público de caráter urgente e de relevante interesse nacional. Com este pretendeu o constituinte, ao nosso ver, manter aberta a possibilidade da criação de empréstimos forçados análogos aos instituídos em décadas passadas em favor da Petrobrás e Eletrobrás, que em tudo, evidentemente, devem atender aos postulados do artigo 173.

Cumpre, por fim, analisar a sujeição ou não dos empréstimos compulsórios ao princípio da anterioridade.

Determina a Constituição da República:

> Art. 148. A União, mediante lei complementar, poderá instituir empréstimos compulsórios:
>
> I – para atender a despesas extraordinárias, decorrentes de calamidade pública, de guerra externa ou sua iminência;
>
> II – no caso de investimento público de caráter urgente e de relevante interesse nacional, observado o disposto no art. 150, III, "b".
>
> Art. 150. Sem prejuízo de outras garantias asseguradas ao contribuinte, é vedado à União, aos Estados, ao Distrito Federal e aos Municípios:
>
> III – cobrar tributos:
>
> b) no mesmo exercício financeiro em que haja sido publicada a lei que os instituiu ou aumentou;
>
> c) antes de decorridos noventa dias da data em que haja sido publicada a lei que os instituiu ou aumentou, observado o disposto na alínea b;
>
> § 1º A vedação do inciso III, b, não se aplica aos tributos previstos nos arts. 148, I, 153, I, II, IV e V; e 154, II; e a vedação do inciso III, c, não se aplica aos tributos previstos nos arts. 148, I, 153, I, II, III e V; e 154, II, nem à fixação da base de cálculo dos impostos previstos nos arts. 155, III, e 156, I.

Como se nota, o constituinte de 1988, repetindo disposição já constante da carta anterior e tornando explícita posição já assentada pela jurisprudência do Supremo Tribunal Federal, pôs os empréstimos compulsórios com a finalidade de custear despesas decorrentes de guerra externa e de remediar situações de calamidade pública, fora do alcance da limitação da anterioridade, seja a do exercício financeiro, ou a nonagesimal introduzida pela Emenda nº 42/2003.

No que concerne aos empréstimos compulsórios para atender dispêndio com investimento público de caráter urgente e de relevante interesse nacional, optou o constituinte em submetê-los à anterioridade, e aí, com a devida vênia aos que entendem haver contra-senso na imposição da referida limitação, bem andou o legislador. Investimento público não se faz de inopino, pressupõe planificação, ainda que mínima, fruto de complexo e longo trabalho parlamentar. A perplexidade se debela quando se atenta para o fato de que o emprego da palavra **urgente** não passa de mera impropriedade vocabular, nada incomum no texto da Constituição de 1988, mais adequada seria a utilização dos termos **excepcional** ou mesmo **extraordinário**, investimento público impossível de se realizar apenas com os recursos auferidos com a receita tributária ordinária.

5. Doutrina de leitura obrigatória

AMARO, Luciano. Direito Tributário Brasileiro. São Paulo: Saraiva, 2004.

ROSA JR., Luiz Emygdio Franco da. Manual de Direito Financeiro e Direito Tributário. Rio de Janeiro: Renovar, 2007.

ALEXANDRE, Ricardo. Direito Tributário Esquematizado. São Paulo: Método, 2007.

TORRES, Ricardo Lobo. Curso de Direito Financeiro e Tributário. Rio de Janeiro: Renovar, 1997.

SOBRE OS AUTORES

Adilson Rodrigues Pires

Doutor em Direito Econômico e Sociedade pela UGF. Sócio do LCCF Advogados do Rio de Janeiro. Presidente da Comissão de Direito Financeiro e Tributário do Instituto dos Advogados Brasileiros (IAB). Vice-Presidente da Associação Brasileira de Direito Financeiro (ABDF)

Filiado à International Fiscal Association (IFA). Professor Adjunto de Direito Financeiro da UERJ

Adolpho Correa de Andrade Mello Junior

Possui graduação em Direito pela Pontifícia Universidade Católica do Rio de Janeiro(1986) e mestrado em Direito pela Universidade Estácio de Sá(2001).

Alexandre A. Cordeiro de França

Advogado, pós-graduado em Direito Tributário pela Fundação Getúlio Vargas

Andréa Veloso Correia

Bacharel em Direito pela UERJ/RJ. Procuradora do Município do Rio de Janeiro, desde 1995. Durante esse período, foi Procuradora Assistente da Procuradoria da Dívida Ativa, Procuradora Assistente da Procuradoria Tributária e Diretora do Centro de Estudos da PGM. Atualmente exerce o cargo de Procuradora Assessora do Procurador Geral do MRJ. Ex- Procuradora do Banco Central do Brasil. Coordenadora da Pós Graduação de Direito Tributário da FGV/RIO, responsável pelo módulo de Normas Gerais de Direito Tributário. Professora de Direito Tributário da Fundação Getúlio Vargas/RJ, desde 2003, nos cursos de Pós Graduação em Direito Empresarial, Direito Tributário e Administração Tributária. Professora de Direito Tributário na Escola da Magistratura do Estado do Rio de Janeiro (EMERJ), desde 2000. Professora de direito Tributário em cursos preparatórios para concursos públicos na área jurídica, desde 1998. Foi professora do LLM – Direito Empresarial do IBMEC/RJ e Coordenadora dos Cursos Breves (duração inferior a 360 horas) de direito do Centro de Direito Empresarial do IBMEC/RJ (2001/2003).

Bernardo Anastasia Cardoso de Oliveira

Foi professor da FGV e da Universidade Estácio de Sá, é pós-graduado em Direito Civil e pós-graduado em Direito Empresarial, com concentração em Processo Civil, pela Fundação Getúlio Vargas. Membro do Instituto dos Advogados Brasileiros – IAB e Presidente da Comissão de Estudos Regulados da OAB/RJ.

Gustavo Brigagão

Sócio da Ulhôa Canto – Advogados, especializado em Direito Tributário, com ênfase nos impostos indiretos (abrangem tanto os serviços de consultoria e contencioso). Dentro de tais campos, tem lidado com as principais questões envolvendo os mercados de petróleo, tecnologia da informação, entretenimento, telecomunicações e energia, além dos setores industriais e comerciais gerais.

Também tem ajudado o governo e empresas específicas na elaboração de projetos de lei relacionados a questões fiscais como uma preparação para a sua discussão sobre projetos de reforma fiscal existentes.

É professor de Direito Fiscal para os cursos de pós-graduação na Fundação Getúlio Vargas, entre outras instituições respeitadas.

Atualmente o Presidente da ABDF, a filial brasileira da *International Fiscal Association* (IFA), além de servir como membro geral da Central IFA conselho.

Gustavo da Gama Vital de Oliveira

Professor Adjunto de Direito Financeiro da Universidade do Estado do Rio de Janeiro (UERJ). Doutor e mestre em Direito Público pela Universidade do Estado do Rio de Janeiro (UERJ). Procurador do Município do Rio de Janeiro. Advogado. Diretor da Sociedade Brasileira de Direito Tributário (SBDT).

Ingrid Walter Sousa

Gradua da em Direito da Universidade Estácio de Sá, Rio de Janeiro, 2004. Escola da Magistratura do Estado do Rio de Janeiro, 2004-2006; Delegatária do Cartório do Terceiro Registro Civil de Pessoas Naturais da Capital, Rio de Janeiro."

SOBRE OS AUTORES

Luis César Souza de Queiroz

Procurador Regional da República. Mestre e Doutor em Direito Tributário pela PUC/SP. Professor de Direito Financeiro (Tributário) da Faculdade de Direito da Universidade do Estado do Rio de Janeiro – UERJ – nos Cursos de Graduação e Pós-Graduação (Programa de Mestrado/Doutorado). Professor da Escola Superior do Ministério Público da União.

Marcos André Vinhas Catão

Graduado pela Faculdade de Direito da Universidade do Estado do Rio de Janeiro – UERJ. Doutor em Direito Público pela Universidad San Pablo – CEU-Espanha. Mestre em Direito Tributário pela Universidade Cândido Mendes – RJ. Professor de Direito Financeiro e Tributário da Fundação Getúlio Vargas- FGV/RJ. Autor dos livros "Harmonização Tributária no Mercosul" (Ed. Aduaneiras, 2001) e "Regime Jurídico dos Incentivos Fiscais" (Ed. Renovar, 2003). Diretor da Associação Brasileira de Direito Financeiro – ABDF e Membro do General Council da International Fiscal Association – IFA.

Melina Rocha

Doutora e mestre pela Université Paris III - Sorbonne Nouvelle em cotutela com a Universidade Federal de Santa Catarina. Professora de Direito Tributário da graduação e pós-graduação da FGV DIREITO RIO – Escola de Direito do Rio de Janeiro da Fundação Getulio Vargas. Pesquisadora do Centro de Pesquisa em Direito e Economia – CPDE da FGV-DIREITO RIO.

Nicholas Walter Sousa

Sócio do escritório de advocacia Pinheiro Guimarães - Advogados. Graduado em Direito da Universidade Cândido Mendes, Rio de Janeiro, 2009. Pós-Graduação em Direito Fiscal pela Faculdade de Direito da Pontifícia Universidade Católica, Rio de Janeiro, em 2011. Pós-Graduação em Direito Empresarial pela Escola de Direito da Fundação Getulio Vargas, Rio de Janeiro em 2011. Mestrado em Direito pela Columbia University School of Law, Nova Iorque. É Membro da Ordem dos Advogados do Brasil; Instituto dos Advogados Brasileiros; Comissão de Direito Empresarial da Ordem dos Advogados do Brasil; e Comissão de Direito Empresarial do Instituto dos Advogados Brasileiros."

Poul Erik Dyrlund

Possui mestrado em Direito pela Universidade Gama Filho(2002). Tem experiência na área de Direito, com ênfase em Direito Público.

Ricardo Lodi Ribeiro

Possui graduação em Direito pela Universidade do Estado do Rio de Janeiro, mestrado em Direito em Direito Tributário pela Universidade Cândido Mendes e doutorado em Direito pela Universidade Gama Filho . É Professor Adjunto de Direito Financeiro da Faculdade de Direito da Universidade do Estado do Rio de Janeiro (UERJ), desde 2008, onde leciona nos cursos de bacharelado, mestrado e doutorado, chefiou o Departamento de Direito do Estado e coordena o Programa de Pós-Graduação em Direto – Mestrado e Doutorado. Foi coordenador-geral e professor de Direito Tributário do Centro de Estudos Jurídicos 11 de Agosto – CEJ. É Presidente do Instituto de Direito do Estado e Cidadania - IDEC. Exerceu, por concurso público, os cargos de Procurador do Estado de São Paulo e de Procurador da Fazenda Nacional. Foi Subprocurador-Chefe da Procuradoria-Regional da Fazenda Nacional da 2ª Região, presidente do Sindicato Nacional dos Procuradores da Fazenda Nacional e membro do Conselho Superior da Advocacia-Geral da União. Foi Conselheiro Secional da OAB/RJ, tendo presidido a Comissão de Infraestrutura e Desenvolvimento Econômico da OAB/RJ. É sócio de Barroso Fontelles, Barcellos, Mendonça & Associados. Foi sócio de Luís Roberto Barroso & Associados - Escritório de Advocacia, Lodi & Lobo Advogados e Siqueira Castro Advogados. É Editor-Chefe da Revista de Finanças Públicas, Tributação e Desenvolvimento, vinculada ao Programa de Pós-Graduação em Direito da UERJ. Membro do Conselho Editorial da Editora Lumen Juris, da Revista Fórum de Direito Tributário e do Jornal Mural. É Presidente da Sociedade Brasileira de Direito Tributário – SBDT. Membro da Academia Brasileira de Direito Financeiro – ABDF, da International Fiscal Association – IFA, do Instituto Brasileiro de Direito Tributário – IBDT e do Instituto Brasileiro de Estudos de Direito da Energia – IBDE. Tem experiência na área de Direito Público, com ênfase em Direito Tributário, Direito Financeiro e Direito Constitucional.

ÍNDICE

NOTA DOS COORDENADORES   5
PREFÁCIO   7

Imposto Sobre a Renda na Constituição e no CTN
    LUÍS CESAR SOUZA DE QUEIROZ   13

Imposto sobre a Renda e Proventos de Qualquer Natureza, Imposto
de Renda das Pessoas Físicas (IRPF) e Imposto de Renda das Pessoas
Jurídicas (IRPJ)
    MARCOS ANDRÉ VINHAS CATÃO / MELINA ROCHA LUKIC   63

Impostos sobre Produtos Industrializados
    RICARDO LODI RIBEIRO   91

Tributação sobre o Comércio Exterior
    ADILSON RODRIGUES PIRES   125

Imposto sobre a Propriedade Territorial Rural
    POUL ERIK DYRLUND   151

Imposto sobre Operações de Crédito, Câmbio e Seguro, ou Relativas
a Títulos ou Valores Mobiliários
    POUL ERIK DYRLUND   159

CURSO DE DIREITO TRIBUTÁRIO BRASILEIRO

Imposto sobre Grandes Fortunas
POUL ERIK DYRLUND — 167

ICMS
GUSTAVO BRIGAGÃO — 169

ITCD
INGRID WALTER DE SOUSA / NICHOLAS WALTER DE SOUSA — 209

Imposto sobre a Propriedade de Veículos Automotores – IPVA
ALEXANDRE ALFREDO CORDEIRO DE FRANÇA — 223

Impostos Municipais – Imposto sobre a Propriedade Predial
e Territorial Urbana (IPTU)
ANDREA VELOSO CORREIA — 261

Impostos Municipais – Imposto sobre Transmissão *Inter Vivos*
de Bens Imóveis – ITBI – Municipal
ANDREA VELOSO CORREIA — 279

Impostos Municipais – Imposto sobre Serviços
de Qualquer Natureza – ISSQN
ANDREA VELOSO CORREIA — 293

Taxas e Preços Públicos
GUSTAVO DA GAMA VITAL DE OLIVEIRA — 309

Contribuição de Melhoria
BERNARDO ANASTASIA CARDOSO DE OLIVEIRA — 317

Empréstimos Compulsórios
ADOLPHO CORREA DE ANDRADE MELLO JUNIOR — 325

SOBRE OS AUTORES — 335
ÍNDICE — 339